Ernst · Kämmerer | Fälle zum Allgemeinen Verwaltungsrecht

Fälle zum Allgemeinen Verwaltungsrecht

Mit Verwaltungsprozessrecht

Von
Dr. iur. Christian Ernst
Wiss. Assistent an der Bucerius Law School Hamburg

Dr. iur. Jörn Axel Kämmerer
Professor an der Bucerius Law School Hamburg

2. Auflage

Verlag Franz Vahlen München 2014

Zitiervorschlag: *Ernst/Kämmerer* Fälle VerwR AT

www.vahlen.de

ISBN 978 3 8006 3984 7

Wilhelmstraße 9, 80801 München
Druck: Druckhaus Nomos
In den Lissen 12, 76547 Sinzheim

Satz: R. John + W. John GbR, Köln
Umschlagkonzeption: Martina Busch Grafikdesign, Homburg-Kirrberg

Gedruckt auf säurefreiem, alterungsbeständigem Papier
(hergestellt aus chlorfrei gebleichtem Zellstoff)

Vorwort

Dieses vorwiegend für Studierende und Examenskandidaten der Rechtswissenschaft konzipierte Buch knüpft an das 1998 (damals noch bei Luchterhand) erschienene Werk »Allgemeines Verwaltungsrecht: ein Fall-Kompendium« an. Nicht nur ist jetzt ein zweiter Verfasser hinzugekommen, auch haben sich Spektrum und Gestaltung der Fälle erheblich geändert und die Lösungen sind detaillierter. Gleiches gilt für die graphischen Übersichten über Rechtsgebiete und Prüfungsstrukturen, die von den Fortschritten textgraphischer Präsentationstechniken erheblich profitieren.

Die Fälle – und die dazugehörigen Übersichten – führen die Leserinnen und Leser Schritt für Schritt durch die Materien des Allgemeinen Verwaltungsrechts und, dem gängigen Schema öffentlich-rechtlicher Klausuren folgend, des Verwaltungsprozessrechts. Da das Allgemeine Verwaltungsrecht lediglich die allgemeinen Prinzipien des Verwaltungshandelns umfasst, kommen auch die Klausurfälle dieses Buchs nicht ohne zusätzliche Anleihen beim Besonderen Verwaltungsrecht aus. Dabei wurde darauf geachtet, möglichst viele verschiedene Gebiete abzudecken. Die Klausuren dieses Buchs sind ungeachtet ihres Schwerpunkts im Allgemeinen Verwaltungsrecht, zB im Umfeld des Baurechts, Gewerberechts oder Polizeirechts, angesiedelt. Sie greifen außerdem »Klassiker« des Besonderen Verwaltungsrechts auf, die (je nach Bundesland) zum Standardrepertoire von Examensklausuren zählen können.

Allen Neuerungen zum Trotz rechtfertigt die Kontinuität beim didaktischen Ansatz – charakteristisch bleibt das Alternieren von Klausurfällen und Graphiken –, das vorliegende Buch als zweite Auflage jenes vor mehr als 15 Jahren erschienenen Werkes zu führen.

Wir hoffen, mit diesen Fällen zum Allgemeinen Verwaltungsrecht, Verwaltungsprozessrecht und ihren Nebengebieten einen signifikanten Beitrag zum Studienerfolg angehender Juristinnen und Juristen leisten zu können. Kommentare, Kritik und auch Verbesserungsvorschläge sind stets willkommen (christian.ernst@law-school.de und axel.kaemmerer@law-school.de).

Hamburg, im April 2014

Christian Ernst
Jörn Axel Kämmerer

Inhaltsverzeichnis

Vorwort V

Abkürzungsverzeichnis XI

Literaturverzeichnis XV

Teil 1. Kurzfälle Zur Rechtswegeröffnung 1

Teil 2. Klausurfälle

Fall 1 – Denkmallasten 23
Verwaltungsakt als Handlungsform; Anfechtungsklage; Fristberechnung; Bestimmtheit

Fall 2 – Ein anrüchiges Internetcafé 33
Unbestimmter Rechtsbegriff; Bekanntgabefiktion § 41 II VwVfG; versäumte Anhörung

Fall 3 – Spaßverderber 44
Allgemeinverfügung; Abgrenzung zur Verordnung; Form der Klageschrift

Fall 4 – Der Weinirrtum 52
Beurteilungsspielraum; Verpflichtungsklage; Rechtsbehelfsbelehrung; Spruchreife

Fall 5 – Aus dem Weg! 64
Ermessen; Feststellungsklage; Beteiligtenfähigkeit einer Vereinigung; Klageverbindung

Fall 6 – Kein Platz für Maoisten 78
Fortsetzungsfeststellungsklage; öffentlich-rechtliche Streitigkeit; Grundrechte im Verwaltungsprozess; Bestimmung der Rechtsgrundlage

Fall 7 – Folgenschwere Ferndiagnose 94
Nichtigkeit; Zuständigkeit; Befangenheit; Nichtigkeitsfeststellungsklage

Fall 8 – Lost in Translation 109
einstweiliger Rechtsschutz § 80 V VwGO; Anordnung der sofortigen Vollziehung; Amtssprache; Wiedereinsetzung in den vorigen Stand

Fall 9 – Baustelle ohne Verkehr 124
Nebenbestimmungen; isolierte Anfechtung

Fall 10 – Ein dilettantischer Gastwirt 137
Rücknahme; Zusicherung; Unterscheidung Rechtmäßigkeit und Wirksamkeit; subjektives öffentliches Recht; verfristeter Widerspruch; finanzieller Ausgleich nach Rücknahme

Fall 11 – Für Subventionen keine Subventionen 156
Widerruf; Leistungsverwaltung; Subventionsrückforderung; actus-contrarius-Gedanke

Fall 12 – Verböserung – na und? 167
Reformatio in peius; Selbsteintritt; Rechtswirkungen Widerspruch

Fall 13 – Zielfahnder in der Krise 185
Zulässigkeit des Widerspruchs; Außenwirkung des Verwaltungsakts; einstweiliger Rechtsschutz § 80 V VwGO; Erfordernis einer Rechtsgrundlage

Fall 14 – Hobbymarkt sticht Eiszeitschau 199
Konkurrentenklage; ermessenslenkende Verwaltungsvorschrift; maßgeblicher Zeitpunkt für die gerichtliche Entscheidung; Nachschieben von Gründen; öffentliche Einrichtung; elektronischer Bescheid; Beiladung

Fall 15 – Spätes Geständnis 212
Wiederaufgreifen des Verfahrens; Verpflichtungsklage

Fall 16 – Brüssel ante portas 224
Öffentlich-rechtlicher Vertrag; Einfluss europarechtlicher Beihilfevorschriften, Nichtigkeit

Fall 17 – Der Preis der Beleihung 234
Öffentlich-rechtlicher Vertrag; Schriftform; Kopplungsverbot; Beleihung

Fall 18 – Zahnbehandlung mit Nebenwirkungen 244
Verwaltungsvollstreckung; Kostenbescheid; Ersatzvornahme

Fall 19 – Das Osterfeuer 256
Einstweiliger Rechtsschutz § 123 VwGO; öffentlich-rechtlicher Unterlassungsanspruch

Fall 20 – Wasser im Überfluss 270
öffentlich-rechtliches Schuldverhältnis; Amtshaftung; enteignungsgleicher Eingriff; enteignender Eingriff

Sachverzeichnis 283

Abkürzungsverzeichnis

aA	andere(r) Ansicht (Auffassung)
ABl	Amtsblatt (der Europäischen Gemeinschaft bzw. Europäischen Union)
Abs	Absatz
AEUV	Vertrag über die Arbeitsweise der Europäischen Union
AGTiersG	Ausführungsgesetz zum Tierseuchengesetz
ALR	Allgemeines Landrecht für die Preußischen Staaten von 1794
BauR	Baurecht (Zeitschrift)
BayVBl.	Bayerische Verwaltungsblätter (Zeitschrift)
BBG	Bundesbeamtengesetz
BeamtStG	Gesetz zur Regelung des Statusrechts der Beamtinnen und Beamten in den Ländern (Beamtenstatusgesetz)
BFH	Bundesfinanzhof
BGB	Bürgerliches Gesetzbuch
BGH	Bundesgerichtshof
BGHZ	Sammlung der Entscheidungen des Bundesgerichtshofs in Zivilsachen
BImSchG	Gesetz zum Schutz vor schädlichen Umwelteinwirkungen durch Luftverunreinigungen, Geräusche, Erschütterungen und ähnliche Vorgänge (Bundes-Immissionsschutzgesetz)
BMI	Bundesministerium des Innern
BremGBl.	Gesetzblatt der Freien Hansestadt Bremen
BRRG	Rahmengesetz zur Vereinheitlichung des Beamtenrechts (Beamtenrechtsrahmengesetz)
BSG	Bundessozialgericht
BSGE	Entscheidungen des Bundessozialgerichts
BVerwG	Bundesverwaltungsgericht
BVerwGE	Sammlung der Entscheidungen des Bundesverwaltungsgerichts
DAR	Deutsches Autorecht (Zeitschrift)
dh	das heißt
DÖV	Die Öffentliche Verwaltung (Zeitschrift)
DRiG	Deutsches Richtergesetz
DVBl.	Deutsches Verwaltungsblatt (Zeitschrift)
Ed	Edition
EG	Europäische Gemeinschaft(en)
Einl.	Einleitung
EL	Ergänzungslieferung
EU	Europäische Union
EUR	Euro
EUV	Vertrag über die Europäische Union idF des Vertrags von Lissabon
FGO	Finanzgerichtsordnung
GastG	Gaststättengesetz
GastV	Gaststättenverordnung
GewO	Gewerbeordnung
GG	Grundgesetz
GmbHG	Gesetz betreffend die Gesellschaften mit beschränkter Haftung
GO	Gemeindeordnung
GVG	Gerichtsverfassungsgesetz

hL	herrschende Lehre
hM	herrschende Meinung
HPflG	Haftpflichtgesetz
iE	im Einzelnen
idR	in der Regel
iSd	im Sinne der/des
iVm	in Verbindung mit
iwS	im weiteren Sinne
JA	Juristische Arbeitsblätter (Zeitschrift)
Jura	Juristische Ausbildung (Zeitschrift)
JuS	Juristische Schulung (Zeitschrift)
KV	Kommunalverfassung
LAI	Länderausschuss für Immissionsschutz
LBO	Landesbauordnung
LDSG	Landesdenkmalschutzgesetz
LKrO	Landkreisordnung
LPG	Landespressegesetz
LVwG SH	Allgemeines Verwaltungsgesetz für das Land Schleswig-Holstein
mwN	mit weiteren Nachweisen
NJW	Neue Juristische Wochenschrift (Zeitschrift)
NordÖR	Zeitschrift für Öffentliches Recht in Norddeutschland
NVwZ	Neue Zeitschrift für Verwaltungsrecht
NVwZ-RR	Rechtsprechungs-Report Verwaltungsrecht (Zeitschrift)
OBG	Ordnungsbehördengesetz
OVG	Oberverwaltungsgericht
OWiG	Gesetz über Ordnungswidrigkeiten
PartG	Parteiengesetz
RGZ	Amtliche Sammlung von Entscheidungen des Reichsgerichts in Zivilsachen
Rs.	Rechtssache
S.	Seite(n), Satz, siehe
SG	Gesetz über die Rechtsstellung der Soldaten (Soldatengesetz)
SGG	Sozialgerichtsgesetz
Slg.	Sammlung der Rechtsprechung des EuGH und des Gerichts Erster Instanz
sog.	sogenannt(e)
SOG	Gesetz zum Schutz der öffentlichen Sicherheit und Ordnung
StGB	Strafgesetzbuch
str.	streitig, strittig
StrG	Straßengesetz
StPO	Strafprozessordnung
StVG	Straßenverkehrsgesetz
StVO	Straßenverkehrsordnung
StVZO	Straßenverkehrs-Zulassungs-Ordnung
TA-Lärm	Sechste Allgemeine Verwaltungsvorschrift zum Bundes-Immissionsschutzgesetz (Technische Anleitung zum Schutz gegen Lärm)

TA-Luft	Erste Allgemeine Verwaltungsvorschrift zum Bundes-Immissionsschutzgesetz (Technische Anleitung zur Reinhaltung der Luft)
TierSG	Tierseuchengesetz
Urt.	Urteil
uU	unter Umständen
v.	vom, von
Var.	Variante
VBlBW	Verwaltungsblätter für Baden-Württemberg (Zeitschrift)
VersG	Gesetz über Versammlungen und Aufzüge (Versammlungsgesetz)
VerwArch	Verwaltungsarchiv (Zeitschrift)
VGH	Verwaltungsgerichtshof
VR	Verwaltungsrundschau (Zeitschrift)
VwGO	Verwaltungsgerichtsordnung
VwVfG	Verwaltungsverfahrensgesetz
VwVG	Verwaltungsvollstreckungsgesetz
VVDStRL	Veröffentlichungen der Vereinigung der Deutschen Staatsrechtslehrer
WeinG	Weingesetz
WeinV	Weinverordnung
WPflG	Wehrpflichtgesetz
WVG	Wasserverbandsgesetz
zB	zum Beispiel
ZDG	Gesetz über den Zivildienst der Kriegsdienstverweigerer (Zivildienstgesetz)
zit.	zitiert
ZLR	Zeitschrift für Lebensmittelrecht
ZPO	Zivilprozessordnung

Literaturverzeichnis

Bader, J./Ronellenfitsch, M. (Hrsg.), Beck'scher Online-Kommentar VwVfG, 20. Ed., München 2013 (zit.: BeckOK VwVfG/*Bearbeiter*)

Baldus, M./Grzeszick, B./Wienhues, S., Staatshaftungsrecht, 4. Aufl. 2013 (zit.: *Baldus/Grzeszick/Wienhues* StaatsHaftR)

Battis, U., Bundesbeamtengesetz, Kommentar, 4. Aufl. 2009 (zit.: *Battis*)

Bull, H. P./Mehde, V., Allgemeines Verwaltungsrecht, 8. Aufl. 2009 (zit.: *Bull/Mehde* VerwR AT)

Degenhart, C., Staatsorganisationsrecht mit Bezügen zum Europarecht, 29. Aufl. 2013 (zit.: *Degenhart* StaatsR I)

Detterbeck, S., Allgemeines Verwaltungsrecht mit Verwaltungsprozessrecht, 11. Aufl. 2013 (zit.: *Detterbeck* VerwR AT)

Detterbeck, S./Windthorst, K./Sproll, H.-D., Staatshaftungsrecht, 2000 (zit.: *Detterbeck/Windthorst/Sproll* StaatsHaftR)

Dreier, H. (Hrsg.), Grundgesetz, Kommentar, Bd. 1, 3. Aufl. 2013 (zit.: Dreier/*Bearbeiter*)

Drews, B./Wacke, G./Vogel, K./Martens, W., Gefahrenabwehr: allgemeines Polizeirecht (Ordnungsrecht) des Bundes und der Länder, 9. Aufl. 1986 (zit.: *Drews/Wacke/Vogel/Martens* Gefahrenabwehr)

Ehlers, D./Fehling, M./Pünder, H. (Hrsg.), Besonderes Verwaltungsrecht, Bd. 2, 3. Aufl. 2013, Bd. 3, 3. Aufl. 2013 (zit.: Ehlers/Fehling/Pünder/*Bearbeiter* VerwR BT II/III)

Erbguth, W., Allgemeines Verwaltungsrecht, 6. Aufl. 2014 (zit.: *Erbguth* VerwR AT)

Erichsen, H.-U./Ehlers, D. (Hrsg.), Allgemeines Verwaltungsrecht, 14. Aufl. 2010 (zit.: Erichsen/Ehlers/*Bearbeiter* VerwR AT)

Eyermann, E., Verwaltungsgerichtsordnung, Kommentar, 13. Aufl. 2010 (zit.: Eyermann/*Bearbeiter*)

Fehling, M./Kastner, B./Störmer, R. (Hrsg.), Verwaltungsrecht, Handkommentar, 3. Aufl. 2013 (zit.: HK-VerwR/*Bearbeiter*)

Götz, V., Allgemeines Polizei- und Ordnungsrecht, 15. Aufl. 2013 (zit.: *Götz* POR)

Hentschel, P./König, P./Dauer, P., Straßenverkehrsrecht, Kommentar, 42. Aufl. 2013 (zit.: Hentschel/König/Dauer/*Bearbeiter*)

Hufen, F., Verwaltungsprozessrecht, 9. Aufl. 2013 (zit.: *Hufen* VerwProzR)

Ipsen, J., Allgemeines Verwaltungsrecht mit Grundzügen des Verwaltungsprozessrechts, 7. Aufl., München 2011 (zit.: *Ipsen* VerwR AT)

Jarass, H. D., Bundesimmissionsschutzgesetz, Kommentar, 10. Aufl. 2013 (zit.: *Jarass* BImSchG)

Jarass, H. D./Pieroth, B., Grundgesetz für die Bundesrepublik Deutschland, Kommentar, 12. Aufl. 2012 (zit.: Jarass/Pieroth/*Bearbeiter*)

Jauernig, O. (Hrsg.), Bürgerliches Gesetzbuch, Kommentar, 14. Aufl. 2011 (zit.: Jauernig/*Bearbeiter*)

Knack, H.-J./Henneke, H.-G., Verwaltungsverfahrensgesetz, Kommentar, 9. Aufl. 2010 (zit.: Knack/Henneke/*Bearbeiter*)

Knemeyer, F.-L., Polizei- und Ordnungsrecht, 11. Aufl. 2007 (zit.: *Knemeyer* POR)

Kodal, K., Straßenrecht, 7. Aufl. 2010 (zit.: Kodal/*Bearbeiter* StraßenR)

Kopp, F./Ramsauer, U., Verwaltungsverfahrensgesetz, Kommentar, 14. Aufl. 2013 (zit.: *Kopp/Ramsauer*)

Kopp, F./Schenke, W.-R., Verwaltungsgerichtsordnung, Kommentar, 19. Aufl. 2013 (zit.: *Kopp/Schenke*)

v. Landmann, R./Rohmer, G., Gewerbeordnung und ergänzende Vorschriften, Kommentar, 64. EL 2013 (zit.: Landmann/Rohmer/*Bearbeiter*)

Lisken, H./Denninger, E., Handbuch des Polizeirechts, 5. Aufl. 2012 (zit.: Lisken/Denninger/*Bearbeiter* HdB PolizeiR)

Maunz, T./Dürig, G., Grundgesetz, Kommentar, 68. EL 2013 (zit.: Maunz/Dürig/*Bearbeiter*)

Maurer, H., Allgemeines Verwaltungsrecht, 18. Aufl. 2011 (zit.: *Maurer* VerwR AT)

Metzner, R., Gaststättengesetz, Kommentar, 6. Aufl. 2002 (zit.: *Metzner*)

Michael, L./Morlok, M., Grundrechte, 3. Aufl. 2012 (zit.: *Michael/Morlok* Grundrechte)

Michel, E./Kienzle, W./Pauly, R., Gaststättengesetz, Kommentar, 14. Aufl. 2003 (zit.: *Michel/Kienzle/Pauly*)

v. Münch, I./Kunig, P. (Hrsg.), Grundgesetz-Kommentar, Bd. 1, 6. Aufl. 2012 (zit.: v. Münch/Kunig/*Bearbeiter*)

Obermayer, K./Funke-Kaiser, M., Kommentar zum Verwaltungsverfahrensgesetz, 4. Aufl. 2014 (zit.: Obermayer/Funke-Kaiser/*Bearbeiter*)

Ossenbühl, F./Cornils, M., Staatshaftungsrecht, 6. Aufl. 2013 (zit.: *Ossenbühl/Cornils* StaatsHaftR)

Pielow, J.-C. (Hrsg.), Beck'scher Online-Kommentar Gewerberecht, 23. Ed. 2013 (zit.: BeckOK GewO/*Bearbeiter*)

Pieroth, B./Schlink, B./Kingreen, T./Poscher, R., Grundrechte, 29. Aufl. 2013 (zit.: *Pieroth/Schlink/Kingreen/Poscher* StaatsR II)

Posser, H./Wolff, H. A. (Hrsg.), Verwaltungsgerichtsordnung, Kommentar, 2008 (Posser/Wolff/*Bearbeiter*)

Sachs, M. (Hrsg.), Grundgesetz, Kommentar, 6. Aufl. 2011 (zit.: Sachs/*Bearbeiter*)

Säcker, F. J./Rixecker, R./Oetker, H. (Hrsg.), Münchener Kommentar zum Bürgerlichen Gesetzbuch, Bd. 1, 6. Aufl. 2012, Bd. 5, 6. Aufl. 2013, Bd. 6, 6. Aufl. 2013 (zit.: MüKoBGB/*Bearbeiter*)

Schenke, W.-R., Polizei- und Ordnungsrecht, 8. Aufl. 2013 (zit.: *Schenke* POR)

Schenke, W.-R., Verwaltungsprozessrecht, 13. Aufl. 2012 (zit.: *Schenke* VerwProzR)

Schoch, F. (Hrsg.), Besonderes Verwaltungsrecht, 15. Aufl. 2013 (zit.: Schoch/*Bearbeiter* VerwR BT)

Schoch, F./Schneider, J.-P./Bier, W. (Hrsg.), Verwaltungsgerichtsordnung, Kommentar, 24. EL 2012 (zit.: Schoch/Schneider/Bier/*Bearbeiter*)

Sodan, H./Ziekow, J. (Hrsg.), Verwaltungsgerichtsordnung, Kommentar, 3. Aufl. 2010 (zit.: NK-VwGO/*Bearbeiter*)

Stelkens, P./Bonk, H. J./Sachs, M. (Hrsg.), Verwaltungsverfahrensgesetz, Kommentar, 7. Aufl. 2008 (zit.: Selkens/Bonk/Sachs/*Bearbeiter*)

Tettinger, P. J./Wank, R./Ennuschat, J., Gewerbeordnung, Kommentar, 8. Aufl. 2011 (zit.: Tettinger/Wank/Ennuschat/*Bearbeiter*)

Ule, C. H., Verwaltungsprozessrecht, 9. Aufl. 1987 (zit.: *Ule* VerwProzR)

Wagner, F./Leppek, S., Beamtenrecht, 11. Aufl. 2011 (zit.: *Wagner/Leppek* BeamtenR)

Wolff, H./Bachof, O./Stober, R./Kluth, W., Verwaltungsrecht, Bd. 2, 7. Aufl. 2010 (zit.: *Wolff/Bachof/Stober II*)

Wolff, H. A./*Decker*, A., Verwaltungsgerichtsordnung, Verwaltungsverfahrensgesetz, Studienkommentar, 3. Aufl. 2012 (zit.: Wolff/Decker/*Bearbeiter*)

Würtenberger, T., Verwaltungsprozessrecht, 3. Aufl. 2011 (zit.: *Würtenberger* VerwProzR)

Ziekow, J., Öffentliches Wirtschaftsrecht, 2. Aufl. 2010 (zit.: *Ziekow* ÖffWirtschaftsR)

Teil 1. Kurzfälle zur Rechtswegeröffnung

Übersicht I: Prüfungsfolge im Verwaltungsrechtsfall

(dunkel unterlegte Punkte müssen idR geprüft werden)

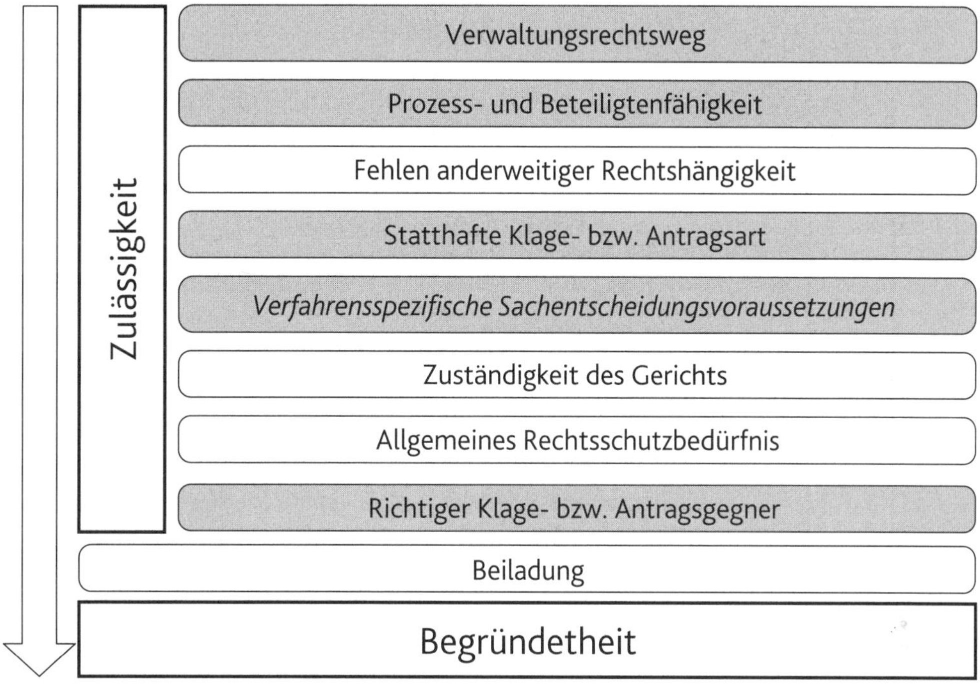

Übersicht II: Prüfungsfolge im Verwaltungsrechtsfall (Forts.)

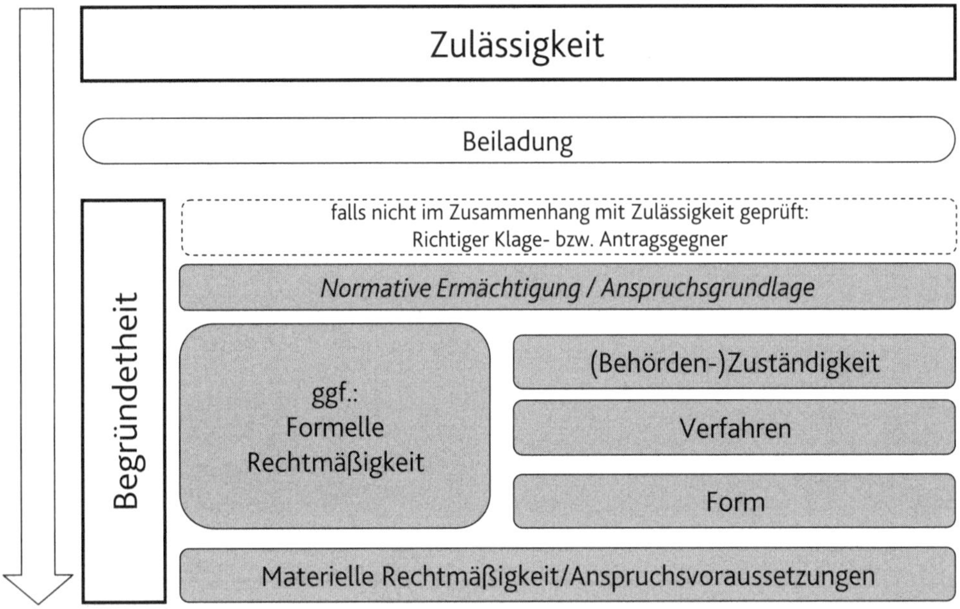

Übersicht III: Der Verwaltungsrechtsweg (nach § 40 I VwGO)

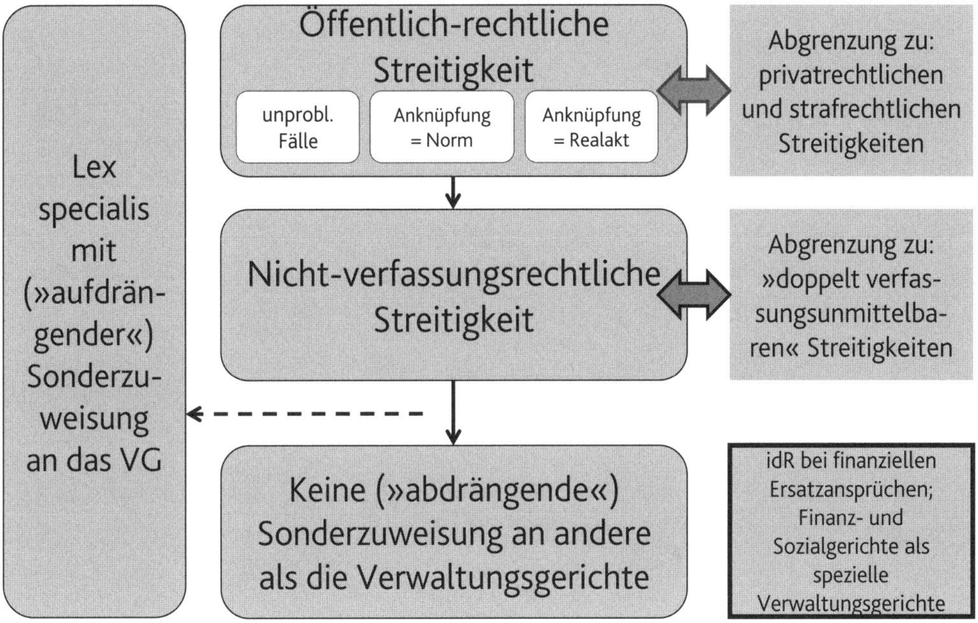

Fall 1

Sachverhalt

Der Bauherr B hat in der Gemeinde G ein repräsentatives Eigenheim errichtet. Der Abteilungsleiter im Bauamt der Gemeinde G stellt beim Aktenstudium zufällig fest, dass das Haus des B abweichend vom beantragten und genehmigten Vorhaben nicht zwei, sondern drei Stockwerke bei zu geringer Dachneigung hat und über einen ursprünglich nicht vorgesehenen Anbau mit Sauna und Schwimmbecken verfügt. Die Gemeinde ordnet daraufhin an, dass B den Abriss der nicht genehmigten Bauteile in die Wege zu leiten habe; zudem wird die Ersatzvornahme angedroht. B will sich dagegen wehren.

Ist der Verwaltungsrechtsweg eröffnet?

§ 76 LBO – Herstellung ordnungsgemäßer Zustände
Werden Anlagen im Widerspruch zu öffentlich-rechtlichen Vorschriften errichtet oder geändert, so kann die Bauaufsichtsbehörde die teilweise oder vollständige Beseitigung der Anlage anordnen, wenn nicht auf andere Weise rechtmäßige Zustände hergestellt werden können. […]

Lösung

1. Der Verwaltungsrechtsweg kann durch sog. aufdrängende Sonderzuweisungen eröffnet sein. Darunter versteht man Vorschriften, die sich speziell auf bestimmte Streitigkeiten beziehen und für diese die Zuständigkeit der Verwaltungsgerichtsbarkeit vorsehen. Eine solche Spezialvorschrift für Streitigkeiten über den Abriss von baulichen Anlagen ist aber nicht ersichtlich.

2. Daher bestimmt sich die Eröffnung des Verwaltungsrechtswegs hier nach der Generalklausel des § 40 I 1 VwGO. Der Verwaltungsrechtsweg ist in allen öffentlich-rechtlichen Streitigkeiten nichtverfassungsrechtlicher Art eröffnet, soweit die Streitigkeit nicht durch Bundesgesetz einem anderen Gericht ausdrücklich zugewiesen ist.

a) Eine öffentlich-rechtliche Streitigkeit ist dadurch gekennzeichnet, dass die Beteiligten um die Anwendung einer öffentlich-rechtlichen Norm streiten. Streitgegenstand ist hier eine Abrissverfügung. Diese richtet sich nach § 76 LBO. Für die Bestimmung der Rechtsnatur dieser Vorschrift gibt es verschiedene Ansatzpunkte.

aa) Nach der modifizierten Subjektstheorie ist entscheidend, dass die Norm ausschließlich einen Träger öffentlicher Gewalt berechtigt oder verpflichtet.[1] § 76 LBO wendet sich allein an die Bauaufsichtsbehörde. Die Vorschrift richtet sich damit an einen Träger öffentlicher Gewalt und ist nach der modifizierten Subjektstheorie als öffentlich-rechtlich zu qualifizieren.

1 *Kopp/Schenke* § 40 Rn. 11; *Schenke* VerwProzR Rn. 104.

Hinweis: In ihrer ursprünglichen Fassung unterstellte die Subjektstheorie die Rechtsbeziehungen des Staates generell dem öffentlichen Recht.[2] Dies ließ jedoch unberücksichtigt, dass der Staat mitunter auch privatrechtlich handelt, beispielsweise beim Erwerb von Büromaterial.[3] Die damit notwendig gewordene Weiterentwicklung der Subjektstheorie mündete in die modifizierte Subjektstheorie. Dabei haben sich aber zwei Spielarten entwickelt. Hier unter aa) wird die sog. formale modifizierte Subjektstheorie dargestellt, die auch im Folgenden verwendet wird. Daneben wird die sog. materielle modifizierte Subjektstheorie vertreten. Sie fragt danach, ob zumindest ein Zuordnungssubjekt der fraglichen Norm ein Träger öffentlicher Gewalt als solcher ist.[4] Die Unterschiede zwischen der formalen und materiellen modifizierten Subjektstheorie sind gering. Beide Varianten sind in Klausuren in aller Regel gleichermaßen vertretbar.

bb) Die Subordinationstheorie (oder Über-Unterordnungstheorie) knüpft daran an, ob die fragliche Norm auf einem Über-Unterordnungsverhältnis zwischen einem Träger öffentlicher Gewalt und einem anderen Rechtssubjekt beruht, während sich das Privatrecht durch gleichgeordnete Rechtssubjekte auszeichnet.[5] Nach § 76 LBO kann die Bauaufsichtsbehörde ihre Verfügung einseitig anordnen. Sie kann diese auch mittels der Ersatzvornahme zwangsweise durchsetzen. Folglich besteht ein Über-Unterordnungsverhältnis und § 76 LBO ist auch nach dieser Auffassung öffentliches Recht.

cc) Die Interessentheorie schließlich stellt darauf ab, ob die Vorschrift dem Individualinteresse dient – und dann privatrechtlicher Natur ist – oder ob sie im staatlichen Interesse liegt und dann öffentlich-rechtlich zu qualifizieren ist.[6] Der Erlass einer Abrissverfügung dient der Wiederherstellung eines Bebauungszustandes, der mit öffentlich-rechtlichen Vorschriften, insbesondere planungsrechtlichen und ordnungsrechtlichen Vorgaben übereinstimmt. Die Abrissverfügung verfolgt damit auch staatliche Interessen.

Hinweis: Als alleiniger Maßstab konnte sich bislang keiner der drei Ansätze durchsetzen. Gegen die Subordinationstheorie wird etwa eingewandt, dass nicht nur im Privatrecht, sondern auch im öffentlichen Recht gleichgeordnete Vertragsverhältnisse existieren (vgl. §§ 54 ff. VwVfG). Keinesfalls lässt sich auch sagen, dass Normen stets nur private oder öffentliche Interessen verfolgen würden, wie es im Ausgangspunkt der Interessentheorie zugrunde liegt. In der Praxis wird durch die Gerichte häufig auf eine Kombination mehrerer Ansätze zurückgegriffen.[7] Am praktikabelsten ist noch die modifizierte Subjektstheorie. Für Klausuren hat es sich eingebürgert, die modifizierte Subjektstheorie kurz heranzuziehen und nur in Zweifelsfällen (wenn die Zuordnung einer Norm unklar ist oder keine eindeutige normative Anknüpfung ersichtlich ist), eine umfänglichere Subsumtion über alle drei Theorien vorzunehmen.

b) Die Streitigkeit muss auch nichtverfassungsrechtlicher Art sein. Für dieses Element stehen ebenfalls verschiedene Herangehensweisen bereit.

aa) Zumeist wird angenommen, dass ein Streit verfassungsrechtlicher Art doppelte Verfassungsunmittelbarkeit voraussetzt. Dafür müssten unmittelbar am Verfassungs-

2 Vgl. *Schenke* VerwProzR Rn. 105.

3 Zu den Fallgruppen, in denen die Verwaltung privatrechtlich handeln kann oder sogar muss, vgl. *Maurer* VerwR AT § 3 Rn. 18 ff.

4 Schoch/Schmidt-Aßmann/Bier/*Ehlers* § 40 Rn. 235 ff.; *Maurer* VerwR AT § 3 Rn. 13; HK-VerwR/*Unruh* § 40 VwGO Rn. 104.

5 *Maurer* VerwR AT § 3 Rn. 12; *Schenke* VerwProzR Rn. 100.

6 HK-VerwR/*Unruh* § 40 VwGO Rn. 100; *Hufen* VerwProzR § 11 Rn. 15.

7 Vgl. *Maurer* VerwR AT § 3 Rn. 14; HK-VerwR/*Unruh* § 40 VwGO Rn. 106.

leben Beteiligte über Rechte und Pflichten streiten, die ebenfalls unmittelbar der Verfassung entstammen.[8] Zwar mögen Bauherr B und die Gemeinde G letzten Endes, wie oftmals in Verwaltungsstreitigkeiten, auch um Grundrechte streiten. Zumindest aber die Gemeinde G ist kein unmittelbar am Verfassungsleben Beteiligter. Danach würde es sich um einen nichtverfassungsrechtlichen Streit handeln.

bb) Nach einer anderen, formal geprägten Sichtweise muss die Streitigkeit durch eine gesetzliche Vorschrift der Verfassungsgerichtsbarkeit zugewiesen sein.[9] Daran fehlt es hier.

cc) Wieder andere stellen darauf ab, ob ein materieller Bezug zum Verfassungsrecht besteht – was sich etwa dadurch ergeben soll, dass Gegenstand des Rechtsstreits die Auslegung einer Verfassungsvorschrift ist oder maßgeblich durch das Verfassungsrecht geprägt ist.[10] Streitgegenstand ist hier eine Abrissverfügung, deren Rechtmäßigkeit sich nach Bauordnungsrecht bestimmt. Ein besonderer Bezug zum Verfassungsrecht besteht damit nicht.

dd) Schließlich lässt sich in Anlehnung an die materielle modifizierte Subjektstheorie auch vertreten, dass eine verfassungsrechtliche Streitigkeit dann anzunehmen ist, wenn der Gegner des Rechtsstreits ein Subjekt des Verfassungsrechts als solches ist. Die Gemeinde G ist nicht in einer Funktion als Rechtssubjekt des Verfassungsrechts am Rechtsstreit beteiligt.

Hinweis: In aller Regel sind Ausführungen in dieser Breite bei der Frage nach einer nichtverfassungsrechtlichen Streitigkeit nicht erforderlich. Es reicht grundsätzlich aus, die doppelte Verfassungsunmittelbarkeit zu überprüfen.

c) Schließlich darf die Streitigkeit nicht durch Bundesgesetz einem anderen Gericht ausdrücklich zugewiesen sein (sog. abdrängende Sonderzuweisung). Auch eine solche ist aber nicht ersichtlich.

d) Der Verwaltungsrechtsweg ist damit nach § 40 I 1 VwGO eröffnet.

---

8 *Detterbeck* VerwR AT Rn. 1327; NK-VwGO/*Sodan* § 40 Rn. 189; *Würtenberger* VerwProzR Rn. 161.

9 *Wertenbruch* DÖV 1959, 506 (507). Vgl. ansonsten die Darstellung bei Schoch/Schmidt-Aßmann/Bier/*Ehlers* § 40 Rn. 139 f.; *Schenke* VerwProzR Rn. 129 ff.

10 *Di Fabio*, Rechtsschutz im parlamentarischen Untersuchungsverfahren, 1988, 106 ff.

Fall 2

Sachverhalt

S hatte sich als Soldat auf Zeit für 15 Jahre verpflichtet. Pläne für sein anschließendes Berufsleben hat er noch nicht gemacht, zumal der Arbeitsmarkt ohnehin angespannt ist. Zwei Jahre vor dem Ende seiner Dienstzeit stellt er deshalb einen Antrag auf Übernahme in das Dienstverhältnis eines Berufssoldaten. Dieser Antrag wird jedoch abgelehnt. Hiergegen will S gerichtlich vorgehen.

Ist der Verwaltungsrechtsweg eröffnet?

§ 82 Soldatengesetz (SG) – Zuständigkeiten
(1) Für Klagen der Soldaten, der Soldaten im Ruhestand, der früheren Soldaten, der Dienstleistungspflichtigen gemäß § 59 Abs. 3 Satz 1 und der Hinterbliebenen aus dem Wehrdienstverhältnis ist der Verwaltungsrechtsweg gegeben, soweit nicht ein anderer Rechtsweg gesetzlich vorgeschrieben ist. [...]

[Ein anderer Rechtsweg ist gesetzlich nicht vorgeschrieben.]

Lösung

Der Verwaltungsrechtsweg könnte hier schon nach § 82 SG eröffnet sein. Danach ist für Klagen der Soldaten aus dem Wehrdienstverhältnis der Verwaltungsrechtsweg gegeben, sofern nicht ein anderer Rechtsweg gesetzlich vorgeschrieben ist. S streitet mit seinem Dienstherrn um die Übernahme in das Dienstverhältnis eines Berufssoldaten. Dieser Streitgegenstand resultiert aus dem Wehrdienstverhältnis. Hierfür ist gesetzlich kein anderer Rechtsweg vorgeschrieben. Nach der aufdrängenden Sonderzuweisung des § 82 SG ist damit der Verwaltungsrechtsweg eröffnet.

Hinweis: Aufdrängende Sonderzuweisungen kommen regelmäßig in Betracht, wenn der Bürger in einem besonderen Näheverhältnis zum Staat steht, zB als Beamter (§ 126 BRRG, § 54 BeamtStG), Richter (§§ 46, 71 III DRiG) oder Soldat (§ 82 SG). Die Regelungen für Wehrpflichtige (§ 32 WPflG) und Zivildienstleistende (§ 78 II ZDG) haben mittlerweile an Relevanz verloren.

Fall 3

Sachverhalt

Die Bauherrin B will in der Gemeinde G ein Haus bauen. Die Gemeinde G schließt, vertreten durch den Bürgermeister, mit B eine vertragliche Vereinbarung, nach der B 80% und G 20% der Erschließungskosten zu tragen hat. Später kommt es zu Streitigkeiten über die Erfüllung des Vertrages.

Ist der Verwaltungsrechtsweg eröffnet?

§ 127 BauGB – Erhebung des Erschließungsbeitrags
(1) Die Gemeinden erheben zur Deckung ihres anderweitig nicht gedeckten Aufwands für Erschließungsanlagen einen Erschließungsbeitrag nach Maßgabe der folgenden Vorschriften. […]

Lösung

Eine aufdrängende Sonderzuweisung besteht nicht. Nach der Generalklausel des § 40 I 1 VwGO muss es sich um eine öffentlich-rechtliche Streitigkeit nichtverfassungsrechtlicher Art handeln. Eine Streitigkeit ist öffentlich-rechtlich, wenn die Beteiligten um die Anwendung einer öffentlich-rechtlichen Norm streiten. Streitgegenstand ist hier allerdings ein Vertrag, den sie geschlossen haben, und nicht unmittelbar eine gesetzliche Vorschrift. In diesem Fall ist auf den Gegenstand des Vertrages abzustellen,[1] der entweder insgesamt dem öffentlichen Recht oder dem Privatrecht zuzuordnen ist.[2] Von einem öffentlich-rechtlichen Vertragsgegenstand ist auszugehen, wenn er sich auf einen Sachbereich bezieht, der nach öffentlich-rechtlichen Regeln zu beurteilen ist.[3] Hier hat der Vertrag die Verteilung der Erschließungsbeiträge für das Grundstück, auf dem B ihr Haus bauen möchte, zum Gegenstand. Die Erhebung von Erschließungsbeiträgen ist in den §§ 127 ff. BauGB geregelt und den Gemeinden vorbehalten. Das Recht der Erschließungsbeiträge ist daher öffentliches Recht.

Die Streitigkeit ist auch nichtverfassungsrechtlicher Art und eine abdrängende Sonderzuweisung existiert nicht. Der Verwaltungsrechtsweg ist eröffnet.

1 BeckOK VwVfG/*Kämmerer* § 54 Rn. 49; HK-VerwR/*Fehling* § 54 VwVfG Rn. 40; *Maurer* VerwR AT § 14 Rn. 11.

2 BVerwGE 42, 331 (333 f.); BeckOK VwVfG/*Kämmerer* § 54 Rn. 49; HK-VerwR/*Fehling* § 54 VwVfG Rn. 40; *Waldhoff* JuS 2013, 1055 (1056).

3 BVerwGE 74, 368 (370); 30, 65 (67); *Kopp/Ramsauer* § 54 Rn. 27, 30; Stelkens/Bonk/Sachs/*Bonk* § 54 Rn. 76; *Maurer* VerwR AT § 14 Rn. 7.

Fall 4

Sachverhalt

Bei der Verfolgung flüchtiger Bankräuber verursacht der Polizist P in seinem Dienstwagen einen Verkehrsunfall. Er hatte mit Blaulicht und Martinshorn rasant eine Kreuzung überquert, obwohl die Ampel ihm Rot gezeigt hatte. Der Geschädigte G verlangt Schadensersatz.

Welchem Rechtsgebiet ist die Streitigkeit zuzuordnen?

Lösung

Bei einer öffentlich-rechtlichen Streitigkeit streiten die Beteiligten um die Anwendung einer öffentlich-rechtlichen Norm. Konkret steht hier die Dienstfahrt des P im Streit. Bei dieser handelt es sich um Realhandeln oder sog. schlichtes Verwaltungshandeln;[1] Vorschriften, die sie näher regeln, existieren nicht. Daher lassen sich die gängigen Abgrenzungstheorien nicht verwenden. Realhandeln ist vielmehr dann dem öffentlichen Recht zuzuordnen, wenn ein enger Sach- und Funktionszusammenhang mit einem öffentlich-rechtlichen Zweck besteht.[2] P verfolgte mit seinem Dienstwagen flüchtige Bankräuber. Er nahm dabei Aufgaben der Strafverfolgung wahr (vgl. § 152 GVG). Hierbei handelt es sich um einen öffentlichen Zweck, sodass auch die Streitigkeit über den Unfall öffentlich-rechtlich zu qualifizieren ist.

Speziell bei Dienstfahrten wird diesem sog. Annex- oder Akzessorietätsgedanken die Auffassung entgegengestellt, dass die Teilnahme am Straßenverkehr grundsätzlich als privatrechtlich zu qualifizieren und nur dann öffentlich-rechtlich sei, wenn zugleich Sonderrechte nach § 35 StVO in Anspruch genommen werden.[3] P überfuhr eine rote Ampel unter Verwendung seines Blaulichts und Martinhorns, folglich unter Einsatz von Sonderrechten. Auch nach der Gegenauffassung handelt es sich also um eine öffentlich-rechtliche Streitigkeit.

Hinweis: Die Fallfrage ist hier ausnahmsweise nicht auf die zuständige Gerichtsbarkeit ausgerichtet, sondern allgemein auf das einschlägige Rechtsgebiet, weil hier trotz der öffentlich-rechtlichen Streitigkeit nicht die Verwaltungsgerichtsbarkeit, sondern die ordentliche Gerichtsbarkeit zuständig wäre (vgl. die abdrängende Sonderzuweisung Art. 34 S. 3 GG). Die Lösung enthält aus diesem Grund auch keine Ausführungen zur nichtverfassungsrechtlichen Art der Streitigkeit und anderen Sonderzuweisungen.

1 Vgl. *Maurer* VerwR AT § 15 Rn. 1 ff.
2 BGHZ 29, 38 (41); vgl. Schoch/Schneider/Bier/*Ehlers* § 40 Rn. 395; *Kopp/Schenke* § 40 Rn. 11, 29.
3 MüKoBGB/*Papier* § 839 Rn. 175; *Maurer* VerwR AT § 3 Rn. 30.

Fall 5

Sachverhalt

Die Professorin P, die an der staatlichen Universität U tätig ist, warnt in ihrer Vorlesung zum zivilrechtlichen Schadensersatzrecht vor den Mittagsgerichten des Restaurantbetreibers R. Diese seien »ungenießbar« und man könne nach einem Essen froh sein, wenn man nicht krank werde. Danach könne man gleich einen Termin bei seinem Anwalt machen. R hält dies für ungerechtfertigt und will sich hiergegen mit einem Unterlassungsanspruch wehren.

Ist der Verwaltungsrechtsweg eröffnet?

Lösung

Eine aufdrängende Sonderzuweisung besteht nicht. Für eine öffentlich-rechtliche Streitigkeit im Rahmen des § 40 I 1 VwGO müssen die Beteiligten um die Anwendung einer öffentlich-rechtlichen Norm streiten. Es fehlt aber an einer Vorschrift, die die Warnung – als Realhandeln – regelt. Auch hier kann deshalb auf einen engen Sach- und Funktionszusammenhang zu einem öffentlich-rechtlichen Zweck abgestellt werden. P äußert sich in einer Vorlesung an der staatlichen Universität im Rahmen eines öffentlichen Lehrauftrags und ihre Warnung bezieht sich auf die Speisen des R, was als Beispiel für das Schadensersatzrecht dienen soll. Die Vorlesung bereitet auf eine staatliche Prüfung vor. Die Äußerung der P erfolgte auch im Rahmen ihrer Lehrtätigkeit und nicht in einem privaten Umfeld. Sie handelte also öffentlich-rechtlich. Damit ist auch die Streitigkeit über einen Unterlassungsanspruch eine öffentlich-rechtliche Streitigkeit.

Die Streitigkeit ist nichtverfassungsrechtlicher Art und wird nicht von einer abdrängenden Sonderzuweisung erfasst. Der Verwaltungsrechtsweg ist damit eröffnet.

Fall 6

Sachverhalt

Die Verwaltung der Stadt H erlässt eine »Verordnung zum Schutz der städtebaulichen Substanz«. Nach dieser ist es in der Stadt verboten, Tauben zu füttern. A, die einen Großteil ihrer Freizeit mit dem Füttern von Tauben verbringt, möchte gegen die Verordnung vorgehen.

Ist der Verwaltungsrechtsweg eröffnet?

§ 1 Verordnung – Fütterungsverbot
Es ist verboten, in H auf öffentlichem Grund verwilderte Tauben zu füttern. Dieses Verbot erfasst auch das Auslegen von Futter- und Lebensmitteln, die erfahrungsgemäß von Tauben aufgenommen werden.

§ 1 Gesetz zum Schutz der öffentlichen Sicherheit und Ordnung – Ermächtigung
Der Senat wird ermächtigt, durch Rechtsverordnung die zum Schutz der Allgemeinheit oder des einzelnen erforderlichen Bestimmungen zu erlassen, um Gefahren für die öffentliche Sicherheit oder Ordnung abzuwehren.

Lösung

Eine aufdrängende Sonderzuweisung greift nicht ein. Im Rahmen des § 40 I 1 VwGO fordert die Eröffnung des Verwaltungsrechtswegs unter anderem eine öffentlich-rechtliche Streitigkeit. A streitet mit der Stadt H um die Rechtmäßigkeit der Verordnung, die ihr das Füttern von Tauben verbietet. Der Erlass einer Verordnung ist eine Handlung, die allein der Verwaltung vorbehalten ist (vgl. Art. 80 I GG). Der öffentlich-rechtliche Charakter der vorliegenden Streitigkeit ergibt sich dann schon daraus, dass sich A gegen eine Verordnung wehrt, die nur von der Verwaltung erlassen werden kann.[1]

Hinweis: Ähnliches gilt für Handlungen, die eindeutig als Verwaltungsakt qualifiziert werden. Mit dem Verwenden solcher hoheitlichen Handlungsformen beschreitet die Verwaltung zwingend einen öffentlich-rechtlichen Weg. Streitigkeiten, die die Gültigkeit der fraglichen Handlung zum Gegenstand haben, sind damit stets öffentlich-rechtlich. Ob der Träger hoheitlicher Gewalt in den fraglichen Situationen auch rechtlich dazu befugt war, öffentlich-rechtliche Handlungsformen zu ergreifen, ist hingegen für die Eröffnung des Verwaltungsrechtswegs irrelevant. Der Bürger muss auf die staatliche Maßnahme reagieren und kann dem Träger öffentlicher Gewalt auf dem eingeschlagenen Weg nur folgen. Gegebenenfalls muss die Gerichtsbarkeit, die sich durch die gewählte Handlungsform ergibt, den Einsatz der konkreten Handlungsform für rechtswidrig erklären. Dies wäre aber eine Frage der Begründetheit. In Klausuren schadet es nicht, diese Herleitung des Verwaltungsrechtswegs über die Handlungsform zugleich mit den oben beschriebenen Abgrenzungstheorien zu begründen.

1 *Detterbeck* VerwR AT Rn. 1322; *vgl.* auch Schoch/Schmidt-Aßmann/Bier/*Ehlers* § 40 Rn. 299.

Die öffentlich-rechtliche Natur dieser Streitigkeiten »über die Gültigkeit« der Verordnung impliziert aber nicht, dass auch Streitigkeiten um Rechte und Pflichten »aus« der Verordnung in jedem Fall öffentlich-rechtlicher Natur sind. Dies bestimmt sich vielmehr nach dem (öffentlich- oder privatrechtlichen) Gegenstand der Verordnung.

Die Streitigkeit ist auch nichterfassungsrechtlicher Art und eine abdrängende Sonderzuweisung besteht nicht. Der Verwaltungsrechtsweg ist eröffnet.

Fall 7

Sachverhalt

Das Unternehmen U will in der Kleinstadt K eine Fabrik zur Herstellung von Mikrochips errichten. Da sich das Bundesland B davon die Schaffung vieler Arbeitsplätze erhofft, bewilligt es U eine finanzielle Förderung durch Verwaltungsakt. Die Umsetzung der bewilligten Förderung erfolgt durch ein Darlehen zu besonders günstigen Konditionen.

Ist der Verwaltungsrechtsweg eröffnet, wenn

a) das Bundesland B die Subventionsgewährung widerruft?

b) das Bundesland B das Unternehmen U auf Zahlung von Zinsen verklagt?

Lösung

a) Eine aufdrängende Sonderzuweisung ist nicht vorhanden. Die Subventionsgewährung fand durch Verwaltungsakt statt, schon deshalb ist die Streitigkeit öffentlich-rechtlicher Natur.

Die Streitigkeit ist auch nichtverfassungsrechtlicher Art und nicht von einer abdrängenden Sonderzuweisung erfasst. Der Verwaltungsrechtsweg ist insofern erfasst.

b) Auch hinsichtlich der Zinsforderung fehlt es an einer aufdrängenden Sonderzuweisung. Allein weil die Subventionsgewährung öffentlich-rechtlicher Natur ist, muss nicht auch die Auszahlung des Darlehens als öffentlich-rechtlich zu qualifizieren sein. Nach der Zweistufentheorie ist zwischen dem »Ob« und dem »Wie« einer Leistungsgewährung zu unterscheiden.[1] Das »Ob« betrifft die grundlegende Bewilligung einer Leistung und ist alleine öffentlich-rechtlich zulässig. Das »Wie« hingegen betrifft die konkrete Auszahlung und Abwicklung der Förderung. Im Bereich der Leistungsverwaltung hat die Verwaltung ein Wahlrecht, ob sie das »Wie« öffentlich-rechtlich oder privatrechtlich ausgestaltet. Hier hat B einen Darlehensvertrag mit U abgeschlossen. Dieser ist in § 488 BGB geregelt und privatrechtlicher Natur. Es handelt sich insoweit nicht um eine öffentlich-rechtliche Streitigkeit.

1 *Maurer* VerwR AT § 17 Rn. 11 ff.; *Detterbeck* VerwR AT Rn. 909 ff.

Fall 8

Sachverhalt

Als das Oberhaupt des Fürstengeschlechts F stirbt, hinterlässt er seiner Witwe und Alleinerbin ein riesiges Vermögen, vor allem in Form von Wäldern und Gewässern. Seine Witwe W sieht sich zunächst aber nicht in der Lage, die hohe Erbschaftsteuerschuld in Höhe von etwa 20 Millionen EUR zu begleichen, und vereinbart mit dem Fiskus einen Steuerstundungsvertrag. Später kommt es zu Streitigkeiten um die Auslegung einer Klausel dieses Vertrags.

Ist der Verwaltungsrechtsweg eröffnet?

§ 222 AO – Stundung
Die Finanzbehörden können Ansprüche aus dem Steuerschuldverhältnis ganz oder teilweise stunden, wenn die Einziehung bei Fälligkeit eine erhebliche Härte für den Schuldner bedeuten würde und der Anspruch durch die Stundung nicht gefährdet erscheint. [...]

§ 33 FGO – Rechtsweg
(1) Der Finanzrechtsweg ist gegeben
1. in öffentlich-rechtlichen Streitigkeiten über Abgabenangelegenheiten, soweit die Abgaben der Gesetzgebung des Bundes unterliegen und durch Bundesfinanzbehörden oder Landesfinanzbehörden verwaltet werden, [...]

Abdrängende Sonderzuweisung

Lösung

Da eine aufdrängende Sonderzuweisung nicht in Betracht kommt, richtet sich die Eröffnung des Verwaltungsrechtswegs nach § 40 I 1 VwGO. Der geschlossene Vertrag bezieht sich auf steuerrechtliche Regelungen und damit auch öffentliches Recht. Die Streitigkeit ist auch nichtverfassungsrechtlicher Art.

Nach § 33 I Nr. 1 FGO ist jedoch in allen öffentlich-rechtlichen Streitigkeiten über Abgabenangelegenheiten, die wie die Erbschaftsteuer der Gesetzgebung des Bundes unterliegen und durch Landesfinanzbehörden verwaltet werden, der Finanzrechtsweg eröffnet. Der Verwaltungsrechtsweg ist damit aufgrund einer abdrängenden Sonderzuweisung ausgeschlossen.

Hinweis: Eine vergleichbare Vorschrift findet sich für das Sozialrecht in § 51 SGG.

Fall 9

Sachverhalt

Im Zuge der Recherche eines großen Nachrichtenmagazins kommt heraus, dass die P-Partei die staatlichen Zuwendungen, die ihr nach dem Parteiengesetz zustehen, teilweise für die Finanzierung privater Auslandsreisen ihrer Vorstandsmitglieder verwendet hat. Der Präsident des Bundestages fordert daraufhin die zweckentfremdeten Mittel von der P-Partei zurück. Diese will sich gegen das Zahlungsbegehren zur Wehr setzen.

Ist der Verwaltungsrechtsweg eröffnet?

§ 19 PartG – Grundsätze und Umfang der staatlichen Finanzierung
Die Parteien erhalten Mittel als Teilfinanzierung der allgemein ihnen nach dem Grundgesetz obliegenden Tätigkeit. [...]

§ 31a PartG – Rückforderung der staatlichen Finanzierung
(1) Soweit im Rechenschaftsbericht Zuwendungen (§ 18 Abs. 3 Satz 1 Nr. 3) zu Unrecht ausgewiesen worden sind und dadurch der Betrag der der Partei zustehenden staatlichen Mittel unrichtig festgesetzt worden ist, nimmt der Präsident des Deutschen Bundestages die gemäß § 19a Abs. 1 erfolgte Festsetzung der staatlichen Mittel zurück. [...]
(3) Mit der Rücknahme setzt der Präsident des Deutschen Bundestages den von der Partei zu erstattenden Betrag durch Verwaltungsakt fest.

Lösung

Da eine aufdrängende Sonderzuweisung fehlt, könnte der Verwaltungsrechtsweg nach § 40 I 1 VwGO eröffnet sein. Die Beteiligten streiten hier um die Rückzahlung von Mitteln der Parteifinanzierung gemäß §§ 19, 31a PartG. Diese Vorschriften berechtigten mit dem Bundestagspräsidenten (§ 31a III PartG) gerade einen Träger öffentlicher Gewalt als solchen. Es handelt sich um eine öffentlich-rechtliche Norm und damit auch eine öffentlich-rechtliche Streitigkeit.

Die Streitigkeit muss auch nichtverfassungsrechtlicher Art sein. Eine verfassungsrechtliche Streitigkeit liegt vor, wenn sowohl die Beteiligten Subjekte des Verfassungslebens sind als auch die Streitigkeit unmittelbar verfassungsrechtliche Fragen zum Gegenstand hat (doppelte Verfassungsunmittelbarkeit). Der Präsident des Deutschen Bundestags ist ein unmittelbar am Verfassungsleben Beteiligter, ebenso wie Parteien aufgrund von Art. 21 GG. Die Rückzahlungspflicht als Streitgegenstand muss auch unmittelbar dem Verfassungsrecht entstammen. Zwar lässt Art. 21 GG Rückschlüsse auf die staatliche Finanzierung von Parteien zu,[1] ordnet sie aber nicht an. Die konkrete Ausgestaltung dieses Rechts erfolgt einfachgesetzlich durch das

1 Jarass/Pieroth/*Pieroth* Art. 21 Rn. 13 f.

PartG und ist nicht unmittelbar Gegenstand von Verfassungsrecht. Mit Blick auf den nichtverfassungsrechtlichen Gegenstand tritt der Präsident des Bundestags (vgl. Art. 40 II GG) hier auch nicht als Verfassungsbeteiligter, sondern als Verwaltungsorgan, mithin als Behörde, in Erscheinung. Die Streitigkeit ist nichtverfassungsrechtlicher Art.[2]

Eine abdrängende Sonderzuweisung existiert nicht und der Verwaltungsrechtsweg ist eröffnet.[3]

---

2 Vgl. BVerwG NJW 1985, 2344; StGH Bremen NVwZ 1997, 786.

3 Bei der Frage, ob die Rückzahlung von Mitteln der Parteifinanzierung verfassungs- oder verwaltungsrechtlicher Art ist, lässt sich eine andere Ansicht vertreten.

Fall 10

Sachverhalt

Der Bund möchte eine Bundesfernstraße sechsspurig ausbauen. Dem Bauern B wird daher ein Teil seiner Ackerflächen enteignet. B will gegen die Enteignung vorgehen, mindestens aber eine höhere als die vorgesehene Entschädigung verlangen.

Ist der Verwaltungsrechtsweg eröffnet?

Lösung

Es fehlt an einer aufdrängenden Sonderzuweisung. Die Beteiligten streiten um eine Enteignung und eine möglicherweise in Betracht kommende Entschädigung. Die Enteignung richtet sich nach Art. 14 III GG und den dazu erlassenen einfachgesetzlichen Vorschriften. Zuordnungssubjekt dieser Vorschriften ist ein Träger öffentlicher Gewalt als solcher. Auch Vorschriften über eine mögliche Enteignung richten sich spezifisch an einen Träger öffentlicher Gewalt.

In materieller Hinsicht geht es bei der Streitigkeit zwischen dem Bund und B zumindest teilweise um das Grundrecht auf Eigentum aus Art. 14 I GG. B ist aber kein Rechtssubjekt des Verfassungslebens. Die Streitigkeit ist deshalb nichtverfassungsrechtlicher Art.

Für ein Vorgehen gegen die Enteignung selbst findet sich keine abdrängende Sonderzuweisung. Insofern ist der Verwaltungsrechtsweg eröffnet.

Hinsichtlich einer möglichen Enteignung ist allerdings Art. 14 III 4 GG zu beachten. Danach steht wegen der Höhe der Entschädigung im Streitfalle der Rechtsweg vor den ordentlichen Gerichten offen. In dieser Frage ist der Verwaltungsrechtsweg wegen einer abdrängenden Sonderzuweisung also nicht eröffnet.

Hinweis: An eine abdrängende Sonderzuweisung ist neben der Zuweisung zu anderen Gerichtszweigen stets in Fällen zu denken, in denen vom Staat finanzielle Ersatzleistungen gefordert werden, zB Art. 34 S. 3 GG, § 40 II 1 VwGO.

Teil 2. Klausurfälle

Fall 1 – Denkmallasten

Sachverhalt

Die E ist alleinige Eigentümerin eines alten, im Originalzustand erhaltenen Fachwerkhauses in der Gemeinde G. Das Haus, das weit über die Gemeindegrenzen bei Fachleuten und Architekturinteressierten bekannt ist, legt ein bedeutendes Zeugnis für die Geschichte des oberdeutschen Firstsäulenbaus ab. Aus diesem Grund wurde das Haus 2003 durch die zuständige Denkmalschutzbehörde der Gemeinde G in rechtmäßiger Weise unter Denkmalschutz gestellt.

Das Gebäude liegt an einer vielbefahrenen Straße in G und ist daher starken Umwelteinflüssen ausgesetzt. Da sich E um die Substanz des Hauses seit 2003 nicht gekümmert hat, verfällt es mit der Zeit. Es erscheint sogar möglich, dass Teile der Fassade auf die Straße fallen. Bauhistoriker zeigen sich ernsthaft besorgt und teilen ihre Bedenken der Denkmalschutzbehörde mit. Daraufhin erhält E von der zuständigen Denkmalschutzbehörde der Gemeinde G nach Anhörung im Juli 2011 einen Bescheid, in dem sie aufgefordert wird, »der Erhaltungspflicht für Ihr Denkmal nachzukommen« sowie »die notwendigen Sicherungsmaßnahmen zu veranlassen«. Diese Aufforderungen sind mit der Androhung verbunden, dass man, falls E ihnen nicht nachkomme, notfalls auch auf Kosten der E einen Dritten mit den Arbeiten beauftragen würde. Die Behörde geht davon aus, dass etwa 8.000 EUR zur Instandsetzung notwendig sind. Zur Begründung für den Bescheid wird auf die besondere Bedeutung des Bauwerks und seinen desolaten Zustand verwiesen. Der zuständige Sachbearbeiter der Denkmalschutzbehörde verbindet die Begründung des Bescheids mit dem Angebot, »zur Festlegung des konkreten Maßnahmenumfangs« einen gemeinsamen Ortstermin zu vereinbaren.

Gegen den Bescheid erhebt E ordnungsgemäß, aber ohne Erfolg Widerspruch. Am 15.9.2011 wird E der ablehnende Widerspruchsbescheid zugestellt und am Montag, 17.10.2011, erhebt sie Klage beim zuständigen Verwaltungsgericht. E beruft sich darauf, dass sie das notwendige Geld für andere Anschaffungen verplant habe. Außerdem sei sie keine Bauingenieurin und verstehe deshalb auch gar nicht, was sie machen solle.

Hat die Klage Aussicht auf Erfolg? Gegebenenfalls ist ein Hilfsgutachten zu erstellen.

Anhang:[1]

Landesdenkmalschutzgesetz – LDSG (Auszug):

§ 7 LDSG – Erhaltungspflicht
(1) Verfügungsberechtigte von Denkmalen haben diese im Rahmen des Zumutbaren nach denkmalpflegerischen Grundsätzen zu erhalten, zu schützen und zu pflegen.
[...]

1 Die Vorschriften basieren auf dem brandenburgischen Landesrecht.

§ 8 LDSG – Maßnahmen der Denkmalschutzbehörden
(1) Die Denkmalschutzbehörde hat nach pflichtgemäßem Ermessen diejenigen Maßnahmen zu ergreifen, die zum Schutz der Denkmale erforderlich sind.
(2) Kommen Verfügungsberechtigte oder Veranlasser ihren Pflichten nach § 7 nicht nach und tritt hierdurch eine Gefährdung des Denkmals ein, können sie im Rahmen des Zumutbaren von der Denkmalschutzbehörde verpflichtet werden, die zum Schutz des Denkmals erforderlichen Maßnahmen durchzuführen.
(3) Erfordert der Zustand eines Denkmals Maßnahmen zu seinem Schutz, ohne deren unverzügliche Durchführung es gefährdet würde, kann die Denkmalschutzbehörde diese Maßnahmen im Rahmen des Zumutbaren auf Kosten der Verfügungsberechtigten oder Veranlasser selbst durchführen oder durchführen lassen.

Übersicht IV: Zulässigkeit der Anfechtungsklage
(verfahrensspezifische Sachentscheidungsvoraussetzungen)

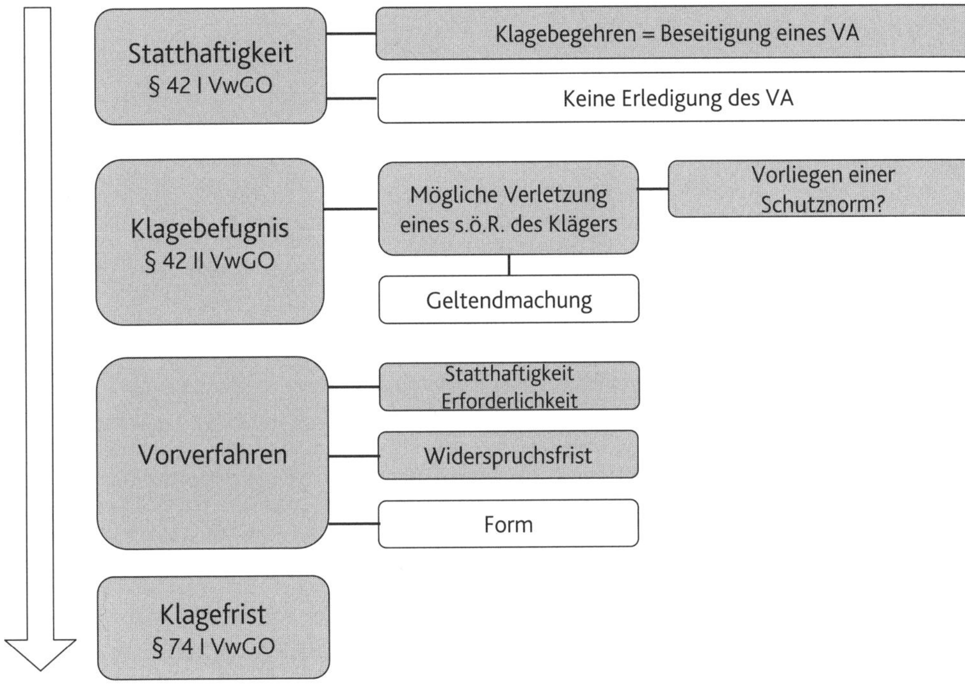

Übersicht V: Widerspruch bzw. Widerspruchsverfahren als Zulässigkeitsvoraussetzung

Regel: Vorverfahren ist klagespezifische Sachurteilsvoraussetzung bei

- Anfechtungsklage (§ 68 I VwGO)
- Verpflichtungsklage als Versagungsgegenklage (§ 68 II, sonst § 75 VwGO)
- als Fortsetzungsfeststellungsklage fortgeführter Anfechtungs- oder Verpflichtungsklage

Ausnahmen

Entbehrlichkeit

des **Widerspruchs**: bei nichtigem VA

des **Vorverfahrens**, nicht des Widerspruchs (*streitig*): bei Verzicht der Behörde auf Durchführung? (aA: Vorverfahren als Sachurteilsvoraussetzung nicht disponibel)

Unstatthaftigkeit des Widerspruch(sverfahren)s

- wo Landesrecht es ganz oder teilweise abgeschafft hat
- in den Fällen des § 68 VwGO
  - VA oberster Bundes- oder Landesbehörden, § 68 I 2 Nr. 1
  - erstmalige Beschwer im W'verfahren, § 68 I 2 Nr. 2
  - ebenso: neue Beschwer im W'verfahren
  - Spezialgesetz, § 68 I 2 Var. 1

Lösung[2]

Schwerpunkte:
- Verwaltungsakt als Handlungsform
- Anfechtungsklage, Fristberechnung
- Bestimmtheit

Die Klage hat Erfolg, wenn sie zulässig und begründet ist.

Hinweis: Die Erläuterungen in der Lösungsskizze sind zum Teil ausführlicher, als in einer Klausur erwartet würde, um bestimmte Grundlagen und Systematiken zu verdeutlichen.

A. Zulässigkeit

I. Eröffnung des Verwaltungsrechtswegs

Der Verwaltungsrechtsweg ist eröffnet, wenn eine aufdrängende Sonderzuweisung oder die Generalklausel des § 40 I 1 VwGO dies anordnet. Eine aufdrängende Sonderzuweisung, die bei Streitigkeiten im Denkmalschutzrecht ausdrücklich eine Entscheidung durch die Verwaltungsgerichtsbarkeit vorgibt, existiert nicht. Entscheidend ist deshalb § 40 I 1 VwGO. Dieser setzt voraus, dass es sich um eine öffentlich-rechtliche Streitigkeit nichtverfassungsrechtlicher Art handelt und keine abdrängende Sonderzuweisung besteht.

Bei einer öffentlich-rechtlichen Streitigkeit streiten die Beteiligten um die Anwendung einer öffentlich-rechtlichen Norm. Um eine öffentlich-rechtliche Norm handelt es sich, wenn diese ausschließlich einen Träger öffentlicher Gewalt berechtigt oder verpflichtet (sog. modifizierte Subjektstheorie).[3] E und die Denkmalschutzbehörde streiten um eine Aufforderung an E, an ihrem denkmalgeschützten Fachwerkhaus verschiedene Arbeiten zur Erhaltung durchzuführen. Die Pflicht zur Erhaltung eines Denkmals, die den Eigentümer trifft, stammt aus § 7 I LDSG. Nach § 8 II LDSG können Eigentümer eines Denkmals verpflichtet werden, zu dessen Erhalt die erforderlichen Maßnahmen durchzuführen. Zu dieser Anordnung berechtigt ist nach § 8 II LDSG allein die Denkmalschutzbehörde und damit ein Träger öffentlicher Gewalt. Damit ist die Streitigkeit eine öffentlich-rechtliche.

Ferner muss die Streitigkeit nichtverfassungsrechtlicher Art sein. Eine verfassungsrechtliche Streitigkeit liegt vor, wenn zwei unmittelbar am Verfassungsleben Beteiligte um Rechte und Pflichten streiten, die unmittelbar der Verfassung entstammen (sog. doppelte Verfassungsunmittelbarkeit).[4] Die Erhaltungspflicht des § 7 I LDSG und die Möglichkeit, nach § 8 II LDSG den Eigentümer eines Denkmals zu verpflichten, resultieren nicht unmittelbar aus der Verfassung. Auch ist die Denkmalschutzbehörde nicht unmittelbar am Verfassungsleben beteiligt. Damit ist die Streitigkeit auch nichtverfassungsrechtlicher Art.

---

2 Der Fall ist angelehnt an die Entscheidung OVG Frankfurt/Oder LKV 2005, 413.

3 *Kopp/Schenke* § 40 Rn. 11; *Schenke* VerwProzR Rn. 104; vgl. Schoch/Schneider/Bier/*Ehlers* § 40 Rn. 235 ff.; *Maurer* VerwR AT § 3 Rn. 13; HK-VerwR/*Unruh* § 40 VwGO Rn. 104.

4 *Hufen* VerwProzR § 11 Rn. 49; Wolff/Decker/*Wolff* § 40 VwGO Rn. 65; aA *Schenke* VerwProzR Rn. 129 ff.

Schließlich ist auch keine besondere Vorschrift, die den Streit einer anderen als der Verwaltungsgerichtsbarkeit zuweist, vorhanden. Der Verwaltungsrechtsweg ist eröffnet.

II. Beteiligten- und Prozessfähigkeit

E ist gemäß § 61 Nr. 1 Var. 1 VwGO als natürliche geschäftsfähige Person beteiligtenfähig und prozessfähig nach § 62 I Nr. 1 VwGO. Die Gemeinde G ist nach § 61 Nr. 1 Var. 2 VwGO beteiligtenfähig und – vertreten durch ihren Bürgermeister – gemäß § 62 III VwGO prozessfähig.

III. Statthafte Klageart

Die statthafte Klageart richtet sich gemäß § 88 VwGO nach dem auslegungsfähigen Begehren des Klägers. E möchte sich gegen den Bescheid vom Juli 2011 wehren, wonach sie Arbeiten an ihrem Haus durchführen soll. Wenn es sich hierbei um einen Verwaltungsakt iSd § 35 S. 1 VwVfG handelt, ist die Anfechtungsklage nach § 42 I Var. 1 VwGO statthaft. Ein Verwaltungsakt ist gemäß § 35 S. 1 VwVfG jede Verfügung, Entscheidung oder andere hoheitliche Maßnahme, die eine Behörde zur Regelung eines Einzelfalls auf dem Gebiet des öffentlichen Rechts trifft und die auf unmittelbare Rechtswirkung nach außen gerichtet ist.

Hier stammt die Aufforderung von einer organisatorisch selbstständigen Stelle, die öffentlich-rechtliche Verwaltungstätigkeit (nach außen) ausübt,[5] also einer Behörde, nämlich der Denkmalschutzbehörde. Die Aufforderung hat die denkmalschutzrechtliche Erhaltungspflicht zum Gegenstand und entstammt damit dem Gebiet des öffentlichen Rechts.

> **Hinweis:** Für das Merkmal des »Gebiets des öffentlichen Rechts« kann regelmäßig auf die Überlegungen zurückgegriffen werden, die im Rahmen der Eröffnung des Verwaltungsrechtswegs angesprochen wurden.

Die Aufforderung vom Juli 2011 betrifft das Haus der E in seinem aktuellen baulichen Zustand und damit einen konkreten Sachverhalt und begründet mit der Konkretisierung der Erhaltungspflicht für E auch eine individuelle Verpflichtung. Somit ist die Maßnahme auf einen Einzelfall gerichtet.[6] Die Aufforderung, die notwendigen Sicherungsmaßnahmen zu veranlassen, wurde von der Denkmalschutzbehörde einseitig getroffen; E soll sich daran halten, mithin ist die Aufforderung auf eine verbindliche Rechtsfolge und damit insgesamt auf eine hoheitliche Regelung gerichtet.[7] Schließlich soll die Verpflichtung auch ohne weitere Zwischenakte gegenüber der E, die außerhalb der Verwaltung steht, eintreten, zielt also auch auf unmittelbare Rechtswirkung nach außen ab.[8] Die Merkmale des § 35 S. 1 VwVfG sind folglich erfüllt.[9]

---

5 *Kopp/Ramsauer* § 35 Rn. 65, § 1 Rn. 51; *Maurer* VerwR AT § 9 Rn. 22.

6 Vgl. zu diesem Merkmal *Detterbeck* VerwR AT Rn. 458 ff.; *Kopp/Ramsauer* § 35 Rn. 118 ff.

7 Hierzu *Maurer* VerwR AT § 9 Rn. 6 ff.; *Kopp/Ramsauer* § 35 Rn. 88 ff.

8 Wolff/Decker/*Wolff* § 35 VwVfG Rn. 75 ff.; *Detterbeck* VerwR AT Rn. 483 ff.

9 Zur Auslegung analog §§ 133, 157 BGB RGZ 91, 423 (426); BVerwGE 41, 305 (306); 48, 279 (281 f.); 67, 305 (307 f.); 106, 187 (189); BGHZ 86, 104 (110); VGH Kassel NVwZ-RR 2000, 557 (557); U. Stelkens/Bonk/Sachs/*U. Stelkens* § 35 Rn. 71. Vgl. zum sog. formellen Verwaltungsaktbegriff Stelkens/Bonk/Sachs/*U. Stelkens* § 35 Rn. 16; *Wolff/Bachof/Stober II* § 46 Rn. 27.

Hinweis: Dass es sich bei der Aufforderung aus dem Juli 2011 um einen Verwaltungsakt handelt, lässt sich auch mit einer objektivierten Auslegung analog §§ 133, 157 BGB der verwendeten Formalia begründen. Mit »Bescheid« verwendet die Behörde einen Begriff, der gemeinhin als Bezeichnung für einen Verwaltungsakt verwendet wird. Auch deutet das Hinzufügen einer Rechtsbehelfsbelehrung, die nur bei Verwaltungsakten verwendet wird, auf einen solchen hin.

Die Anfechtungsklage nach § 42 I Var. 1 VwGO ist statthaft.

IV. Klagebefugnis, § 42 II VwGO

Die Anfechtungsklage setzt voraus, dass der Kläger geltend macht, durch den Verwaltungsakt in seinen Rechten verletzt zu sein. Damit der Kreis der potentiellen Kläger eingegrenzt bleibt (Ausschluss der Popularklage), reicht eine bloße Behauptung einer Rechtsverletzung nicht aus.[10] Die Rechtsverletzung muss – was der Kläger geltend machen muss – möglich, darf also nicht von vornherein und offensichtlich ausgeschlossen sein.[11] Für den Adressaten eines belastenden Verwaltungsakts stellt dieser immer einen Eingriff dar, bei dem die Möglichkeit der Rechtsverletzung ohne Weiteres auf die allgemeine Handlungsfreiheit des Art. 2 I GG gestützt werden kann, ohne dass es weiterer Ausführungen bedarf (sog. Adressatengedanke bzw. »Adressatentheorie«).[12] E ist Adressatin des Verwaltungsakts vom Juli 2011. Dieser hat auch einen belastenden Inhalt, sodass E klagebefugt ist.

V. Vorverfahren

Voraussetzung für die Erhebung der Anfechtungsklage ist ferner die erfolglose Durchführung eines Vorverfahrens, das durch Erhebung eines Widerspruchs eingeleitet wird (§§ 68 ff. VwGO). Laut Sachverhalt ist dieses Vorverfahren hier ordnungsgemäß, aber erfolglos durchgeführt worden.

VI. Klagefrist

Die Klagefrist beträgt nach § 74 I VwGO einen Monat, beginnend mit Zustellung des Widerspruchsbescheids. Nach § 173 S. 1 VwGO, § 222 ZPO gelten für die Fristberechnung die §§ 187 ff. BGB. Der Widerspruchsbescheid wurde E am 15.9.2011 zugestellt. Bei der Zustellung handelt es sich um ein Ereignis iSd § 187 I BGB, sodass die Frist am folgenden Tag, dem 16.9.2011, beginnt. Die Berechnung des Monats erfolgt nach § 187 II BGB. Demnach endet die Frist an dem Tag des nächsten Monats, dessen Zahl dem des Trägers entspricht, an dem das Ereignis stattfand, also hier am 15.10.2011. E hat aber erst am 17.10.2011 Klage erhoben. Dies führt aber nicht zur Verfristung, wenn das Fristende durch § 193 BGB hinausgeschoben ist. Danach verschiebt es sich auf den nächsten Werktag, wenn die ursprüngliche Berechnung des Fristendes auf einen Sonntag, staatlich anerkannten Feiertag oder Sonnabend fällt. Da der 17.10.2011, wie im Sachverhalt angegeben, ein Montag war, muss der 15.10.2011 ein Sonnabend gewesen sein. Die Frist endet daher erst mit Ablauf des 17.10.2011. Die Klagefrist ist somit gewahrt.

---

10 *Schenke* VerwProzR Rn. 493.

11 BVerwGE 95, 333 (335); BVerwG NVwZ 1993, 884 (884 f.); Schoch/Schneider/Bier/*Wahl/Schütz* § 42 Abs. 2 Rn. 69; *Ipsen* VerwR AT Rn. 1053.

12 BVerwG NJW 1988, 2752 (2753); *Hufen* VerwProzR § 14 Rn. 60; Schoch/Schneider/Bier/*Wahl/Schütz* § 42 Abs. 2 Rn. 70.

VII. Klagegegner

Hinweis: Der Prüfungsort des zutreffenden Klagegegners ist umstritten. Zum Teil wird § 78 VwGO als Regelung der Passivlegitimation angesehen. Die Passivlegitimation bezieht sich auf die Frage, ob der Beklagte materiell-rechtlich zur Erfüllung des vom Kläger geltend gemachten Anspruchs in der Lage ist. Dieser materiell-rechtliche Aspekt ist Bestandteil der Begründetheit. Andere sehen hingegen § 78 VwGO als Regelung der passiven Prozessführungsbefugnis. Hierunter versteht man die Befugnis, wirksame prozessuale Erklärungen zu dem Gegenstand des Prozesses abgeben zu können. Die passive Prozessführungsbefugnis ist Bestandteil der Zulässigkeit. Für ein Verständnis des § 78 VwGO als Passivlegitimation spricht der Umstand, dass es im Kern um die materielle Verpflichtung des Klagegegners geht. Allerdings steht dem der Wortlaut entgegen, der den prozessualen Bezug deutlich macht (»Die Klage ist zu richten…«), und gleiches gilt für die systematische Stellung. Im Folgenden werden deshalb der richtige Klagegegner und § 78 VwGO (mit der wohl hM) als Zulässigkeitsvoraussetzungen geprüft.
Bei dieser Einordnung als Zulässigkeitsvoraussetzung wäre es stringenter, die Frage nach dem Klagegegner vor der Beteiligtenfähigkeit zu prüfen. Denn logisch wäre es, in einem ersten Schritt zu klären, wer richtiger Klagegegner ist, um anschließend zu prüfen, ob dieser Klagegegner auch passiv prozessführungsbefugt ist. Regelmäßig findet sich in Klausurlösungen aber die umgekehrte Reihenfolge. Dies liegt daran, dass die Beteiligtenfähigkeit des Klägers als allgemeine Sachentscheidungsvoraussetzungen zu Beginn der Zulässigkeit vor der statthaften Klageart geprüft wird und der richtige Klagegegner als besondere Sachentscheidungsvoraussetzung später. Möglich wäre es aber auch, die Beteiligtenfähigkeit des Klägers bis zur Prüfung des richtigen Klagegegners zurückzustellen.[13]

Nach § 78 I Nr. 1 VwGO ist richtiger Klagegegner die Gemeinde G, deren Denkmalschutzbehörde den angegriffenen Verwaltungsakt erlassen hat.

VIII. Zwischenergebnis

Die Klage ist zulässig.

B. Begründetheit

Die Klage ist begründet, soweit der Bescheid vom Juli 2011 rechtswidrig und E dadurch in ihren Rechten verletzt ist (vgl. § 113 I 1 VwGO).

I. Rechtsgrundlage

Nach Art. 20 III GG ist die vollziehende Gewalt, also die Verwaltung, an Recht und Gesetz gebunden. Die Gesetzmäßigkeit der Verwaltung kommt insbesondere im sog. Vorbehalt des Gesetzes zum Ausdruck.[14] Dieser besagt, dass die Verwaltung für Eingriffe in Rechte des Bürgers durch ein formelles Gesetz gestützt werden müssen, das eine sog. Rechtsgrundlage für ihr Handeln enthält oder vorsieht. Hier stützt sich die Denkmalschutzbehörde auf § 8 II LDSG.

II. Formelle Rechtmäßigkeit

Die Denkmalschutzbehörde der Gemeinde G ist laut Sachverhalt zuständig gewesen. Verfahrensfehler sind nicht erkennbar: Vor Erlass des Bescheids fand eine Anhörung gemäß § 28 VwVfG durch die Denkmalschutzbehörde statt. Der schriftliche Bescheid

13 Vgl. insgesamt *Kopp/Schenke* § 78 Rn. 1; Schoch/Schneider/Bier/*Meissner* § 78 Rn. 4 ff.
14 Vgl. *Maurer* VerwR AT § 6 Rn. 1 ff.

enthält eine Begründung, sodass auch die Formvorschriften des § 39 VwVfG eingehalten sind.

III. Materielle Rechtmäßigkeit

Der Bescheid müsste auch materiell rechtmäßig sein. Nach § 8 II LDSG kann die Behörde dem Verfügungsberechtigten eines Denkmals Maßnahmen auferlegen, die zu dessen Schutz erforderlich sind. Dies setzt voraus, dass der Verfügungsberechtigte (oder Veranlasser) seinen Pflichten nach § 7 LDSG nicht nachkommt und hierdurch eine Gefährdung des Denkmals eintritt.

1. Verletzung der Pflicht aus § 7 LDSG

Gemäß § 7 I LDSG haben Verfügungsberechtigte von Denkmälern diese im Rahmen des Zumutbaren nach denkmalpflegerischen Grundsätzen zu erhalten, zu schützen und zu pflegen. Seit 2003 hat E keine Erhaltungs- oder Renovierungsmaßnahmen vorgenommen und das Haus verfällt. Die Pflicht des § 7 I LDSG ist damit verletzt. E ist als alleinige Eigentümerin auch die Verfügungsberechtigte des Hauses. Angesichts des verhältnismäßig geringen Kostenaufwands von etwa 8.000 EUR und der Tatsache, dass E dieses Geld auch zur Verfügung hat, erscheinen Erhaltungsmaßnahmen nicht unzumutbar. Allein das Verplanen der notwendigen finanziellen Mittel für nicht einmal spezifizierte Zwecke reicht nicht aus, um die Unzumutbarkeit zu begründen.

2. Gefährdung des Denkmals

In Folge unterbliebener Erhaltungsarbeiten der E verfällt das Haus. Mittlerweile besteht sogar die Gefahr, dass Teile der Fassade herausbrechen und auf die vielbefahrene Straße fallen. Die Verletzung der Pflicht aus § 7 I LDSG führt somit zu einer Gefährdung des Denkmals.

3. Rechtsfolge

§ 8 II LDSG ermöglicht der Behörde, die Verfügungsberechtigten zur Durchführung der erforderlichen Maßnahmen zu verpflichten. Das Gesetz räumt ihr damit einen Entscheidungsspielraum ein.

Ob die Maßnahmen, zu denen E verpflichtet sind, tatsächlich erforderlich sind, lässt sich nur schwer einschätzen, weil ihr Inhalt nicht deutlich wird. Als Ausprägung des Rechtsstaatsprinzips fordert § 37 I VwVfG aber, dass ein Verwaltungsakt inhaltlich hinreichend bestimmt sein muss. Der Adressat eines belastenden Verwaltungsakts muss vollständig, klar und eindeutig erkennen können, was von ihm verlangt wird, sodass er sein Verhalten hieran ausrichten kann.[15] Die hinreichende Bestimmtheit muss sich auf die Behörde, den Adressaten und die getroffene Regelung beziehen.[16] Nur über das Bestimmtheitsgebot kann ein Verwaltungsakt die ihm zugedachte Individualisierungsfunktion verwirklichen und Grundlage einer möglicherweise folgenden Verwaltungsvollstreckung sein.[17] Denn nur hinreichend bestimmte Verwaltungsakte können auch durch Vollstreckungsakt durchgesetzt werden. Das Bestimmtheitsgebot

15 BVerwG NJW 1993, 1667 (1668); *Maurer* VerwR AT § 10 Rn. 19; *Detterbeck* VerwR AT Rn. 607; vgl. BVerwGE 31, 15 (18); 104, 301 (317 ff.).

16 Stelkens/Bonk/Sachs/*U. Stelkens* § 37 Rn. 9 ff.

17 Stelkens/Bonk/Sachs/*U. Stelkens* § 37 Rn. 2; Obermayer/Funke-Kaiser/*Stuhlfauth* § 37 Rn. 12.

ist dann gewahrt, wenn sich der geforderte Inhalt der Verfügung für den Empfänger gegebenenfalls unter Berücksichtigung der Gründe aus den bekannten und ohne Weiteres erkennbaren Umständen ergibt.[18] Unklarheiten gehen dabei allerdings zulasten der Verwaltung.[19]

Die Denkmalschutzbehörde hat angeordnet, dass E der Erhaltungspflicht für ihr Denkmal nachkommt und die notwendigen Sicherungsmaßnahmen veranlasst. Welche Maßnahmen das sein sollen, lässt sich dem Bescheid aber nicht entnehmen. Geboten wäre eine Anordnung, die so konkret ist, dass E die Arbeiten ohne weitere Nachfragen an die Behörde vornehmen könnte. Die Denkmalschutzbehörde hat hier nur den abstrakten Wortlaut ihrer gesetzlichen Ermächtigung wiederholt. Es ist aber gerade Aufgabe der Verwaltung als »vollziehende« Gewalt, abstrakt-generelle Rechtssätze, die für eine unbestimmte Vielzahl von Anwendungsfällen formuliert sind, auf den individuellen Sachverhalt anzuwenden. Diese ureigene Aufgabe der Verwaltung, die mit dem Bestimmtheitsgebot zwangsläufig verbunden ist, hat die Denkmalschutzbehörde unerfüllt gelassen. Dies zeigt sich auch daran, dass die Verwaltungsvollstreckung iSd § 8 III LDSG, die im Bescheid angedroht wird, von einem Dritten überhaupt nicht durchgeführt werden könnte, weil auch dieser vorher genauere Angaben benötigen würde, welche Arbeiten er vornehmen soll. Notwendig wären zB detaillierte Vorgaben, an welchen Stellen der Fassade welche Arbeiten auszuführen sind. Schließlich belegt auch das abschließende Angebot des Sachbearbeiters zu einem gemeinsamen Ortstermin, dass sich die Behörde von den notwendigen Maßnahmen selbst noch kein ausreichendes Bild gemacht hatte.

IV. Ergebnis

Der Bescheid aus dem Juli 2011 ist zu unbestimmt und damit rechtswidrig.

C. Gesamtergebnis

Die Klage hat Erfolg. Sie ist zulässig und begründet.

E ist dadurch auch zumindest in ihrer allgemeinen Handlungsfreiheit aus Art. 2 I GG verletzt.

Hinweis: Die Rechtsverletzung des Klägers wirft in verwaltungsrechtlichen Klausuren regelmäßig keine Probleme auf, insbesondere dann nicht, wenn der Kläger Adressat einer belastenden staatlichen Maßnahme ist. In dem Fall ist er zumindest in seiner allgemeinen Handlungsfreiheit verletzt, weil in sie nur durch rechtmäßige staatliche Maßnahmen eingegriffen werden darf. In solchen Fällen braucht die Rechtverletzung des Klägers nach der Prüfung der Rechtmäßigkeit der staatlichen Maßnahme lediglich festgestellt zu werden.

18 *Kopp/Ramsauer* § 37 Rn. 5.

19 *Kopp/Ramsauer* § 37 Rn. 5; Obermayer/Funke-Kaiser/*Stuhlfauth* § 37 Rn. 10.

Fall 2 – Ein anrüchiges Internetcafé

Sachverhalt

A betreibt seit 2006 in der kreisangehörigen Stadt B den »Surfspot«, in dem er seinen Kunden an mehreren Arbeitsplätzen Zugang zum Internet anbietet. 2002 wurde A wegen verschiedener Internetdelikte zu einer Freiheitsstrafe von zehn Monaten auf Bewährung verurteilt. Im Sommer des Jahres 2010 gerieten A und sein Internetcafé erneut in das Visier der örtlichen Polizei, weil verschiedene Observierungen stadtbekannter Drogendealer die Erkenntnis geliefert haben, dass sich diese vermehrt in den Geschäftsräumen des A aufhalten. Auch Drogenkonsumenten steuern oft zielgerichtet seine Geschäftsräume an. Die Polizei hat bei mehreren Einsätzen im »Surfspot« nicht nur Drogen und typisches Verpackungsmaterial für Drogen sicherstellen können, sondern auch einen gesuchten Drogendealer festgenommen, wobei verschiedene Einrichtungsgegenstände beschädigt wurden. Immer wieder konfrontierte die Polizei den A mit ihrem Verdacht, dass er seine Räumlichkeiten zur Anbahnung von Drogengeschäften zur Verfügung stelle. All dies ergibt sich aus Dienstvermerken der Polizei. Ein nicht aufklärbarer Betrugsfall ließ sich außerdem Anfang 2010 über die IP-Adresse zum »Surfspot« des A zurückverfolgen, ohne dass jedoch ein Täter ermittelt werden konnte.

Am 19.7.2010 entschließt sich der Bürgermeister von B als zuständige Behörde, dem A den Betrieb des »Surfspot« zu untersagen. Die zuständige Industrie- und Handelskammer wurde vorher angehört. Zur Begründung ist in der Untersagung ausgeführt, dass A vermutlich die Rechner nutze, um über das Internet als Betrüger aufzutreten, auch wenn keine neuen Verstöße gegen A einschlägige Straftatbestände offenkundig geworden seien. Weiter vermutet der Bürgermeister, dass A seine Taten durch den Betrieb des »Surfspot« mit seinen anonymisierten Zugängen verschleiern und für den Fall staatsanwaltschaftlicher Ermittlungen versuchen werde, die Taten auf unbekannte Kunden abzuschieben. Ganz unabhängig davon könne nicht weiter hingenommen werden, dass A zulasse, dass das »Surfspot« ein Umschlagplatz für Drogen sei.

Die Behörde gibt die Untersagungsverfügung mit ordnungsgemäßer Rechtsbehelfsbelehrung am selben Tag zur Post und A findet das für ihn überraschende Schreiben am 20.7.2010 in seinem Briefkasten. Am 23.8.2010 erhebt A Widerspruch. Der Widerspruchsbescheid vom 10.9.2010 geht zwar auf seine Argumente ein, weist seinen Widerspruch aber gleichwohl als unbegründet zurück, sodass A am 13.9.2010 Klage beim Verwaltungsgericht in B erhebt.

A erklärt in der Klage, dass – was zutrifft – das »Surfspot« in dem traditionell am stärksten drogenbelasteten Gebiet von B liegt. Der Behörde sendet A außerdem eine Versicherung, wonach ihm nicht bekannt sei, dass sich im »Surfspot« Personen aufhielten, um dort Drogengeschäfte durchzuführen oder anzubahnen. Die Verurteilung wegen Betrugstaten über das Internet liege schon so lange zurück, dass sie nicht mehr berücksichtigt werden könne. Außerdem könne es nicht sein, dass er so etwas Einschneidendes wie eine Gewerbeuntersagung ohne vorherige Ankündigung erhalte.

Wie sind die Erfolgsaussichten seiner Klage? Gegebenenfalls ist ein Hilfsgutachten zu erstellen.

Anhang:

Gewerbeordnung – GewO (Auszug):

§ 35 GewO – Gewerbeuntersagung wegen Unzuverlässigkeit
(1) Die Ausübung eines Gewerbes ist von der zuständigen Behörde ganz oder teilweise zu untersagen, wenn Tatsachen vorliegen, welche die Unzuverlässigkeit des Gewerbetreibenden oder einer mit der Leitung des Gewerbebetriebes beauftragten Person in bezug auf dieses Gewerbe dartun, sofern die Untersagung zum Schutze der Allgemeinheit oder der im Betrieb Beschäftigten erforderlich ist.
[...]
(4) Vor der Untersagung sollen, soweit besondere staatliche Aufsichtsbehörden bestehen, die Aufsichtsbehörden, ferner die zuständige Industrie- und Handelskammer oder Handwerkskammer und, soweit es sich um eine Genossenschaft handelt, auch der Prüfungsverband gehört werden, dem die Genossenschaft angehört. Ihnen sind die gegen den Gewerbetreibenden erhobenen Vorwürfe mitzuteilen und die zur Abgabe der Stellungnahme erforderlichen Unterlagen zu übersenden. Die Anhörung der vorgenannten Stellen kann unterbleiben, wenn Gefahr im Verzuge ist; in diesem Falle sind diese Stellen zu unterrichten.
[...]

Übersicht VI: Rechtsbehelfsfristen in der Verwaltungsrechtsklausur

Widerspruchsfrist, § 68 VwGO
Klagefrist, § 74 VwGO

Dauer: grundsätzlich ein Monat
Fristbeginn: Zeitpunkt der Bekanntgabe bzw. Zustellung

Frist entbehrlich		Abweichender Beginn	Abweichende Dauer		Versäumnis unbeachtlich	
Bei Untätigkeit der Verwaltung (§ 75 VwGO), Ersetzung durch Wartefrist	Kein Fristlauf, wenn Bekanntgabe fehlt Grenze nur: Verwirkung	Keine abweichende Regelung ieS, aber Bekanntgabefiktionen, § 41 II, IV VwVfG	Jahresfrist bei fehlender oder mangelhafter Rechtsbehelfsbelehrung, § 58 II VwGO	Sonn- und Feiertage, § 193 BGB, § 31 III VwVfG	Bei Wiedereinsetzung in den vorigen Stand, § 32 VwVfG (mit eigener Antragsfrist!)	*Str.: Einlassung der Behörde auf verfristeten Widerspruch (Frist disponibel)?*

Lösung[1]

Schwerpunkte:
- unbestimmter Rechtsbegriff
- Bekanntgabefiktion § 41 II VwVfG
- versäumte Anhörung

Die Klage hat Aussicht auf Erfolg, wenn sie zulässig und begründet ist.

A. Zulässigkeit der Klage

I. Eröffnung des Verwaltungsrechtswegs

Mangels aufdrängender Sonderzuweisung bestimmt sich die Eröffnung des Verwaltungsrechtswegs nach der Generalklausel des § 40 I 1 VwGO. Hiernach ist eine öffentlich-rechtliche Streitigkeit gegeben, wenn die Beteiligten um die Anwendung einer öffentlich-rechtlichen Norm streiten, also einer Norm, die ausschließlich einen Träger öffentlicher Gewalt berechtigt oder verpflichtet (sog. modifizierte Subjektstheorie).[2] Die Beteiligten streiten um eine Gewerbeuntersagung nach § 35 I 1 GewO. Dabei handelt es sich um eine Vorschrift des Ordnungsrechts; sie berechtigt allein eine Behörde zur Untersagung eines Gewerbes. Eine öffentlich-rechtliche Streitigkeit ist damit gegeben. Diese ist auch nichtverfassungsrechtlicher Art. Eine abdrängende Sonderzuweisung liegt nicht vor.

II. Beteiligten- und Prozessfähigkeit

A ist als natürliche geschäftsfähige Person beteiligtenfähig nach § 61 Nr. 1 Var. 1 VwGO und prozessfähig gemäß § 62 I Nr. 1 VwGO. Die Stadt B ist beteiligtenfähig gemäß § 61 Nr. 1 Var. 2 VwGO und – vertreten durch ihren Bürgermeister – prozessfähig nach § 62 II VwGO.

III. Statthafte Klageart

Als statthafte Klageart kommt eine Anfechtungsklage gemäß § 42 I Var. 1 VwGO in Betracht. Dafür müsste A die Aufhebung eines Verwaltungsakts begehren. Nach § 35 S. 1 VwVfG ist Verwaltungsakt jede Verfügung, Entscheidung oder andere hoheitliche Maßnahme, die eine Behörde zur Regelung eines Einzelfalls auf dem Gebiet des öffentlichen Rechts trifft und die auf unmittelbare Rechtswirkung nach außen gerichtet ist. Die Gewerbeuntersagung vom 19.7.2010 betrifft nur den »Surfspot« des A und ist darauf gerichtet, dem A dessen Fortführung zu untersagen. Sie erfüllt die Merkmale eines Verwaltungsakts, sodass die Anfechtungsklage statthaft ist.

IV. Klagebefugnis

A müsste klagebefugt sein. Nach § 42 II VwGO ist dies der Fall, wenn der Kläger geltend macht, durch den Verwaltungsakt in seinen Rechten verletzt zu sein, wofür die Möglichkeit einer Rechtsverletzung notwendig ist. Es erscheint nicht ausgeschlos-

---

1 Der Fall ist angelehnt an die Entscheidung OVG Bremen NVwZ-RR 2010, 102.

2 *Kopp/Schenke* § 40 Rn. 11; *Schenke* VerwProzR Rn. 104; vgl. Schoch/Schneider/Bier/*Ehlers* § 40 Rn. 235 ff.; *Maurer* VerwR AT § 3 Rn. 13; HK-VerwR/*Unruh* § 40 VwGO Rn. 104.

sen, dass A durch die Gewerbeuntersagung in seinem Grundrecht aus Art. 12 I GG verletzt ist. Die Klagebefugnis ist gegeben.

Hinweis: Alternativ könnte auch auf den Adressatengedanken abgestellt werden, wonach stets die Möglichkeit besteht, dass der Adressat eines belastenden Verwaltungsakts in seiner allgemeinen Handlungsfreiheit aus Art. 2 I GG verletzt ist.

V. Vorverfahren

Fraglich ist aber, ob ein ordnungsgemäßes Vorverfahren durchgeführt worden ist. Gemäß § 70 I 1 VwGO hat der Widerspruch innerhalb eines Monats nach Bekanntgabe des Verwaltungsakts zu erfolgen. Zur Fristberechung ist gemäß § 167 I VwGO, § 222 ZPO auf die Vorschriften der §§ 187 ff. BGB zurückzugreifen.

A hat die Untersagungsverfügung am 20.7.2010 erhalten, aber erst am 23.8.2010 Widerspruch erhoben. Dies könnte auf Verfristung hindeuten. Zu beachten ist jedoch die Fiktionsregel des § 41 II 1 VwVfG. Hiernach gilt ein schriftlicher Verwaltungsakt bei der Übermittlung durch die Post im Inland am dritten Tage nach der postalischen Aufgabe als bekannt gegeben. Diese Vorschrift dient der Rechtsklarheit und Verwaltungseffizienz.[3] Die Fiktion greift deshalb auch dann ein, wenn der Verwaltungsakt nachweislich schon vorher zugegangen ist.[4] Die Untersagungsverfügung gilt also als am 23.7.2010 bekanntgegeben. Bei dieser (fiktiven) Bekanntgabe handelt es sich um ein Ereignis iSd § 187 I BGB, sodass die Frist am 24.7.2010, 0.00 Uhr beginnt. Nach § 188 II BGB ist Fristende dementsprechend am 23.8.2010, 24.00 Uhr. Der von A erhobene Widerspruch war also fristgemäß. Das Vorverfahren wurde ordnungsgemäß durchgeführt.

Hinweis: Der 23.8.2010 ist ein Montag, die Regelung des § 193 BGB konnte hier deswegen nicht weiterhelfen. Hätte man den 20.7.2010 als maßgeblichen Zugangszeitpunkt angesehen, würde die Frist am 21.7.2010 beginnen und am 20.8.2010 enden. Dies war jedoch ein Freitag. – Das Problem der Einhaltung der Widerspruchsfrist ließ sich schließlich auch nicht durch die Frage, ob die Behörde als »Herrin der Vorverfahrens« einen verfristeten Widerspruch durch Bescheidung heilen konnte, lösen. Diese Möglichkeit bietet sich erst, wenn der Widerspruch tatsächlich verfristet ist.

VI. Klagefrist

Die Klagefrist des § 74 I 1 VwGO ist eingehalten.

VII. Klagegegner

Richtiger Klagegegner ist nach § 78 I Nr. 1 VwGO die Stadt B.

Hinweis: Eine Anwendung von § 78 I Nr. 2 VwGO kommt nicht in Betracht, weil der Bürgermeister eine kommunale Behörde und keine Landesbehörde ist.

3 HK-VerwR/*Schwarz* § 41 VwVfG Rn. 26; *Kopp/Ramsauer* § 41 Rn. 38.

4 BVerwG DÖV 1965, 861 (861); BVerwGE 22, 11 (13); VGH München NJW 1991, 1250 (1251); *Kopp/Ramsauer* § 41 Rn. 42. Diese Unwiderlegbarkeit gilt zumindest für die Behörde. Erwägenswert ist es jedoch, dem Empfänger den Beweis eines früheren Zugangs zu ermöglichen, um diesem unter Umständen schneller die Rechtswirkungen des Verwaltungsakts zukommen zu lassen, vgl. Stelkens/Bonk/Sachs/*U. Stelkens* § 41 Rn. 121, 125.

VIII. Zwischenergebnis

Die Klage ist zulässig.

B. Begründetheit

Die Klage ist begründet, soweit die Untersagungsverfügung rechtswidrig ist und A dadurch in seinen Rechten verletzt ist (vgl. § 113 I 1 VwGO).

I. Gesetzliche Ermächtigung

Rechtsgrundlage für das behördliche Handeln ist § 35 I 1 GewO.

II. Formelle Rechtmäßigkeit

1. Zuständigkeit

Laut Sachverhalt war der Bürgermeister der Stadt B die zuständige Behörde.

2. Verfahren

Das Verfahren müsste eingehalten worden sein. Die zuständige IHK wurde gemäß § 35 IV GewO vor Erlass der Untersagungsverfügung angehört.

Darüber hinaus muss aber auch A angehört worden sein. Nach § 28 I VwVfG ist, bevor ein Verwaltungsakt erlassen wird, der in Rechte eines Beteiligten eingreift, diesem Gelegenheit zu geben, sich zu den für die Entscheidung erheblichen Tatsachen zu äußern. Für A war der Empfang der Untersagungsverfügung am 20.7.2010 überraschend. Daraus lässt sich schließen, dass eine Anhörung nicht stattgefunden hatte. Es ist kein Grund ersichtlich, aus dem die Anhörung nach § 28 II, III VwVfG entbehrlich war.

Hinweis: Formulierungen im Sachverhalt wie »überraschend« oder »unerwartet« sind Hinweise auf eine fehlende Anhörung.

Die unterbliebene Anhörung könnte aber im Rahmen des Widerspruchsverfahrens geheilt worden sein. § 45 I Nr. 3 VwVfG erlaubt eine Heilung dieses Verfahrensfehlers, indem die erforderliche Anhörung eines Beteiligten nachgeholt wird. Nach § 45 II VwVfG kann die fehlende Handlung sogar bis zum Abschluss der letzten Tatsacheninstanz eines verwaltungsgerichtlichen Verfahrens nachgeholt werden. Hier stellt sich die Frage, ob die Anhörung während des Widerspruchsverfahrens ordnungsgemäß nachgeholt worden ist. Dies setzt voraus, dass sie in der gebotenen Weise und durch die zuständige Behörde erfolgt ist.[5]

a) Anforderungen an die nachgeholte Anhörung

Eine Anhörung ist dann ordnungsgemäß nachgeholt, wenn sie ihre Funktion noch erreichen kann, also dem Bürger nicht nur Gelegenheit gegeben wird, seine Einwendungen vorzutragen, sondern diese von der Behörde auch zur Kenntnis genommen

5 Insgesamt zu diesem Komplex *Schoch* Jura 2007, 28.

und bei der Entscheidung berücksichtigt werden.[6] Die Widerspruchsbehörde ist in ihrem Widerspruchsbescheid auf die Einwendungen des A eingegangen.

Das Geschehene genügt somit den Anforderungen, die an eine nachgeholte Anhörung zu stellen sind.

Hinweis: In Klausuren kann bei Fehlen von entsprechenden Hinweisen im Sachverhalt regelmäßig davon ausgegangen werden, dass Ausgangs- bzw. Widerspruchsbehörde die Einwendungen des Bürgers, die dieser in seinem Widerspruch vorgebracht hat, bei ihrer Entscheidung ausreichend beachtet haben.[7]

b) Zuständigkeit für eine nachgeholte Anhörung

Des Weiteren ist zweifelhaft, ob eine Widerspruchsbehörde überhaupt für die Nachholung der unterlassenen Anhörung zuständig sein kann, denn immerhin obliegt die Anhörung nach der gesetzlichen Konzeption der Ausgangsbehörde. Ein kritisches Überdenken der entscheidungserheblichen Umstände, auf das die Anhörung gerichtet ist, ist immer nur dann möglich, wenn die Behörde, die zu dem fraglichen Verfahrenszeitpunkt mit der Sache befasst ist, auch eine ausreichende Entscheidungsbefugnis hat. Diese liegt bis zu einer möglichen Abhilfeentscheidung alleine bei der Ausgangsbehörde.[8] Die Widerspruchsbehörde besitzt eine hinreichende Entscheidungsbefugnis jedenfalls dann, wenn sie – wie oftmals in Stadtstaaten – identisch mit der Ausgangsbehörde ist oder es sich um eine gebundene Entscheidung handelt. In solchen Fällen hat die Widerspruchsbehörde denselben Entscheidungsspielraum wie die Ausgangsbehörde. Im Falle einer gebundenen Entscheidung gibt das Gesetz beiden Behörden gleichermaßen das Ergebnis zwingend vor.

Wenn es sich bei § 35 I 1 GewO um eine gebundene Entscheidung handelt, war die Widerspruchsbehörde hier berufen, die Anhörung des A nachzuholen. Allerdings ermächtigt die Vorschrift dazu, den Betrieb eines Gewerbes »ganz oder teilweise« zu untersagen. Wenn dies als Einräumung von Ermessen verstanden werden muss,[9]

6 BVerwGE 66, 111 (115); OVG Bremen NVwZ-RR 2006, 643 (646); OVG Münster NVwZ-RR 1998, 23 (24); VGH München BayVBl. 1988, 496 (497); Stelkens/Bonk/Sachs/*Sachs* § 45 Rn. 79 f.; Wolff/Decker/*Decker* § 28 VwVfG Rn. 28; *Kopp/Ramsauer* § 45 Rn. 26; vgl. BVerfGE 27, 248 (252); *Waldhoff* JuS 2012, 671 (672). Nach einer Auffassung soll es ausreichen, wenn der Beteiligte von den entscheidungserheblichen Tatsachen Kenntnis erhält und die Gelegenheit hat, seine Interessen und Belange im Widerspruchsverfahren geltend machen kann, OVG Münster NVwZ 1985, 132 (133); vgl. BVerwGE 66, 184 (189); OVG Lüneburg NVwZ 1990, 786 (787). Bei dieser Ansicht muss aber bezweifelt werden, ob sie mit dem Rechtsschutzgedanken des Bürgers vereinbar ist, weil die Anhörung zu einer bloßen Förmelei verkommen könnte. So müsste man hinnehmen, dass die Heilung im Rahmen des Widerspruchsverfahrens zu einem »Automatismus« verkommt und die Vorschrift des § 45 I Nr. 3 VwVfG größtenteils leer läuft, Stelkens/Bonk/Sachs/*Sachs* § 45 Rn. 79; *Ehlers* Jura 1996, 617 (621); *Hufen* JuS 1999, 313 (316).

7 Wolff/Decker/*Decker* § 28 VwVfG Rn. 28.

8 *Schoch* Jura 2007, 28 (30), der für den Zeitraum des Widerspruchsverfahrens auf die konkurrierende Zuständigkeit von Ausgangs- und Widerspruchsbehörde hinweist.

9 Diese Frage wird von der wohl hM verneint, BVerwGE 23, 280 (286 f.); Tettinger/Wank/Ennuschat/*Ennuschat* § 35 Rn. 125; BeckOK GewO/*Brüning* § 35 Rn. 39; *Oberrath* JA 2001, 991 (996); in eine andere Richtung BVerwG NVwZ 1984, 578 (579). Die Formulierung »ganz oder teilweise« soll nach hM der Behörde lediglich die Möglichkeit eröffnen, die Ausübung jedweden anderen Gewerbes zu untersagen, die Untersagungsverfügung auf Vertretungsberechtigte oder Betriebsleiter oder ein solches Tätigwerden des Gewerbeinhabers zu erstrecken, vgl. § 35 I 2, VIIa GewO.

könnte sich in Bezug auf die Zuständigkeit der Widerspruchsbehörde eine andere Beurteilung ergeben. Auf die Frage kommt es möglicherweise nicht an, wenn eine Widerspruchsbehörde die Anhörung stets auch bei Ermessensentscheidungen nachholen darf.

Zum Teil wird die Heilungsmöglichkeit durch eine Anhörung im Rahmen des Widerspruchsverfahrens bei Ermessensentscheidungen verneint. Begründet wird dies damit, dass die »Ermessenskontrolle« durch die Widerspruchsbehörde nicht gleichzusetzen sei mit »Ermessensausübung« durch die Ausgangsbehörde und deshalb nicht ausgeschlossen werden könne, dass die Ausgangsbehörde auf der Grundlage der Anhörung eine Entscheidung getroffen hätte, die für den Betroffenen günstiger gewesen wäre.[10] Auch würde dem Bürger, wenn das Ergebnis seiner Anhörung erstmalig erst im Widerspruchsverfahren Berücksichtigung findet, eine Ermessensebene verloren gehen. Nach dieser Auffassung ist eine Nachholung der Anhörung bei Ermessensentscheidungen durch die Widerspruchsbehörde nicht möglich.

Zu einem anderen Ergebnis gelangt man, wenn man der Entscheidungsbefugnis der Widerspruchsbehörde das maßgebliche Gewicht beimisst. Ist die Widerspruchsbehörde in der Lage, die Rechtmäßigkeit und Zweckmäßigkeit zu überprüfen,[11] kann sie auch eine Anhörung nachholen.[12] Bei einer Kontrolle der Rechtmäßigkeit und Zweckmäßigkeit, wie sie § 68 I 1 VwGO grundsätzlich vorschreibt, trifft die Widerspruchsbehörde eine eigene Entscheidung und kann dabei auch aufgrund von Zweckmäßigkeitserwägungen – die sie aufgrund eigener Anhörung zu treffen vermag – die Entscheidung ändern.[13] Die Unterscheidung zwischen Ermessenskontrolle und Ermessensausübung, auf den die Gegenansicht abhebt, verliert dadurch ihre Konturen. Folgt man dieser – zustimmungswürdigen – Ansicht, konnte die Widerspruchsbehörde das Vorbringen des A im Rahmen des Widerspruchsverfahrens berücksichtigen.

Die Widerspruchsbehörde konnte also im Rahmen des Widerspruchsverfahrens die Anhörung nach § 45 I Nr. 3 VwVfG nachholen.

Hinweis: Die Problematik einer nachgeholten Anhörung wird hier aus didaktischen Gründen ausführlich dargestellt, insbesondere um das Problem bei Ermessensentscheidungen aufzuarbeiten. In Klausuren hat es sich grundsätzlich eingebürgert, dieses Problem nur aufzugreifen und von einer Heilung im Widerspruchsverfahren auszugehen, wie es der hM entspricht.

3. Form

Besondere Formvorschriften waren nicht zu beachten. Die Untersagungsverfügung vom 19.7.2010 enthält die für einen schriftlichen Verwaltungsakt gemäß § 39 I 1 VwVfG notwendige Begründung.[14]

10 BVerwGE 66, 184 (188 f.); *Maurer* VerwR AT § 10 Rn. 39.

11 Auf eine reine Rechtmäßigkeitskontrolle ist die Widerspruchsbehörde zB bei Selbstverwaltungsangelegenheiten beschränkt, *Kopp/Schenke* § 68 Rn. 9.

12 HM BVerwG NVwZ 1984, 578 (579); BVerwGE 66, 111 (115); Wolff/Decker/*Decker* § 28 VwVfG Rn. 30; *Schoch* Jura 2007, 28 (30); *Schenke* VerwArch 97 (2006), 592 (608 f.).

13 *Kopp/Schenke* § 73 Rn. 7.

14 Notwendig ist hierfür lediglich eine formelle Begründung. Ob diese auch inhaltlich zutreffend ist, ist eine Frage der materiellen Voraussetzungen (iE str., vgl. Stelkens/Bonk/Sachs/*U. Stelkens* § 39 Rn. 30).

III. Materielle Rechtmäßigkeit

1. Tatbestandsvoraussetzungen des § 35 I 1 GewO

a) Gewerbe

A müsste ein Gewerbe ausgeübt haben. Gewerbe ist jede erlaubte, auf Gewinnerzielung gerichtete, dauerhaft ausgeübte, selbstständige Tätigkeit, die nicht Urproduktion, freier Beruf oder Verwaltung eigenen Vermögens ist.[15] A tritt seit mehreren Jahren als selbstständiger Inhaber des »Surfspot« auf, um mit dessen Betrieb Gewinne zu erzielen, und übt somit ein Gewerbe aus.

b) Unzuverlässigkeit

Weitere Voraussetzung ist, dass A unzuverlässig ist. Problematisch an diesem Merkmal ist, dass der Begriff inhaltlich nicht exakt bestimmbar ist[16], sondern vielmehr jeder Rechtsanwender bei der Subsumtion seine eigenen Wertungen einfließen lassen und dementsprechend auch zu unterschiedlichen Ergebnissen kommen kann.[17] Diese sog. unbestimmten Rechtsbegriffe werden von den gesetzesvollziehenden Behörden ausgefüllt, sind aber in einem gerichtlichen Verfahren, das sich möglicherweise anschließt, durch das Gericht grundsätzlich vollständig überprüfbar.[18]

Unzuverlässig ist ein Gewerbetreibender, der nach dem Gesamteindruck seines Verhaltens nicht die Gewähr dafür bietet, dass er sein Gewerbe künftig ordnungsgemäß betreibt.[19] Der Einzelne muss dafür willens oder in der Lage sein, die im öffentlichen Interesse zu fordernde einwandfreie Führung seines Gewerbes zu gewährleisten.[20] Unzuverlässigkeit ist dabei wertneutral, setzt kein Verschulden voraus und ist auch keine Strafvorschrift, sondern rein final- und zweckorientiert.[21] Da die Behörde eine Einschätzung der künftigen Führung des Gewerbes zu treffen hat, ist eine Prognoseentscheidung erforderlich, für die vergangenes Verhalten des Gewerbetreibenden lediglich indiziell ist.[22]

Nach der Begründung der Ordnungsbehörde ergeben sich für eine mögliche Unzuverlässigkeit des A zwei Anknüpfungspunkte.

(1) Betrugstaten über das Internet

Die Ordnungsbehörde stützt die Gewerbeuntersagung insbesondere auf den Vorwurf betrügerischer Handlungen. A hält im »Surfspot« eine Vielzahl von Rechnern vor, die

15 BVerwG NVwZ 1997, 278 (279); 1995, 473 (474); VGH Mannheim NVwZ-RR 1996, 22 (22); *Oberrath* JA 2001, 991 (992) mwN.

16 ZB Zeit- und Ortsangaben (»8.00 Uhr« oder »innerhalb der Landesgrenzen Hamburgs«) oder Begriffe, die zumindest für rechtskundige Bürger eindeutig bestimmbar sind (zB »unbeplanter Innenbereich« aus dem Baurecht).

17 ZB Begriffe wie »öffentliches Bedürfnis«, Gemeinwohl«, wichtiger Grund« oder »besonderes pädagogisches Interesse«.

18 Vgl. *Maurer* VerwR AT § 7 Rn. 27 ff. Zu Ausnahmen vgl. unten Klausurfall 4.

19 BVerwGE 65, 1 (1 f.); BVerwG NVwZ 1997, 278 (280); Tettinger/Wank/Ennuschat/*Ennuschat* § 35 Rn. 27; Landmann/Rohmer/*Marcks* § 35 Rn. 29 mwN.

20 Landmann/Rohmer/*Marcks* § 35 Rn. 30.

21 OVG Bremen NVwZ-RR 2010, 102 (102), VGH Kassel GewArch 1991, 28 (30); vgl. auch BVerwGE 65, 1 (4).

22 Tettinger/Wank/Ennuschat/*Ennuschat* § 35 Rn. 31.

mit dem Internet verbunden sind. Es ist möglich, diese Geräte zu nutzen, um Betrugstaten zu begehen und mit dem Abwälzen des Verdachts auf unbekannte Kunden deren Aufklärung zu erschweren. Anfang 2010 trat genau dies ein, als ein Betrugsfall über die IP-Adresse zum »Surfspot« des A zurückverfolgt werden konnte, der konkrete Benutzer des Rechners aber nicht mehr ermittelt werden konnte. Schon 2002 wurde A wegen Betrugstaten zu einer Freiheitsstrafe von zehn Monaten auf Bewährung verurteilt. Auch bei dem 2010 verübten Betrug geriet A unter Verdacht. Es bestehen nach alledem Anhaltspunkte für eine Neigung des A zu Betrugstaten unter Zuhilfenahme des Internets und der im »Surfspot« installierten Computer.

Vergangenes Verhalten reicht für eine Gewerbeuntersagung nicht aus; es muss vielmehr die Prognose rechtfertigen, dass A in Zukunft kein ordnungsgemäßer Gewerbetreibender sein wird. Insoweit könnte die Vermutung berechtigt sein, dass auch künftig vom »Surfspot« des A aus Betrugsstraftaten verübt werden und dass A an diesen beteiligt ist. Zu berücksichtigen ist aber, dass die Verurteilung des A wegen Betrugs nun acht Jahre zurückliegt. Erneut auffällig ist A in diesem Bereich nicht nachweislich geworden; die 2010 verübten Taten konnten nicht aufgeklärt werden. Dies spricht dagegen, eine nachteilige Prognose für A auf den Vorwurf des Betrugs zu stützen. Zwar bezieht sich die verfassungsrechtliche Unschuldsvermutung allein auf die strafrechtliche Seite und nicht auf die Bewertung der gewerberechtlichen Zuverlässigkeit.[23] Die bloß abstrakte Gelegenheit zu Betrugsstraftaten im Internet, die mit dem Betrieb des »Surfspot« verbunden ist, reicht ebenso wenig aus, um die Unzuverlässigkeit seines Betreibers zu begründen.

(2) Drogenumschlagplatz

Zweitens stützt die Ordnungsbehörde die Annahme der Unzuverlässigkeit auf den Vorwurf, A ermögliche, dass sein »Surfspot« als Umschlagplatz für Drogen genutzt werde. Die polizeilichen Observierungen haben ergeben, dass sich sowohl Drogendealer als auch Drogenkonsumenten verstärkt in den Räumen des »Surfspot« aufhalten. Ein gesuchter Drogendealer konnte sogar in den Geschäftsräumen des A festgenommen werden. Bei Einsätzen der Polizei konnten darüber hinaus Drogen und für den Vertrieb von Drogen typisches Verpackungsmaterial gefunden werden. Diese polizeilich festgehaltenen Umstände deuten darauf hin, dass A nicht in der Lage oder willens ist, sein Gewerbe ordnungsgemäß zu führen.

Es ist unwahrscheinlich und scheint der allgemeinen Lebenserfahrung zu widersprechen, dass A von all diesen Vorgängen nichts mitbekommen hat. Die Festnahme des Drogendealers unter Beschädigung von Einrichtungsgegenständen war ihm bekannt und stellt einen Vorgang dar, an die sich ein Inhaber von Gewerberäumlichkeiten erfahrungsgemäß erinnert. Kenntnis des A ist umso mehr anzunehmen, als er mehrfach mit den polizeilichen Erkenntnissen und Verdachtsmomenten durch die Polizei konfrontiert und damit auch amtlicherseits auf die Vorgänge aufmerksam gemacht wurde. Dagegen sprechen zum einen die verschiedenen Dienstvermerke der Polizei über Observierungen oder Einsätze, die auch die Räumlichkeiten des »Surfspot« einbeziehen. Die von A abgegebene Versicherung, dass ihm nicht bekannt sei, dass sich in seinem »Surfspot« Personen aufhielten, um dort Drogengeschäfte durchzuführen oder anzubahnen, erscheint deshalb nicht glaubhaft.

23 Landmann/Rohmer/*Marcks* § 35 Rn. 42 mwN.

h.M gewerbe Untersagung = gebundene Entscheidung

Positiv für A könnte allerdings zu berücksichtigen sein, dass sein »Surfspot« in einer Gegend von B liegt, die traditionell am stärksten mit Drogenproblemen zu kämpfen hat. Dies könnte für einen abgeschwächten Sorgfaltsmaßstab eines Gewerbetreibenden sprechen. Doch kann der Standard, den Behörden und Gewerbetreibende gegenüber rechtswidrigem Drogenkonsum beachten müssen, nicht von den örtlichen Umständen abhängen. A hätte also, nachdem er sich entschieden hat, ein Gewerbe in der fraglichen Gegend von B zu betreiben, im Gegenteil besonders darauf aufpassen müssen, dass seine Räumlichkeiten nicht in die Drogenszene hineingezogen werden. Betreibt er dennoch dort ein Gewerbe, muss er zeigen, dass er einem Missbrauch seiner Räumlichkeiten durch Dritte und die Drogenszene widerstehen kann; nur dann gilt er als zuverlässig. Die beschriebenen Umstände und ihr unglaubhaftes Abstreiten durch A rechtfertigen es, ihn im Rahmen der notwendigen Prognoseentscheidung für unzuverlässig zu halten.

c) Erforderlichkeit

Die Gewerbeuntersagung müsste auch erforderlich sein. Eine Untersagung ist erforderlich, wenn zum Schutz der Allgemeinheit oder der im Betrieb Beschäftigten kein milderes Mittel ausreicht, das gleich effektiv ist.[24] Während grundsätzlich das Merkmal der Erforderlichkeit im Rahmen des Verhältnismäßigkeitsgrundsatzes relevant wird, hat sich der Gesetzgeber im Rahmen des § 35 I GewO dazu entschieden, das Merkmal als gerichtlich vollständig überprüfbaren unbestimmten Rechtsbegriff auf Tatbestandsebene zu normieren.[25] Die Polizei hat A schon mehrfach auf die Probleme, die aus der Verbindung seiner Räumlichkeiten mit der Drogenszene resultieren, hingewiesen. Ein Erfolg hat sich allerdings nicht eingestellt. Besteht für Drogendealer und Konsumenten ein fester Anlaufpunkt, wie der »Surfspot« des A, verfestigt sich die Drogenszene noch mehr. Auch die Aufklärung von Drogenstraftaten kann durch einen räumlichen Rückzugsort erschwert werden, für den die Polizei unter Umständen Betretungsrechte geltend machen muss. Ein milderes Mittel als die Gewerbeuntersagung war deshalb nicht ersichtlich.

2. Rechtsfolge

Die Behörde hat den Betrieb des »Surfspot« untersagt. Diese Maßnahme ist auch im Übrigen verhältnismäßig. Eine lediglich teilweise Untersagung (wie auch immer diese gefasst wäre) war nicht angezeigt.

Hinweis: An dieser Stelle wird die hM zugrunde gelegt (vgl. Fn. 12), wonach es sich bei der Gewerbeuntersagung um eine gebundene Entscheidung handelt. Hierfür spricht auch, dass die Differenzierung zwischen einer Untersagung »ganz oder teilweise« mit dem Tatbestandsmerkmal der Erforderlichkeit zusammenhängt. Dem Bejahen der Erforderlichkeit auf Tatbestandsebene folgt deshalb regelmäßig die Annahme der Verhältnismäßigkeit, weil sich selten Aspekte ergeben werden, die nicht schon im Rahmen der Erforderlichkeit behandelt wurden und trotzdem zur Unverhältnismäßigkeit führen.

C. Ergebnis

Die Gewerbeuntersagung ist rechtmäßig. Die Klage hat keinen Erfolg.

---

24 Dazu Tettinger/Wank/Ennuschat/*Ennuschat* § 35 Rn. 117 ff.

25 VGH Kassel GewArch 1973, 61 (63 f.); Landmann/Rohmer/*Marcks* § 35 Rn. 77; BeckOK GewO/*Brüning* § 35 Rn. 36; vgl. BVerwGE 23, 280 (283 f.); VGH Mannheim GewArch 1972, 248 (250).

Fall 3 – Spaßverderber

Sachverhalt

Die Amateurfußballmannschaft des Vereins V aus der kleinen Stadt S hat bei der Auslosung des DFB-Pokals das große Los gezogen: Sie spielt im eigenen Stadion gegen eine Bundesligamannschaft. S liegt in einer ländlichen Gegend, die nächste große Stadt ist etwa 80 km entfernt. Der Landjugend aus S und seinem Umland ist das erfolgreiche Spiel von V nicht entgangen. Sie besuchen die Spiele der Mannschaft aber weniger aus sportlicher Begeisterung, sondern um gemeinsam Alkohol zu trinken. Dabei kommt es regelmäßig zu Erste-Hilfe-Einsätzen und Sachbeschädigungen, die die Rettungs- und Ordnungskräfte der kleinen Stadt S an den Rand der Leistungsfähigkeit bringen. Als bekannt wird, dass die Fußballmannschaft V in einigen Monaten gegen eine Bundesligamannschaft antreten darf, schwant der Bürgermeisterin der Stadt S Böses.

Beiträge in Fanforen im Internet lassen den Schluss zu, dass es beim Pokalspiel gegen die Bundesligamannschaft zu einem großen Alkoholexzess kommen wird. Die Bürgermeisterin befürchtet (zu Recht), dass die Rettungs- und Ordnungskräfte derartig überfordert sein werden, dass nicht alle Hilfsbedürftigen versorgt werden und auch Bürger von S, die aus anderen Gründen in Not geraten, keine Hilfe erhalten können. Die Bürgermeisterin möchte deshalb den Alkoholkonsum rund um das Spiel eindämmen.

Im Stadion wird an dem Spieltag nur alkoholfreies Bier ausgeschenkt. Zwar befinden sich im Umfeld des Stadions keine Supermärkte oder Tankstellen, dafür haben sich aber so gut wie alle Kneipen, die in S zu finden sind, in der Nachbarschaft des Stadion angesiedelt. Um den Alkoholnachschub der Fans zu erschweren, erlässt die Bürgermeisterin eine Anordnung mit folgendem Inhalt:

Nr. 1: Der Verkauf von alkoholischen Getränken in Gaststätten ist am Spieltag des DFB-Pokals [Datum wird näher ausgeführt] im Umfeld des Stadions verboten.

In einer Nr. 2 wird dieses Umfeld anhand einer Straßenkarte näher gekennzeichnet. Unter dem Text der Anordnung findet sich eine ordnungsgemäße Rechtsmittelbelehrung.

Den Unmut der Gastwirte über diese Regelung hatte die Bürgermeisterin auch nicht in einem vor ihrem Erlass anberaumten Erörterungstermin dämpfen können. Die Gastwirte erwirtschaften an Heimspieltagen der Mannschaft von V regelmäßig etwa 20 % ihres Monatsumsatzes und hatten für den Tag des DFB-Pokalspiels sogar den gesamten üblichen Umsatz eines Monats erwartet.

Insbesondere die Gastwirtin G will sich das Verbot nicht bieten lassen und erhebt Widerspruch. Nachdem dieser Widerspruch sehr kurzfristig zurückgewiesen worden ist, erhebt sie eine Woche später Klage vor dem Verwaltungsgericht. Dazu erstellt sie einen entsprechenden Schriftsatz und fügt unter diesen ihre eingescannte Unterschrift ein. Das Dokument sendet sie sodann per Computerfax an das örtlich zuständige Verwaltungsgericht.

Erstatten Sie ein (ggf. Hilfs-)Gutachten über die Erfolgsaussichten des gerichtlichen Vorgehens.

Anhang[1]

Gaststättengesetz – GastG (Auszug):

§ 19 GastG – Verbot des Ausschanks alkoholischer Getränke
Aus besonderem Anlass kann der gewerbsmäßige Ausschank alkoholischer Getränke vorübergehend für bestimmte Zeit und für einen bestimmten örtlichen Bereich ganz oder teilweise verboten werden, wenn dies zur Aufrechterhaltung der öffentlichen Sicherheit oder Ordnung erforderlich ist.

Gaststättenverordnung – GastV (Auszug):

§ 1 GastV – Sachliche Zuständigkeit
Die Ausführung des Gaststättengesetzes und der auf seiner Grundlage ergangenen Rechtsverordnungen sowie die Verfolgung und Ahndung von Ordnungswidrigkeiten nach § 28 des Gaststättengesetzes obliegt den örtlichen Ordnungsbehörden.

Ordnungsbehördengesetz – OBG (Auszug):

§ 3 OBG – Aufbau
(1) Die Aufgaben der örtlichen Ordnungsbehörden nehmen die Gemeinden, die Aufgaben der Kreisordnungsbehörden die Kreise und kreisfreien Städte als Pflichtaufgaben zur Erfüllung nach Weisung (§ 9) wahr; dies gilt auch für die ihnen als Sonderordnungsbehörden übertragenen Aufgaben.
[...]

§ 27 OBG – Verordnungsrecht der Ordnungsbehörden
(1) Die Ordnungsbehörden können zur Abwehr von Gefahren für die öffentliche Sicherheit oder Ordnung Verordnungen erlassen.
[...]

(4) Zuständig für den Erlass von Verordnungen der örtlichen Ordnungsbehörden und der Kreisordnungsbehörden ist die Vertretung.

Gemeindeordnung – GO (Auszug):

§ 63 GO – Vertretung der Gemeinde
(1) Unbeschadet der dem Rat und seinen Ausschüssen zustehenden Entscheidungsbefugnisse ist der Bürgermeister der gesetzliche Vertreter der Gemeinde in Rechts- und Verwaltungsgeschäften.
[...]

1 Die Vorschriften basieren – soweit es sich um Landesrecht handelt – auf dem nordrhein-westfälischen Landesrecht.

Übersicht VII: Typologie der Verwaltungsakte

Rechtsfigur	***Zum Vergleich: Rechtsverordnung, Satzung (Normen)***	**Individual-VA (§ 35 S. 1 VwVfG)**	**Allgemeinverfügungen (§ 35 S. 2 VwVfG)**		
			Maßnahme gegenüber bestimmten oder bestimmbarem Personenkreis (Var. 1)	Maßnahme betr. die öffentlich-rechtliche Eigenschaft einer Sache (Var. 2)	Maßnahme betr. die Benutzung einer Sache durch die Allgemeinheit (Var. 3)
sachlicher Anwendungsbereich: abstrakt vs. konkret	*abstrakt*	konkret	konkret	konkret	konkret
persönlicher Anwendungsbereich: individuell vs. generell	*generell*	individuell	individuell (Vielzahl)	keiner	generell

Lösung

Schwerpunkte:
- Allgemeinverfügung
- Abgrenzung zur Verordnung
- Form der Klageschrift

A. Zulässigkeit der Klage

I. Eröffnung des Verwaltungsrechtswegs

Eine aufdrängende Sonderzuweisung ist nicht einschlägig. Nach § 40 I 1 VwGO bedarf es für den Verwaltungsrechtsweg einer öffentlich-rechtlichen Streitigkeit. Die Beteiligten müssen also um die Anwendung einer öffentlich-rechtlichen Norm streiten, dh einer Norm, die ausschließlich einen Träger öffentlicher Gewalt berechtigt oder verpflichtet (sog. modifizierte Subjektstheorie).[2] G und die Stadt S streiten um das Recht, am Tag des DFB-Pokalspiels alkoholische Getränke verkaufen zu dürfen. Hierbei kann es sich entweder um eine Maßnahme nach § 19 GastG oder eine Verordnung nach § 27 OBG handeln. Unabhängig von der konkreten Einordnung der Maßnahme berechtigen beide Normen ausschließlich einen Träger öffentlicher Gewalt zum Handeln, sodass die einschlägige Rechtsgrundlage hier dahingestellt sein kann: Die Streitigkeit ist in jedem Fall öffentlich-rechtlicher Natur. Sie ist auch nichtverfassungsrechtlicher Art und eine abdrängende Sonderzuweisung existiert nicht. Der Verwaltungsrechtsweg ist nach § 40 I 1 VwGO eröffnet.

II. Beteiligten- und Prozessfähigkeit

G ist beteiligtenfähig nach § 61 Nr. 1 Var. 1 VwGO und prozessfähig gemäß § 62 I VwGO. Die Stadt S ist beteiligtenfähig nach § 61 Nr. 1 Var. 2 VwGO und prozessfähig nach § 62 III VwGO; sie wird gemäß § 63 I GO vertreten durch die Bürgermeisterin.

III. Statthafte Klageart

Nach § 88 VwGO bestimmt sich die statthafte Klageart nach dem auslegungsfähigen Begehren des Klägers. G will gegen die Anordnung vorgehen, die ihr den Verkauf von alkoholischen Getränken untersagt.

Einschlägig könnte dafür eine Anfechtungsklage sein, wofür es sich bei der Anordnung um einen Verwaltungsakt handeln müsste. Nach § 35 S. 1 VwVfG ist Verwaltungsakt jede Verfügung, Entscheidung oder andere hoheitliche Maßnahme, die eine Behörde zur Regelung eines Einzelfalls auf dem Gebiet des öffentlichen Rechts trifft und die auf unmittelbare Rechtswirkung nach außen gerichtet ist. Die Anordnung wurde von einer Behörde auf dem Gebiet des öffentlichen Rechts getroffen. Sie verbietet allen Gastwirten, die in der Nähe des Stadions ihre Gaststätte haben, unmittelbar den Verkauf alkoholischer Getränke. Allerdings ist die Anordnung nicht allein an G adressiert, sondern so formuliert, dass sie jeden betrifft, der in der Nähe des Stadions

2 *Kopp/Schenke* § 40 Rn. 11; *Schenke* VerwProzR Rn. 104; vgl. Schoch/Schneider/Bier/*Ehlers* § 40 Rn. 235 ff.; *Maurer* VerwR AT § 3 Rn. 13; HK-VerwR/*Unruh* § 40 VwGO Rn. 104.

eine Gaststätte betreibt. Die Anordnung sollte also nicht nur die Rechtsverhältnisse einer einzelnen Person regeln. Dies könnte ihrer Qualifikation als Verwaltungsakt entgegenstehen.

Der Bezug des § 35 S. 1 VwVfG auf konkret-individuelle Sachverhalte wird durch die Rechtsfigur der Allgemeinverfügung des § 35 S. 2 VwVfG allerdings erweitert. Danach handelt es sich auch dann um einen Verwaltungsakt in Form der Allgemeinverfügung, wenn sich die Maßnahme an einen nach allgemeinen Merkmalen bestimmten oder bestimmbaren Personenkreis richtet oder die öffentlich-rechtliche Eigenschaft einer Sache oder ihre Benutzung durch die Allgemeinheit betrifft. Hier könnte es sich um eine Allgemeinverfügung der Var. 1 handeln, die sich an einen nach Merkmalen bestimmten oder bestimmbaren Personenkreis richtet. Die Formulierung der Anordnung könnte aber auch auf eine abstrakt-generelle Rechtsverordnung deuten. Statthaft wäre im zweiten Fall eine Normenkontrolle nach § 47 VwGO.

Hinweis: Bei einer prinzipalen Normenkontrolle ist die fragliche Norm selbst Gegenstand des Verfahrens.[3] Möglich ist sie über § 47 VwGO, allerdings sind davon nur Satzungen erfasst und Rechtsvorschriften, die im Rang unter dem Landesgesetz stehen und auch nur insoweit, als das Landesrecht dies bestimmt. Bei Verordnungen von Behörden des Bundes ist § 47 VwGO nicht einschlägig.[4] In einem solchen Fall wäre direkt eine Verfassungsbeschwerde zu erheben. Davon zu trennen ist eine inzidente Normenkontrolle, etwa über eine Anfechtungs- oder Feststellungsklage.

Die Handlungsform ist über eine Auslegung analog §§ 133, 157 BGB aus Sicht eines verständigen Adressaten zu bestimmen.[5] Auf die Frage, welche unter mehreren in Betracht kommenden Handlungsformen im konkreten Fall zulässig ist, kommt es grundsätzlich nicht an; maßgeblich ist der für den Adressaten erkennbare Wille der Verwaltung. Er kann auch darauf gerichtet sein, eine rechtlich nicht vorgesehene (und damit unzulässige) Maßnahme zu erlassen.[6] Maßgeblich ist damit, wie sich die Anordnung aus Sicht eines Adressaten im Spektrum zwischen konkret-individuellem Verwaltungsakt und abstrakt-genereller Rechtsverordnung einordnen lässt.[7]

Hinweis: Aus diesem Grund sind auch die Rechtsgrundlagen des § 19 GastG und § 27 I SOG nur von beschränkter Aussagekraft. Entscheidend ist nicht, was der Gesetzgeber an Handlungsmöglichkeiten vorgegeben hat, sondern wie die Behörde tatsächlich gehandelt hat. Dass dies nicht zwingend deckungsgleich sein muss, zeigt schon die Möglichkeit rechtswidrigen Verwaltungshandelns.

Die Anordnung richtet sich nicht an alle Gastwirte im Stadtgebiet und auch nicht an alle Personen, die alkoholische Getränke vertreiben, wie etwa Inhaber von Supermärkten oder Tankstellen, sondern nur an Inhaber von Gaststätten. Die Nr. 2 der Anordnung definiert das stadionnahe Gebiet, in dem die Anordnung gilt, sodass die betroffenen Gastwirte bekannt und zahlenmäßig eingegrenzt sind. In persönlicher Hinsicht ist die Anordnung damit – wenn auch für eine Mehrzahl von Personen – individuell und nicht generell formuliert.

---

3 Vgl. *Bethge* JuS 2001, 1100 (1101).

4 Vgl. *Kopp/Schenke* § 47 Rn. 28.

5 BVerwGE 41, 305 (306); 67, 305 (307 f.); BGHZ 86, 104 (110); *Kluth* NVwZ 1990, 608 (610); *Ernst*, Die Verwaltungserklärung, 2008, 411 ff.

6 VGH Mannheim VBlBW 1987, 377 (381); *Schoch* Jura 2012, 26 (30).

7 Vgl. HK-VerwR/*Schwarz* § 35 VwVfG Rn. 113.

In sachlicher Hinsicht ist Anknüpfungspunkt für die Anordnung das DFB-Pokalspiel. Gerade von den Fans der Fußballmannschaft V werden erhebliche alkoholbedingte Ausfälle erwartet, die zumindest erschwert werden sollen, indem der Nachschub an Alkohol im Umfeld des Stadions unterbunden wird. Die Anordnung bezieht sich damit auf einen bestimmten realen Sachverhalt und ein konkretes Ereignis. Weitere Spiele der Fußballmannschaft V sind davon nicht erfasst. Somit wird keine generelle Regelung getroffen, sondern eine zeitlich und lokal konkretisierte, die nur für das DFB-Pokalspiel Geltung hat. Ihr Anlass ist nicht abstrakt, sondern konkret.

Dass aus Sicht der Gastwirte ein Verwaltungsakt und keine Allgemeinverfügung erlassen wurde, wird auch durch die beigefügte Rechtsbehelfsbelehrung gestützt, die nach §§ 70 II, 58 VwGO lediglich für Verwaltungsakte und nicht für Rechtsverordnungen vorgesehen ist.[8] Gleiches gilt für die Durchführung des Vorverfahrens, das bei § 47 VwGO nicht existiert. Es handelt sich also bei der Anordnung um eine Allgemeinverfügung nach § 35 S. 2 Var. 1 VwVfG. Die Anfechtungsklage ist damit statthaft.

IV. Klagebefugnis

Die Klägerin muss geltend machen, durch den Verwaltungsakt in ihren Rechten verletzt zu sein, wofür die Möglichkeit einer Rechtsverletzung ausreichend ist.[9] G ist durch die Allgemeinverfügung möglicherweise in ihrer Berufsfreiheit (Freiheit gewerblicher Betätigung) aus Art. 12 I GG verletzt.

V. Vorverfahren

G hat ordnungsgemäß, aber erfolglos Widerspruch erhoben (§§ 68 ff. VwGO).

VI. Klagefrist

Die Klagefrist des § 74 I VwGO ist ebenfalls gewahrt.

VII. Ordnungsgemäße Klageerhebung

Die Klage muss nach § 81 VwGO schriftlich erhoben werden. Wollte man dies iSd § 126 BGB verstehen, wonach eine Urkunde mit eigenhändiger Unterschrift erforderlich ist, würde G die Anforderungen nicht erfüllt haben. Sie hat ihre Unterschrift nur eingescannt und in ein digitales Dokument eingefügt, um es sodann als Computerfax an das Gericht zu senden.

Maßgeblich für die Bewertung, ob die Schriftform des § 81 VwGO eingehalten ist, muss aber Sinn und Zweck der Vorschrift sein. Sie soll sicherstellen, dass in Ansehung des Schriftsatzes dessen Urheber eindeutig ebenso erkennbar ist wie dessen Wille, den Schriftsatz in Verkehr zu bringen.[10] Ein gewöhnliches Telefax kann der Absender immerhin noch körperlich und eigenhändig unterschreiben. Dies ist beim Computerfax zwar nicht der Fall, doch wird die Authentizität der Erklärung auch hier erkennbar: durch die eingescannte Unterschrift sowie durch Briefkopf und Ab-

8 Vgl. zu diesen Kriterien BVerwGE 29, 310 (313); 48, 279 (282); 57, 26 (30); 100, 206 (207); *Ernst*, Die Verwaltungserklärung, 2008, 415.

9 Vgl. nur *Schenke* VerwProzR Rn. 494.

10 BVerwGE 77, 38 (38 f.); 81, 32 (33 ff.); *Kopp/Schenke* § 81 Rn. 5.

senderkennung. Sein Empfänger hat keinen Grund zur Annahme, dass der Schriftsatz nur zufällig und nicht bewusst in den Rechtsverkehr gelangt ist. Da es sich um ein Computerfax handelt, dem noch die eingescannte Unterschrift hinzugefügt werden muss, ist es auch fernliegend, dass dieses nur zufällig an das Gericht gesandt wurde. Auch das Computerfax mit eingescannter Unterschrift erfüllt also die Voraussetzungen des prozessualen Schriftformgebotes.[11]

VIII. Zwischenergebnis

Die Anfechtungsklage gegen die Anordnung ist zulässig.

B. Begründetheit

Die Klage ist begründet, soweit die Anordnung rechtswidrig ist und G dadurch in ihren Rechten verletzt ist (vgl. § 113 I 1 VwGO).

I. Rechtsgrundlage

Als Rechtsgrundlage für die Anordnung kommt § 19 GastG in Betracht.

II. Formelle Rechtmäßigkeit

1. Zuständigkeit

Hinweis: Ursprünglich war die Gesetzgebungskompetenz für das Gaststättenrecht in Art. 74 Nr. 11 GG als konkurrierende Gesetzgebungskompetenz geregelt. Der Bund hatte sie für den Erlass des Gaststättengesetzes, aus dem auch der hier verwendete § 19 GastG stammt, genutzt. Mit der Föderalismusreform von 2006 wurde das Gaststättenrecht in die ausschließliche Gesetzgebungskompetenz der Länder überführt. Solange jedoch ein Bundesland noch kein eigenes Gaststättenrecht erlassen hat (wovon in diesem Fall auszugehen ist), gilt das bisherige Gaststättengesetz des Bundes nach Art. 125a GG fort.

Zuständigkeiten sind im Gaststättengesetz des Bundes nicht geregelt. Nach § 1 der GastV obliegt die Zuständigkeit zur Ausführung des Gaststättengesetzes den örtlichen Ordnungsbehörden. § 3 I OBG bestimmt, dass die Aufgaben der örtlichen Ordnungsbehörde von den Gemeinden wahrgenommen werden. Damit ist die Bürgermeisterin der Stadt S zuständig.

Hinweis: Städte sind ebenfalls Gemeinden. Ihnen wurde aber in der Vergangenheit das Stadtrecht verliehen. Besondere praktische Auswirkungen neben der Bezeichnung als »Stadt« hat dies nicht.

2. Verfahren

Die Anordnung greift in die Rechte der Gastwirte ein, sodass diese gemäß § 28 VwVfG vor dem Erlass anzuhören waren. Zwar erlaubt § 28 II Nr. 4 VwVfG bei Allgemeinverfügungen, von einer Abhörung abzusehen, doch wird dies erhebliche praktische Schwierigkeiten voraussetzen, die bei einem überschaubaren Adressatenkreis wie hier nicht anzunehmen sind. Die Behörde hat daher mit Recht im Erörterungstermin den betroffenen Gastwirten Gelegenheit zur Stellungnahme eingeräumt und somit die Voraussetzungen einer Anhörung erfüllt.

11 Vgl. BGHZ 144, 160 (165); BGH NJW 2008, 2649 (2650).

3. Form

Die Formvorschriften sind gewahrt.

III. Materielle Rechtmäßigkeit

1. Tatbestandsvoraussetzungen

Ein Verbot des Ausschanks alkoholischer Getränke lässt § 19 GastG aus besonderem Anlass zu, wenn dies zur Aufrechterhaltung der öffentlichen Sicherheit oder Ordnung erforderlich ist. Der besondere Anlass liegt hier in dem DFB-Pokalspiel, das in S stattfindet, und dem bekannten Konsumverhalten der V-Fans.

Unter öffentlicher Sicherheit versteht man die Unversehrtheit der objektiven Rechtsordnung, der subjektiven Rechte und Rechtsgüter des Einzelnen und der Einrichtungen und Veranstaltungen des Staates.[12] Die öffentliche Ordnung bildet die ungeschriebenen Regeln ab, die das Verhalten des Einzelnen in der Öffentlichkeit betreffen und für ein geordnetes Zusammenleben Voraussetzung sind.[13] Bei dem Zusammentreffen vieler Fußballfans, von denen ein Großteil nur darauf aus ist, alkoholische Getränke zu konsumieren, sind vielfältige Gefahren für die öffentliche Sicherheit und Ordnung zu befürchten.[14] Dies gilt umso mehr, als die Fans der Fußballmannschaft V für dieses Verhalten bekannt sind und es für das kommende DFB-Pokalspiel sogar angekündigt haben.

2. Rechtsfolge

Als Rechtsfolge sieht § 19 GastG vor, dass die Behörde eine Regelung treffen »kann« – wofür sie sich auch entschieden hat. Hier ist nicht ersichtlich, dass es fehlerhaft war, ein solches Verbot tatsächlich zu erlassen. Vielmehr sprechen die dargestellten Gefahren dafür, dass das Verbot sogar unumgänglich war.[15] Aus der getroffenen Anordnung lässt sich für den Bürger mithilfe der Straßenkarte auch erkennen, in welchen Gaststätten er keine alkoholischen Getränke kaufen kann, sodass die Anordnung auch hinreichend bestimmt ist.

IV. Ergebnis

Die Klage ist zulässig, aber unbegründet.

---

12 Lisken/Denninger/*Denninger* HdB PolizeiR Kap. D Rn. 16 ff.; *Götz* POR § 4 Rn. 3; *Schenke* POR Rn. 53.

13 *Schenke* POR Rn. 63; *Knemeyer* POR Rn. 102; *Götz* POR § 5 Rn. 1.

14 Vgl. VG Düsseldorf NVwZ 2010, 71 (72).

15 Vgl. zur Einordnung des Merkmals »Erforderlichkeit« *Metzner* § 19 Rn. 4.

Fall 4 – Der Weinirrtum

Sachverhalt

W ist Eigentümer großer Reblagen an der Mosel. Er baut dort verschiedene Rebsorten an, unter anderem Riesling und Grauburgunder, und verarbeitet die Trauben zu Wein. Die von ihm erzeugten Weine haben in den vergangenen Jahren stets eine amtliche Prüfnummer für die Bezeichnung als Qualitätswein bestimmter Anbaugebiete (Qualitätswein b.A.) erhalten. Der Vergabe dieser amtlichen Prüfnummer durch die zuständige Landesbehörde geht eine Untersuchung voraus. Hierfür ist bei der zuständigen Behörde eine Sachverständigenkommission gebildet, die aus vier Weinsachverständigen besteht. Die Sachverständigen stammen aus der Weinwirtschaft, der öffentlichen Verwaltung, der Weinbauberatung und dem Kreis der Verbraucher. Zur Bestimmung, ob der Wein die Anforderungen erfüllt, hat das zuständige Ministerium rechtsfehlerfrei ein Punktesystem aufgestellt, wonach der Wein in den Merkmalen Aussehen, Geruch und Geschmack jeweils mindestens 1,5 Punkte und im Durchschnitt der Bewertungen für alle drei Merkmale als sogenannte Qualitätszahl gleichfalls 1,5 Punkte erreichen muss.

Im März 2010 meldet W 6.700 Liter Riesling des Jahrgangs 2009 zur Prüfung an. Aufgrund eines Kommunikationsfehlers der zuständigen Behörde wird der Sachverständigenkommission die Information vorgelegt, dass der Wein der Rebsorte Grauburgunder entstamme. Ihre Mitglieder bewerten den Wein nur mit einer Qualitätspunktzahl von 0,875. Dies wird maßgeblich damit begründet, dass der Wein einen »sortenatypischen Fremdton aufweise, der für Grauburgunder ganz und gar uncharakteristisch sei«; er sei mithin aus önologischer Sicht fehlerhaft. T, einer der vier Prüfer, vermerkt außerdem, zu einem guten Wein gehöre eine schöne Flasche. Dieses Prinzip habe W missachtet; freilich sei sein Wein auch nicht gut. Die zuständige Behörde lehnt am 23.2.2010 nach Anhörung des W unter Hinweis auf das Votum der Sachverständigenkommission die Erteilung einer amtlichen Prüfnummer ab. Der Bescheid schließt mit folgender Rechtsbehelfsbelehrung:

»Gegen diesen Bescheid können Sie innerhalb von vier Wochen nach seiner Bekanntgabe Widerspruch erheben. Der begründete Widerspruch ist schriftlich einzureichen bei [hier folgt die Postadresse der zuständigen Behörde]. Sie können diese Stelle auch aufsuchen und ihren Widerspruch schriftlich aufnehmen lassen.«

Am Mittwoch, dem 31.3.2010, erhebt W Widerspruch. Dieser bleibt unbeantwortet. Daraufhin erhebt W am 16.7.2010 Klage bei dem zuständigen Verwaltungsgericht, um eine amtliche Prüfnummer zugeteilt zu bekommen. Er begründet seine Klage damit, dass die Sachverständigen zu Unrecht Charakteristika des Jahrgangs 2009 als Fehler angesehen hätten. Hierzu legt er der Klage das Privatgutachten des H bei, das seinen Wein als fehlerfrei einstuft. H ist studierter Önologe und Herausgeber eines der einflussreichsten »Wine Guides«, der vielen Weinliebhabern als Qualitätskompass gilt. Das Gericht, fügt W an, sei an die Beurteilung durch die behördliche Sachverständigenkommission nicht gebunden. Sein Wein müsse als Qualitätswein bestimmter Anbaugebiete (Q.b.A.) bewertet werden. Die amtliche Prüfnummer und die Bezeichnung als Q.b.A. sei für seinen betrieblichen Erfolg außerdem äußerst wichtig, weil seine Stammkunden dies gewöhnt seien und als Mindeststandard forderten. Selbst wenn das Gericht zu einer anderen Einschätzung gelange, sei ihm die Prüfnummer zu erteilen, weil – was zutrifft – auch andere Winzer trotz ähnlicher sortenatypischer Fremdtöne die amtliche Prüfnummer erteilt bekommen hätten. Die Behörde hält dem entgegen, dass sie bei der Prüfung des Weins eine Einschätzungsprärogative habe, die seitens des Gerichts zu respektieren sei.

Wie wird das Verwaltungsgericht entscheiden? Gegebenenfalls ist ein Hilfsgutachten zu erstellen.

Bearbeiterhinweis:

Europarechtliche Regelungen sind nicht zu berücksichtigen. Gehen Sie davon aus, dass es sich bei der zuständigen Behörde um einen Landesbehörde handelt, nicht jedoch eine oberste, und dass der Wein des W den Mindestalkoholgehalt iSd § 21 I Nr. 1 WeinV aufweist.

Anhang

Weingesetz – WeinG (Auszug):

§ 19 WeinG – Qualitätsprüfung der Qualitätsweine b.A. und bestimmter Qualitätsschaumweine
(1) Abgefüllter inländischer Wein darf als Qualitätswein b. A. oder Qualitätswein, im Inland hergestellter Schaumwein darf als Sekt b. A., im Inland hergestellter Likörwein darf als Qualitätslikörwein b. A., im Inland hergestellter Perlwein darf als Qualitätsperlwein b. A. nur bezeichnet werden, wenn für ihn auf Antrag eine amtliche Prüfungsnummer zugeteilt worden ist.
[...]
(3) Eine amtliche Prüfungsnummer wird einem Erzeugnis nach Absatz 1 oder 2 nach systematischer organoleptischer und analytischer Untersuchung zugeteilt, wenn es
1. die für dieses Erzeugnis typischen Bewertungsmerkmale aufweist und
2. den Vorschriften der Rechtsakte der Europäischen Gemeinschaft, dieses Gesetzes und der auf Grund dieses Gesetzes erlassenen Rechtsverordnungen entspricht. [...]

Weinverordnung - WeinV (Auszug, teilweise fiktiv):

§ 21 WeinV – Qualitätsprüfung
(1) Eine Prüfungsnummer wird einem Qualitätswein b.A. zugeteilt, wenn
1. der Traubenmost oder die Maische im gärfähig befüllten Behältnis mindestens den für den jeweiligen Wein vorgeschriebenen natürlichen Mindestalkoholgehalt aufgewiesen hat und
2. er in Aussehen, Geruch und Geschmack frei von Fehlern ist.
[...]

§ 22 WeinV – Antrag auf Erteilung einer Prüfungsnummer
(1) Eine Prüfungsnummer kann beantragen:
1. für Qualitätswein oder Prädikatswein der Abfüller, im Falle des Absatzes 5 der Hersteller,
2. für Qualitätsschaumwein b.A., Qualitätslikörwein b.A. und Qualitätsperlwein b.A. der Hersteller.

Der Antrag ist der zuständigen Stelle auf einem Formblatt einzureichen, das die in Anlage 9 Abschnitt I aufgeführten Angaben enthält. [...]

§ 24 WeinV – Prüfungsverfahren
(1) Die zuständige Stelle hat eine Sinnenprüfung zu veranlassen, sofern nicht bereits auf Grund der vorliegenden Unterlagen der Antrag zurückzuweisen oder abzulehnen ist. Sie trifft ihre Entscheidung nach Überprüfung der eingereichten Unterlagen und dem Ergebnis der Sinnenprüfung.
[...]

§ 25 WeinV – Zuständige Stelle
(1) Die zuständige Stelle des Landes, in dem die bei der Herstellung des Erzeugnisses verwendeten Weintrauben geerntet worden sind, trifft die nach § 19 Absatz 1 und § 20 Absatz 1 des Weingesetzes und § 20a Absatz 1 erforderlichen Entscheidungen. Sind Weintrauben aus den Gebieten mehrerer Länder verwendet worden, obliegt die Entscheidung der zuständigen Stelle des Landes, aus dem der größte Anteil stammt.
(2) Bei den nach Absatz 1 zuständigen Stellen können zur Mitwirkung an den Prüfungen und Herabstufungen Kommissionen bestellt werden. Die nach Absatz 1 zuständigen Stellen können den Kommissionen keine Weisungen erteilen und sind an deren Entscheidungen gebunden.

Übersicht VIII: Zulässigkeit der Verpflichtungsklage (als Versagungsgegenklage)

(verfahrensspezifische Sachentscheidungsvoraussetzungen)

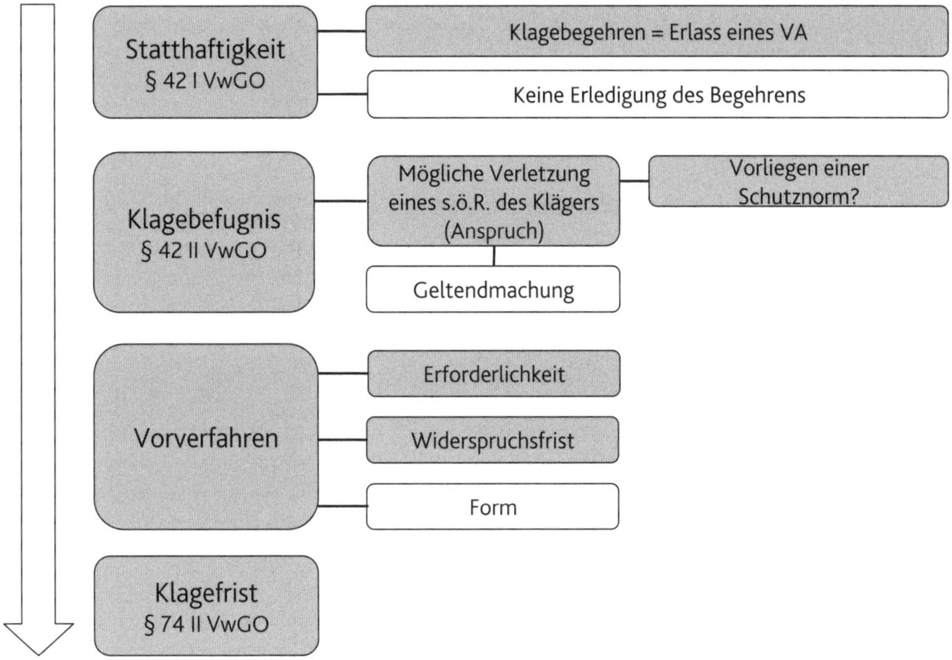

Lösung[1]

Schwerpunkte:
- Beurteilungsspielraum
- Verpflichtungsklage
- Rechtsbehelfsbelehrung
- Spruchreife

A. Zulässigkeit der Klage

I. Eröffnung des Verwaltungsrechtswegs

Eine aufdrängende Sonderzuweisung besteht nicht. Der Verwaltungsrechtsweg könnte aufgrund § 40 I 1 VwGO eröffnet sein. Hiernach ist eine öffentlich-rechtliche Streitigkeit gegeben, wenn die Beteiligten um die Anwendung einer öffentlich-rechtlichen Norm streiten, also eine Norm, die ausschließlich einen Träger öffentlicher Gewalt berechtigt oder verpflichtet (sog. modifizierte Subjektstheorie).[2] W begeht die Erteilung einer amtlichen Prüfnummer, damit er seinen Wein als Q.b.A. bezeichnen darf. Dies bestimmt sich nach § 19 WeinG, § 21 WeinV. Diese Vorschriften berechtigen ausschließlich eine Behörde zur Verleihung der Prüfnummer. Die Streitigkeit ist öffentlich-rechtlicher Natur und auch nichtverfassungsrechtlicher Art. Eine abdrängende Sonderzuweisung liegt nicht vor. Der Verwaltungsrechtsweg ist eröffnet.

II. Beteiligten- und Prozessfähigkeit

Beteiligtenfähig ist W nach § 61 Nr. 1 Var. 1 VwGO und prozessfähig nach § 62 I Nr. 1 VwGO. Das Land ist beteiligtenfähig nach § 61 Nr. 1 Var. 2 VwGO und prozessfähig nach § 62 III VwGO. Es wird vertreten durch den Behördenleiter.

III. Statthafte Klageart

Statthafte Klageart könnte die Verpflichtungsklage sein. Diese ist nach § 42 I Var. 2 VwGO einschlägig, wenn der Kläger den Erlass eines abgelehnten oder unterlassenen Verwaltungsakts begehrt. Verwaltungsakt ist nach § 35 S. 1 VwVfG jede Verfügung, Entscheidung oder andere hoheitliche Maßnahme, die eine Behörde zur Regelung eines Einzelfalls auf dem Gebiet des öffentlichen Rechts trifft und die auf unmittelbare Rechtswirkung nach außen gerichtet ist. Die Erteilung einer amtlichen Prüfnummer erfolgt durch eine Behörde als Ausdruck öffentlich-rechtlicher Tätigkeit. Sie bezieht sich allein auf den von W zur Prüfung eingereichten Wein und erlaubt diesem verbindlich, den Wein mit der Bezeichnung »Qualitätswein b.A.« zu vertreiben. Damit handelt es sich bei der Vergabe der Prüfnummer um einen Verwaltungsakt. Die Verpflichtungsklage ist statthaft.

---

1 Der Fall ist angelehnt an die Entscheidung BVerwG NJW 2007, 2790.

2 *Kopp/Schenke* § 40 Rn. 11; *Schenke* VerwProzR Rn. 104; vgl. Schoch/Schneider/Bier/*Ehlers* § 40 Rn. 235 ff.; *Maurer* VerwR AT § 3 Rn. 13; HK-VerwR/*Unruh* § 40 VwGO Rn. 104.

Hinweis: Die Verwaltung hat keinen Widerspruchsbescheid erlassen, sondern ist untätig geblieben.[3] Zwar hat der Betroffene in einem solchen Fall auch einen Anspruch auf Erlass des Widerspruchsbescheids. Ob er auch eine Verpflichtungsklage nur auf Erlass eines Widerspruchsbescheids erheben kann oder ob einer solchen Klage das Rechtsschutzbedürfnis fehlt, ist umstritten.[4] W hat jedoch nach dem Sachverhalt Klage erhoben, um eine amtliche Prüfnummer zu erhalten, nicht aber auf den Erlass eines Widerspruchsbescheids (vgl. § 88 VwGO).

IV. Klagebefugnis

W müsste auch klagebefugt sein. Nach § 42 II VwGO muss der Kläger hierzu geltend machen, durch die Ablehnung des Verwaltungsakts in seinen Rechten verletzt zu sein, wofür die Möglichkeit einer Rechtsverletzung notwendig ist.[5] Der Kläger muss möglicherweise ein Recht auf den Erlass des begehrten Verwaltungsakts haben; dh dies darf nicht von vornherein und offensichtlich ausgeschlossen sein.[6] Aus § 21 I WeinV ergibt sich, dass bei Vorliegen der normierten Voraussetzungen die zuständige Behörde die amtliche Prüfnummer zu erteilen hat (»Eine Prüfnummer wird zugeteilt...«), welche die Bezeichnung des Weins als Q.b.A. im Vertrieb erlaubt (vgl. § 19 I: »darf ... bezeichnet werden«). Die Entscheidung ist insofern von erheblicher wirtschaftlicher Bedeutung für die Berufsausübung eines Winzers (vgl. Art. 12 I GG). Es handelt sich um eine rechtlich gebundene Entscheidung, auf die W bei Vorliegen der Voraussetzungen einen Anspruch hat. Zumindest aufgrund der Abweichungen in den Gutachten und des Fehlers in der Behördenkommunikation erscheint es möglich, dass die Ablehnung des Antrags auf Erteilung einer amtlichen Prüfnummer durch W rechtswidrig war und W dadurch in seinen Rechten verletzt ist. Die Klagebefugnis ist zu bejahen.

V. Vorverfahren

Ein Vorverfahren muss ordnungsgemäß durchgeführt worden sein. Nach § 70 I 1 VwGO ist der Widerspruch innerhalb eines Monats zu erheben. Am 23.2.2010 wurde sein Antrag abgelehnt. W hat am 31.3.2010 Widerspruch erhoben. Die Monatsfrist des § 70 I 1 VwGO ist also versäumt.

Der Widerspruch ist gleichwohl nicht verfristet gewesen, wenn anstelle dieser Monatsfrist die Jahresfrist des § 58 II 1 VwGO eingreift. Voraussetzung dafür ist, dass die Rechtbehelfsbelehrung unterblieben oder unrichtig erteilt worden ist. Die Unrichtigkeit einer Belehrung ist an den Erfordernissen zu messen, wie sie in § 58 I VwGO formuliert sind. Hiernach muss die Belehrung die einzuhaltende Frist wiedergeben. Nach § 70 I 1 VwGO kann der Widerspruch innerhalb eines Monats erhoben werden. Die Rechtsbehelfsbelehrung spricht aber davon, dass W seinen Widerspruch innerhalb von vier Wochen einreichen kann. Diese Verkürzung – nach § 188 II BGB sind vier Wochen 28 Tage, ein Monat dagegen bis zu 31 Tagen – wirkt sich negativ zulasten des Widerspruchführers aus und die Rechtsbehelfsbelehrung ist in dieser Hinsicht also unrichtig.

3 Vgl. Wolff/Decker/*Decker* § 75 VwGO Rn. 5.
4 Für eine Klagemöglichkeit *Kopp/Schenke* § 75 Rn. 5; dagegen OVG Lüneburg NVwZ-RR 2009, 663 (664).
5 Vgl. nur *Schenke* VerwProzR Rn. 494.
6 Wolff/Decker/*Decker* § 42 VwGO Rn. 127.

Hinweis: Wird in der Rechtsbehelfsbelehrung eine längere Frist als ein Monat angegeben, gilt diese, soweit sie nicht über die einjährige Frist des § 58 II VwGO hinausgeht.[7]

Darüber hinaus kann sich die Unrichtigkeit einer Belehrung auch aus Angaben resultieren, die nicht nach § 58 I VwGO erforderlich sind. Voraussetzung ist dann, dass die Angaben unzutreffend oder irreführend und damit geeignet sind, die Erhebung des Widerspruchs zu erschweren, weil sie sich für den Bürger als Barriere darstellen.[8] Nach der dem W vorgelegten Rechtsbehelfsbelehrung ist ein »begründeter Widerspruch« notwendig. Über eine mögliche Begründung des Widerspruchs oder gar einer Verpflichtung dazu ist in den §§ 68 ff. VwGO jedoch kein Hinweis zu finden. Demzufolge ist ein begründeter Widerspruch zwar für dessen Erfolg förderlich, jedoch nicht zwingend notwendig.[9] Mit der Formulierung in der Rechtsbehelfsbelehrung wird jedoch die Pflicht suggeriert, innerhalb der Widerspruchsfrist auch gleichzeitig eine Begründung für den Widerspruch abzugeben. Für W werden damit erhöhte Anforderungen aufgestellt, die ihn davon abhalten könnten, Widerspruch einzulegen. Auch insoweit war die Rechtsbehelfsbelehrung also unrichtig.

Einschlägig ist somit die Jahresfrist des § 58 II VwGO. Am 31.3.2010 war der Widerspruch noch nicht verfristet.

Das Widerspruchsverfahren könnte aber nicht ordnungsgemäß abgeschlossen worden sein. W hat den Abschluss des Widerspruchsverfahrens durch einen Widerspruchsbescheid nicht abgewartet, sondern schon vorher Klage erhoben. Nach § 75 S. 1 VwGO kann eine Klage abweichend von dem Erfordernis des § 68 VwGO gleichwohl zulässig sein, wenn ohne zureichenden Grund über den Antrag auf Vornahme eines Verwaltungsakts in angemessener Frist sachlich nicht entschieden wird. Die für eine solche Verpflichtungsklage notwendige Frist konkretisiert S. 2 in der Weise, dass grundsätzlich drei Monate abgewartet werden müssen. W hat am 31.3.2010 Widerspruch erhoben und am 16.7.2010 Klage eingereicht. Die Dreimonatsfrist war damit abgelaufen und W konnte auch ohne Erlass eines Widerspruchsbescheids Klage erheben.

Hinweis: Zwar wäre es bei einem verfristeten Widerspruch denkbar – wenn auch nicht besonders bürgernah –, nicht über diesen zu entscheiden, um nicht die Gefahr zu begründen, ungewollt auch in der Sache zu entscheiden und so einem verfristeten Widerspruch abzuhelfen.[10] Hier war der Widerspruch aber nicht unzulässig.

VI. Klagefrist

Es fragt sich, wie in einer solchen Konstellation die Klagefrist zu bestimmen ist. Nach § 74 I, II VwGO beginnt ihr Lauf grundsätzlich mit der Zustellung des Widerspruchsbescheids. Einen solchen gab es hier aber nicht. Der hier einschlägige § 75 VwGO setzt nur eine Karenzfrist, nach deren Ablauf erstmals Verpflichtungsklage erhoben werden kann, eine Frist, nach deren Ablauf sie unzulässig wird, läuft in diesem Fall allerdings nicht. Eine Grenze setzt insoweit nur der Rechtsmissbrauch

---

7 BVerwG NJW 1967, 591 (591 f.); *Kopp/Schenke* § 58 Rn. 14 mwN. Vgl. auch BVerwG NVwZ 1999, 653 (654).
8 BVerwGE 57, 188 (190); *Kopp/Schenke* § 58 Rn. 12.
9 Schoch/Schneider/Bier/*Dolde/Porsch* § 70 Rn. 12.
10 Vgl. dazu *Hufen* VerwProzR § 6 Rn. 32.

(Verwirkung). Hierfür bestehen im Falle des W keine Anhaltspunkte. Er hatte keine Klagefrist zu beachten.

Hinweis: Bis 1976 gab es für Konstellationen, in denen über einen Widerspruch oder einen Antrag auf Vornahme eines Verwaltungsakts ohne zureichenden Grund in sachlich angemessener Frist nicht entschieden wurde, in § 76 VwGO eine regelmäßig vorgesehene Jahresfrist. Diese ist aber mittlerweile aufgehoben. Eine Fristbegrenzung bleibt dann noch über eine prozessuale Verwirkung möglich, wofür aber in diesem Fall keine Anzeichen gegeben sind.[11]

VII. Klagegegner

Bei der zuständigen Behörde handelt es sich nach dem Sachverhaltshinweis um eine Landesbehörde, sodass richtiger Klagegegner das Land als Träger der Behörde nach § 78 I Nr. 1 VwGO ist. Eine Ausnahmeregelung iSd § 78 I Nr. 2 VwGO besteht nach Landesrecht nicht.

VIII. Zwischenergebnis

Die Klage ist zulässig.

B. Begründetheit

Die Klage ist nach § 113 V 1 VwGO begründet, soweit die Ablehnung der Erteilung einer amtlichen Prüfnummer rechtswidrig, W dadurch in seinen Rechten verletzt und die Sache spruchreif ist.

Hinweis: Für die Begründetheit der Verpflichtungsklage wird zwischen dem Rechtswidrigkeitsaufbau und dem Anspruchsaufbau unterschieden. Der Rechtswidrigkeitsaufbau geht vom Wortlaut des § 113 V 1 VwGO aus und unterteilt die Begründetheit in drei Schritte: (1) Ablehnung oder Unterlassung des Verwaltungsakts rechtswidrig, (2) Rechtsverletzung des Klägers, (3) Spruchreife. Je nach Spruchreife kommt es entweder zu einem Vornahme- oder Bescheidungsurteil. Für den Anspruchsaufbau hingegen geht man davon aus, dass die Ablehnung eines Verwaltungsakts den Kläger immer dann in seinen Rechten verletzt, wenn er einen Anspruch auf Erlass des Verwaltungsakts hat und prüft im Folgenden die Anspruchsgrundlage sowie die formellen und materiellen Anspruchsvoraussetzungen. Stellt sich dabei heraus, dass zwar ein Anspruch grundsätzlich besteht, der Behörde aber noch Ermessen zukommt, erlässt das Gericht ein Bescheidungsurteil. Regelmäßig führen die verschiedenen Aufbaumöglichkeiten in der praktischen Prüfung nicht zu Unterschieden. Um eine stringente Bearbeitung zu erreichen, bietet es sich aber an, in Konstellationen, in denen noch keine Spruchreife besteht, den Rechtswidrigkeitsaufbau zu wählen und bei gebundenen Rechtsfolgen oder einer Ermessensreduzierung auf Null den Anspruchsaufbau, weil sich eine gewöhnliche Ermessensprüfung leichter in den Rechtswidrigkeitsaufbau einfügen lässt.

I. Rechtswidrigkeit der Ablehnung

Die Ablehnung des Antrags auf Erteilung einer amtlichen Prüfnummer müsste also rechtswidrig gewesen sein.

1. Rechtsgrundlage

Als Rechtsgrundlage für die Ablehnung kommt § 19 WeinG iVm § 21 WeinV in Betracht.

11 Vgl. insgesamt zu diesem Problem *Schenke* VerwProzR Rn. 720 f.

2. Einhaltung der Tatbestandsvoraussetzungen

a) Formelle Voraussetzungen

Laut Sachverhalt hat die zuständige Behörde gehandelt. W hat einen Antrag auf Erteilung der Prüfnummer gestellt, wie ihn § 22 I WeinV für notwendig erklärt, und die Behörde hat W – unabhängig der Frage, ob bei der Ablehnung eines beantragten Verwaltungsakts ein Eingriff in Rechte iSd § 28 I VwVfG anzunehmen ist[12] – vor ihrer Ablehnung angehört. Die Ablehnung geschah schließlich auch in ordnungsgemäßer Form. Die formellen Voraussetzungen sind damit gewahrt.

b) Materielle Voraussetzungen

Die Ablehnung könnte aus materiellen Gründen rechtswidrig sein. Bei dem von W zur Prüfung eingereichten Wein handelt es sich um ein Erzeugnis iSd § 19 I WeinG. Nach § 19 III WeinG wird einem solchen Erzeugnis eine amtliche Prüfnummer zugeteilt, wenn es die für dieses Erzeugnis typischen Bewertungsmerkmale aufweist und den Vorschriften der aufgrund des WeinG erlassenen Rechtsvorschriften entspricht.[13] Den nach § 21 I Nr. 1 WeinV erforderlichen Mindestalkoholgehalt weist der Wein des W auf. Darüber hinaus verlangt § 21 I Nr. 2 WeinV, dass ein Q.b.A. in Aussehen, Geruch und Geschmack frei von Fehlern ist. Hierbei handelt es sich um unbestimmte Rechtsbegriffe. Diese sind vor allem aufgrund der Rechtsschutzgarantie des Art. 19 IV GG grundsätzlich durch das Gericht vollständig überprüfbar.[14]

(1) Aussehen, Geruch und Geschmack – Vorliegen eines Beurteilungsspielraums

Ausnahmsweise kann der Verwaltung bei der Anwendung von unbestimmten Rechtsbegriffen ein Beurteilungsspielraum eingeräumt sein, dessen Handhabe nur eingeschränkt gerichtlich überprüfbar ist. Ein solcher Beurteilungsspielraum kann jedoch nur angenommen werden, wenn er der Verwaltung durch das anzuwendende Gesetz ausdrücklich eingeräumt ist oder sich kraft Auslegung aus ihm ergibt.[15] Entscheidend dabei ist, ob der Gesetzgeber die Letztentscheidungskompetenz der Verwaltung zuweisen wollte.[16] Indizien für einen Beurteilungsspielraum können die besonderen Qualifikationen der zur Entscheidung berufenen Personen, eine Entscheidung, die maßgeblich von persönlich-wertenden und juristisch nicht greifbaren Maßstäben bestimmt wird, die besondere pluralistische Zusammensetzung eines

12 Nach hL ist dies notwendig, vgl. zum Streitstand mwN *Kopp/Ramsauer* § 28 Rn. 26 ff.

13 Auf Rechtsakte der Europäischen Gemeinschaft bzw. Union ist entsprechend dem Bearbeiterhinweis nicht einzugehen. In Betracht käme hierfür die Verordnung (EG) Nr. 1493/1999 des Rates v. 17.5.1999 über die gemeinsame Marktorganisation für Wein, ABl. EG 1999 L 179, 1, sowie die Durchführungsverordnung (EG) Nr. 1607/2000 der Kommission v. 24.7.2000, ABl. EG 2000 L 185, 17.

14 BVerfGE 84, 34 (50); 88, 40 (56 f.); BVerwGE 94, 307 (309); 100, 221 (225); 109, 59 (65 ff.); *Erbguth* VerwR AT § 14 Rn. 27; *Detterbeck* VerwR AT Rn. 358; Wolff/Decker/*Decker* § 114 VwGO Rn. 64.

15 BVerwGE 100, 221 (225); BVerwG NVwZ 1991, 568 (569); *Kopp/Ramsauer* § 40 Rn. 22; Stelkens/Bonk/Sachs/*Sachs* § 40 Rn. 162; *Detterbeck* VerwR AT Rn. 357; *Beaucamp* JA 2002, 314 (315).

16 *Kopp/Ramsauer* § 40 Rn. 22, 99 f.

grundsätzlich weisungsfreien Gremiums oder die fehlende Wiederholbarkeit der Entscheidungssituation sein.[17]

Planerische Elemente, wie zB die Förderung einzelner Geschmacksrichtungen, sind nicht Bestandteil der Qualitätsprüfung eines einzelnen Weines.[18] Ebenso wenig enthält sie prognostische Bewertungen.[19] Die Entscheidung ist auch nicht unwiederholbar; vielmehr kann eine erneute Sinnesprüfung des Weines zu einem späteren Zeitpunkt stattfinden, sowohl im Hinblick auf den Gegenstand als auch die Sachverständigen.[20] Der Begutachtung von Wein ist aber durch einen in hohem Maße wertenden Charakter geprägt.[21] Von den Prüfern ist eine hohe Sachkenntnis gefordert, die nur durch eine fachliche Schulung und langjährige Erfahrung gewonnen werden kann.[22] Der subjektive Charakter der Entscheidung ergibt sich gerade durch die pluralistische Zusammensetzung des Gremiums und die Kombination der einzelnen Ergebnisse der Kommissionsmitglieder. Dass das Gesetz einer so gebildeten Kommission ein inhaltliches Letztentscheidungsrecht zubilligen wollte, ergibt sich bei Berücksichtigung des § 25 II 2 WeinV.[23] Hiernach ist die Kommission an Weisungen nicht gebunden, gibt aber ihrerseits die Entscheidung für die Behörde vor. Basierend auf der rechtlichen Lage sollte folglich der Verwaltung ein Beurteilungsspielraum zugebilligt werden, der nur eingeschränkt durch das Gericht überprüfbar ist.[24]

(2) Grenzen des Beurteilungsspielraums

Die behördliche Entscheidung, ob der Wein des W in Aussehen, Geschmack und Geruch den Anforderungen entspricht, unterliegt zwar nur einer eingeschränkten gerichtlichen Überprüfung. Die richterliche Nachkontrolle erstreckt sich immerhin darauf, ob die Verfahrensvorschriften eingehalten worden sind, ob die Behörde bzw. ihre Prüfungskommission von einem zutreffenden Sachverhalt ausgegangen sind, ob sie allgemein anerkannte Bewertungsmaßstäbe eingehalten haben, ob sie sachfremde Erwägungen ausgeschlossen und das Willkürverbot beachtet haben.[25]

---

17 Vgl. BVerwG NJW 2007, 2790 (2792); zusammenfassend *Kopp/Ramsauer* § 40 Rn. 101. Parallel dazu haben sich verschiedene Fallgruppen entwickelt, in denen die Annahme eines Beurteilungsspielraums nahe liegt: Bewertung von Prüfungsleistungen, Beamtenrechtliche Eignungs- und Leistungsprüfungen, höchstpersönliche Akte wertender Erkenntnis, Bewertungen mit planerischen Elementen sowie verwaltungspolitische und Risikoentscheidungen.

18 BVerwGE 94, 307 (310).

19 BVerwGE 94, 307 (310 f.).

20 *Koch* ZLR 1979, 525 (525 f.).

21 BVerwG NJW 2007, 2790 (2792); BVerwGE 94, 307 (311); VGH Mannheim ZLR 1979, 520 (523 f.).

22 BVerwG NJW 2007, 2790 (2792).

23 Dieser Satz 2 findet sich in der Original WeinV nicht. Er gibt aber inhaltlich lediglich das wieder, was sich im Originalfall aufgrund des Einflusses des Art. 8 I der Verordnung (EG) Nr. 1607/2000 v. 24.7.2000, ABl. EG 2000 L 185, 17 ergeben hatte, vgl. BVerwG NJW 2007, 2790 (2792 f.).

24 BVerwG NJW 2007, 2790 (2792); VGH Mannheim ZLR 1979, 520 (532 f); aA noch BVerwGE 94, 307 (309 ff.); in diese Richtung auch *Koch* ZLR 1979, 525 (526 f.). Das Bundesverwaltungsgericht hat in NJW 2007, 2790 erst jüngst seine in dieser Frage früher vertretene Auffassung aufgegeben. Gleichwohl ist auch eine aA – insbesondere unter Hinweis auf die Rechtsschutzgarantie des Art. 19 IV GG – vertretbar.

25 BVerwG NJW 2007, 2790 (2794); BVerwGE 60, 245 (246 f.); 77, 75 (85); 103, 200 (204); *Kopp/Ramsauer* § 40 Rn. 115 ff.; *Beaucamp* JA 2002, 314 (316 ff.); vgl. *Beaucamp* JA 2012, 193.

(a) Einhaltung der Verfahrensvorschriften

Dass Verfahrensvorschriften bei der Sinnesprüfung des Weins nicht eingehalten worden sind, ist nicht ersichtlich. Das Prüfverfahren des § 24 WeinV ist beachtet.

(b) Ausgehen von einem zutreffenden Sachverhalt

Die Prüfungskommission muss allerdings auch von einem zutreffenden Sachverhalt ausgegangen sein. W hat Riesling zur Prüfung angemeldet. Aufgrund eines Kommunikationsfehlers zwischen Behörde und Prüfungskommission erhält diese aber die Information, dass es sich bei dem zu begutachtenden Wein um Grauburgunder handelt. Die Rebsorte ist für die geschmacklichen Eigenarten des Weins maßgeblich. So gesehen, hat die Kommission dem Wein zu Recht attestiert, einen für Grauburgunder untypischen »Fremdton« aufzuweisen. Der Sachverhalt, von dem sie hierbei ausging, war aber unzutreffend, denn es handelte sich nicht um Grauburgunder, sondern vielmehr um Riesling. Für die Entscheidung in der Sache war dieser unzutreffende Sachverhalt von maßgeblichem Einfluss, weil er dazu führte, dass die Kommission den Geschmack der anderen Rebsorte, der von einer Grauburgundernote abwich, als Qualitätsmangel missdeutete.[26]

(c) Allgemein anerkannte Bewertungsmaßstäbe

Das Punktesystem, dass der Beurteilung des Weins zugrunde gelegen hat, war nach dem Sachverhalt rechtsfehlerfrei. Davon abgesehen bestehen keine Anhaltspunkte, dass die Prüfung des Weins nicht nach anerkannten Maßstäben ausgestaltet war.

(d) Sachfremde Erwägungen

Die Kommission darf keine sachfremden Erwägungen angestellt haben. Prüfer T hat auch das Aussehen der Flaschen bewertet, in denen der Wein später vertrieben werden soll. Zwar spricht § 21 I 1 Nr. 2 WeinV vom »Aussehen«. Aus dem Normzusammenhang ergibt sich aber, dass es sich nur auf den Wein bezieht. Bei einer Sinnesprüfung des Weins ist nicht Sinn und Zweck der lebensmittelrechtlichen Vorschriften, eine Aussage über optische Qualitäten der Verpackung zu treffen. T ist als Mitglied der Prüfungskommission also von sachfremden Erwägungen ausgegangen. Die zusätzliche Bewertung der Flasche hat die Entscheidung in der Sache beeinflusst.

(e) Willkürverbot

Schließlich erscheint auch ein Verstoß gegen das Willkürverbot möglich. Gemäß dem allgemeinen Gleichheitsgrundsatz aus Art. 3 I GG kann W verlangen, dass er nicht in evident unsachlicher Art und Weise ungleich behandelt wird.[27] Sofern andere Winzer trotz sortenatypischer Fremdtöne eine amtliche Prüfnummer erteilt bekommen haben, geschah dies unter Verstoß gegen § 19 WeinG iVm § 21 WeinV. Ein Anspruch auf Gleichbehandlung im Unrecht besteht aber nicht.[28] Das Willkürverbot ist nicht verletzt.

---

26 Auch Beurteilungsfehler können nach § 45 VwVfG geheilt werden oder sich gemäß § 46 VwVfG als unbeachtlich erweisen, *Kopp/Ramsauer* § 40 Rn. 120.

27 Vgl. Sachs/*Osterloh* Art. 3 Rn. 9.

28 VGH Mannheim ZLR 1979, 520 (524). Allgemein Jarass/Pieroth/*Jarass* Art. 3 Rn. 36; Dreier/*Heun* Art. 3 Rn. 61.

(f) Weitergehende Überprüfung

Eine weitergehende Überprüfung durch das Gericht ist nicht möglich. Damit kann auch die Frage, ob der Wein des W tatsächlich einen sortenatypischen Fremdton aufweist und deshalb aus önologischer Sicht fehlerhaft ist, durch das Gericht nicht kontrolliert werden.

(g) Zwischenergebnis

Trotz eines Beurteilungsspielraums war die Ablehnung der Erteilung einer amtlichen Prüfnummer rechtswidrig.

II. Rechtsverletzung des Klägers

Die rechtswidrige Verweigerung einer amtlichen Prüfnummer verletzt W in seinen Rechten. Dadurch kann er seinen Wein nicht mehr als Q.b.A. im Vertrieb bezeichnen. Gerade dies ist jedoch auf dem Weinmarkt ein besonderes Merkmal und wird von den Kunden des W erwartet. Die Möglichkeit, im Rahmen der gesetzlichen Voraussetzungen iSd § 19 WeinG, § 21 WeinV den eigenen Wein als Q.b.A. zu bezeichnen, dient im Lichte des Art. 12 I GG somit subjektiven Interessen des W und stellt ein subjektives öffentliches Recht dar.

III. Spruchreife

Zu einem Vornahmeurteil, das die Verwaltung direkt zum Erlass eines bestimmten Verwaltungsakts verpflichtet, kommt es aber nur, wenn die Sache spruchreif ist, § 113 V 1 VwGO. Spruchreife ist dann aber nicht gegeben, wenn die Verwaltungsbehörde noch einen Ermessensspielraum hat oder der Anspruch auf Erlass des Verwaltungsakts von weiteren Voraussetzungen abhängt.[29] Bei der Entscheidung über die Erteilung einer amtlichen Prüfnummer kommt der Verwaltung ein Beurteilungsspielraum zu. Das Gericht kann die Qualität des Weines nicht eigenständig prüfen. Ein Verpflichtungsurteil kommt also mangels Spruchreife nicht in Betracht, vielmehr muss der Wein unter Beachtung der Rechtsauffassung des Gerichts behördlicherseits neu verkostet werden.

Zwar hat W beantragt, eine amtliche Prüfnummer zugeteilt zu bekommen, und insofern ein Vornahmeurteil beantragt, doch erreicht er lediglich ein Bescheidungsurteil. Ein darauf gerichteter Antrag ist aber grundsätzlich in dem weitergehenden Antrag auf Erlass eines Vornahmeurteils enthalten, vgl. § 113 V 2 VwGO.[30]

IV. Ergebnis

Die Klage ist zulässig, aber nur teilweise begründet.[31] Die zuständige Behörde hat über den Antrag des W unter Beachtung der Rechtsauffassung des Gerichts neu zu bescheiden.

29 *Schenke* VerwProzR Rn. 838.
30 Vgl. *Kopp/Schenke* § 113 Rn. 187; Wolff/Decker/*Wolff* § 113 VwGO Rn. 148.
31 Vgl. zur nur teilweisen Begründetheit aufgrund des Bescheidungsurteils Wolff/Decker/*Wolff* § 113 VwGO Rn. 148.

Fall 5 – Aus dem Weg!

Sachverhalt

Im Januar 2012 finden in der kreisfreien Stadt S Kommunalwahlen statt. Die P-Partei tritt für weitreichende Bürgerrechte, gerade im Hinblick auf die Errungenschaften der Informationsgesellschaft, ein und versucht, die letzten Wähler für ihr Anliegen zu mobilisieren. Hierzu baut die P-Partei verschiedene Stände im Stadtgebiet auf, an denen ihre Kandidaten Informationsblätter verteilen und mit Passanten ins Gespräch kommen. Die Stände bestehen aus einem ovalen Stehtisch und zwei Aufstellern, die den Tisch flankieren. Die beiden Aufsteller formieren sich zu einer Art Rückwand, sodass die Gesamtbreite des Standes über 2m beträgt. Die Aufsteller tragen großformatige Porträts der Kandidaten mit Schriftzug und Slogans der Partei.

Einer dieser Stände wird jeden Tag in der G-Straße auf dem Fußweg direkt vor einem großen Einkaufsmarkt aufgebaut. Bürger, die von dem Fußgängerweg kommend den Markt betreten möchten, müssen rechts oder links direkt am Stand vorbei. Der Kontakt zu den Passanten intensiviert sich zur Freude der Kandidaten der P-Partei hierdurch enorm. Gerade zur Feierabendzeit kommt es an manchen Tagen aber dazu, dass sich die Kunden beim Betreten und Verlassen des Marktes auf dem Fußgängerweg stauen. Bei einem Gespräch mit der Stadtverwaltung wird die P-Partei darüber informiert, dass der Stand so nicht stehen bleiben könne. Die P-Partei sieht jedoch ein besonderes Bedürfnis für ihren Stand genau an dieser Stelle und in dieser Beschaffenheit und fordert schriftlich am 2.8.2011 die Stadtverwaltung auf, ihre Position zu überdenken und sie gewähren zu lassen.

Am 25.8.2011 erhält der Ortsverband der P-Partei vom zuständigen Bürgermeister der Stadt S schriftlich die Aufforderung, den Stand in der G-Straße nicht mehr direkt vor dem Eingang des Einkaufsmarkts zu positionieren. Hierfür bedürfe es einer Erlaubnis, die aber nicht erteilt werden könne. Zur Begründung führt der Bürgermeister aus, dass es sich bei dem Stand der P-Partei um eine straßenrechtliche Sondernutzung handle und dafür die Genehmigung fehle. Diese könne, was geprüft und abgewogen worden sei, auch aufgrund des Parteiprogramms der P-Partei, die vor allem für eine freiheitliche Nutzung des Internets und eine weitgehende Aufhebung des Urheberrechtsschutzes eintritt, aber nicht erteilt werden. Das Internet müsse durch einen starken Staat reguliert werden, um Gefahren für die Allgemeinheit sofort zu begegnen. Sollte die P-Partei den Stand weiterhin aufbauen, müsse sie mit einem Bußgeld rechnen.

Die P-Partei ist der Ansicht, sie sei auch ohne Erlaubnis zum Aufstellen des Standes berechtigt. Immerhin müsse sie angesichts der bevorstehenden Wahl die Möglichkeit haben, den Bürgern ihr Wahlprogramm zu erläutern. Sie handele damit im Gemeininteresse.

Sicherheitshalber erhebt die P-Partei dennoch am 12.9.2011 Widerspruch. Dieser wird zwei Wochen später zurückgewiesen. Daraufhin erhebt die P-Partei am 7.10.2011 Klage vor dem Verwaltungsgericht. Sie beantragt festzustellen, dass sie für das Aufstellen des Standes keine Erlaubnis benötige. Sollte sie wider Erwarten doch eine Erlaubnis benötigen, erhebt sie hilfsweise Klage auf Erteilung dieser Erlaubnis.

Wie wird das Gericht entscheiden? Gegebenenfalls ist ein Hilfsgutachten zu erstellen.

Anhang[1]

Parteiengesetz – PartG (Auszug):

§ 3 PartG – Aktiv- und Passivlegitimation
Die Partei kann unter ihrem Namen klagen und verklagt werden. Das gleiche gilt für ihre Gebietsverbände der jeweils höchsten Stufe, sofern die Satzung der Partei nichts anderes bestimmt.

§ 5 PartG – Gleichbehandlung
(1) Wenn ein Träger öffentlicher Gewalt den Parteien Einrichtungen zur Verfügung stellt oder andere öffentliche Leistungen gewährt, sollen alle Parteien gleichbehandelt werden.
[...]

Straßengesetz – StrG

§ 14 StrG – Gemeingebrauch
(1) Der Gebrauch der Straße ist jedermann im Rahmen der Widmung und der Verkehrsvorschriften zum Verkehr gestattet (Gemeingebrauch). Im Rahmen des Gemeingebrauchs hat der fließende Verkehr den Vorrang vor dem ruhenden. Kein Gemeingebrauch liegt vor, wenn jemand die Straße nicht vorwiegend zum Verkehr, sondern zu anderen Zwecken benutzt.
[...]

§ 18 StrG – Sondernutzung
(1) Die Benutzung der Straße über den Gemeingebrauch hinaus ist Sondernutzung. Sie bedarf der Erlaubnis des Trägers der Straßenbaulast, in Ortsdurchfahrten der Erlaubnis der Gemeinde.
[...]
Eine landesrechtliche Regelung iSd § 78 VwGO existiert nicht.

1 Die Vorschriften basieren – soweit es sich um Landesrecht handelt – auf dem niedersächsischen Landesrecht.

Übersicht IX: Zulässigkeit der Feststellungsklage
(verfahrensspezifische Sachentscheidungsvoraussetzungen)

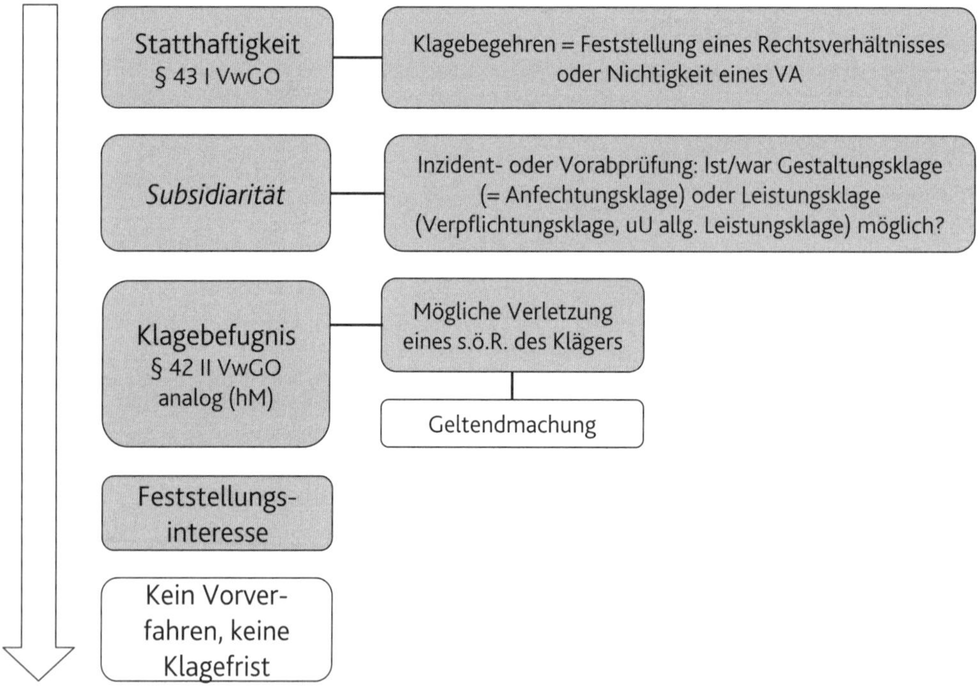

Lösung

Schwerpunkte:
- Ermessen
- Feststellungsklage
- Beteiligtenfähigkeit einer Vereinigung
- Klageverbindung

A. Zulässigkeit

I. Eröffnung des Verwaltungsrechtswegs

Mangels einer aufdrängenden Sonderzuweisung richtet sich die Eröffnung des Verwaltungsrechtswegs nach § 40 I 1 VwGO.

Hinweis: Auf die erneute Darstellung der sog. modifizierten Subjektstheorie wird hier zur Vermeidung von Wiederholungen verzichtet, vgl. dazu schon die Kurzfälle zur Rechtswegeröffnung und die Klausurfälle 1–4. In Klausuren ist die Eröffnung des Verwaltungsrechtswegs oftmals unproblematisch gegeben. In den Fällen kann die Prüfung abgekürzt werden.

Die P-Partei streitet sich mit dem Bürgermeister der Stadt S um die Berechtigung zum Aufstellen ihres Standes. Sie bestimmt sich danach, ob die Aufstellung erlaubnisfreier Gemeingebrauch oder erlaubnispflichtige Sondernutzung ist. Dies ergibt sich aus dem Straßenrecht als Teilbereich des Rechts der öffentlichen Sachen. Die Voraussetzungen für die Nutzung einer Straße werden durch deren Widmung und damit einseitig durch hoheitlichen Akt festgelegt. Die einschlägigen Vorschriften berechtigen schon insoweit allein einen Träger öffentlicher Gewalt. Dies gilt insbesondere für § 18 StrG, der die Sondernutzung unter hoheitlichen Erlaubnisvorbehalt stellt. Auch die normative Ermächtigung zur Verhängung des Bußgeldes, das im Schreiben vom 25.8.2011 in Aussicht gestellt wird, gilt allein für den Träger öffentlicher Gewalt. Die Streitigkeit ist deshalb öffentlich-rechtlicher Natur und auch nicht verfassungsrechtlicher Art. Eine abdrängende Sonderzuweisung besteht nicht. Der Verwaltungsrechtsweg ist eröffnet.

II. Beteiligten- und Prozessfähigkeit

Der Ortsverband der P-Partei müsste beteiligtenfähig sein.

Die Beteiligtenfähigkeit der P-Partei ergibt sich aus § 61 Nr. 1 Var. 2 VwGO, wenn diese eine juristische Person ist. Die Rechtsstellung der Parteien aus Art. 21 GG begründet diese Annahme noch nicht. Vielmehr sind Parteien regelmäßig als nichtrechtsfähige und in Einzelfällen als rechtsfähige Vereine organisiert.[2] Der Sachverhalt bietet keinen Anhaltspunkt dafür, dass es sich bei der P-Partei um einen rechtsfähigen Verein handelt. Somit darf angenommen werden, dass sie iSd § 54 BGB nichtrechtsfähig ist und dass dies auch auf ihren Ortsverein zutrifft. Die Beteiligtenfähigkeit kann daher über § 61 Nr. 1 Var. 2 VwGO nicht begründet werden.

2 Maunz/Dürig/*Klein* Art. 21 Rn. 254; *Ipsen*, Parteiengesetz, 2008, § Rn. 14; *Lenski*, Parteiengesetz, 2011, § 3 Rn. 3 ff.

Eine Sonderregelung zur Beteiligtenfähigkeit trifft indes § 3 PartG, wonach die Partei unter ihren Namen klagen und verklagt werden kann. Dies gilt auch für Gebietsverbände der jeweils höchsten Stufe, sofern die Satzung der Partei nichts anderes bestimmt. Gebietsverbände der höchsten Stufe sind bei Bundesparteien regelmäßig Landesverbände und bei Landesparteien Bezirksverbände,[3] nicht aber Ortsverbände. Auch über § 3 PartG lässt sich die Beteiligtenfähigkeit also nicht begründen.

In Betracht kommt sodann eine Beteiligtenfähigkeit nach § 61 Nr. 2 VwGO. Hiernach können Vereinigungen vor Gericht als Partei auftreten, soweit ihnen ein Recht zustehen kann. Diese Option ist aber nur eröffnet, wenn es sich bei § 3 PartG nicht um eine abschließende Sonderregelung handelt. Vor Einführung des § 3 PartG war die (zivil-)prozessuale Situation der Parteien als unzureichend empfunden worden.[4] Die Einführung der Norm sollte aber die Möglichkeiten der Parteien vor dem Hintergrund ihrer verfassungsrechtlichen Stellung aus Art. 21 GG nur erweitern und nicht beschränken.[5] Damit bleibt also Raum für § 61 Nr. 2 VwGO.

Bei einer Vereinigung handelt es sich um eine Personenmehrheit, die ein Mindestmaß an Organisation aufweist und die zwar nicht selbst rechtsfähig oder auf andere Weise juristischen Personen gleichgestellt ist, aber Zuordnungssubjekt eines Rechtssatzes ist.[6] Aufgrund ihrer Satzung kann der Ortsverband der P-Partei gefestigte Organisationsstrukturen aufweisen. Er kann sich als Untergliederung der Partei auch auf Art. 21 GG berufen. Zweifelhaft ist jedoch, ob dies zur Begründung der Beteiligtenfähigkeit des Ortsverbands ausreicht. Teile des Schrifttums fordern, dass das der Vereinigung zustehende Recht auch Gegenstand des konkreten Rechtsstreits sein muss, während andere einen besonderen Zusammenhang mit dem konkreten Rechtsstreit nicht für erforderlich erachten.[7] Dies ist dann unerheblich, wenn dem Ortsverband der P-Partei ohnehin im Hinblick auf den konkreten Rechtsstreit ein Recht zustehen kann. Von ihrer Funktion nach Art. 21 GG können Parteien und insbesondere Ortsverbände nur wirkungsvoll Gebrauch machen, wenn sie vor Ort und insbesondere auf der Straße Werbung für sich machen. Im Lichte des Art. 21 I GG muss also die Erteilung von straßenrechtlichen Sondernutzungserlaubnissen an Ortsverbände von Parteien möglich sein.[8] Insofern kann die Kontroverse um die Voraussetzungen bei § 61 Nr. 2 VwGO dahinstehen; denn Art. 21 GG steht dem Ortsverband nicht nur allgemein zu, sondern ist auch für den konkreten Rechtsstreit auslegungserheblich und verleiht ihm grundsätzlich ein Recht, erforderlichenfalls Sondernutzungserlaubnisse zu erhalten.

Die Prozessfähigkeit des Ortsverbandes ergibt sich aus § 62 III VwGO. Der satzungsmäßig bestimmte Vorstand vertritt die Partei, § 11 III 2 PartG, § 26 BGB.

Die Stadt S ist beteiligtenfähig nach § 61 Nr. 1 Var. 2 VwGO und prozessfähig nach § 62 III VwGO. Sie wird vertreten durch den Bürgermeister.

---

3 Vgl. zum Beispiel der SPD *Ipsen*, Parteiengesetz, 2008, § 3 Rn. 5.
4 *Hagmann* DÖV 2006, 323 (325).
5 BVerwGE 32, 333 (334 f.); Maunz/Dürig/*Klein* Art. 21 Rn. 394.
6 BVerwG NVwZ 2004, 887 (887); *Kopp/Schenke* § 61 Rn. 8.
7 Zum Streitstand vgl. NK-VwGO/*Czybulka* § 61 Rn. 29 mwN.
8 Vgl. nur BVerwGE 32, 333 (334); 56, 56 (57); *Hagmann* DÖV 2006, 323 (324) mwN.

III. Statthafte Klageart

Für die Bestimmung der statthaften Klageart ist das Klagebegehren entscheidend, § 88 VwGO. Verbindet der Kläger seinen Hauptantrag mit einem Hilfsantrag, ist auf diesen nur einzugehen, wenn der Hauptantrag keinen Erfolg hat, dh entweder unzulässig oder unbegründet ist. Der Hilfsantrag steht also unter der prozessualen Bedingung, dass der Hauptantrag nicht erfolgreich ist.[9] Zu prüfen ist daher zunächst der Hauptantrag.

Der Ortsverband der P-Partei begehrt die gerichtliche Feststellung, dass er für das Aufstellen des Standes keine Erlaubnis benötigt. Es könnte somit die allgemeine Feststellungsklage nach § 43 I VwGO statthaft sein. Danach kann die Feststellung des Bestehens oder Nichtbestehens eines Rechtsverhältnisses begehrt werden, wenn der Kläger ein berechtigtes Interesse an der baldigen Feststellung hat. Ein feststellungsfähiges Rechtsverhältnis ist durch rechtlichen Beziehungen gekennzeichnet, die sich aus einem konkreten Sachverhalt aufgrund einer öffentlich-rechtlichen Norm ergeben und das Verhältnis von Personen untereinander oder einer Person zu einer Sache betreffen und kraft derer eine der beteiligten Personen etwas Bestimmtes tun muss, kann oder darf oder nicht zu tun braucht.[10] Kennzeichen eines Rechtsverhältnisses ist, dass subjektive Rechte oder Pflichten bestehen.[11] Hier wird zwischen dem Ortsverband der P-Partei und der Stadt S um die Grenzen straßenrechtlicher Nutzungsbefugnisse gestritten, genauer darum, ob der Wahlkampfstand ohne Erlaubnis aufgestellt werden darf. Dem liegt die Frage zugrunde, ob sich der Ortsverband auf das Recht zum Gemeingebrauch nach § 14 StrG berufen darf oder verpflichtet ist, eine Sondernutzungserlaubnis nach § 18 StrG einzuholen. Hierbei handelt es sich um eine öffentlich-rechtliche Beziehung[12] zwischen den Beteiligten des Rechtsstreits, die aus einem konkreten Sachverhalt resultiert. Ein feststellungsfähiges Rechtsverhältnis besteht.

IV. Subsidiarität der Feststellungsklage, § 43 II 1 VwGO

Nach § 43 II 1 VwGO steht die Erhebung einer allgemeinen Feststellungsklage unter dem Vorbehalt, dass der Kläger seine Rechte nicht durch Gestaltungs- oder Leistungsklage verfolgen kann oder hätte verfolgen können. Leistungsklage im Sinne dieser Bestimmung ist auch die Verpflichtungsklage, mit der eine spezifische Leistung – der Erlass eines Verwaltungsakts – erwirkt werden soll. Eine Verpflichtungsklage auf Erteilung einer Sondernutzungserlaubnis wäre ebenfalls darauf gerichtet, den Wahlkampfstand weiterhin aufstellen zu können. Entscheidend ist aber nicht das tatsächliche Ziel, sondern das mit der Feststellungsklage verfolgte Recht. Der Ortsverband begehrt mit seiner Feststellungsklage die erlaubnisfreie Nutzung des Fußgängerweges zum Aufstellen des Wahlkampfstandes. Ihm geht es also gerade nicht darum, eine erst darauf gerichtete Erlaubnis zu erhalten, weshalb eine Verpflichtungsklage schon seinem Begehren nicht entspricht. Streitig ist das Recht des Ortsverbands zur erlaubnis-

9 Vgl. zu dieser eventualen Klagehäufung NK-VwGO/*Sodan* § 44 Rn. 5.

10 BVerwGE 100, 262 (264); BVerwG NVwZ-RR 2004, 253 (254); *Geis/Schmidt* JuS 2012, 599 (600); *Ehlers* Jura 2007, 179 (180 ff.); *Kopp/Schenke* § 43 Rn. 11 mwN.

11 Posser/Wolff/*Möstl* § 43 Rn. 1; zur Bedeutung eines subjektiven Rechts auch *Kopp/Schenke* § 43 Rn. 11.

12 Vgl. oben A. I. Eröffnung des Verwaltungsrechtswegs.

freien Nutzung des Straßenraums; dieses kann er mit einer Verpflichtungsklage nicht verfolgen.

Denkbar erschiene auch eine Anfechtungsklage gegen die Aufforderung vom 25.8.2011, welche voraussetzt, dass es sich dabei um einen Verwaltungsakt handelt. Mit einer Anfechtungsklage könnte der Ortsverband aber gegebenenfalls lediglich erreichen, dass die Anordnung durch das Gericht aufgehoben wird. Eine Entscheidung darüber, ob er seinen Wahlkampfstand ohne weitere Erlaubnis aufstellen darf, ist damit nicht zwangsläufig verbunden.

Hinweis: Dies wäre zwar denkbar, weil die Aufforderung vom 25.8.2011 auch deshalb durch das Gericht aufgehoben werden könnte, weil dem Ortsverband das Aufstellen des Standes ohne weiteres allgemein gestattet ist. In dieser Situation wäre die Klärung der grundsätzlichen Frage der Erlaubnisbedürftigkeit aber nicht eigentlicher Gegenstand des Verfahrens. Denkbar ist es darüber hinaus auch, dass die Aufforderung wegen eines ganz anderen Grundes, beispielsweise eines formellen Verfahrensfehlers, aufgehoben wird. Dann bliebe die Frage der Erlaubnisbedürftigkeit für den Kläger gänzlich unbeantwortet.

Die Anfechtungsklage dient also nicht dem Rechtsschutzziel des Ortsverbands und ist deswegen kein vorrangiges Rechtsschutzinstrument.

Der Ortsverband kann auch nicht durch allgemeine Leistungsklage klären lassen, dass er ohne Erlaubnis dazu befugt ist, den Wahlkampfstand auf dem Fußgängerweg aufzustellen. Bei diesem Begehren handelt es sich nicht um eine Leistung (und zwar eine solche, die nicht im Erlass eines Verwaltungsakts besteht) der öffentlichen Hand, sodass die allgemeine Leistungsklage unstatthaft ist. Hinzu kommt, dass vor allem nach der Rechtsprechung der Grundsatz der Subsidiarität bei alternativ möglichen Leistungsklagen ohnehin keine Anwendung findet, wenn der Beklagte ein Träger öffentlicher Gewalt ist.[13] Zur Begründung wird darauf hingewiesen, dass durch eine allgemeine Feststellungsklage die besonderen Sachentscheidungsvoraussetzungen der allgemeinen Leistungsklage – die weder fristgebunden ist noch ein Vorverfahren erfordert – nicht unterlaufen würden und von staatlichen Funktionsträgern angesichts des Rechtsstaatsprinzips des Art. 20 III GG erwartet werden könne, dass sie auch nicht vollstreckbare Feststellungsurteile befolgen würden.[14]

Eine Rechtsverfolgung durch Gestaltungs- oder Leistungsklage ist deshalb nicht möglich. Der Grundsatz der Subsidiarität ist gewahrt.

V. Feststellungsinteresse, § 43 I VwGO

Nach § 43 I VwGO muss der Kläger über ein Feststellungsinteresse verfügen. Diese Voraussetzung ist weiter als die der möglichen Verletzung eines subjektiven öffentlichen Rechts im Rahmen des § 42 II VwGO und verlangt lediglich ein schutzwürdiges Interesse, wofür jedes Interesse rechtlicher, wirtschaftlicher oder ideeller Art ausreicht.[15] Die Gefahr, dass gegen den Ortsverband für die Aufstellung des Wahlkampfstands ein Bußgeld verhängt wird, begründet ein rechtliches Interesse an der

13 BVerwGE 36, 179 (181); 40, 323 (327 f.); 77, 207 (211); aA *Ehlers* Jura 2007, 179 (186); allgemein hierzu Wolff/Decker/*Wolff* § 43 VwGO Rn. 62 ff.

14 *Hufen* VerwProzR § 18 Rn. 6. Zum letzten Argument vgl. aber auch § 172 VwGO, wonach ein Zwangsgeld gegen eine Behörde festgesetzt werden kann, wenn sie einer ihr durch Urteil oder einstweilige Anordnung auferlegten Verpflichtung nicht nachkommt.

15 Wolff/Decker/*Wolff* § 43 VwGO Rn. 22; *Geis/Schmidt* JuS 2012, 599 (601).

Feststellung. Im Übrigen hat er aufgrund der bevorstehenden Wahlen auch ein im Lichte des Art. 21 GG schutzwürdiges Interesse am Aufstellen des Standes, um sein Wahlprogramm zu verbreiten. Ein Feststellungsinteresse ist zu bejahen.

VI. Klagebefugnis, § 42 II VwGO analog

Nicht einhellig beurteilt wird, ob für die Zulässigkeit der Feststellungsklage analog § 42 II VwGO auch eine Klagebefugnis notwendig ist, um die Popularklage auszuschließen.[16] Führt man sich vor Augen, dass eine Begrenzung des potentiellen Klägerkreises durch die Erfordernisse eines konkreten Rechtsverhältnisses zwischen bestimmten Personen und des Feststellungsinteresses herbeigeführt wird und insofern keine planwidrige Regelungslücke besteht, erscheint die Begründung einer Analogie bedenklich.[17] Auch korrespondieren die aus diesen beiden Voraussetzungen resultierenden geringen Hürden für die Erhebung einer Feststellungsklage im Vergleich zu anderen Klagearten mit dem geringeren Erfolgswert eines Feststellungsurteils. Dieses stellt eben lediglich nur ein bestimmtes Rechtsverhältnis bzw. sein Nichtvorliegen fest, ermöglicht aber keine Vollstreckungsmaßnahmen.

Dieser Meinungsstreit kann aber dahinstehen, wenn der Ortsverband sowieso eine Klagebefugnis aufweisen kann. Dazu darf die Verletzung eines subjektiven öffentlichen Rechts nicht von vorne herein ausgeschlossen erscheinen.[18] Zwar bestehen bei Betrachtung des Wortlauts von § 14 StrG, wonach Gemeingebrauch ein Verkehrsverhalten im Straßenbereich darstellt, Zweifel, ob das Aufstellen eines Standes den Tatbestand erfüllt. Es erscheint aber möglich, dass sich aufgrund der besonderen Bedeutung von Parteien für den freiheitlichen demokratischen Rechtsstaat (Art. 21 GG) im Wege des verfassungskonformen Auslegung des einfachen Rechts speziell für Wahlkampfstände ein anderes Bild ergibt. Die Verletzung eines subjektiven öffentlichen Rechts des Ortsverbands ist deshalb nicht von vornherein ausgeschlossen.

VII. Klagegegner

§ 78 VwGO findet auf die allgemeine Feststellungsklage keine Anwendung.[19] Unter Beachtung der allgemeinen Grundsätze für die Prozessführungsbefugnis muss bei der Feststellungsklage lediglich gesichert sein, dass der Beklagte am streitbefangenen Rechtsverhältnis beteiligt ist. Richtiger Klagegegner ist die Stadt S als Rechtsträger der Behörde, die dem Ortsverband die Aufstellung des Standes untersagt hat, mithin des Bürgermeisters.

VIII. Zwischenergebnis

Die Klage ist zulässig.

B. Begründetheit

Die Klage ist begründet, wenn der Ortsverband zum Aufstellen des Wahlkampstandes keine Sondernutzungserlaubnis der Stadt S benötigt und insoweit zwischen bei-

16 Angenommen wird dies vor allem von der Rechtsprechung, vgl. BVerwGE 99, 64 (66); BVerwG NVwZ 1991, 470 (471). Allgemein hierzu Wolff/Decker/*Wolff* § 43 VwGO Rn. 39 ff.

17 Kritisch auch *Hufen* VerwProzR § 18 Rn. 17.

18 Vgl. nur *Schenke* VerwProzR Rn. 494.

19 *Schenke* VerwProzR Rn. 554; str., ob eine analoge Anwendung möglich.

den ein Rechtsverhältnis nicht besteht. Eine Erlaubnis ist nicht erforderlich, wenn das Aufstellen des Standes als Gemeingebrauch einzuordnen und deshalb erlaubnisfrei ist. Gemäß § 14 StrG dienen die öffentlichem Wege dem Gemeingebrauch und dürfen von grundsätzlich jedermann im Rahmen der Widmung und der Verkehrsvorschriften zum Verkehr benutzt werden.[20]

I. Öffentlicher Weg

Bei dem Fußgängerweg vor dem Einkaufsmarkt handelt es sich um einen öffentlichen Weg, der entsprechend gewidmet ist.

II. Abgrenzung zwischen Gemeingebrauch und Sondernutzung

Gemeingebrauch setzt die Nutzung der Straße für den Verkehr voraus. Verkehr ist die Benutzung der Straße in der Absicht der Ortsveränderung.[21] Verkehrsfremde Vorgänge oder Tätigkeiten, bei denen kein unmittelbarer Zusammenhang mit einem Verkehrsvorgang besteht, sind hingegen als Sondernutzung zu qualifizieren.[22] Diese könnte sich nach der subjektiven Motivation des Straßennutzers bestimmen.[23] Mit dem Aufstellen des Wahlkampfstandes verfolgt die P-Partei nicht das Ziel der Verkehrsteilnahme im Sinne einer Fortbewegung. Andere nehmen die Abgrenzung zwischen Sondernutzung und Gemeingebrauch anhand des äußeren Erscheinungsbildes der konkreten Nutzung vor, wobei äußerlich nicht erkennbare Absichten oder Motive der fraglichen Personen unerheblich sind.[24] Das Aufstellen eines Standes geschieht nicht zum Zwecke der Fortbewegung und ist auch nach dieser Auffassung grundsätzlich eine Sondernutzung.

Zu beachten ist aber auch, dass der öffentliche Raum eine bedeutende Funktion für das demokratische Gemeinwesen entfaltet.[25] Öffentliche Straßen, Wege und Plätze dienen als Ort des persönlichen Austausches und der Informationsweitergabe der Verwirklichung der Meinungsfreiheit des Art. 5 I 1 GG.[26] Insbesondere öffentliche Fußgängerwege und Fußgängerzonen sind insofern schon durch ihren Widmungszweck als allgemein zugängliches Forum der Kontaktaufnahme und Kommunikation anerkannt.[27] Als Folge dessen wird ein erweiterter, kommunikativer Gemeingebrauch allgemein anerkannt und die landesrechtlichen Bestimmungen werden dementsprechend ausgelegt.

Dies gilt ganz besonders für Äußerungen im politischen Umfeld. Durch Wahlen legitimiert das Volk gemäß Art. 20 II GG im demokratischen Rechtsstaat staatliche Gewaltausübung. Politische Parteien nehmen in diesem Prozess eine vermittelnde Rolle ein, indem sie gemäß Art. 21 I 1 GG an der Willensbildung des Volkes mitwirken. Sie stellen das politische Personal und haben maßgeblichen Einfluss auf politische Entschei-

20 Vgl. hierzu auch unten Klausurfall 12.
21 Kodal/*Stahlhut* StraßenR Kap. 25 Rn. 19; *Sauthoff*, Öffentliche Straßen, 2010, Rn. 293.
22 OVG Münster NVwZ 2002, 218 (218).
23 VGH Mannheim NJW 1998, 91 (91); VG Karlsruhe NJW 2002, 160 (160); *Papier*, Recht der öffentlichen Sachen, 1977, 96.
24 OVG Hamburg NJW 1996, 2051 (2052); *Sauthoff* NVwZ 1998, 239 (245).
25 Hierzu *Ernst*, FS Schmidt-Jortzig, 2011, 79 (87 ff.).
26 BVerwGE 56, 63 (66 f.); OLG Düsseldorf NJW 1998, 2375 (2375 f.) mwN; Ehlers/Fehling/Pünder/*Papier* VerwR BT II § 43 Rn. 64.
27 OLG Düsseldorf NJW 1998, 2375 (2375 f.) mwN; Schoch/*v. Danwitz* VerwR BT Kap. 7 Rn. 65.

dungen.[28] Auch die besondere Bedeutung der Konkurrenz politischer Programme im Wahlkampf zwischen politischen Parteien ist im Rahmen der Anerkennung eines kommunikativen Gemeingebrauchs zu berücksichtigen.[29] Die Wahlwerbung durch Parteien im Straßenbereich, jedenfalls soweit er für Fußgänger reserviert ist, stellt daher nicht grundsätzlich eine Sondernutzung dar.

Ein selbst durch kommunikative Zwecke erweiterter Gemeingebrauch ist aber dann ausgeschlossen, wenn ortsfeste Einrichtungen verwendet werden.[30] In diesem Fall wird die Straße gegenständlich in Anspruch genommen, ohne dass ein Verkehrsverhalten vorliegt.[31] Die Verwendung stationärer Gegenstände führt zu einer Beeinträchtigung anderer Verkehrsteilnehmer, die über den Widmungszweck und damit den Gemeingebrauch hinausgeht. Der Ortsverband der P-Partei verwendet für seinen Informationsstand einen Stehtisch und zwei Aufsteller, die aufgrund ihres stationären Charakters und ihrer Breite von mehr als 2 m ein erhebliches Verkehrshindernis darstellen. Aus diesem Grund kann es sich nicht um Gemeingebrauch handeln.

III. Ergebnis

Das Aufstellen des Informationsstands kann nicht als erlaubnisfreier Gemeingebrauch eingeordnet werden. Ohne Sondernutzungserlaubnis kann der Informationsstand nicht errichtet werden. Die Feststellungsklage ist unbegründet.

C. Klageverbindung

Die allgemeine Feststellungsklage als Hauptantrag und die Verpflichtungsklage als Hilfsantrag stehen in einem Eventualverhältnis, weil nach dem Begehren des Ortsverbands über den Hilfsantrag nur entschieden werden soll, wenn sich der Hauptantrag als unzulässig oder unbegründet erweist.[32] Beide Anträge stehen damit in einem Zusammenhang iSd § 44 VwGO. Sie richten sich beide gegen die Stadt S und damit denselben Beklagten und für sie ist dasselbe Gericht zuständig. Die prozessuale Verbindung beider Anträge ist nach § 44 VwGO als objektive Klagehäufung zulässig.

Da der Hauptantrag unbegründet ist, kann das Gericht über den Hilfsantrag entscheiden.

D. Zulässigkeit des Hilfsantrags

Der Verwaltungsrechtsweg ist eröffnet und die allgemeinen Sachentscheidungsvoraussetzungen sind gegeben. Der Ortsverband begehrt eine Sondernutzungserlaubnis nach § 18 StrG, die als Verwaltungsakt ergeht. Statthaft ist damit eine Verpflichtungsklage.

---

28 *Degenhart* StaatsR I Rn. 49.

29 OLG Celle NJW 1975, 1894 (1895 f.); Kodal/*Stahlhut* StraßenR Kap. 25 Rn. 115; *Hagmann* DÖV 2006, 323 (325) mwN.

30 BVerwGE 47, 280 (282); 56, 56 (57 f.); BGH NJW 1979, 1610 (1611); Erichsen/Ehlers/*Papier* VerwR AT § 41 Rn. 18; *Sauthoff*, Öffentliche Straßen, 2010, Rn. 310.

31 Erichsen/Ehlers/*Papier* VerwR AT § 41 Rn. 18, 42, der auf die Ausnahme des Anliegergebrauchs hinweist.

32 Vgl. Posser/Wolff/*Wolff* § 44 Rn. 4; *Kopp/Schenke* § 44 Rn. 1.

Angesichts der Bedeutung der Straßennutzung für die kommunikativen Grundrechte und den demokratischen Parteienstaat hat der Ortsverband der P-Partei zumindest ein subjektives Recht auf ermessensfehlerfreie Entscheidung über eine ihn begünstigende Sondernutzungserlaubnis. Insbesondere aufgrund des Parteienprivilegs des Art. 21 GG und vor dem Hintergrund der anstehenden Kommunalwahlen erscheint hier nicht von vornherein ausgeschlossen, dass dieses Recht verletzt ist.

Am 25.8.2011 erhielt der Ortsverband das Schreiben der Stadt S, das auch die Verweigerung einer Sondernutzungserlaubnis enthielt. Der vorsorglich erhobene Widerspruch vom 12.9.2011 erfolgte fristgerecht, blieb aber ohne Erfolg. Der Widerspruchsbescheid ist zwei Wochen später, also am 26.9.2011 erlassen worden, sodass die am 7.10.2011 erhobene Klage fristgerecht ist.

Die Verpflichtungsklage richtet sich gegen die Stadt S und damit den richtigen Klagegegner iSd § 78 I Nr. 1 VwGO.

E. Begründetheit des Hilfsantrags

Der Hilfsantrag ist nach § 113 V 1 VwGO begründet, soweit die Ablehnung des Verwaltungsakts rechtswidrig, der Kläger dadurch in seinen Rechten verletzt und die Sache spruchreif ist.

I. Rechtsgrundlage

Die Rechtsgrundlage für die Erteilung bzw. Nichterteilung der Sondernutzungserlaubnis findet sich in § 18 I StrG.

II. Formelle Rechtmäßigkeit

Der Bürgermeister der Stadt S ist nach dem Sachverhalt die zuständige Behörde zur Erteilung von Sondernutzungserlaubnissen.

Zwar hat der Ortsverband der P-Partei keinen ausdrücklichen Antrag auf Erteilung einer Sondernutzungserlaubnis gestellt, weil er der Ansicht war, eine solche benötige er nicht. Auch für die Auslegung öffentlich-rechtlicher Willenserklärungen gelten aber §§ 133, 157 BGB entsprechend.[33] Möglich ist deshalb auch eine Antragstellung durch konkludentes Verhalten.[34] Ausreichend ist, dass sich anhand einer Auslegung der Äußerungen des Betroffenen für die Behörde ergibt, dass er ein Ziel verfolgt, dass mit einem antragsbedürftigen Verwaltungsakt erreicht werden kann.[35] Die Verwaltung hat nach § 25 VwVfG den Bürger beim Stellen von Anträgen zu beraten und zu unterstützen, sodass an die Antragstellung keine strengen formalen Anforderungen zu stellen sind.[36] Im Schreiben vom 2.8.2011 hat der Ortsverband der P-Partei sein Begehren formuliert, den Informationsstand in der G-Straße aufzustellen. Dieses Schreiben musste die Behörde so verstehen, dass der Ortsverband von ihr alle Maßnahmen begehrt, die ihm das erwünschte Handeln möglich machen. Dass der Orts-

33 BVerwGE 16, 198 (203 ff); VGH Kassel NVwZ 1985, 498 (499); OVG Weimar NVwZ-RR 2003, 232 (233); *Kopp/Ramsauer* § 22 Rn. 59.

34 VGH Kassel NVwZ 1985, 498 (499); Erichsen/Ehlers/*Pünder* VerwR AT § 14 Rn. 19; *Kopp/Ramsauer* § 22 Rn. 51 mwN.

35 *Kopp/Ramsauer* § 22 Rn. 59.

36 Erichsen/Ehlers/*Pünder* VerwR AT § 14 Rn. 18.

verband die Begehr einer Sondernutzung für den Fall ausschließt, dass die Errichtung des Standes nur auf dieser rechtlichen Grundlage in Betracht kommt, lässt sich dem Schreiben nicht entnehmen. Der Ortsverband hat diese Sondernutzungserlaubnis unter der Rechtsbedingung, dass die Aufstellung des Standes kein Gemeingebrauch ist, also konkludent beantragt.

Wollte man dies anders sehen, müsste man in der Weigerung der Behörde, eine Sondernutzungserlaubnis zu erteilen, die Einleitung eines entsprechenden Verfahrens von Amts wegen gemäß § 22 S. 1 VwVfG betrachten. Die ursprüngliche Notwendigkeit, einen Antrag zu stellen, würde mit diesem Schritt dann weggefallen sein.

Will man auch dieser Ansicht nicht folgen, müsste man das Fehlen des Antrags zumindest als nach § 45 I Nr. 1 VwVfG geheilt betrachten.

III. Materielle Rechtmäßigkeit

Bei der G-Straße handelt es sich, wie erörtert, um einen entsprechend gewidmeten öffentlichen Weg. Das Aufstellen des Informationsstands lässt sich nicht als Gemeingebrauch, sondern nur als erlaubnispflichtige Sondernutzung einordnen.

IV. Rechtsfolge

Die Entscheidung, ob eine Sondernutzungserlaubnis erteilt wird, steht im Ermessen. Die Versagung ist rechtmäßig, wenn kein Ermessensfehler, besteht. Mögliche Ermessensfehler sind Ermessensausfall, Ermessensüberschreitung und Ermessensfehlgebrauch.[37]

Beim Ermessensausfall macht die Behörde von ihrem gesetzlich eingeräumten Spielraum keinen Gebrauch, entweder weil sie sich irrtümlich für gebunden hält oder weil sie das Gebrauchmachen aus anderen Gründen unterlassen hat. Die Behörde war sich darüber im Klaren, dass sie aufgrund wertender Betrachtung aller Umstände eine Einzelfallentscheidung über die Erteilung einer Sondernutzungserlaubnis zu fällen hatte. Die Möglichkeit ihrer Erteilung hat sie geprüft. Ein Ermessensausfall lässt sich deshalb nicht annehmen.

Eine Ermessensüberschreitung ist dadurch gekennzeichnet, dass die Behörde eine konkrete Rechtsfolge wählt, die von der gesetzlichen Ermächtigung nicht mehr abgedeckt ist. Dem Ortsverband wurde die Sondernutzungserlaubnis versagt. Diese Rechtsfolge ist nicht nur von § 18 StrG abgedeckt, sondern sogar eine typische Rechtsfolge, sodass auch eine Ermessensüberschreitung abzulehnen ist.

Von einem Ermessensfehlgebrauch wird gesprochen, wenn die Behörde ein Ermessensdefizit an den Tag legt, weil sie die ermessenserheblichen Tatsachen nicht hinreichend ermittelt, berücksichtigt oder gewichtet, aber auch, wenn sie ihrer Entscheidung vor dem Hintergrund der ihr bekannten Tatsachen sachfremde Erwägungen zugrunde legt. Im vorliegenden Fall hat die Behörde die Verweigerung der Sondernutzungserlaubnis für den Ortsverband schon mit dem politischen Programm der P-Partei begründet. Es kann dahinstehen, ob der Parteienstatus in die Entscheidung der Behörde angemessen eingeflossen ist, wenn das Abstellen auf die politischen An-

37 Zu diesen drei Fehlertypen allgemein *Maurer* VerwR AT § 7 Rn. 20 ff.; Erichsen/Ehlers/*Jestaedt* VerwR AT § 11 Rn. 61; Wolff/Decker/*Wolff* § 114 VwGO Rn. 15 ff.; *Voßkuhle* JuS 2008, 117 (118); *Schoch* Jura 2004, 462 (465 ff.); vgl. *Beaucamp* JA 2012, 193.

sichten der P-Partei bereits als sachwidrig qualifiziert werden muss. Sinn und Zweck des gesetzlichen Nebeneinanders von Gemeingebrauch und Sondernutzung ist die Bewahrung der Verkehrsfunktion der öffentlichen Straßen und Wege für die Allgemeinheit. Der Bürgermeister der Stadt S hat seine Entscheidung, die Sondernutzungserlaubnis zu versagen, jedoch mit dem Programm der P-Partei begründet. Die Anwendung des Straßenrechts orientiert sich aber nicht an den unterschiedlichen politischen Ausrichtungen von Parteien, wie auch Art. 3 I GG oder § 5 I PartG deutlich machen. Damit liegt ein Ermessensfehlgebrauch wegen sachwidriger Erwägungen vor.

Die Versagung war somit rechtswidrig.

V. Verletzung subjektiver Rechte

Die Ablehnung der Sondernutzungserlaubnis war ermessensfehlerhaft. Das subjektive öffentliche Recht des Ortsverbands der P-Partei aus § 18 StrG iVm Art. 21 GG auf eine ermessensfehlerfreie Entscheidung ist damit verletzt.

VI. Spruchreife

Zu einem Bescheidungsurteil, dass die Behörde zum Erlass des begehrten Verwaltungsakts verpflichtet, kommt das Gericht nur dann, wenn Spruchreife besteht. Notwendig ist, dass alle tatsächlichen und rechtlichen Voraussetzungen für den Erlass des begehrten Verwaltungsakts vorliegen und die Behörde keinen Ermessensspielraum mehr hat.[38] Grundsätzlich steht die Erteilung einer Sondernutzungserlaubnis nach § 18 StrG im Ermessen der Behörde. Die mit dem Hilfsantrag als Verpflichtungsklage verfolgte Erteilung einer Sondernutzungserlaubnis (sog. Vornahmeklage) hat deshalb nur dann Erfolg, wenn in dieser Situation eine Ermessensreduzierung auf null besteht. Von einer solchen wird gesprochen, wenn aufgrund der konkreten Umstände allein die Entscheidung, den begehrten Verwaltungsakt zu erlassen, rechtmäßig ist und andere Entscheidungen Ermessensfehler aufweisen würden.[39]

! **Hinweis:** Mit der sog. Vornahmeklage wird die Verwaltung zum Erlass eines bestimmten Verwaltungsakts verurteilt. Bei der sog. Bescheidungsklage hingegen verbleibt der Verwaltung noch ein eigener Entscheidungsspielraum und sie wird lediglich verurteilt, über den Erlass des Verwaltungsakts unter Beachtung der Rechtsauffassung des Gerichts neu zu entscheiden. Bei beiden Formen handelt es sich um Unterarten der Verpflichtungsklage.

Die bevorstehenden Kommunalwahlen und die besondere verfassungsrechtliche Bedeutung von Parteien könnten dafür streiten, dass nur die Erteilung der Erlaubnis rechtlich zulässig ist. So beruft sich die P-Partei auf die Notwendigkeit, ihr Parteiprogramm zu verbreiten.

Der Informationsstand der P-Partei weist eine Gesamtbreite von über 2m auf und steht direkt vor dem Eingang eines Einkaufsmarkts. Insbesondere zur Feierabendzeit kommt es zu erheblichen Störungen auf dem Fußgängerweg. Mitunter müssen Passanten sogar auf die Straße ausweichen, weil auf dem Fußgängerweg kein Durchkommen ist. Dies ist mit besonderen Gefahren für die betroffenen Fußgänger betroffen. Die Sondernutzungserlaubnis erfüllt eine Ausgleichs- und Verteilungsfunktion

38 *Schenke* VerwProzR Rn. 838; HK-VerwR/*Emmenegger* § 113 VwGO Rn. 53 ff.
39 *Maurer* VerwR AT § 7 Rn. 24; *Detterbeck* VerwR AT Rn. 336.

für alle Nutzungen und soll sicherstellen, dass der widmungsmäßige Verkehr nicht unverhältnismäßig beeinträchtigt wird.[40] Dabei bieten auch andere Stellen des öffentlichen Raumes der P-Partei die Möglichkeit, ihr Parteiprogramm zu verbreiten und eine große Anzahl von Passanten zu erreichen.

Für die Zulassung des Standes vor dem Einkaufsmarkt könnte noch die besondere zeitliche Nähe zu den anstehenden Kommunalwahlen sprechen. Im unmittelbaren Wahlkampf kurz vor den Wahlen muss Parteien ein Rechtsanspruch auf Erteilung solcher Sondernutzungserlaubnisse zugebilligt werden, damit sie ihren verfassungsmäßigen Auftrag, bei der politischen Willensbildung des Volkes mitzuwirken, erfüllen können.[41] Hier stehen die Kommunalwahlen jedoch erst in etwa einem halben Jahr an. Zu diesem frühen Zeitpunkt ist noch nicht davon auszugehen, dass die Wahlen und die Parteiprogramme schon Gegenstand ausgeprägter öffentlicher Diskussion sind. Der Informationsstand bringt nach alledem eine inakzeptable Belastung des widmungsmäßigen Verkehrs mit sich. Eine Ermessensreduzierung dahingehend, dass nur die Zulassung des Standes rechtmäßig ist, besteht nicht.

F. Ergebnis

Auch der Hilfsantrag ist unbegründet.

40 BVerwGE 84, 71 (76); Kodal/*Stahlhut* StraßenR Kap. 27 Rn. 14.

41 Vgl. VG Köln Urt. v. 3.4.2009 – 18 K 5663/07 (juris), wonach ein solcher Rechtsanspruch in einem Zeitraum von drei Monaten vor der Wahl bestehen soll.

Fall 6 – Kein Platz für Maoisten

Sachverhalt

Nach mehreren erfolglosen Anläufen hat A bei einer Landtagswahl als Einzelkandidat überraschend ein Landtagsmandat errungen. Ideologisch versteht sich A als Repräsentant einer maoistischen Politikströmung; er kritisiert die etablierten Parteien als »Instrumente der Diktatur gegen das Proletariat« und befürwortet die Einrichtung einer Räterepublik. Am Tag nach der Landtagswahl kommt im Rathaus der Landeshauptstadt S die Landespressekonferenz zusammen, ein privatrechtlicher Zusammenschluss von Journalisten, die sich regelmäßig an unterschiedlichen Orten treffen, um über die Landespolitik zu debattieren. Zur Tagung im Rathaus wurden die künftigen Abgeordneten, unter ihnen A, eingeladen und sollen dort auch Gelegenheit zu Stellungnahmen bekommen. Die Landespressekonferenz hatte die genutzten Rathausräume wie üblich von der Landeshauptstadt für die Dauer der Veranstaltung gemietet.

Als der wegen eines Verkehrsstaus verspätet eintreffende A das Rathaus betreten will, verwehrt ihm der Pressesprecher des Bürgermeisters, P, den Zutritt zum Gebäude mit der Begründung, er sei vom Bürgermeister beauftragt, dem A mitzuteilen, ihm als Kommunisten und Kulturrevolutionär werde nicht erlaubt, das Rathaus als »Plattform für politische Erklärungen zu nutzen und für Propagandatätigkeit zu instrumentalisieren«. Der Bürgermeister befürchtet, dass sich dies auch nachteilig auf den Verwaltungsbetrieb auswirke. Solange A keinen Abgeordnetenstatus innehabe, was zum Zeitpunkt dieser Landespressekonferenz noch nicht der Fall sei, werde ihm der Zugang zum Rathaus verweigert. Dass A über eine Einladung verfüge, sei ohne Bedeutung; das Hausrecht habe trotzdem der Bürgermeister inne.

A hatte bereits am Vortag eine heftige Diskussion mit dem Bürgermeister und ist von der Zurückweisung daher nicht allzu überrascht. Hinnehmen will er das Hausverbot aber nicht und erhebt vier Tage später dagegen Widerspruch, der aber erfolglos bleibt. Innerhalb von drei Wochen nach Zustellung des Widerspruchsbescheids erhebt er Klage vor dem zuständigen Verwaltungsgericht. Er sei nun gewählter Landtagsabgeordneter und habe deshalb auch das Recht, an der Landespressekonferenz teilzunehmen. Das Hausverbot verletze ihn gleich in mehreren Grundrechten und außerdem sei die Verwaltung zur Neutralität gegenüber der Landespressekonferenz verpflichtet gewesen und hätte eingeladene Gäste nicht abweisen dürfen. Der Bürgermeister von S ist der Auffassung, dass die Klage schon deshalb abzuweisen sei, weil sie vor die ordentlichen Gerichte gehöre; außerdem bestehe kein Anspruch des A auf Zugang zum Rathaus.

Wird die Klage des A Erfolg haben? Gegebenenfalls ist ein Hilfsgutachten zu erstellen.

Anhang[1]

Landespressegesetz – LPG (Auszug):

§ 3 LPG – Öffentliche Aufgabe der Presse
Die Presse erfüllt eine öffentliche Aufgabe insbesondere dadurch, dass sie Nachrichten beschafft und verbreitet, Stellung nimmt, Kritik übt oder auf andere Weise an der Meinungsbildung mitwirkt.

Gemeindeordnung – GO (Auszug):

§ 42 GO – Rechtsstellung des Bürgermeisters
(1) Der Bürgermeister ist Vorsitzender des Gemeinderats und Leiter der Gemeindeverwaltung. Er vertritt die Gemeinde.
[...]

§ 44 GO – Leitung der Gemeindeverwaltung
(1) Der Bürgermeister leitet die Gemeindeverwaltung. Er ist für die sachgemäße Erledigung der Aufgaben und den ordnungsmäßigen Gang der Verwaltung verantwortlich, regelt die innere Organisation der Gemeindeverwaltung und grenzt im Einvernehmen mit dem Gemeinderat die Geschäftskreise der Beigeordneten ab.
(2) Der Bürgermeister erledigt in eigener Zuständigkeit die Geschäfte der laufenden Verwaltung und die ihm sonst durch Gesetz oder vom Gemeinderat übertragenen Aufgaben.
[...]

1 Die Vorschriften basieren auf dem baden-württembergischen Landesrecht.

Übersicht X: Zulässigkeit der Fortsetzungsfeststellungsklage

(als kupierte Anfechtungsklage = Erledigung nach Klageerhebung, § 113 I 5 VwGO direkt)
(verfahrensspezifische Sachentscheidungsvoraussetzungen)

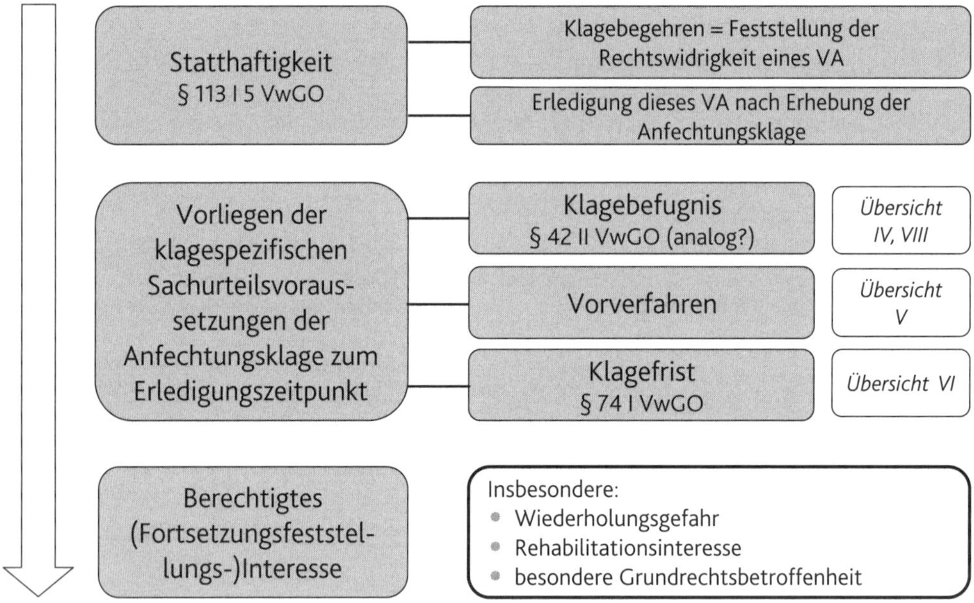

Übersicht XI: Zulässigkeit der Fortsetzungsfeststellungsklage
(Anfechtungssituation mit Erledigung vor Klageerhebung, § 113 I 5 VwGO analog)
(verfahrensspezifische Sachentscheidungsvoraussetzungen)

Statthaftigkeit § 113 I 5 VwGO analog	Klagebegehren = Feststellung der Rechtswidrigkeit eines VA Erledigung dieses VA *vor* Erhebung der Anfechtungsklage
Klagebefugnis § 42 II VwGO analog	*Übersicht IV, VIII*
Vorverfahren (mit »Fortsetzungsfeststellungswiderspruch«?	Meinungsstreit: • hM: entbehrlich, sogar unzulässig (da spezielle Feststellungsklage) • aA: zulässig, sogar erforderlich (da modifizierte Anfechtungsklage)
Klagefrist? *§ 74 I VwGO analog?*	nur, wenn Fortsetzungsfeststellungswiderspruch für erforderlich erachtet wird
Berechtigtes (Fortsetzungsfeststellungs-)Interesse	Insbesondere: • Wiederholungsgefahr • Rehabilitationsinteresse • Besondere Grundrechtsbetroffenheit

Übersicht XII: Zulässigkeit der Fortsetzungsfeststellungsklage
(als kupierte Verpflichtungsklage = Erledigung nach Klageerhebung, § 113 I 5 VwGO analog)
(verfahrensspezifische Sachentscheidungsvoraussetzungen)

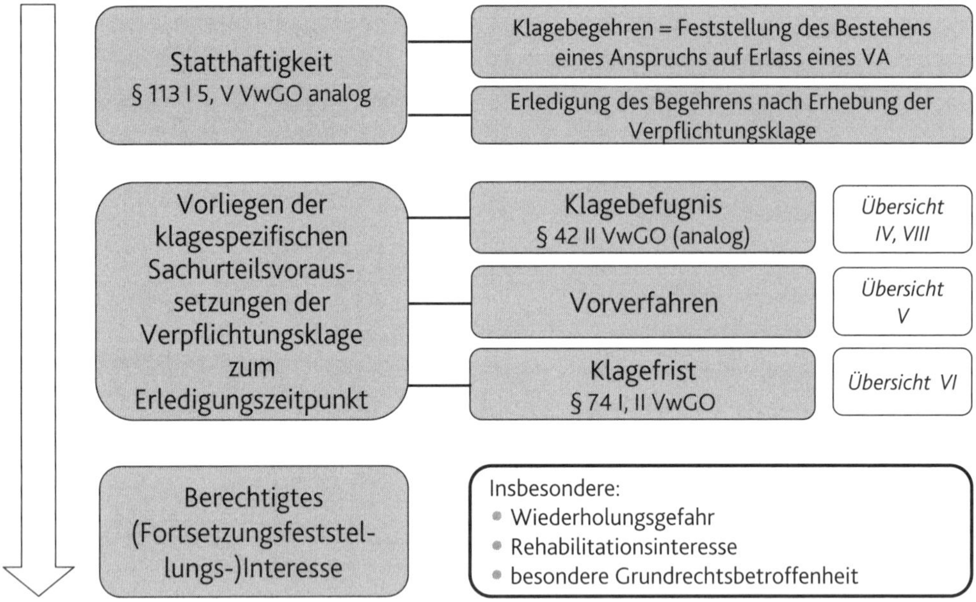

Übersicht XIII: Zulässigkeit der Fortsetzungsfeststellungsklage
(Verpflichtungssituation mit Erledigung vor Klageerhebung, § 113 I 5 VwGO analog)
(verfahrensspezifische Sachentscheidungsvoraussetzungen)

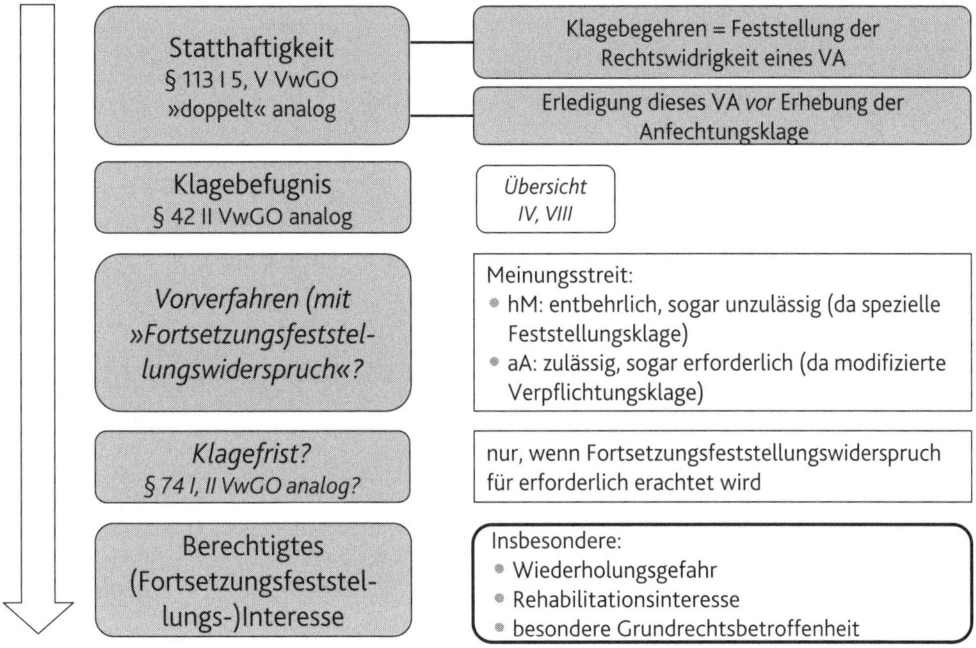

Lösung[2]

Schwerpunkte:
- Fortsetzungsfeststellungsklage
- öffentlich-rechtliche Streitigkeit
- Grundrechte im Verwaltungsprozess
- Bestimmung der Rechtsgrundlage

A. Zulässigkeit der Klage

I. Eröffnung des Verwaltungsrechtswegs

Eine aufdrängende Sonderzuweisung existiert nicht. Nach § 40 I 1 VwGO ist der Verwaltungsrechtsweg eröffnet, wenn es sich um eine öffentlich-rechtliche Streitigkeit handelt, die Beteiligten also um die Anwendung einer Norm streiten, die ausschließlich einen Träger öffentlicher Gewalt berechtigt oder verpflichtet und somit eine öffentlich-rechtliche Norm darstellt (sog. modifizierte Subjektstheorie).[3] An einer ausdrücklichen gesetzlichen Regelung des Hausverbots fehlt es aber. In diesen Fällen ist darauf abzustellen, ob die streitbefangene Handlung in einem engen Sach- und Funktionszusammenhang mit einem Bereich hoheitlicher Tätigkeit steht.[4] Für Hausverbote führt dies zu unterschiedlichsten Auffassungen:

Vereinzelt wird für das Hausverbot eine Parallele zu den Besitz- und Eigentumsrechten des Zivilrechts ohne Rücksicht auf einen etwaigen öffentlich-rechtlichen Hintergrund gezogen. Dann wäre auch die Ausübung des behördlichen Hausrechts stets als privatrechtlich anzusehen.[5]

Eine differenzierte Reglung ergibt sich, wenn die materiellen Rechtsbeziehungen zwischen dem Träger öffentlicher Verwaltung und dem Adressaten des Hausverbots berücksichtigt werden. Maßgeblich wäre danach der Zweck, den der Adressat mit seinem Besuch verfolgt.[6] A wollte das Rathaus betreten, um an der Landespressekonferenz teilzunehmen. Die Presse allgemein und auch die Landespressekonferenz nimmt an der öffentlichen Meinungsbildung teil, wenn sie über die Landespolitik diskutiert, und erfüllt damit einen öffentlichen Zweck iSd § 3 LPresseG. Der in diesem Zusammenhang einschlägige »öffentliche Zweck« kennzeichnet aber nur eine Tätigkeit im Gemeininteresse und kann nicht als rechtliche Qualifizierung öffentlich-rechtlichen Handelns herhalten. Von Bedeutung für die Rechtsbeziehungen zwischen A und der Landespressekonferenz ist vielmehr, dass diese privatrechtlich organisiert ist und daher auch nur privatrechtlich handeln kann. Legt man dies zugrunde, ist auch der Zweck der Anwesenheit des A im Rathaus ein rein privatrechtlicher.[7]

---

2 Der Fall ist angelehnt an die Entscheidungen VG Bremen DVBl. 1989, 946, OVG Bremen NJW 1990, 931.

3 *Kopp/Schenke* § 40 Rn. 11; *Schenke* VerwProzR Rn. 104; vgl. Schoch/Schneider/Bier/*Ehlers* § 40 Rn. 235 ff.; *Maurer* VerwR AT § 3 Rn. 13; HK-VerwR/*Unruh* § 40 VwGO Rn. 104.

4 *Schenke* VerwProzR Rn. 111a.

5 *Stürner* JZ 1971, 98 (99).

6 BGHZ 33, 230 (231 f.); *Frotscher* JuS 1978, 505 (506); Erichsen/Ehlers/*Papier* VerwR AT § 39 Rn. 50 f; vgl. auch BVerwGE 35, 103 (106).

7 Eine aA ist vertretbar.

Doch kann die rechtliche Grundlage auch als Annex zur Tätigkeit der Verwaltung gesehen werden, die durch das Hausrecht geschützt werden soll. Insofern ließe sich vertreten, dass in öffentlichen Gebäuden wie dem Rathaus, die generell einem öffentlichen Zweck gewidmet sind, auch die Ausübung des Hausrechts generell öffentlich-rechtlicher Natur ist.[8] Will man einen so pauschalen Schluss nicht ziehen und stattdessen auf die einzelne Tätigkeit abstellen, die durch Geltendmachung des Hausrechts im konkreten Fall geschützt werden soll, ergibt sich hier kein anderes Ergebnis:[9] Zwar wird vordergründig nur eine Störung der – privaten – Landespressekonferenz abgewehrt. Doch ist für den Bürgermeister, vertreten durch P, der entscheidende Beweggrund, die Wahrnehmung der diversen Verwaltungsaufgaben im Rathaus zu schützen. A hat diese aus Sicht des P mit seinen Auftritten gestört.

Die generelle Annahme der privatrechtlichen Natur eines behördlichen Hausverbots sieht sich Bedenken ausgesetzt. Träger öffentlicher Gewalt sind nach Art. 1 III GG grundrechtsverpflichtet. Deshalb erscheint es nicht möglich, die Ausübung eines Hausrechts durch sie pauschal den privaten Hausrechten gleichzustellen.[10] Die Erforschung des Zwecks des Besuchs mag auf den ersten Blick plausibel erscheinen, häufig ist ein Besucher aber von verschiedenen, teils privatrechtlichen und teils öffentlich-rechtlichen Motiven beeinflusst. Als Folge wird es mitunter praktisch kaum möglich sein, einen bestimmten Hauptzweck festzustellen, oder ein solcher fehlt sogar gänzlich.[11] Auch zeigt die Konstellation hier, dass die Rechtsnatur eines Hausverbots von der rechtlichen Beziehung des Adressaten zu einem Dritten beeinflusst werden kann. Die Anbindung der Rechtsnatur des Hausverbots an ihren Schutzzweck berücksichtigt hingegen die Dogmatik des öffentlichen Eigentums, weil dieses die Ausübung des Hausrechts mitbedingt. Auf Grundlage der zu schützenden Tätigkeit der Verwaltung lässt sich klar und eindeutig die Rechtsnatur eines Hausverbots darlegen. Dabei fließen sowohl die öffentliche Widmung des Gebäudes als auch die Aufrechterhaltung der öffentlichen Sicherheit und Ordnung zum Schutze der Erfüllung der Verwaltungsaufgaben ein. Die Ausübung des Hausrechts durch P ist daher öffentlich-rechtlich zu qualifizieren.

A wurde vor dem geplanten Besuch der Landespressekonferenz zum Abgeordneten gewählt, sodass man auch eine verfassungsrechtliche Streitigkeit erwägen könnte. Zwar erscheint es denkbar, dass sich A auf Abgeordnetenrechte, die unmittelbar aus der Verfassung fließen, berufen kann. Allerdings ist bislang aber nur der Wahlakt erfolgt und A hat noch keinen Abgeordnetenstatus, sodass allenfalls eine Vorwirkung der damit verbundenen Rechte angenommen werden könnte. Im vorliegenden Fall ist A aber nicht in typischen Abgeordnetenrechten betroffen, sondern durch das Hausverbot nur wie jeder andere Bürger. Zum anderen sind auch die Landeshauptstadt S und ihr Bürgermeister keine Organe des Verfassungslebens. Die Streitigkeit ist damit auch nichtverfassungsrechtlicher Art.

8 VGH München BayVBl. 1980, 723 (724); OVG Münster NVwZ-RR 1989, 316 (316 f.); Schoch/Schneider/Bier/*Ehlers* § 40 Rn. 301.

9 *Schenke* VerwProzR Rn. 119; *Zilkens* JuS 2003, 165 (166); vgl. auch VG Saarlouis NJW 2012, 3803 (3803).

10 *Hufen* VerwProzR § 11 Rn. 38.

11 *Hufen* VerwProzR § 11 Rn. 38; Schoch/Schneider/Bier/*Ehlers* § 40 Rn. 301; *Kopp/Schenke* § 40 Rn. 22.

Mangels einer abdrängenden Sonderzuweisung ist damit der Verwaltungsrechtsweg eröffnet.

II. Beteiligten- und Prozessfähigkeit

Aus §§ 61 Nr. 1 Var. 1, 62 I Nr. 1 VwGO folgen Beteiligten- und Prozessfähigkeit des A. Gemäß § 61 Nr. 1 Var. 2 VwGO ist auch die Landeshauptstadt S beteiligtenfähig. Sie ist prozessfähig nach § 62 III VwGO, gemäß § 42 I 2 GO vertreten durch den Bürgermeister.

III. Statthafte Klageart

Die statthafte Klageart bestimmt sich nach dem auslegungsfähigen Begehren des Klägers, § 88 VwGO.

1. Anfechtungsklage, § 42 I Var. 1 VwGO

In Betracht kommt hier eine Anfechtungsklage nach § 42 I Var. 1 VwGO. Notwendig ist dafür, dass A die Aufhebung eines Verwaltungsakts begehrt. Ein Verwaltungsakt ist gemäß § 35 S. 1 VwVfG jede Verfügung, Entscheidung oder andere hoheitliche Maßnahme, die eine Behörde zur Regelung eines Einzelfalls auf dem Gebiet des öffentlichen Rechts trifft und die auf unmittelbare Rechtswirkung nach außen gerichtet ist. Der Bürgermeister von S, in dessen Auftrag der Pressesprecher P handelt, ist eine Behörde iSd § 1 IV VwVfG.[12] P hat, wie soeben erörtert, öffentlich-rechtlich gehandelt und hat das Hausverbot allein gegenüber A ausgesprochen, also im Einzelfall. Das Hausverbot ist darauf gerichtet, eine einseitig bestimmte, verbindliche Rechtsfolge für A zu setzen, und somit auf eine hoheitliche Regelung gerichtet. Auch wenn sich die Rechtsfolgen örtlich auf das Verwaltungsgebäude beschränken, treffen sie gleichwohl in persönlicher Hinsicht den A als außerhalb der Verwaltung stehend. Die Regelung ist also auch auf eine unmittelbare Außenwirkung gerichtet. Es handelt sich also bei dem Hausverbot um einen Verwaltungsakt.

Aus § 113 I 4 VwGO ergibt sich, dass eine Anfechtungsklage aber dann nicht statthaft ist, wenn sich der angegriffene Verwaltungsakt schon erledigt hat.[13] Die Erledigung eines Verwaltungsakts tritt mit dem tatsächlichen Wegfall der beschwerenden Regelung ein.[14] Nach § 43 II VwVfG ist dies durch Rücknahme, Widerruf, anderweitige Aufhebung sowie Erledigung durch Zeitablauf oder andere Weise möglich. Die Landespressekonferenz, die A besuchen wollte, ist bereits beendet. Sie findet zwar zumindest jeweils nach den Landtagswahlen statt, dann aber an unterschiedlichen Orten. Das Verbot, das Rathaus zu betreten, ist also einmalig auf die Landespressekonferenz beschränkt gewesen. Hinzu kommt, dass P das Verbot nur solange gelten lassen will, wie A noch keinen Abgeordnetenstatus innehat; dies ist jedoch mittlerweile der Fall. Auch aus diesem Grund hat sich der Verwaltungsakt erledigt und die Anfechtungsklage ist nicht statthaft.

---

12 In den Verwaltungsverfahrensgesetzen der Länder handelt es sich regelmäßig um § 1 II.

13 *Schenke* VerwProzR Rn. 246.

14 BVerwGE 73, 312 (313 f.); Schoch/Schneider/Bier/*Gerhardt* § 113 Rn. 81; *Kopp/Schenke* § 113 Rn. 101 ff.; *Ingold* JA 2009, 711 (711).

2. Fortsetzungsfeststellungsklage, § 113 I 4 VwGO

Nach § 113 I 4 VwGO kann das Gericht auf eine Fortsetzungsfeststellungsklage hin feststellen, dass ein Verwaltungsakt, der sich vor der Entscheidung des Gerichts durch Zurücknahme oder anders erledigt hat, rechtswidrig gewesen ist. Da die Landespressekonferenz im Rathaus der Landeshauptstadt S eine einmalige Veranstaltung war, hat sich auch das darauf gerichtete Hausverbot erledigt.

Aus § 113 I 4 VwGO ergibt sich aber auch, dass die Erledigung des Verwaltungsakts nach Klageerhebung eingetreten sein muss.[15] Hier ist jedoch die Erledigung schon eingetreten, bevor A Widerspruch erhoben hat. Für diesen Fall könnte aber ein Analogieschluss angezeigt sein. Eine Analogie setzt eine planwidrige Regelungslücke und die Vergleichbarkeit der Interessenlage zwischen lückenhaftem Regelungsbereich und analog heranzuziehender Regelung voraus.[16] Für den Fall der Erledigung vor Klageerhebung gibt es keine spezielle Klageart. Denkbar wäre es, in solchen Fällen auf die allgemeine Feststellungsklage des § 43 VwGO zurückzugreifen.[17] Dagegen spricht, dass dann der größtenteils zufällige Zeitpunkt der Erledigung darüber entscheiden müsste, welche Klageart mit ihren eigenen und unterschiedlichen Zulässigkeitsvoraussetzungen einschlägig wäre.[18] Die Interessen des Rechtsschutzsuchenden sind aber vom Zeitpunkt der Erledigung des ihn belastenden Verwaltungsakts unabhängig. Auch bei einer zufälligen Erledigung des Verwaltungsakts muss der Betroffene die Möglichkeit haben, nachträglich dessen Rechtswidrigkeit geltend zu machen. Die Fortsetzungsfeststellungsklage nach § 113 I 4 VwGO ist aber im Gegensatz zur allgemeinen Feststellungsklage nach § 43 VwGO gerade für Situationen der Erledigung geschaffen,[19] sodass es sachgerecht erscheint, diese auch bei einer Erledigung vor Klageerhebung heranzuziehen.[20] Statthaft ist damit die Fortsetzungsfeststellungsklage analog § 113 I 4 VwGO.[21]

IV. Klagebefugnis, § 42 II VwGO

Nach allgemeiner Ansicht bedarf es für Fortsetzungsfeststellungsklagen aufgrund der systematischen Verwandtschaft mit der Anfechtungsklage einer Klagebefugnis nach § 42 II VwGO.[22] Als Adressat des belastenden Verwaltungsakts ist A zumindest aufgrund einer möglichen Verletzung der allgemeinen Handlungsfreiheit klagebefugt. Darüber hinaus ist A möglicherweise in seinen Abgeordnetenrechten und Grundrechten aus Art. 3 I, III, Art. 5 I 2 GG verletzt.

15 Vgl. *Schenke* VerwProzR Rn. 321; *Hufen* VerwProzR § 18 Rn. 42.

16 *Larenz*, Methodenlehre der Rechtswissenschaft, 6. Aufl. 1991, 381 ff.; *Pawlowski*, Methodenlehre für Juristen, 3. Aufl. 1999, Rn. 476 ff.; *Zippelius*, Juristische Methodenlehre, 11. Aufl. 2012, § 11 II.

17 Vgl. BVerwG NVwZ 2000, 63 (64); Schoch/Schneider/Bier/*Gerhardt* § 113 Rn. 98 f.

18 *Schenke* VerwProzR Rn. 325; *Ehlers* Jura 2001, 415 (418).

19 Wolff/Decker/*Wolff* § 113 VwGO Rn. 95.

20 BVerwGE 12, 87 (90); 26, 161 (165); 49, 36 (39); 87, 23 (25); *Hufen* VerwProzR § 18 Rn. 42; *Kopp/Schenke* § 113 Rn. 99; *Ehlers* Jura 2001, 415 (418).

21 Eine aA ist hierzu vertretbar. Eine Entscheidung für die allgemeine Feststellungsklage nach § 43 VwGO führt praktisch nicht zu gravierenden Unterschieden: Wolff/Decker/*Wolff* § 113 VwGO Rn. 96.

22 BVerwG NJW 1982, 2513 (2514); *Hufen* VerwProzR § 18 Rn. 54; *Kopp/Schenke* § 113 Rn. 125.

V. Fortsetzungsfeststellungsinteresse, § 113 I 4 VwGO

Nach § 113 I 4 VwGO muss der Kläger ein berechtigtes Interesse an der Feststellung der Rechtswidrigkeit haben. Diese Voraussetzung erstreckt sich auch auf den Analogieschluss. Zum Fortsetzungsfeststellungsinteresses haben sich verschiedene Fallgruppen herausgebildet.

In Betracht kommt hier ein Rehabilitationsinteresse des A. Dies setzt voraus, dass von der erledigten Maßnahme eine diskriminierende Wirkung ausging.[23] A wurde von P als Kommunist und Kulturrevolutionär bezeichnet. Der Zugang zum Rathaus wurde ihm verweigert, damit er die dortige Veranstaltung nicht als Plattform für politische Erklärungen nutzen und für Propagandatätigkeit instrumentalisieren könne. Auch wenn im Rahmen politischer Auseinandersetzungen eine gewisse Polemik mitunter nicht von der Hand zu weisen ist, ist diese im Verhältnis zwischen Rathausverwaltung und A als gewählten Inhaber eines öffentlichen Amtes nicht angezeigt. A wird durch die politisch motivierte Zugangsverweigerung in seinem Ansehen beeinträchtigt, obwohl es keine Anzeichen gibt, dass sein politisches Wirken die Grenzen des rechtlich Erlaubten überschreitet. Ein Fortsetzungsfeststellungsinteresse lässt sich damit bejahen.

Darüber hinaus kann ein Fortsetzungsfeststellungsinteresse bei Verwaltungsakten angenommen werden, die zu Rechtsbeeinträchtigungen führen, sich aber typischerweise so kurzfristig erledigen, dass Rechtsschutz im Wege der Anfechtungsklage praktisch nicht eröffnet ist.[24] Wollte man den Betroffenen in solchen Situationen ein besonderes Feststellungsinteresse absprechen, könnten solche Maßnahmen praktisch kaum gerichtlich überprüft werden, was im Lichte des Art. 19 IV GG bedenklich ist. Bei einem Hausverbot, das sich isoliert auf eine Veranstaltung bezieht, ist gerichtliche Hilfe vor seiner Erledigung unmöglich. Auch unter diesem Gesichtspunkt ist ein Fortsetzungsfeststellungsinteresse deshalb zu bejahen.

Ein Fortsetzungsfeststellungsinteresse könnte schließlich aus der Gefahr resultieren, dass sich die Rechtsbeeinträchtigung wiederholt. Für die Annahme einer Wiederholungsgefahr bedarf es konkreter Anhaltspunkte, die eine erneute Rechtsbeeinträchtigung nahelegen.[25] Die Landespressekonferenz fand aber einmalig im Rathaus der Landeshauptstadt S statt. Anzeichen dafür, dass auch an anderen Veranstaltungsorten mit einem Hausverbot zu rechnen ist, existieren nicht, umso mehr als andere Orte nicht dem Hausrecht der Beklagten unterliegen würden.

Ein Fortsetzungsfeststellungsinteresse ergibt sich hingegen nicht unter dem Gesichtspunkt einer bevorstehenden Amtshaftungs- oder Entschädigungsklage.[26] Hier ist nicht ersichtlich, dass A die Durchsetzung eines solchen Anspruchs vorbereitet.

Ein Fortsetzungsfeststellungsinteresse ist aus den oben genannten Gründen zu bejahen.

---

23 Wolff/Decker/*Wolff* § 113 VwGO Rn. 112; *Kopp/Schenke* § 113 Rn. 142; *Ingold* JA 2009, 711 (712).

24 *Schenke* VerwProzR Rn. 583; Wolff/Decker/*Wolff* § 113 VwGO Rn. 117. Vgl. auch BVerwG BayVBl. 1999, 632 (633), das eine schwerwiegende oder tiefgreifende Grundrechtsbeeinträchtigung fordert.

25 BVerwGE 42, 318 (326); 80, 355 (365); *Kopp/Schenke* § 113 Rn. 141.

26 Vgl. Schoch/Schneider/Bier/*Gerhardt* § 113 Rn. 95.

VI. Vorverfahren

Bei Fortsetzungsfeststellungsklagen, die einen Verwaltungsakt zum Gegenstand haben, der sich vor Klageerhebung erledigt hat, ist umstritten, ob es noch der Durchführung eines Vorverfahrens bedarf, das dann mit der Erhebung eines Fortsetzungsfeststellungswiderspruchs eröffnet würde.

Man könnte argumentieren, dass § 68 VwGO seinem Wortlaut nach das Vorverfahren ausdrücklich nur für Anfechtungs- und Verpflichtungsklagen vorsieht. Der mögliche Fortsetzungsfeststellungswiderspruch, der wie andere Widersprüche auch die Selbstkontrolle der Verwaltung und Entlastung der Gerichte bezweckt, könnte seinen Sinn möglicherweise nicht mehr erfüllen, wenn sich der Verwaltungsakt schon erledigt hat.[27] Dem ließe sich aber entgegenhalten, dass sich die Fortsetzungsfeststellungsklage systematisch von der Anfechtungsklage ableitet (sog. »amputierte bzw. kupierte Anfechtungsklage«). Dass die Verwaltung bei einer Erledigung vor Klageerhebung noch zur Selbstkontrolle berufen ist und dem Rechtsschutz des Bürgers Rechnung tragen kann, zeigt etwa § 44 V VwVfG.[28] A hat aber ohnehin erfolglos Widerspruch erhoben. Die Frage nach der Notwendigkeit eines Vorverfahrens braucht also nicht weiter verfolgt zu werden.

VII. Klagefrist

Ebenfalls nicht einheitlich wird beurteilt, ob bei einer Erledigung vor Klageerhebung eine Klagefrist einzuhalten ist. Vieles spricht dafür, aus Gründen der Rechtssicherheit die Frist des § 74 VwGO oder des § 58 II VwGO heranzuziehen.[29] So ist eine Fortsetzungsfeststellungsklage unzulässig, wenn in dem Zeitpunkt, in dem sich der Verwaltungsakt erledigt, die Widerspruchsfrist ungenutzt verstrichen war.[30] A hatte aber nicht nur rechtzeitig Widerspruch, sondern auch anschließend innerhalb von drei Wochen nach Zustellung des Widerspruchsbescheids Klage erhoben. Ob und inwieweit die Fortsetzungsfeststellungsklage einer Klagefrist unterliegt, kann hier aber dahinstehen; sie wäre in jedem Fall gewahrt.

VIII. Klagegegner

Die Landeshauptstadt S ist nach § 78 I Nr. 1 VwGO richtiger Klagegegner.

IX. Zwischenergebnis

Die Klage ist zulässig.

B. Begründetheit

Obschon es sich allein aus § 113 I 4 VwGO so nicht ausdrücklich ergibt, reicht auch im Rahmen der Fortsetzungsfeststellungsklage die objektive Rechtswidrigkeit des Verwaltungsakts nicht aus; vielmehr ist aufgrund ihres systematischen Zusammenhangs mit der Anfechtungsklage auch eine subjektive Rechtsverletzung erforderlich.[31]

27 BVerwGE 21, 161 (167); 56, 24 (26).
28 *Kopp/Schenke* § 113 Rn. 127.
29 Schoch/Schneider/Bier/*Meissner* § 74 Rn. 8.
30 *Hufen* VerwProzR § 18 Rn. 55; *Kopp/Schenke* § 113 Rn. 128.
31 *Kopp/Schenke* § 113 Rn. 147.

Die Klage ist nach § 113 I 4 VwGO deshalb begründet, soweit der erledigte Verwaltungsakt – das Hausverbot – rechtswidrig gewesen und der Kläger – hier also A – dadurch in seinen Rechten verletzt ist.

I. Rechtsgrundlage

Das Hausverbot greift in subjektive Rechte des A ein, sodass eine gesetzliche Grundlage erforderlich ist. Eine gesetzliche Regelung, die zu einem Eingriff der vorliegenden Art ausdrücklich ermächtigt, ist aber nicht ersichtlich. Angesichts der allgemein bestehenden Überzeugung, dass Behörden zur Aufrechterhaltung der öffentlichen Ordnung und Sicherheit in den von ihren genutzten Gebäuden befähigt sein müssen, könnte man beim Hausrecht von einer gewohnheitsrechtlichen Anerkennung ausgehen.[32] Wenn hingegen auf die Verwaltungstätigkeit abgestellt wird, die das Hausrecht schützen soll, könnte es sich aber auch aus einer Annexkompetenz zur einschlägigen Sachkompetenz ergeben.[33] Dafür lässt sich § 44 I GO abstellen, wonach der Bürgermeister für die sachgemäße Erledigung der Aufgaben und den ordnungsmäßigen Gang der Verwaltung verantwortlich ist. Mitunter werden beide Begründungen auch verbunden, indem gerade der Ableitung einer Annexkompetenz aus einer bestehenden Sachkompetenz gewohnheitsrechtliche Anerkennung zugesprochen wird.[34]

Gegen die Annahme einer gewohnheitsrechtlichen Legitimation ließe sich anführen, dass sie mit dem rechtsstaatlichen Vorbehalt des Gesetzes nicht vereinbar sei, immerhin handelt es sich bei dem Hausverbot um einen Grundrechtseingriff. Hierzu bedarf es nach allgemeinen Grundsätzen einer gesetzlichen Ermächtigung. Ob Gewohnheitsrecht als anerkannte Rechtsquelle diesem Standard genügt, erscheint zweifelhaft.[35] Schon deswegen überzeugt eine Bezugnahme auf die (Gesamtheit) der Sachkompetenzen der Behörde am meisten. Zwar sind die Voraussetzungen und Rechtsfolgen grundrechtsbeeinträchtigenden Hausverbots in der Sachvorschrift nicht explizit normiert, doch knüpft diese Sachkompetenz wiederum an den – durch das Hausverbot geschützten – Betrieb einer öffentlichen Einrichtung an; Zweck des Eingriffs ist insoweit die Aufrechterhaltung dieser gesetzlichen Ordnung.[36] Auf dieser Grundlage lässt sich nach alledem eine überzeugende funktionale Verbindung zu den Verwaltungstätigkeiten herstellen, die durch die Ausübung des Hausrechts geschützt werden sollen. Dem Vorbehalt des Gesetzes trägt die Ansicht ausreichend Rechnung und bietet zugleich Praktikabilität und Flexibilität. Für das Hausverbot besteht damit eine ausreichende gesetzliche Grundlage.[37]

II. Formelle Rechtmäßigkeit

Die Zuständigkeit zur Verhängung des Hausverbots ergibt sich also aus einen Zusammenhang mit der kommunalrechtlichen Zuständigkeitsordnung. Die Verbandskompetenz liegt bei der Landeshauptstadt S als Eigentümerin und Nutzerin des Rathauses. Die Organkompetenz zur Ausübung des Hausrechts steht nach § 44 I GO

32 *Gerhardt* BayVBl. 1980, 724 (724 f.); *Gerhardt* JuS 1982, 260 (262); Erichsen/Ehlers/*Papier* VerwR AT § 39 Rn. 50 f.

33 VG Frankfurt a. M. NJW 1998, 1424 (1424); OVG Münster NVwZ-RR 1989, 316 (317); VGH München BayVBl. 1981, 657 (657); *Knemeyer* VBlBW 1982, 249 (252).

34 *Pappermann/Löhr* JuS 1981, 269 (274).

35 Zu den Voraussetzungen einer gewohnheitsrechtlichen Anerkennung *Berg* JuS 1982, 260 (262).

36 *Zilkens* JuS 2003, 165 (167).

37 AA *Ehlers* DÖV 1977, 737 (740 ff.).

dem Bürgermeister als Hausherrn zu. Der Pressesprecher P hat hier lediglich als Erklärungsbote für den Bürgermeister gehandelt.

Die am Vortag mit dem Bürgermeister geführte Diskussion zeigt, dass A im Vorfeld Gelegenheit hatte, seinen Standpunkt darzustellen. Das Erfordernis der Anhörung ist damit gewahrt. Das Hausverbot konnte nach § 37 II VwVfG auch mündlich erteilt werden.

III. Materielle Rechtmäßigkeit

In materieller Hinsicht ist Voraussetzung, dass das Hausverbot zur Abwehr einer Störung des Verwaltungsbetriebs ergeht, sich gegen den richtigen Adressaten richtet und auch sonst verhältnismäßig ist.

1. Gefahr einer Störung des Verwaltungsbetriebs

Der Bürgermeister befürchtet, dass A das Rathaus für politische Erklärungen nutzt und für Propagandatätigkeit instrumentalisiert und dies den Verwaltungsbetrieb belastet. Für eine Gefahr sind objektive Anhaltspunkte notwendig, die den Eintritt eines Schadens wahrscheinlich machen.[38] Tatsächlich scheint A in populistischer Manier für randständige politische Ansichten einzutreten. Allein dieser Umstand begründet aber noch keine objektiven Anhaltspunkte für eine drohende Störung der Verwaltungstätigkeit. Es bestehen keine Hinweise darauf, dass A schon in der Vergangenheit solche Störungen ausgelöst hat oder dass er auf sie abzielt. Auch ist höchst unwahrscheinlich, dass der Verwaltungsbetrieb gestört wird, wenn Vertreter extremer politischer Positionen an der Landespressekonferenz, also einer nicht unmittelbar auf Verwaltungstätigkeit gerichteten Veranstaltung, teilnehmen, selbst dann, wenn sie sich in der Veranstaltung zu Wort melden. Schon eine Störung des Verwaltungsbetriebs droht also nicht.

2. Staatliche Neutralitätspflicht

Darüber hinaus könnte das Hausverbot auch deshalb rechtswidrig sein, weil der Staat damit seine Pflicht zur Neutralität verletzt hat. Gegenüber der Presse hat sich der Staat jeglicher inhaltlicher Einflussnahme zu enthalten.[39] Aufgrund des Hausverbots konnte A nicht an der Landespressekonferenz teilnehmen. Seine Ansichten und Meinungen konnten nicht zu einem Bestandteil der Veranstaltung werden, obwohl A ausdrücklich von den Organisatoren eingeladen worden war. P hat so im Auftrag des Bürgermeisters ohne Rücksicht auf die Einladung die Teilnehmer »sortiert«, auf die inhaltliche Ausgestaltung der Landespressekonferenz Einfluss genommen und damit in die Pressefreiheit eingegriffen. Eine Rechtfertigung für diesen Vorgang gibt es nicht. Es bestand kein räumliches Kapazitätsproblem, dass dadurch hätte gelöst werden müssen, dass A der Zugang zur Landespressekonferenz verweigert wurde. Die politische Position des A konnte ebenso wenig als rechtswidrig qualifiziert werden wie seine voraussichtlichen Meinungsäußerungen. Das Hausverbot verstieß also auch gegen die staatliche Pflicht zur Neutralität gegenüber der Presse.

38 *Schenke* POR Rn. 69; *Götz* POR § 6 Rn. 3.
39 Vgl. Dreier/*Schulze-Fielitz* Art. 5 Abs. 1, 2 Rn. 45; Jarass/Pieroth/*Jarass* Art. 5 Rn. 30.

IV. Verletzung subjektiver Rechte

A müsste durch das Hausverbot in eigenen Rechten verletzt sein.

1. Verletzung von Abgeordnetenrechten

Eine Verletzung von Abgeordnetenrechten setzt voraus, dass A durch das Hausverbot auch in diesen betroffen war. Zum Zeitpunkt des Hausverbots war A zwar gewählt, besaß aber noch keinen Abgeordnetenstatus. Hinzu kommt, dass die Rechte, die für A aus seinem Abgeordnetenstatus folgen, vom Hausverbot gemäß der Erklärung des P gerade nicht betroffen sein sollen.

2. Verletzung der Pressefreiheit Art. 5 I 2 GG

A ist auch nicht als Träger der Pressefreiheit verletzt, weil er mit seiner Teilnahme an der Landespressekonferenz keine Pressetätigkeit ausübt. Seine eigene Tätigkeit ist nicht auf die Herstellung und Verbreitung von Druckerzeugnissen an einen unbestimmten Personenkreis gerichtet.

3. Verletzung der Meinungsfreiheit, Art. 5 I 1 GG

Die Meinungsfreiheit schützt die tatsächliche Möglichkeit, Meinungen zu äußern und zu verbreiten. Die politischen Ansichten des A sind als Werturteile geschützt.[40] Die Meinungsfreiheit gibt zwar keinen Anspruch auf einen Kommunikationspartner oder ein Publikum, der Grundrechtsträger kann aber die Umstände seiner Meinungsäußerung und -verbreitung frei wählen, um eine größtmögliche Verbreitung zu erzielen.[41] A möchte die Chance nutzen, seine politischen Ansichten im Rahmen einer freien Diskussion und Aussprache den versammelten Journalisten und Teilnehmern auf der Landespressekonferenz mitzuteilen. Dies wird ihm durch das Hausverbot unmöglich gemacht. Die Meinungsfreiheit ist also durch das rechtswidrige Hausverbot verletzt.

4. Verletzung der allgemeinen Handlungsfreiheit, Art. 2 I GG

Die allgemeine Handlungsfreiheit tritt hinter die Meinungsfreiheit als Auffanggrundrecht zurück.

5. Verletzung eines speziellen Gleichheitsgrundsatzes, Art. 3 III GG

A könnte der Zugang zum Rathaus auch gleichheitswidrig versagt worden sein. Voraussetzung dafür ist, dass ein Diskriminierungskriterium iSd Art. 3 III GG zu Unrecht herangezogen worden ist.

Unter denjenigen, die das Rathaus der Landeshauptstadt S betreten wollten, um die Landespressekonferenz zu besuchen, wurde A der Zugang untersagt, anderen aber nicht. Der Grund für die Ungleichbehandlung findet sich in der politischen Einstellung des A. Auch wenn Art. 3 III 1 GG eine Benachteiligung aufgrund der politischen Anschauung nicht erlaubt, kann diese ausnahmsweise durch kollidierendes Verfassungsrecht gerechtfertigt sein.[42] Es ist allerdings nicht ersichtlich, dass sich A mit seiner Teilnahme an der Landespressekonferenz rechtswidrig verhalten hätte und

40 Vgl. Sachs/*Bethge* Art. 5 Rn. 25; Jarass/Pieroth/*Jarass* Art. 5 Rn. 3, 5.

41 BVerfGE 93, 266 (289); *Pieroth/Schlink/Kingreen/Poscher* StaatsR II Rn. 600; Sachs/*Bethge* Art. 5 Rn. 26a.

42 *Michael/Morlok* Grundrechte Rn. 817 ff.; Sachs/*Osterloh* Art. 3 Rn. 239 ff.

deshalb anderen verfassungsrechtlichen Gütern hätte Geltung verschafft werden müssen. Der spezielle Gleichheitssatz des Art. 3 III GG ist damit verletzt.

V. Ergebnis

Die Fortsetzungsfeststellungsklage ist zulässig und begründet.

Fall 7 – Folgenschwere Ferndiagnose

Sachverhalt

Vor einigen Jahren hat B ein kleines Internetunternehmen gegründet, das Finanzanalysen zur Verfügung stellt, und es damit mittlerweile zu Reichtum gebracht. Nun sucht sie im Umfeld ihres Heimatortes, der kreisfreien Stadt S, nach einem neuen Wohnhaus. Schließlich fällt ihre Wahl auf ein bebautes Grundstück etwas außerhalb der Stadt S. Auf dem Grundstück fehlt B aber noch ein kleines Gartenhaus aus Holz, das sie nach ihrem Einzug in der Nähe der Grundstücksgrenze zu ihrem Nachbarn errichtet. Das Gartenhaus, das auch einen kleinen Kamin enthält, bedarf nach dem einschlägigen Landesrecht keiner Baugenehmigung.

Der X ist im Umweltamt der Stadtverwaltung von S beschäftigt. Da in der kleinen Stadt S viel über die erfolgreiche B gesprochen wird, erfährt auch X von deren neu errichtetem Gartenhaus. Seit X und B einmal vor dem örtlichen Supermarkt in einem Streit über einen Parkplatz gerieten, ist X auf die B nicht gut zu sprechen. Hinzu kommt, dass ihm der Finanzdienstleistungsbereich ohnehin suspekt ist und er darin einen Grund für die Finanzkrise der letzten Jahre sieht. Er schaut sich deshalb nach Feierabend das neu errichtete Gartenhaus ganz genau an. Seiner Ansicht nach verstößt das Gartenhaus gegen verschiedene baurechtliche Vorschriften. Dies hatte er, so wie er die B kennengelernt hatte, aber auch gar nicht anders erwartet. Da er glücklicherweise früher selbst einmal im Bauamt tätig war, sieht er sich dazu befähigt, den Abriss des Gartenhauses mittels Bescheids anzuordnen, den er am nächsten Morgen erlässt.

X begründet den Bescheid damit, dass das Gartenhaus den gesetzlichen Mindestabstand von 3m zur Grundstücksgrenze um 20cm unterschreitet. Da X das Gartenhaus aber nur von der Straße aus betrachtet hatte, musste er den Abstand schätzen. Tatsächlich ist der gesetzlich geforderte Abstand von 3m eingehalten. Außerdem meint X zu erkennen, dass das Gartenhaus mit Holzbohlen aus dem örtlichen Baumarkt errichtet ist, die vor einigen Tagen zurückgerufen worden sind, weil sie aufgrund eines Fehlers bei der Imprägnierung extrem brandgefährdet sind. Was X nicht weiß: Da B mit dem Leiter des Baumarkts befreundet ist, hatte sie für ihr Gartenhaus schon Holzbohlen aus einer neuen Lieferung erhalten, die ordnungsgemäß imprägniert sind. Schließlich war X im Eifer des Gefechts nicht aufgefallen, dass das Grundstück der B zwar am Rand der Stadt S liegt, die Bebauung von S aber mit derjenigen der Nachbargemeinde N einen fließenden Übergang bildet und das Grundstück der B tatsächlich im Gebiet der Nachbargemeinde N liegt.

Der Bescheid des X enthält keine Begründung. B erhebt dagegen ordnungsgemäß Widerspruch, der jedoch als unbegründet zurückgewiesen wird. Der Widerspruchsbescheid beruft sich auf die Beobachtungen des X. Daraufhin erhebt B fristgerecht Klage vor dem Verwaltungsgericht. Aufgebracht weist sie auf die unzutreffenden Annahmen des X hin, die Grundlage des Bescheids seien. Schon aus dem Grund müsse der Bescheid doch vollkommen unwirksam sein. Der X missbrauche außerdem sein Amt, um einen persönlichen Feldzug gegen sie zu führen. Dies zeige sich auch daran, dass der Abriss des Gartenhauses nun »von so einem Umweltmenschen« angeordnet werde.

Erstatten Sie ein (ggf. Hilfs-)Gutachten über die Erfolgsaussichten.

Es ist davon auszugehen, dass der erforderliche Mindestabstand zur Grenze nach § 6 LBO 3 m beträgt. Die fehlerhaft imprägnierten Holzbohlen genügen nicht den Anforderungen, die § 18 LBO für Bauprodukte aufstellt.

Anhang[1]

Landesbauordnung – LBO (Auszug):

§ 58 LBO – Bauaufsichtsbehörden, Fachaufsicht
(1) Bauaufsichtsbehörden sind
1. das Innenministerium als oberste Bauaufsichtsbehörde und
2. die Landrätinnen oder Landräte und Bürgermeisterinnen oder Bürgermeister der kreisfreien Städte als untere Bauaufsichtsbehörden.
[...]

§ 59 LBO – Aufgaben und Befugnisse der Bauaufsichtsbehörden
(1) Die Bauaufsichtsbehörden haben bei der Errichtung, Änderung, Nutzungsänderung und Beseitigung sowie bei der Nutzung und Instandhaltung von Anlagen nach pflichtgemäßem Ermessen darüber zu wachen, dass die öffentlich-rechtlichen Vorschriften und die aufgrund dieser Vorschriften erlassenen Anordnungen eingehalten werden. Sie haben die nach pflichtgemäßem Ermessen erforderlichen Maßnahmen zu treffen.
(2) Die Bauaufsichtsbehörden können nach Absatz 1 Satz 2 insbesondere
[...]
Nr. 3 die teilweise oder vollständige Beseitigung von Anlagen anordnen, die im Widerspruch zu öffentlich-rechtlichen Vorschriften errichtet oder geändert werden, wenn nicht auf andere Weise rechtmäßige Zustände hergestellt werden können, oder wenn aufgrund des Zustandes einer Anlage auf Dauer eine Nutzung nicht mehr zu erwarten ist, insbesondere bei Ruinen, [...]

§ 61 LBO – Sachliche und örtliche Zuständigkeit
(1) Für den Vollzug dieses Gesetzes sowie anderer öffentlich-rechtlicher Vorschriften für die Errichtung, Änderung, Nutzung, Instandhaltung oder die Beseitigung von Anlagen ist die untere Bauaufsichtsbehörde zuständig, soweit nichts anderes bestimmt ist. Die örtlichen Ordnungsbehörden haben die untere Bauaufsichtsbehörde von allen Vorgängen zu unterrichten, die deren Eingreifen erfordern können.
(2) Örtlich zuständig sind die Bauaufsichtsbehörden oder die Ordnungsbehörden, in deren Bezirk die Anlage durchgeführt wird, soweit in diesem Gesetz nichts anderes bestimmt ist.

Gemeindeordnung – GO (Auszug):

§ 64 GO – Gesetzliche Vertretung
(1) Die hauptamtliche Bürgermeisterin oder der hauptamtliche Bürgermeister ist gesetzliche Vertreterin oder gesetzlicher Vertreter der Stadt.
[...]

1 Die Vorschriften basieren auf dem schleswig-holsteinischen Landesrecht.

Übersicht XIV: Rechtsfehler beim Verwaltungsakt

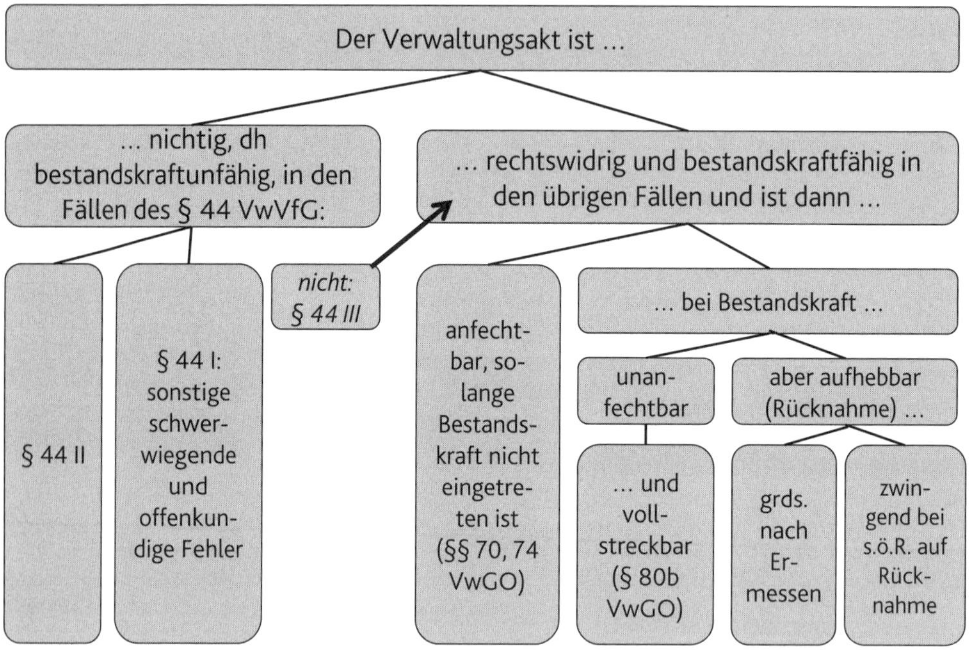

Übersicht XV: Rechtsfehler – Erfolgsbedingungen der Anfechtung des VA

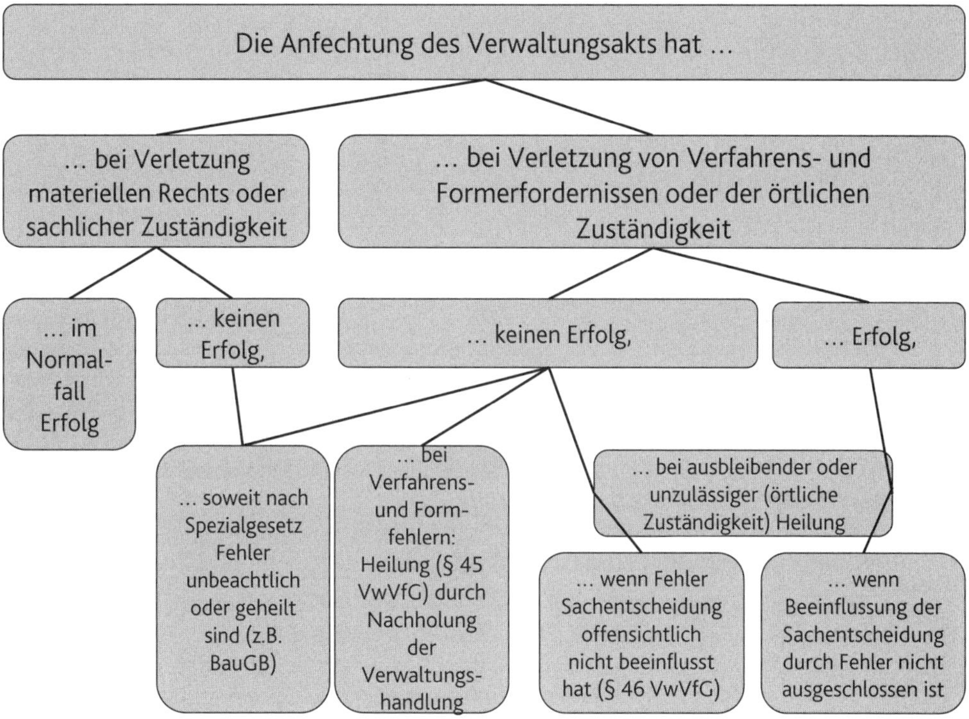

Lösung

Schwerpunkte:
- Nichtigkeit
- Zuständigkeit
- Befangenheit
- Nichtigkeitsfeststellungsklage

A. Zulässigkeit

I. Eröffnung des Verwaltungsrechtswegs

Eine aufdrängende Sonderzuweisung existiert nicht. Nach dem dann einschlägigen § 40 I 1 VwGO kommt es für die Eröffnung des Verwaltungsrechtswegs darauf an, ob es sich um eine öffentlich-rechtliche Streitigkeit handelt.[2] B wehrt sich gegen eine Abrissverfügung. Diese bestimmt sich nach § 59 II Nr. 3 LBO. Er berechtigt allein einen Träger öffentlicher Gewalt und stellt somit eine öffentlich-rechtliche Vorschrift dar. Die Streitigkeit ist öffentlich-rechtlicher Natur und nicht verfassungsrechtlicher Art. Es fehlt an einer abdrängenden Sonderzuweisung. Der Verwaltungsrechtsweg ist nach § 40 I 1 VwGO eröffnet.

II. Beteiligten- und Prozessfähigkeit

Als natürliche geschäftsfähige Person ist B gemäß § 61 Nr. 1 Var. 1 VwGO beteiligtenfähig und nach § 62 II Nr. 1 VwGO prozessfähig. Die Gemeinde G ist nach § 61 Nr. 1 Var. 2 VwGO beteiligtenfähig und prozessfähig gemäß § 62 III VwGO, indem sie gemäß § 64 GO durch ihren Bürgermeister vertreten wird.

III. Statthafte Klageart

Die statthafte Klageart bestimmt sich gemäß § 88 VwGO nach dem auslegungsfähigen Begehren des Klägers. B will sich gegen die Abrissverfügung wehren, von der sie annimmt, sie sei unwirksam. Daraus ergeben sich verschiedene Möglichkeiten für die statthafte Klageart.

1. Nichtigkeitsfeststellungsklage, § 43 I Var. 2 VwGO

Wenn die Abrissverfügung nichtig ist, kann dies mit der Nichtigkeitsfeststellungsklage gemäß § 43 I Var. 2 VwGO festgestellt werden. Bei dieser Klage handelt es sich um eine besondere Form der Feststellungsklage. Einem nichtigen Verwaltungsakt fehlt die rechtliche Existenz und er entfaltet keine Rechtswirkungen, sodass er auch kein Rechtsverhältnis iSd § 43 I Var. 1 VwGO begründen kann.[3]

Eine Nichtigkeitsfeststellungsklage ist statthaft, wenn objektiv ein Verwaltungsakt vorliegt.[4] Hiervon zu unterscheiden sind sog. Nicht-Verwaltungsakte (oder Schein-

2 Vgl. die Anmerkung oben Klausurfall 5, Eröffnung des Verwaltungsrechtswegs.

3 *Will/Rathgeber* JuS 2012, 1057 (1061); Wolff/Decker/*Wolff* § 42 VwGO Rn. 11; *Kopp/Schenke* § 43 Rn. 20.

4 Schoch/Schneider/Bier/*Pietzcker* § 43 Rn. 27; Wolff/Decker/*Wolff* § 43 VwGO Rn. 44; *Kopp/Schenke* § 43 Rn. 21.

verwaltungsakte[5]), die schon nach dem äußeren Anschein die Merkmale des § 35 VwVfG nicht erfüllen.[6] Einem Nicht-Verwaltungsakt fehlt im Gegensatz zu einem nichtigen Verwaltungsakt schon der objektive Anschein eines Verwaltungsakts, etwa weil kein Bezug zur staatlichen Gewaltausübung besteht, es an einer wirksamen Bekanntgabe fehlt oder die Erklärung nicht einer Behörde zuzurechnen ist.[7] Der nichtige Verwaltungsakt hingegen weist seinem objektiven Anschein nach die Merkmale des § 35 VwVfG auf, steht aber inhaltlich zur Rechtsordnung in eklatantem Widerspruch. Aus der Sicht eines verständigen Empfängers weist die Abrissverfügung ihrem äußeren Anschein nach die tatbestandlichen Merkmale eines Verwaltungsakts auf, insbesondere wurde sie wirksam bekanntgegeben und erweist sich als willentliche Erklärung einer Behörde.

Ob die Abrissverfügung tatsächlich nichtig ist, betrifft nicht die Statthaftigkeit der Nichtigkeitsfeststellungsklage, sondern ist eine Frage ihrer Begründetheit.[8] Anderenfalls würde die Zulässigkeitsprüfung entgegen ihrem Zweck mit materiell-rechtlichen Fragen überfrachtet. Die Nichtigkeitsfeststellungsklage nach § 43 I Var. 2 VwGO ist statthaft.

2. Anfechtungsklage, § 42 I Var. 1 VwGO

Statthaft könnte auch eine Anfechtungsklage nach § 42 I Var. 1 VwGO sein. Problematisch dabei ist jedoch, dass im Falle der Nichtigkeit der angegriffene Verwaltungsakt rechtlich nicht existiert und der Anfechtungsklage deshalb der Gegenstand fehlt. Da es sich bei einem nichtigen Verwaltungsakt nicht um einen Nicht-Verwaltungsakt handelt, der nicht einmal nach dem äußeren Anschein die Merkmale des § 35 VwVfG erfüllt, darf der Bürger darauf vertrauen, Adressat eines rechtlich existenten Verwaltungsakts zu sein. Ob dieser tatsächlich nichtig ist, ist eine schwierige Frage, die der Bürger vor Erhebung der Klage nicht abschätzen kann. Will man dem Bürger das Risiko der Fehleinschätzung nicht auferlegen, muss man die Anfechtungsklage auch gegen solche Verwaltungsakte für statthaft erklären, die gegebenenfalls nichtig und damit rechtlich unwirksam sind.[9] Im Übrigen würde es zu einem Wertungswiderspruch führen, wenn für die Zulässigkeit einer Nichtigkeitsfeststellungsklage, wie gezeigt, auf die Feststellung der Nichtigkeit verzichtet wird, die Wirksamkeit (also Nicht-Nichtigkeit) des Verwaltungsakts aber umgekehrt zur Voraussetzung für die Zulässigkeit der Anfechtungsklage erhoben würde.

Die gleichzeitige Statthaftigkeit sowohl der Nichtigkeitsfeststellungsklage als auch der Anfechtungsklage wird auch durch § 43 II 2 VwGO unterstrichen, wonach der

5 Vgl. *Blunk/Schroeder* JuS 2005, 602 (603); *Will/Rathgeber* JuS 2012, 1057 (1057).

6 *Will/Rathgeber* JuS 2012, 1057 (1057 f.); *Kopp/Ramsauer* § 43 Rn. 49.

7 *Blunk/Schroeder* JuS 2005, 602 (603 f.); *Kopp/Ramsauer* § 43 Rn. 49.

8 Schoch/Schneider/Bier/*Pietzcker* § 43 Rn. 27; Wolff/Decker/*Wolff* § 43 VwGO Rn. 44; *Kopp/Schenke* § 43 Rn. 21.

9 BVerwGE 18, 154 (155); BFH NVwZ 1987, 359 (360); BGH NJW 1979, 1710 (1710); OVG Koblenz NVwZ 1987, 899 (899); *Will/Rathgeber* JuS 2012, 1057 (1063); *Würtenberger* VerwProzR Rn. 272; *Schenke* VerwProzR Rn. 183; aA *Hufen* VerwProzR § 14 Rn. 11. Weiterhin umstritten ist, ob bei einer Anfechtungsklage gegen einen nichtigen Verwaltungsakt das Gericht im Erfolgsfall den nichtigen Verwaltungsakt aufhebt oder lediglich die Nichtigkeit feststellt, vgl. *Maurer* VerwR AT § 10 Rn. 37; *Hufen* VerwProzR § 14 Rn. 11; *Schenke* VerwProzR Rn. 183; Schoch/Schneider/Bier/*Pietzcker* § 42 Abs. 1 Rn. 18.

Bürger eine Nichtigkeitsfeststellungsklage gerade auch dann erheben kann, wenn er seine Rechte durch eine Anfechtungsklage hätte verfolgen können.

3. Wahlrecht des Klägers

Der Kläger kann bei Erhebung der Klage zwischen Anfechtungsklage und Nichtigkeitsfeststellungsklage wählen.

Hinweis: Sofern der Kläger eine Anfechtungsklage erhoben hat und sich der Verwaltungsakt im Laufe des Prozesses als nichtig herausstellt, wird die Möglichkeit einer Umstellung auf eine Nichtigkeitsfeststellungsklage diskutiert. Umgekehrt kann eine Nichtigkeitsfeststellungsklage nur dann auf eine Anfechtungsklage umgestellt werden, wenn die spezifischen Sachurteilsvoraussetzungen dieser Klageart – insbesondere Einhaltung der Fristen und Vorverfahren – beachtet worden sind. Insofern kann eine Fehleinschätzung bei der Nichtigkeitsfrage fatal sein.

Ob eine erhobene Anfechtungsklage im Laufe eines Prozesses, sobald sich herausstellt, dass der angefochtene Verwaltungsakt nichtig ist, auf eine Nichtigkeitsfeststellungsklage umgestellt werden muss, ist wiederum eine Frage der Begründetheit.

Dem Sachverhalt lässt sich nicht ausdrücklich entnehmen, ob B eine Anfechtungsklage oder Nichtigkeitsfeststellungsklage erheben wollte. Die Nichtigkeitsfeststellungsklage kann nur dann Erfolg haben, wenn der angegriffene Verwaltungsakt tatsächlich nichtig ist. Die Anfechtungsklage hat hingegen den Vorteil, dass der Kläger in der Sache erfolgreich ist, wenn der Verwaltungsakt rechtswidrig ist, darüber hinaus aber auch dann, wenn er sich als nichtig erweist. Die Chancen auf einen Klageerfolg sind also größer als bei der Nichtigkeitsfeststellungsklage, während umgekehrt die Risiken geringer sind: Wer in der Überzeugung von der Nichtigkeit des Verwaltungsakts keinen Widerspruch erhebt und sich nicht um die Einhaltung etwaiger Fristen kümmert, wird mit seinem Rechtsschutzbegehren scheitern, wenn der Verwaltungsakt sich später als nur anfechtbar erweist. Auch ist zu bedenken, dass nur die Anfechtungsklage nach § 80 I VwGO aufschiebende Wirkung entfaltet und damit zumindest vorübergehend den Vollzug des Verwaltungsakts hemmt. Zwar darf ein nichtiger Verwaltungsakt überhaupt nicht vollzogen werden, kann aber immer mit dem Rechtsschein eines vollziehbaren Verwaltungsakts behaftet bleiben.

Es ist deshalb davon auszugehen, dass es im Zweifel dem Begehren des Klägers entspricht, eine Anfechtungsklage zu erheben.[10] Die weiteren Zulässigkeitsvoraussetzungen der Anfechtungsklage müssen aber trotz des gegebenenfalls nichtigen Verwaltungsakts eingehalten werden.

IV. Klagebefugnis

Die nach § 42 II VwGO notwendige Klagebefugnis ist gegeben, wenn es nicht von vornherein ausgeschlossen ist, dass B durch die Abrissverfügung in ihren Rechten verletzt wird. B ist schon als Adressatin der Abrissverfügung möglicherweise in ihrem Grundrecht aus Art. 14 I GG verletzt. Dass die Abrissverfügung zumindest rechtswidrig ist, erscheint angesichts der Art und Weise ihres Zustandekommens ebenfalls nicht ausgeschlossen. B ist klagebefugt.

10 Vgl. *Kopp/Schenke* § 43 Rn. 21.

V. Vorverfahren

Nach dem Sachverhalt hat B ordnungsgemäß Widerspruch erhoben, der jedoch zurückgewiesen wurde.

VI. Klagefrist

B hat fristgerecht Klage vor dem Verwaltungsgericht erhoben.

VII. Klagegegner

Richtiger Klagegegner ist nach § 78 I Nr. 1 VwGO die Stadt S.

VIII. Zwischenergebnis

Die Anfechtungsklage ist zulässig.

Hinweis: Da die Anfechtungsklage dem wohlverstandenen Begehren der B entspricht, sind die weiteren Zulässigkeitsvoraussetzungen Nichtigkeitsfeststellungsklage hier nicht zu prüfen. Es kann jedoch Klausurfälle geben, bei denen es an Sachentscheidungsvoraussetzungen der Anfechtungsklage fehlt, sodass diese nicht zulässig ist. In diesen Fällen bleibt der Kläger allein auf die Nichtigkeitsfeststellungsklage verwiesen. Unter der hypothetischen Annahme, dass es an der Zulässigkeit einer Anfechtungsklage auch im vorliegenden Fall fehlt, soll im Folgenden auf die Sachentscheidungsvoraussetzungen der Nichtigkeitsfeststellungsklage eingegangen werden.

IX. Feststellungsinteresse, § 43 I VwGO

Die Nichtigkeitsfeststellungsklage ist nur dann zulässig, wenn der Kläger ein Feststellungsinteresse geltend machen kann. Davon umfasst ist jedes rechtliche, wirtschaftliche oder ideelle Interesse.[11] Im Gegensatz zur allgemeinen Feststellungsklage muss sich das Feststellungsinteresse bei der Nichtigkeitsfeststellungsklage aber auf den Rechtsschein beziehen, der von einem nichtigen Verwaltungsakt ausgehen und die Rechtsstellung des Klägers berühren kann.[12] B ist Adressatin der Abrissverfügung. Eine Nichtigerklärung der Abrissverfügung nimmt B den Druck, sich gegen etwaige weitere Maßnahmen oder Vollzugshandlungen wehren zu müssen, und verbessert deshalb ihre Position in rechtlicher und ideeller Hinsicht. Ein Feststellungsinteresse besteht.

X. Klagebefugnis, § 42 II VwGO analog

Überwiegend wird auch für die Feststellungsinteresse analog § 42 II VwGO eine Klagebefugnis gefordert,[13] die B aber hat (s. oben).

XI. Klagegegner, § 78 VwGO analog

Analog § 78 I Nr. 1 VwGO ist die Nichtigkeitsfeststellungsklage gegen die Stadt S zu richten.

---

11 *Kopp/Schenke* § 43 Rn. 23; Schoch/Schneider/Bier/*Pietzcker* § 43 Rn. 33; HK-VerwR/*Terhechte* § 43 VwGO Rn. 57.

12 BVerwGE 74, 1 (4); 84, 306 (309); Wolff/Decker/*Wolff* § 43 VwGO Rn. 47.

13 Vgl. oben Klausurfall 5.

Hinweis: Es ist umstritten, ob § 78 VwGO auf die Nichtigkeitsfeststellungsklage analog anzuwenden ist.[14] Grundsätzlich ist die Vorschrift auf Feststellungsklagen nicht analog anzuwenden (vgl. oben Klausurfall 5). Bei der Nichtigkeitsfeststellungsklage ist aber Streitgegenstand ebenso wie bei der Anfechtungs- oder Verpflichtungsklage ein Verwaltungsakt und es erscheint unnötig, den richtigen Klagegegner davon abweichend zu bestimmen, wenn es nicht um die Rechtswidrigkeit des Verwaltungsakts, sondern die Nichtigkeit geht.

XII. Zwischenergebnis

Die Nichtigkeitsfeststellungsklage ist zulässig.

B. Begründetheit

Die Anfechtungsklage ist nach § 113 I 1 VwGO begründet, soweit der Abrissbescheid rechtwidrig ist und B dadurch in ihren Rechten verletzt ist.

I. Rechtsgrundlage

Die Rechtsgrundlage für die Abrissverfügung findet sich in § 59 II Nr. 3 LBO.

II. Formelle Voraussetzungen

1. Zuständigkeit

Die Abrissverfügung muss unter Wahrung der Zuständigkeitsvorschriften ergangen sein. Nach §§ 61 I, 59 I LBO ist der Bürgermeister als untere Bauaufsichtsbehörde zuständig.

a) Handeln durch das Umweltamt – Sachliche und funktionelle Zuständigkeit

Problematisch könnte aber sein, dass die Abrissverfügung von X erlassen worden ist, der im Umweltamt der Stadt S eingesetzt ist, nicht aber im Bauamt. Bei der Zuständigkeit kann zwischen verschiedenen Aspekten unterschieden werden. Die sachliche Zuständigkeit betrifft die Frage, welche Sachaufgabe von welcher Behörde wahrzunehmen ist; die funktionelle Zuständigkeit ist diejenige eines individuellen Amtswalters.[15]

Insofern fragt sich, ob das Handeln eines Vertreters der Umweltbehörde der Gemeinde anstelle der Baubehörde die funktionale oder die sachliche Zuständigkeit betrifft und wie sich dies auf die Rechtmäßigkeit auswirkt. Zu beachten ist, dass es dem einzelnen Amt innerhalb der Gemeindeverwaltung an der gemäß § 1 IV VwVfG für die Behördeneigenschaft notwendigen organisatorischen Selbstständigkeit im Verhältnis zum Bürger fehlt. Die (sachliche) Zuständigkeit für außenwirksame Handlungen wie Verwaltungsakte knüpft aber an die Behördeneigenschaft an (vgl. § 35 S. 1 VwVfG). Weder das Umwelt- noch das Bauamt der Stadt S ist aber eine selbstständige Behörde.[16] Der Bürgermeister der Stadt S besitzt hingegen diese Behördeneigen-

14 Vgl. *Kopp/Schenke* § 78 Rn. 2.
15 Vgl. allgemein *Maurer* VerwR AT § 21 Rn. 47 ff.; *Detterbeck* VerwR AT Rn. 574 ff.
16 *Detterbeck* VerwR AT Rn. 206.

schaft, sodass das Handeln der einzelnen Ämter innerhalb der Gemeindeverwaltung ihm zugerechnet wird. Auch wenn die Kompetenz für den Erlass bauordnungsrechtlicher Maßnahmen nach der internen Geschäftsverteilung der Gemeindeverwaltung einem anderen Amt – also einer anderen Untergliederung – als dem Umweltamt zugeteilt ist (funktionelle Zuständigkeit), so hat nach außen doch der Bürgermeister gehandelt; auf diese sachliche Zuständigkeit kommt es an. Interne Fehler hinsichtlich der Geschäftsverteilung sind hingegen unerheblich für die von außen zu betrachtende Rechtmäßigkeit des Verwaltungsakts.[17] Der Verwaltungsakt ist also nicht wegen Verletzung der sachlichen Zuständigkeit rechtswidrig.

Hinweis: Davon zu trennen ist immer die Frage der materiellen Rechtmäßigkeit des betroffenen Bescheides. In aller Regel werden sachfremde Bearbeiter nur unvollkommene Regelungen treffen können, was das eigentliche Problem solcher Vorgehensweisen ist. Bei X wird dies im Folgenden noch zu prüfen sein.

b) Örtliche Zuständigkeit

Neben der sachlichen Zuständigkeit muss beim Erlass eines Verwaltungsakts auch die örtliche Zuständigkeit beachtet werden.

Hinweis: Neben der sachlichen, örtlichen und funktionellen Zuständigkeit besteht auch eine instanzielle Zuständigkeit. Diese ordnet an, welche Behörde in einem mehrstufigen Behördenaufbau eine Aufgabe wahrzunehmen hat.

Die örtliche Zuständigkeit ist im Gegensatz zur sachlichen Zuständigkeit meist nicht im jeweiligen Fachgesetz geregelt, sondern in der allgemeinen Vorschrift des § 3 VwVfG. Nach § 3 I Nr. 1 VwVfG ist bei Angelegenheiten, die sich auf unbewegliches Vermögen oder ein ortsgebundenes Recht oder Rechtsverhältnis beziehen, die Behörde zuständig, in deren Bezirk das Vermögen oder der Ort liegt. Der Bezirk einer Behörde bestimmt sich im Falle einer Gemeinde durch die Gemeindegrenzen. Das Grundstück der B, auf dem sich das Gartenhaus befindet, liegt zwar in einem Bereich, in dem die Bebauung zwischen S und N einen fließenden Übergang bildet, tatsächlich befindet sich das Grundstück aber im Gemeindegebiet von N.

Die Abrissverfügung erging also unter Verstoß gegen Vorschriften über die örtliche Zuständigkeit. Dies könnte aber nicht nur zu ihrer Rechtswidrigkeit führen, sondern sogar die Nichtigkeit begründen. Diese bestimmt sich nach § 44 VwVfG, wobei zuerst auf die zwingenden Nichtigkeitsgründe des Abs. 2 und die Negativgründe des Abs. 3 einzugehen ist, bevor die Generalklausel des Abs. 1 zu erörtern ist.

Hinweis: Zum Teil wird vertreten, es sei zuerst auf die zwingenden Nichtigkeitsgründe des Abs. 2 einzugehen, bevor die Negativgründe des Abs. 3 zu diskutieren sei, anderenorts wird die umgedrehte Reihenfolge vorgeschlagen.[18] Da die Gründe des Abs. 2 und 3 kaum zueinander in tatsächliche Konkurrenz treten können, erscheint hier beides vertretbar, solange die besonderen Abs. 2 und 3 vor der Generalklausel des Abs. 1 geprüft werden.

Gemäß § 44 III Nr. 1 VwVfG ist ein Verwaltungsakt nicht schon deshalb nichtig, weil Vorschriften über die örtliche Zuständigkeit nicht eingehalten worden sind, außer wenn ein Fall des § 44 II Nr. 3 VwVfG vorliegt. Nach dieser Vorschrift ist ein

17 OVG Münster DVBl. 1974, 596 (597); *Maurer* VerwR AT § 21 Rn. 50.
18 Vgl. *Will/Rathgeber* JuS 2012, 1057 (1059).

Verwaltungsakt nichtig, den eine Behörde außerhalb ihrer durch § 3 I Nr. 1 VwVfG begründeten Zuständigkeit erlassen hat, ohne dazu ermächtigt zu sein. Gerade die Vorschriften über die örtliche Zuständigkeit, die an die Belegenheit einer Sache anknüpfen, stellen sicher, dass Entscheidungen der Verwaltung auf den besonderen örtlichen Sachkenntnissen einer Behörde, ihrer räumlichen Nähe zu den Betroffenen und etwaigen, darauf beruhenden Vertrauensverhältnissen beruhen.[19] Die Abrissverfügung des Bürgermeisters der Stadt S bezieht sich auf ein Grundstück, das innerhalb der Gemeindegrenzen von N liegt und damit außerhalb der durch § 3 I Nr. 1 VwVfG begründeten örtlichen Zuständigkeit des Bürgermeisters der Stadt S. Eine Ermächtigung für Behörden der Stadt S, im Gebiet von N tätig zu werden, existiert nicht. Der Verstoß gegen die Vorschriften über die örtliche Zuständigkeit führt folglich zur Nichtigkeit der Abrissverfügung.

2. Verfahren

Darüber hinaus könnte die Abrissverfügung auch unter Verstoß gegen Verfahrensvorschriften ergangen sein.

a) Keine Anhörung

Die nach § 28 I VwVfG erforderliche Anhörung war hier nicht nach Abs. 2 entbehrlich. Gleichwohl hat X keine Anhörung durchgeführt. Dieser Fehler könnte aber nach § 45 VwVfG geheilt worden sein. B konnte ihre Ansicht im Rahmen des Widerspruchsverfahrens vortragen. Es ist davon auszugehen, dass die Widerspruchsbehörde dies auch tatsächlich zum Anlass genommen hat, die Entscheidung der Gemeinde zu überdenken. Hierzu war die Widerspruchsbehörde trotz der Ermessenscharakters der Entscheidung auch zuständig.[20] Die fehlende Anhörung konnte also nachgeholt werden, was den Verstoß gegen § 28 I VwVfG gemäß § 45 I Nr. 3 VwVfG heilt.

Wollte man den Verstoß gegen das Erfordernis der Anhörung für nicht geheilt erachten, würde dies jedenfalls die Nichtigkeit des Verwaltungsakts zur Folge haben.[21] Die ausdrückliche Anordnung der Heilungsmöglichkeit in § 45 I Nr. 3 VwVfG unterstreicht dies. Lediglich in gänzlich atypischen Situationen, bei denen das Fehlen der Anhörung zu einem unerträglichen Zustand führt, kann Nichtigkeit nach § 44 I VwVfG erwogen werden. Diese Annahme liegt hier aber fern.

b) Befangenheit

Fraglich ist, wie es sich auswirkt, dass X in seine Entscheidungen auch andere Motive als nur baurechtliche Erwägungen einfließen lässt. Nach § 20 VwVfG sind bestimmte Personen von der Beteiligung an einem Verwaltungsverfahren ausgeschlossen. Das ist der Fall, wenn solche Personen selbst oder ihre Angehörigen durch die Entscheidung im Verfahren einen Vorteil erlangen können oder wenn sie aus anderem Grund ein besonderes Näheverhältnis zum Gegenstand des Verfahrens aufweisen. X erfüllt jedoch keines der in § 20 VwVfG genannten Kriterien.

19 Vgl. *Kopp/Ramsauer* § 3 Rn. 19.
20 Ausführlich zu den Voraussetzungen einer Nachholung oben Klausurfall 2.
21 Knack/Henneke/*Ritgen* § 28 Rn. 32; *Kopp/Ramsauer* § 28 Rn. 78 mwN.

Nach § 21 VwVfG haben außerdem all diejenigen Personen, die in einem Verwaltungsverfahren für eine Behörde tätig werden sollen und bei denen ein Grund vorliegt, der geeignet ist, Misstrauen gegen eine unparteiische Amtsausübung zu rechtfertigen, dem Behördenleiter dies zu berichten und sich auf dessen Anordnung der Mitwirkung zu enthalten. Notwendig ist keine tatsächliche Befangenheit, ausreichend ist vielmehr der »böse Schein«.[22] X ist auf die B anlässlich eines öffentlich geführten Streits nicht gut zu sprechen und hegt auch Misstrauen gegen den Finanzdienstleistungsbereich, in dem B tätig ist. Der B sind keine Gesetzesverstöße anzulasten, die ein Misstrauen ihm gegenüber objektiv rechtfertigen würden; vielmehr lässt X ihr gegenüber persönliche Animosität einfließen. Sie ist geeignet, eine Besorgnis der Befangenheit bei X zu begründen. Letztendlich findet sie ihre Bestätigung darin, dass gerade die erwähnten Motive ausschlaggebend für die Eröffnung des Verwaltungsverfahrens waren, in dessen Zuge X das Gartenhaus begutachtete. X hat seinem Vorgesetzten auch nicht von seinen außerdienstlichen Motiven berichtet.

Die Mitwirkung einer Person, deren Befangenheit zu besorgen ist, stellt einen Rechtsverstoß dar, umso mehr als der Amtsträger einen ihm bekannten Befangenheitsgrund seinem Vorgesetzten pflichtwidrig nicht mitgeteilt hat.[23]

Dieser Rechtsverstoß könnte zur Nichtigkeit führen. Zwar ist ein Verstoß gegen § 20 VwVfG zumindest zum Teil im Negativkatalog des § 44 III VwVfG in Nr. 2 erfasst, der Verstoß gegen § 21 VwVfG wird aber weder in Abs. 2 noch in Abs. 3 aufgegriffen. Die Nichtigkeit könnte sich aber über § 44 I VwVfG ergeben. Danach ist ein Verwaltungsakt nichtig, soweit er an einem besonders schwerwiegenden Fehler leidet und dies bei verständiger Würdigung aller in Betracht kommenden Umstände offensichtlich ist.

Ein Fehler ist dann besonders schwerwiegend, wenn er dazu führt, dass der Verwaltungsakt mit seinen Rechtswirkungen in einem gravierenden Widerspruch zur Rechtsordnung steht und unerträglich erscheint.[24] Die zusätzlich notwendige Offensichtlichkeit dieses Fehlers bestimmt sich aus der Sicht eines verständigen und aufgeschlossenen Dritten, der mit den in Betracht kommenden Umständen vertraut ist und der davon ausgehen muss, dass keine ernsthafte Möglichkeit besteht, das der Verwaltungsakt doch rechtmäßig sein kann.[25] Dem Verwaltungsakt muss der Fehler geradezu »auf die Stirn geschrieben« sein.[26]

Hat eine nach § 20 VwVfG ausgeschlossene Person am Verfahren mitgewirkt, ist der Verwaltungsakt grundsätzlich, wie oben dargelegt, noch nicht nichtig, obwohl die Vermutung einer Entscheidung »in eigener Sache« hier keineswegs fern liegt. Ähnliche Wertungen gelten für § 21 VwVfG: In beiden Fällen ist die Amtsführung vom Verdacht der Parteilichkeit geprägt. Die Konsequenz einer inhaltlich falschen Entscheidung ist damit aber noch nicht zwingend verbunden. Das Gesetz knüpft die Besorgnis der Befangenheit nur daran, dass die betreffende Person den Vorgesetzten

22 *Kopp/Ramsauer* § 21 Rn. 16.

23 OVG Schleswig NVwZ RR 1993, 395 (396), wobei § 81 LVwG SH dem § 21 VwVfG entspricht; Stelkens/Bonk/Sachs/*Bonk/Schmitz* § 21 Rn. 26; *Kopp/Ramsauer* § 21 Rn. 26.

24 BVerwG NJW 1985, 2658 (2659); *Will/Rathgeber* JuS 2012, 1057 (1060); *Kopp/Ramsauer* § 44 Rn. 7; Wolff/Decker/*Wolff* § 43 VwVfG Rn. 7.

25 *Kopp/Ramsauer* § 44 Rn. 12 f.; *Will/Rathgeber* JuS 2012, 1057 (1060 f.); Wolff/Decker/*Wolff* § 43 VwVfG Rn. 9.

26 BSGE 17, 79 (83).

nicht über Umstände aufgeklärt hat, die Misstrauen gegen die unparteiische Amtsführung begründen können. Insofern kann Nichtigkeit allenfalls in Konstellationen angenommen werden, in denen sich zB gravierende und unbegründete Vorurteile gegen eine Person in schwerwiegenden Eingriffsmaßnahmen manifestieren, die durch das Gesetz nicht gedeckt sind.

Im vorliegenden Fall weist die Abrissverfügung möglicherweise eine Reihe inhaltlicher Fehler auf. Die Vorbehalte des X gegenüber B sind jedoch nicht der unmittelbare Grund für diese Fehler, sondern nur maßgeblich dafür, dass X überhaupt ein Verwaltungsverfahren gegen B einleitete. Zwar ist anzunehmen, dass X die Tatsachen gründlicher überprüft hätte, wenn er keine Vorbehalte gegen B gehabt hätte. Nichts spricht jedoch dafür, dass X darauf abzielte, den wahren Sachverhalt gänzlich zu ignorieren; vielmehr verzichtete er lediglich fahrlässig auf genaue Messungen und Untersuchungen, weil er subjektiv der Überzeugung war, dass B die baurechtlichen Vorschriften verletzt hatte. Die Schwierigkeit, die Situation zutreffend zu erfassen, war für mögliche Fehler also von größerer Bedeutung als persönliche Animositäten. Dem X kann nicht unterstellt werden, dass er den gleichen Bescheid bei Vornahme solcher Untersuchungen dennoch erlassen hätte. Insoweit fehlt es an einem ausreichenden Rechtswidrigkeitszusammenhang für die Annahme der Nichtigkeit.

Der Verstoß gegen § 21 VwVfG führt nach alledem zur Rechtswidrigkeit des Verwaltungsakts, aber nicht zu seiner Nichtigkeit.[27]

3. Form

Die Abrissverfügung kann auch gegen Formvorschriften verstoßen.

a) Form der Verfügung

Die Abrissverfügung wurde schriftlich erlassen.

b) Begründung

Nach § 39 I 1 VwVfG bedarf ein schriftlicher Verwaltungsakt einer Begründung. Diese fehlt der Abrissverfügung. Nach § 45 I Nr. 2 VwVfG kann dieser Fehler aber geheilt werden, indem die erforderliche Begründung nachträglich gegeben wird. Hier hat der Widerspruchsbescheid die Beweggründe des X geschildert. Die ursprünglich fehlende Begründung ist damit nachgeholt worden. Ein Rechtsverstoß, der zur Nichtigkeit der Abrissverfügung führt, ist darin nicht zu erblicken.

III. Materielle Voraussetzungen

Die Abrissverfügung könnte materiell fehlerhaft sein.

1. Widerspruch zu öffentlich-rechtlichen Vorschriften

Für die Abrissverfügung notwendig ist, dass eine Anlage iSd LBO gegen öffentlich-rechtliche Vorschriften verstößt.

27 Vgl. Stelkens/Bonk/Sachs/*Sachs* § 44 Rn. 178; *Kopp/Ramsauer* § 21 Rn. 27, wonach eine Nichtigkeit in Fällen des § 21 VwVfG wegen Besorgnis der Befangenheit nur ausnahmsweise in Betracht kommt.

a) Abstandsgebot

Nach § 6 LBO ist zwischen einem Gebäude und der Grundstücksgrenze ein Mindestabstand von 3 m einzuhalten. Auch das Gartenhaus ist ein Gebäude. Tatsächlich beträgt der Abstand zur Grundstücksgrenze des Nachbarn aber mehr als 3 m. Dies begründet folglich keinen Widerspruch zu öffentlich-rechtlichen Vorschriften.

b) Baumaterialien

§ 18 LBO fordert, dass Bauprodukte bestimmte Sicherheitsanforderungen erfüllen. Zwar verkaufte der örtliche Baumarkt Holzbohlen, die extrem brandgefährdet und zur baulichen Verwendung deshalb nicht geeignet waren. Die Holzbohlen, die B zum Bau ihres Gartenhauses verwendet hat, mögen den Eindruck erweckt haben, sie würden aus dieser mangelhaften Charge stammen. Tatsächlich hatte B aber fehlerfreie Ware erhalten. Diese erfüllt die Anforderungen des § 18 LBO. Auch insofern besteht also kein Widerspruch zu öffentlich-rechtlichen Vorschriften.

c) Zwischenergebnis

Da auch weitere Gründe für einen Widerspruch zu öffentlich-rechtlichen Vorschriften nicht ersichtlich sind, ist die Abrissverfügung rechtswidrig.

2. Nichtigkeit

Es stellt sich die Frage, ob diese Rechtsverstöße auch die Nichtigkeit begründen. Die Kataloge des § 44 II, III VwVfG sind nicht einschlägig, sodass Maßstab für die Nichtigkeit allein § 44 I VwVfG sein kann.

Es ist aber schon zweifelhaft, ob es sich um schwerwiegende Fehler handelt. Allein die Rechtswidrigkeit reicht hierfür nicht aus. Ansonsten wäre jeder rechtswidrige Verwaltungsakt zugleich auch nichtig. Die Nichtigkeit stellt jedoch eine Ausnahme dar. Das Fehlen einer Tatbestandsvoraussetzung kann sie nur begründen, wenn dies besonders schwer wiegt. X hatte durchaus zur Vermutung, dass die von B verwendeten Materialien aus der fehlerhaften Charge stammten. Dass X insoweit auf einen begründeten Gefahrenverdacht reagiert hat, kann nicht als schwerwiegender Fehler anerkannt werden. Was die Beurteilung des Grenzabstandes betrifft, könnte man die Bestimmung bloß nach Augenmaß zwar als »handwerklichen Fehler« von Gewicht einstufen; andererseits muss Berücksichtigung finden, dass auch diese »Messung« ein Ergebnis geliefert hat, dass von einer korrekten Bestimmung nur um 20 cm abweicht. Insofern kann das Fehlen der Tatbestandsvoraussetzungen noch nicht als schwerwiegend angesehen werden.[28]

Darüber hinaus erscheinen diese Fehler auch nicht offensichtlich. Das Vorliegen materieller Tatbestandsmerkmale unterliegt regelmäßig einer ausführlichen Prüfung. Fehler, die hierbei geschehen, werden grundsätzlich aufgrund der Komplexität der Prüfung nicht offensichtlich sein. So liegt es auch hier: Der Abstand des Gartenhauses zum nachbarlichen Wohnhaus war ohne Nachmessen schwierig zu bestimmen und die Qualität der Holzbohlen erschloss sich nur durch eine ausführliche Untersuchung. Die beiden Fehler waren für einen verständigen Dritten nicht

28 AA mit substanziierter Argumentation wohl noch vertretbar.

offensichtlich. Das Fehlen der materiellen Voraussetzungen macht den Verwaltungsakt nicht nichtig.

3. Ergebnis

Die Klage ist zulässig und begründet. Das Gericht wird auf die Anfechtungsklage hin feststellen, dass der angefochtene Bescheid nichtig ist.

Hinweis: Alternativ zu dieser Anfechtungsklage mit Feststellungsausspruch wäre auch eine Umstellung der Klage auf die Nichtigkeitsfeststellungsklage oder eine Aufhebung des nichtigen Verwaltungsakts aus Rechtsscheingründen möglich, obwohl dieser eigentlich rechtlich nicht existiert.[29]

29 Vgl. zur prozessualen Konsequenz Schoch/Schneider/Bier/*Pietzcker* § 42 Abs. 1 Rn. 18.

Fall 8 – Lost in Translation

Sachverhalt

Die schwedische Staatsangehörige S hat von einem deutschen Großonkel mehrere Grundstücke in der kreisangehörigen Gemeinde G geerbt. Da sie ohnehin schon geplant hatte, für ein paar Jahre im Land ihrer Vorfahren zu leben, nimmt sie die Erbschaft zum Anlass, um nach Deutschland zu ziehen. Unter anderem ist sie nun auch Eigentümerin eines Grundstücks, das in einem Landschaftsschutzgebiet außerhalb von G malerisch an einem großen See unterhalb eines Waldes liegt. S fühlt sich auf dem Grundstück am See in der Natur sofort wohl. Wie sie es aus ihrer Heimat kennt, baut sie eine Holzhütte auf dem Grundstück, um dort den Sommer verbringen zu können.

Hiervon erfährt der Bürgermeister der Gemeinde G auf einem seiner Spaziergänge durch das Gemeindegebiet. Als zuständige Bauaufsichtsbehörde verfügt er daraufhin den Abriss der Holzhütte. Dieser Bescheid geht der S, die mittlerweile in das Wohnhaus ihres Großonkels gezogen ist, dort am 17.6.2013 zu. Als Begründung führt der Bürgermeister an, dass die Holzhütte formell und materiell baurechtswidrig sei, weil für sie einerseits keine Baugenehmigung bestehe und sie andererseits die Landschaft verunstalte und zum Entstehen einer Splittersiedlung beitrage. Bei der Entscheidung über den Abriss hatte sich der Bürgermeister der Gemeinde G maßgeblich von einer internen Verwaltungsvorschrift leiten lassen, nach der gegenüber den Eigentümern illegal errichteter Unterkünfte im Landschaftsschutzgebiet Abrissverfügungen erlassen werden sollen.

Mit gleichem Datum erklärt der Bürgermeister außerdem schriftlich die sofortige Vollziehbarkeit der Abrissverfügung. Diese wird damit begründet, dass mittlerweile Eigentümer anderer Grundstücke überlegten, sich den unerlaubten Hüttenbau von S als Vorbild zu nehmen und in den Sommerferien selbst Hütten zu bauen, obwohl dies auf ihren Grundstücken nicht erlaubt sei.

S kommt am 30.6.2013 von einer Heimatreise zurück und findet erst dann das Schreiben des Bezirksamtes in ihrem Briefkasten vor. Obwohl ihr Deutsch nur mangelhaft ist, versteht sie doch in groben Zügen, dass sie ihre gerade erst gebaute Holzhütte wieder abreißen soll. Am 3.7.2013 beschwert sie sich schriftlich beim Bürgermeister und fordert, die Abrissanordnung rückgängig zu machen. Wegen ihrer mangelhaften Deutschkenntnisse bedient sich S im Brief ihrer Muttersprache Schwedisch. Auf Behördenseite versteht deshalb niemand das Schreiben der S. Ohne zu ermitteln, was S ausdrücken möchte, übersendet ihr die Behörde sofort die Aufforderung, ihr Schreiben erneut in deutscher Sprache beizubringen. Dazu wird ihr eine Frist bis zum 17.7.2012 gesetzt. Weitere Informationen enthält die Aufforderung nicht. Da es sich bei dieser um ein vorbereitetes Formblatt in verschiedenen Sprachen handelt, versteht S zwar, was von ihr erwartet wird, doch ist sie mangels Sprachkenntnissen weiterhin nicht in der Lage, ihr Anliegen auf Deutsch abzufassen. S hofft stattdessen auf die Hilfe ihres entfernten deutschsprachigen Verwandten D, der nach dem Versterben seines Großonkels der einzige Mensch ist, den sie in Deutschland bislang näher kennt. Dieser befindet sich aber seit Anfang Juli selbst im Urlaub.

D kommt am 22.7.2013 zurück und klärt S über Details des Bescheids vom 17.6.2013 auf. Mit Hilfe des D schreibt S am 25.7.2013 erneut an die Behörde. Ihre Holzhütte entspreche allen Regeln der Baukunst und gehöre doch zu solch einem schönen Seegrundstück dazu. Dass sie jetzt vielleicht nicht ordnungsgemäß auf das Schreiben vom 17.6.2013 reagiere, liege vor allem daran, dass sie zum ersten Mal mit einer solchen behördlichen Anweisung in Kontakt komme und die damit zusammenhängenden und erforderlichen rechtlichen Schritte aus Schweden nicht kenne. Dies sei ihr nachzusehen. Außerdem verstehe sie die deutsche Sprache nicht.

Über ihren Verwandten D erfährt S, dass der Bürgermeister von G nun schnell einen Abriss der Holzhütte erreichen will und überlegt, einen Bauunternehmer aus dem Ort damit zu beauftragen, sollte S nicht einlenken. S sucht daraufhin zusammen mit D sogleich einen Rechtsanwalt in G auf. Dieser müsse schnellstmöglich zu Gericht gehen und etwas gegen die Abrissverfügung unternehmen.

Prüfen Sie die Zulässigkeit und Begründetheit eines Rechtsmittels. Gegebenenfalls ist ein Hilfsgutachten zu erstellen.

Anhang[1]

Landesbauordnung – LBO (Auszug):
Art. 82 LBO – Baubeseitigung
Werden Anlagen im Widerspruch zu öffentlich-rechtlichen Vorschriften errichtet oder geändert, so kann die Bauaufsichtsbehörde die teilweise oder vollständige Beseitigung der Anlagen anordnen, wenn nicht auf andere Weise rechtmäßige Zustände hergestellt werden können. [...]

Gehen Sie davon aus, dass die Holzhütte tatsächlich formell und materiell baurechtswidrig ist.

1 Die Vorschrift basiert auf dem bayerischen Landesrecht.

Übersicht XVI: Zulässigkeit des Antrags nach § 80 V VwGO
(verfahrensspezifische Sachentscheidungsvoraussetzungen)

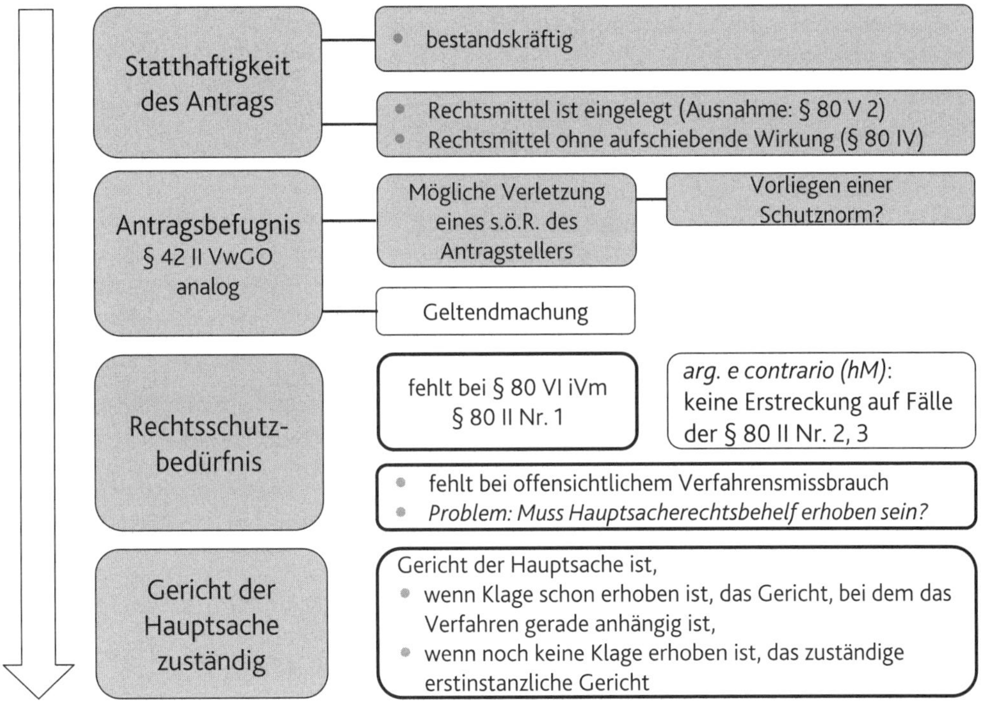

Übersicht XVII: Begründetheit des Antrags nach § 80 V VwGO
(verfahrensspezifische Sachentscheidungsvoraussetzungen)

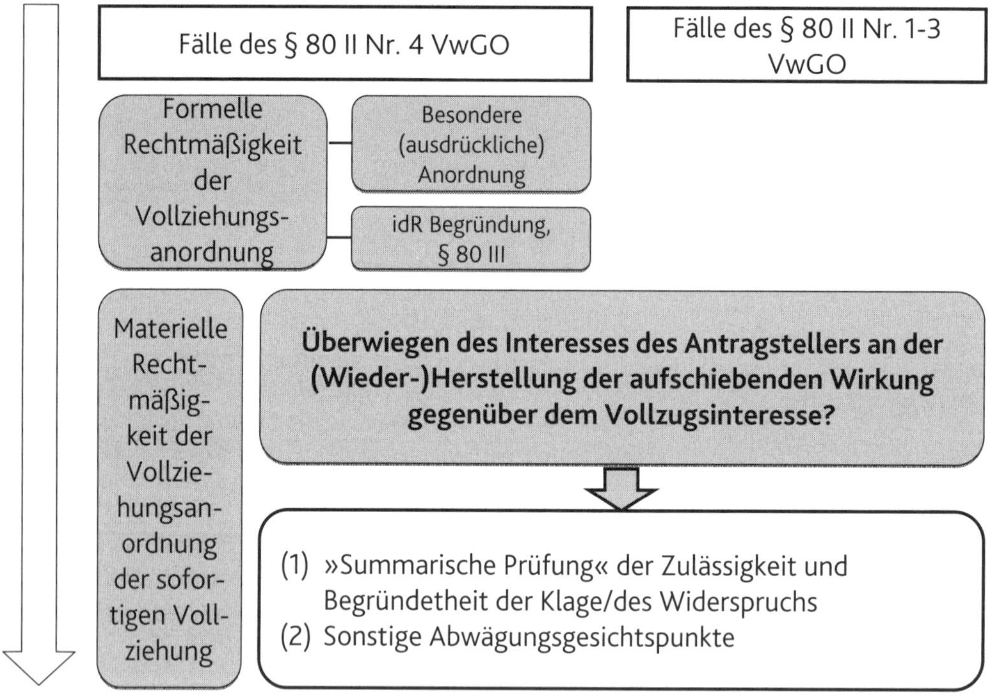

Übersicht XVIII: Einstweiliger Rechtsschutz im Dreiecksverhältnis

am Beispiel des Baurechts

VA begünstigt Adressaten und belastet Dritten	VA belastet Adressaten und begünstigt Dritten
Bsp.: Nachbar hat gegen Baugenehmigung geklagt *keine aufschiebende Wirkung des Rechtsbehelfs gemäß § 212a BauGB, § 80 II 1 Nr. 3 VwGO*	Bsp.: Bauherr hat gegen Abrissverfügung geklagt *aufschiebende Wirkung des Rechtsbehelfs gemäß § 80 I 1 VwGO*
§ 80a I 1 Nr. 2 / § 80a III 1 iVm § 80a I 1 Nr. 2, § 80 V VwGO: Herstellung der aufschiebenden Wirkung des Rechtsbehelfs (des Dritten) begehrt (durch den Dritten)	§ 80a II / § 80a III 1 iVm § 80a II VwGO: Sofortige Vollziehung wegen aufschiebender Wirkung des Rechtsbehelfs (des Adressaten) begehrt (durch den Dritten)

Lösung

Schwerpunkte:
- einstweiliger Rechtsschutz § 80 V VwGO
- Anordnung der sofortigen Vollziehung
- Amtssprache
- Wiedereinsetzung in den vorigen Stand

Vorüberlegung: S begehrt schnellstmöglich gerichtlichen Rechtsschutz. Ihr Rechtsanwalt wird deshalb vor Gericht einstweiligen Rechtsschutz beantragen.

A. Zulässigkeit

I. Eröffnung des Verwaltungsrechtswegs

Im einstweiligen Rechtsschutz bestimmt sich die Eröffnung des Verwaltungsrechtswegs danach, ob für das Hauptsacheverfahren der Verwaltungsrechtsweg eröffnet ist.[2] Mangels aufdrängender Sonderzuweisung ist dies gemäß § 40 I 1 VwGO in allen öffentlich-rechtlichen Streitigkeiten nichtverfassungsrechtlicher Art der Fall, soweit keine abdrängende Sonderzuweisung eingreift.[3] Die Beteiligten streiten hier um die Rechtmäßigkeit einer baurechtlichen Abrissverfügung. Art. 82 LBO erlaubt nur Bauaufsichtsbehörden, Abrissverfügungen zu erlassen, sodass es sich um eine öffentlich-rechtliche Norm handelt. Die übrigen Voraussetzungen des § 40 I 1 VwGO liegen vor; der Verwaltungsrechtsweg ist also eröffnet.

II. Beteiligten- und Prozessfähigkeit

S ist gemäß § 61 Nr. 1 Var. 1 VwGO beteiligtenfähig. Ihre Prozessfähigkeit folgt aus §§ 62 I Nr. 1 VwGO.

Die Gemeinde G ist als juristische Person gemäß § 61 Nr. 1 Var. 2 VwGO beteiligtenfähig; sie muss sich gemäß § 62 III VwGO und den landesrechtlichen Vorschriften des Kommunalrechts durch den Bürgermeister vertreten lassen.

III. Statthafte Antragsart

Die Statthaftigkeit richtet sich gemäß §§ 88, 122 I VwGO nach dem Begehren des Antragstellers. S will im Wege des einstweiligen Rechtsschutzes die sofortige Vollziehung der Abrissverfügung vom 17.6.2013 abwehren.

1. Abgrenzung § 123 VwGO von § 80 V VwGO

In Betracht kommt ein Antrag auf Erlass einer einstweiligen Anordnung nach § 123 VwGO oder ein Antrag auf Anordnung bzw. Wiederherstellung der aufschiebenden Wirkung gemäß § 80 V VwGO. Wie sich aus § 123 V VwGO ergibt, ist der Antrag gemäß § 123 I VwGO gegenüber den Rechtsschutzmöglichkeiten der §§ 80 und 80a VwGO subsidiär. Der damit vorrangige § 80 V VwGO greift ein, wenn sich der Antragsteller gegen die sofortige Vollziehung eines für ihn belastenden Verwaltungs-

2 Posser/Wolff/*Gersdorf* § 80 Rn. 139.
3 Vgl. die Anmerkung oben Fall 5, Eröffnung des Verwaltungsrechtswegs.

akts wendet. Die Abrissverfügung vom 17.6.2013 stellt einen Verwaltungsakt iSd § 35 S. 1 VwVfG dar, der mit der Anfechtungsklage anzugreifen ist. Statthafte Antragsart im einstweiligen Rechtsschutz ist damit § 80 V VwGO.

2. § 80 V 1 Var. 1 VwGO (Anordnung der aufschiebenden Wirkung) oder § 80 V 1 Var. 2 VwGO (Wiederherstellung der aufschiebenden Wirkung)

Für die Abgrenzung zwischen der Var. 1 und Var. 2 innerhalb des § 80 V VwGO kommt es darauf an, ob sich die sofortige Vollziehbarkeit unmittelbar aus einer gesetzlichen Anordnung ergibt (dann muss die aufschiebende Wirkung des Rechtsbehelfs gegen den Verwaltungsakt erstmalig durch das Gericht angeordnet werden) oder im Einzelfall von der Behörde angeordnet wurde (dann muss das Gericht die aufschiebende Wirkung wiederherstellen). Eine gesetzliche Anordnung, dass Rechtsmittel gegen die Abrissverfügung keine aufschiebende Wirkung haben, existiert nicht. § 212a BauGB bezieht sich lediglich auf Rechtsbehelfe eines Dritten gegen die bauaufsichtliche Zulassung eines Vorhabens. Die sofortige Vollziehung des vorliegenden Bescheides wurde durch die Behörde aber besonders angeordnet. Somit ist ein Antrag auf Wiederherstellung der aufschiebenden Wirkung nach § 80 V 1 Var. 2 VwGO statthaft.

3. Keine Bestandskraft des angegriffenen Verwaltungsakts

Hinweis: Vertretbar ist es ebenfalls, diesen Aspekt im Rechtsschutzbedürfnis zu prüfen, dort unter dem Stichpunkt »Zulässigkeit in der Hauptsache«. Im Ergebnis geht es in beiden Varianten vor allem um die rechtzeitige Einlegung eines Hauptsacherechtsbehelfs. Für eine Prüfung im Rahmen der Statthaftigkeit spricht, dass das Gericht mit einem Beschluss nach § 80 V VwGO anordnet, dass ein Widerspruch bzw. eine Anfechtungsklage aufschiebende Wirkung hat (Beispiel für Tenor einer gerichtlichen Entscheidung: »Die aufschiebende Wirkung des Widerspruchs des Antragstellers vom xx gegen den Bescheid vom yy wird wiederhergestellt/angeordnet.«). Wenn dem Antragsteller mangels Zeitablauf aber kein Rechtsmittel mehr zur Verfügung steht, dass eine aufschiebende Wirkung entfalten könnte, kann das Gericht hierfür auch keine aufschiebende Wirkung wiederherstellen.[4]

Der angegriffene Verwaltungsakt darf noch nicht bestandskräftig geworden sein. Die Abrissverfügung ist S am 17.6.2013 zugegangen. Die Monatsfrist des § 70 I 1 VwGO endete somit am 17.7.2013. Erstmalig hat S am 3.7.2013 ihre Einwände dem Bürgermeister gegenüber deutlich gemacht. Dies hat sie zwar nicht ausdrücklich als Widerspruch gekennzeichnet, doch sind an diese Qualifikation nicht zu hohe Anforderungen zu stellen. Ausreichend dafür ist, dass die Erklärung des Bürgers sich aus Sicht der Behörde als das Begehren nach einer Überprüfung des angegriffenen Verwaltungsakts darstellt.[5] S forderte, die Abrissanordnung rückgängig zu machen, was eine Überprüfung der Verwaltungsentscheidung notwendig voraussetzt. Insoweit erfüllt die Erklärung die Anforderungen an einen Widerspruch, der – am 3.7.2013 eingelegt – auch fristgerecht erhoben ist.

a) Rückwirkungsfiktion, § 23 IV VwVfG

Problematisch ist jedoch, dass dieser Widerspruch auf Schwedisch abgefasst war und die Behörde diesen nicht verstehen konnte. Nach § 23 I VwVfG ist Amtssprache

4 Zu diesem Erfordernis als Voraussetzung für die Statthaftigkeit *Kopp/Schenke* § 80 Rn. 130; Schoch/Schneider/Bier/*Schoch* § 80 Rn. 457.

5 *Schenke* VerwProzR Rn. 653.

Deutsch. Nur ein auf Deutsch eingelegter Widerspruch kann Erfolg haben und fristwahrend sein.[6]

Um die Folgen der strikten Regelung über die Amtssprache zu mildern, lässt jedoch § 23 IV VwVfG eine Rückwirkungsfiktion für Erklärungen zu, die in ausländischer Sprache eingebracht werden. Geht der Behörde innerhalb einer von ihr bestimmten, angemessenen Frist eine Übersetzung der Erklärung zu, so gilt die Erklärung als mit dem Zeitpunkt zugegangen, in dem sie ursprünglich in ausländischer Sprache eingetroffen war. Wird diese Übersetzungsfrist vom Bürger versäumt, tritt die Rückwirkungsfiktion nicht ein, § 23 IV 2 VwVfG. Hier hat die Behörde sofort nach dem 3.7.2013 der S bis zum 17.7.2013 eine Übersetzungsfrist gesetzt. Mit 14 Tagen war sie auch nicht unangemessen, da es möglich und zumutbar ist, in dieser Zeit aus einer Sprache wie Schwedisch eine Übersetzung zu erwirken. Dies gilt umso mehr, als kein amtliches Dokument, sondern lediglich ein juristisch ohnehin laienhaft formulierter Brief ins Deutsche zu übertragen war. Mangels Sprachkenntnissen ist S dieser Frist jedoch nicht nachgekommen. Erst als D aus seinem Urlaub zurückkam, hat S am 25.7.2013 erneut Widerspruch eingelegt, dieses Mal auf Deutsch. Die Übersetzungsfrist wurde damit nicht eingehalten, sodass der am 4.7.2013 eingelegte Widerspruch nicht mehr rückwirkend als wirksam gelten kann. S hat zu spät Widerspruch erhoben.

Hinweis: Bei der Frist des § 70 I 1 VwGO handelt es sich um eine gesetzliche Frist, woraus gefolgert wird, diese sei auch im Rahmen des § 23 IV VwVfG schon aus Rechtssicherheitsgründen nicht verlängerbar.[7] Die Verwaltung befindet sich damit in einem Dilemma. Auf der einen Seite ist sie aus § 23 IV VwVfG und rechtsstaatlichen Gründen angehalten, fremdsprachigen Mitbürgern eine Übersetzungsfrist einzuräumen, auf der anderen Seite darf sie die Frist des § 70 I 1 VwGO in ihrer Absolutheit nicht überschreiten. Wie hier kann in geeigneten Fällen eine Lösung sein, die Übersetzungsfrist bis zum Ende der Widerspruchsfrist laufen zu lassen. Sollte dies nicht möglich sein, bietet sich noch eine Wiedereinsetzung in den vorigen Stand an, siehe sogleich.

b) Wiedereinsetzung in den vorigen Stand

Der Verfristung könnte aber durch eine Wiedereinsetzung in den vorigen Stand nach §§ 70 II, 60 VwGO abgeholfen sein. Die dafür notwendige Fristversäumung liegt vor.

Hinweis: Aufgrund des § 79 VwVfG war hier § 32 VwVfG nicht anwendbar.

(1) Antrag und Antragsfrist

S müsste einen Antrag auf Wiedereinsetzung gestellt haben. Ausdrücklich ist dies nicht geschehen. S hat jedoch etwa eine Woche nach Ablauf der Widerspruchsfrist erneut Widerspruch erhoben. Nach § 60 II 4 VwGO ist der Antrag entbehrlich, wenn die versäumte Handlung innerhalb der eigentlichen Antragsfrist von zwei Wochen nachgeholt wird. Ein Antrag war also nicht vonnöten.

(2) Wiedereinsetzungsgrund

Es muss auch ein Wiedereinsetzungsgrund vorliegen, dh S muss ohne Verschulden verhindert gewesen sein, die Widerspruchsfrist einzuhalten. S gibt zur Entschuldi-

6 BSG NJW 1987, 2184; NK-VwGO/*Geis* § 68 Rn. 56.
7 Vgl. NK-VwGO/*Geis* § 70 Rn. 14.

gung an, dass sie nicht gewusst hat, was verfahrensrechtlich von ihr erwartet wurde, sie also rechtsunkundig gewesen sei. Außerdem führt sie an, die deutsche Sprache nicht ausreichend zu beherrschen.

Ob Rechtsunkenntnis einen Wiedereinsetzungsgrund darstellen kann, ist sehr zweifelhaft. Zum einen ist die Rechtsbehelfsbelehrung gerade für diese Fälle vorgesehen, zum anderen kann erwartet werden, dass sich ein rechtsunkundiger Bürger rechtlichen Rat einholt.[8] Beides ist hier nicht geschehen, wenn auch maßgeblich bedingt durch die fehlenden Sprachkenntnisse der S. Bloße Rechtsunkenntnis genügt jedenfalls nicht als Wiedereinsetzungsgrund.

Doch könnte Sprachunkenntnis die Wiedereinsetzung rechtfertigen. Einige halten sie nur für möglich, wo der Ausländer bei seinem Bemühen um Übersetzung und Rechtshilfe ausnahmsweise auf unüberwindliche Schwierigkeiten stößt.[9] Von anderer Stelle wird es für ausreichend gehalten, dass die fehlende Sprachkenntnis zu der Versäumung der Widerspruchsfrist geführt hat.[10]

Entscheidend muss sein, ob der Bürger bei erforderlicher Sorgfalt ordnungsgemäß hätte Widerspruch erheben können; damit wird dem Verschuldenserfordernis aus § 60 I VwGO Rechnung getragen.[11] Abzustellen ist nicht auf den Normalfall eines sprachunkundigen Adressaten, für den – wie gezeigt – die Frist von 14 Tagen hätte ausreichen müssen, sondern auf die individuelle Lage der S. Sie ist gerade erst nach Deutschland gezogen und kennt hier bislang nur ihren Verwandten D. Dieser befand sich in der entscheidenden Phase des Verwaltungsverfahrens im Urlaub, sodass S niemanden hatte, den sie ohne großen Aufwand um Hilfe fragen konnte. Des Weiteren ist zu beachten, dass nach § 23 IV 3 VwVfG der Bürger auf die Folgen einer nicht rechtzeitig beigebrachten Übersetzung hinzuweisen ist. Dies ist hier nicht geschehen. S wusste also nicht, welche Folgen eine zu späte Übersetzung für sie hat. Es erscheint deshalb sachgerecht, die mangelnde Sprachkenntnis als Wiedereinsetzungsgrund einzuordnen. Dies gilt umso mehr, als der schwedische Widerspruch eigentlich rechtzeitig erhoben worden war und die Verfristung nur aus der verspäteten Beibringung seiner Übersetzung resultiert. Es liegt also ein fristgerechter Widerspruch vor.[12] Die Abrissverfügung ist noch nicht bestandskräftig geworden.

4. Keine Erledigung des angegriffenen Verwaltungsakts

Hinweis: Zu diesem Erfordernis als Voraussetzung für die Statthaftigkeit ist es ebenso vertretbar, diesen Prüfungspunkt im Rahmen des Rechtsschutzbedürfnisses zu erörtern. Für die Ansiedlung in der Statthaftigkeit spricht aber die dadurch entstehende Parallelität zur Statthaftigkeit einer Anfechtungsklage/Fortsetzungsfeststellungsklage, auch wenn es einen Fortsetzungsfeststellungsantrag im Rahmen des § 80 Abs. 5 VwGO nach h.M. nicht gibt.[13] Für die fehlende Statthaftigkeit des Antrags nach § 80 Abs. 5 VwGO bei einem erledigten Verwaltungsakt spricht, dass das Verfahren dann seine Sicherungsfunktion für das Hauptsacheverfahren nicht mehr erfüllen kann.[14]

8 BVerwG NJW 1970, 773; NVwZ-RR 1999, 538 (538), *Kopp/Schenke* § 60 Rn. 12 mwN.
9 VGH München NJW 1977, 1213.
10 VG Kassel NJW 1977, 543.
11 Vgl. *Kopp/Schenke* § 60 Rn. 11.
12 AA mit entsprechenden Argumenten vertretbar.
13 *Kopp/Schenke* § 80 Rn. 130; Schoch/Schneider/Bier/*Schoch* § 80 Rn. 457.
14 Schoch/Schneider/Bier/*Schoch* § 80 Rn. 365.

Der Antrag nach § 80 V VwGO ist nur statthaft, wenn sich der zugrunde liegende Verwaltungsakt noch nicht erledigt hat. Die Abrissverfügung gebietet nach wie vor den Abriss der Holzhütte und kann die Grundlage für eine Vollstreckung bieten. Sie hat sich deshalb noch nicht erledigt.

5. Zwischenergebnis

Der Antrag nach § 80 V 1 Var. 2 VwGO auf Wiederherstellung der aufschiebenden Wirkung ist statthaft.

IV. Antragsbefugnis

S muss antragsbefugt sein. Dies setzt analog § 42 II VwGO voraus, dass der Antragsteller möglicherweise in seinen Rechten verletzt ist und dies auch geltend macht.[15] S hat auf ihrem Grundstück eine Holzhütte errichtet. Nunmehr ist sie Adressatin der belastenden Abrissverfügung. Schon aus diesem Grund ist sie möglicherweise in ihren Rechten verletzt und antragsbefugt.

V. Richtiger Antragsgegner

Richtiger Antragsgegner ist in analoger Anwendung des § 78 I Nr. 1 VwGO die Gemeinde G als die Körperschaft, deren Behörde die Abrissverfügung erlassen hat.

VI. Allgemeines Rechtsschutzbedürfnis

S muss für das Verfahren des einstweiligen Rechtsschutzes auch ein Rechtschutzbedürfnis aufweisen.

1. Keine Notwendigkeit eines vorherigen Aussetzungsantrags bei der Behörde

Daran könnte es fehlen, weil S bei der Behörde zuvor die Aussetzung der Vollziehung hätte beantragen können (§ 80 IV 1 VwGO), ein entsprechender Antrag aber unterblieb. Gemäß § 80 VI 1 VwGO ist in den Fällen des § 80 II 1 Nr. 1 VwGO ein Antrag nach Abs. 5 nur zulässig, wenn die Behörde einen Antrag auf Aussetzung der Vollziehung ganz oder zum Teil abgelehnt hat. Nach dem eindeutigen Wortlaut der Bestimmung ist ein solcher Aussetzungsantrag aber nur bei Anforderungen von öffentlichen Kosten und Abgaben, die stets vollziehbar sind, bei der Behörde zu stellen. Hier hat die Behörde aber die sofortige Vollziehung gemäß § 80 II 1 Nr. 4 VwGO besonders angeordnet. Die Regelung in § 80 VI 1 VwGO hat Ausnahmecharakter und eine analoge Anwendung kommt daher nicht in Betracht; vielmehr folgt aus der Regelung im Gegenschluss, dass ein vorheriger Antrag an die Behörde gerade nicht geboten ist.[16] Dass S ihn nicht gestellt hat, lässt ihr Rechtsschutzbedürfnis also nicht entfallen.

15 HK-VerwR/*Bostedt* § 80 VwGO Rn. 132.
16 Schoch/Schneider/Bier/*Schoch* § 80 Rn. 503 mwN.

2. Vorherige Erhebung eines Hauptsacherechtsbehelfs

Hinweis: Mitunter wird davon ausgegangen, dass das Rechtsschutzbedürfnis für einen Antrag nach § 80 V VwGO nur dann bestehe, wenn der Hauptsacherechtsbehelf auch zulässig sei. Maßstab wäre nach wohl hM dann die offensichtliche Unzulässigkeit.[17] Faktisch reduziert sich dieses Vorgehen aber auf die rechtzeitige bzw. ordnungsgemäße Einlegung des Rechtsbehelfs in der Hauptsache. Für die sonstigen Prüfungspunkte der Zulässigkeit (Eröffnung des Verwaltungsrechtswegs, Beteiligten- und Prozessfähigkeit, Statthaftigkeit des Anfechtungswiderspruchs bzw. der Anfechtungsklage, Klagebefugnis) besteht ohnehin ein weitgehender Gleichlauf zwischen Anfechtungswiderspruch/-klage und einstweiligem Rechtsschutz nach § 80 V VwGO. Ein gesondertes Eingehen auf die Zulässigkeit des Hauptsacherechtsbehelfs im Hinblick auf diese Zulässigkeitsvoraussetzungen ist deshalb in aller Regel entbehrlich.

Notwendig könnte jedoch die vorherige Erhebung eines Rechtsbehelfs in der Hauptsache sein. § 80 V 2 VwGO stellt klar, dass der Antrag auf einstweiligen Rechtsschutz schon vor der Erhebung der Anfechtungsklage zulässig ist. Ob eine Erhebung auch vor Erhebung eines Widerspruchs möglich ist, lässt das Gesetz offen. Dies wird nicht einhellig beurteilt. Zumindest im Ergebnis wird man davon ausgehen müssen, dass spätestens zur Entscheidung des Gerichts ein Hauptsacherechtsbehelf eingelegt sein muss, weil ein Gegenstand für den Antrag auf Herstellung der begehrten aufschiebende Wirkung vorhanden sein muss.[18] Dies kann hier jedoch dahinstehen, denn S hat schon vor dem Antrag auf einstweiligen Rechtsschutz auch Widerspruch erhoben.

VII. Zwischenergebnis

Der Antrag nach § 80 V VwGO ist zulässig.

B. Begründetheit

Der Antrag ist begründet, soweit die Anordnung der sofortigen Vollziehung rechtswidrig ist. Ihre Rechtswidrigkeit kann sich aus einem formellen Fehler ergeben oder besteht in materieller Hinsicht, wenn das Vollzugsinteresse der Behörde gegenüber dem Aussetzungsinteresse des Antragstellers, also seinem Interesse an der Wiederherstellung der aufschiebenden Wirkung, nicht überwiegt.[19]

Das Aussetzungsinteresse überwiegt das behördliche Vollzugsinteresse, wenn sich der Verwaltungsakt auf Grundlage einer summarischen Prüfung als offensichtlich rechtswidrig erweist und der Antragsteller dadurch in seinen Rechten verletzt ist. Kommt diese Prüfung hingegen zum Ergebnis, dass der Verwaltungsakt offensichtlich rechtmäßig ist, hat der Antragsteller nur dann Erfolg, wenn aus anderen Gründen sein Aussetzungsinteresse das Vollzugsinteresse überwiegt. Bleibt die Frage der Rechtmäßigkeit des Verwaltungsakts in einer summarischen Prüfung offen, ist der Antrag ebenfalls begründet, wenn aus sonstigen Gründen das Vollzugsinteresse das Aussetzungsinteresse überwiegt.

17 *Kopp/Schenke* § 80 Rn. 50.
18 Schoch/Schneider/Bier/*Schoch* § 80 Rn. 460 mwN.
19 Zur Interessenabwägung vgl. *Kopp/Schenke* § 80 Rn. 152 ff. mwN; *Proppe* JA 2004, 324 (325 f.).

Hinweis: Der Maßstab einer »summarischen Prüfung« sollte auf jeden Fall zu Beginn der Begründetheit dargestellt werden. In der Praxis führt dies dazu, dass das Gericht auf der Tatsachengrundlage entscheidet, die ohne weiteres verfügbar ist. Es findet im Verfahren des einstweiligen Rechtsschutzes keine lang andauernde Beweisaufnahme statt. Ob zusätzlich auch für rechtliche Fragen ein niedrigerer Prüfungsmaßstab gilt, wird nicht einhellig beurteilt. Für eine Klausur ergeben sich jedoch keine Besonderheiten. Die hier lediglich vorzunehmende rechtliche Prüfung findet in gleicher Intensität statt wie in bei jeder anderen Klage.

I. Rechtsgrundlage der Vollziehungsanordnung

Die Anordnung der sofortigen Vollziehung beruht auf § 80 II 1 Nr. 4 VwGO.

II. Formelle Rechtmäßigkeit der Vollziehungsanordnung

Hinweis: Bei Fällen, in denen eine Anordnung der sofortigen Vollziehung zu prüfen ist, hat der Bearbeiter das Problem, dass er in der Begründetheit sowohl die Vollziehungsanordnung als auch inzident den zugrunde liegenden Verwaltungsakt zu prüfen hat. Um diese Ebenen nicht durcheinander zu bringen (manche Prüfungspunkte tauchen bei beiden Prüfungsgegenständen auf), wird dringend angeraten, entsprechende Überschriften zu bilden und in diesen Überschriften ausdrücklich den Prüfungsgegenstand zu benennen (vgl. die Überschriften im weiteren Verlauf).

1. Zuständigkeit – Vollziehungsanordnung

Die Behörde, die die Abrissverfügung erlassen hat, hier der Bürgermeister der Gemeinde G, war nach § 80 Abs. 4 S. 1 VwGO auch für den Erlass der Vollziehungsanordnung zuständig.

2. Verfahren – Vollziehungsanordnung

Vor dem Erlass einer Vollziehungsanordnung könnte eine Anhörung notwendig sein. Eine direkte Anwendung des § 28 VwVfG muss ausscheiden, weil die Vollziehungsanordnung nicht die Merkmale eines Verwaltungsakts iSd § 35 S. 1 VwVfG erfüllt und nicht auf eine Sachentscheidung gerichtet ist, mit der das Verwaltungsverfahren abschließt, sondern lediglich einen Annex zu einem Verwaltungsakt darstellt.[20] Gegen eine analoge Anwendung des § 28 VwVfG spricht wiederum, dass die Vollziehungsanordnung und ein Verwaltungsakt in ihrer Eingriffsintensität kaum vergleichbar sind. So kann etwa die Vollziehungsanordnung nicht bestandskräftig werden. Im Übrigen kann § 80 III VwGO als abschließende Anforderung formeller Natur an die Vollziehungsanordnung verstanden werden.[21] Einer Anhörung bedurfte es damit nicht.

3. Form – Vollziehungsanordnung

Nach § 80 III 1 VwGO ist das besondere Interesse an der sofortigen Vollziehung schriftlich zu begründen. Erforderlich ist eine auf den konkreten Einzelfall abstellende Darlegung der Gründe, die aus Sicht der Behörde dafür sprechen, dass das Aussetzungsinteresse des Bürgers ausnahmsweise zurückstehen muss.[22] Eine bloß formelhafte Begründung oder nur eine Bezugnahme auf die Begründung des Verwaltungs-

20 BVerwGE 24, 92 (94); *Kopp/Schenke* § 80 Rn. 82; Schoch/Schneider/Bier/*Schoch* § 80 Rn. 258; Wolff/Decker/*Decker* § 80 VwGO Rn. 68.

21 HK-VerwR/*Bostedt* § 80 VwGO Rn. 73.

22 *Kopp/Schenke* § 80 Rn 85.

akts reicht nicht aus. Ob die Gründe die Anordnung der sofortigen Vollziehung der Sache nach rechtfertigen, ist für die formelle Rechtsmäßigkeit der Anordnung dagegen unerheblich.[23] Der Bürgermeister hat die Notwendigkeit einer sofortigen Vollziehung mit den Auswirkungen begründet, die das Aufstellen der Holzhütte durch S auf andere Grundstückseigentümer haben kann. Immer mehr dieser Grundstückseigentümer würden sich überlegen, die Hütte der S als Vorbild zu nehmen und auch selbst eine zu errichten. Hierbei handelt es sich nicht um bloße Floskeln, sondern der Bürgermeister bekundet eine begründete Befürchtung, dass das aus seiner Sicht rechtswidrige Verhalten der S Schule machen werde. Die Behörde hat sich inhaltlich mit der konkreten Situation also wirklich auseinandergesetzt. Die Vollziehungsanordnung enthält somit eine ausreichende selbstständige Begründung. Die Formvorschrift des § 80 III 1 VwGO ist eingehalten.

III. Materielle Rechtmäßigkeit der Vollziehungsanordnung – Abwägung Aussetzungsinteresse und Vollzugsinteresse

Der Antrag auf Wiederherstellung der aufschiebenden Wirkung ist begründet, soweit das Vollziehungsinteresse der Behörde das Aussetzungsinteresse der S überwiegt.

1. Erfolgsaussichten in der Hauptsache

Das Aussetzungsinteresse der S überwiegt, wenn der Rechtsbehelf in der Hauptsache bei summarischer Betrachtung zulässig und begründet ist. Anzeichen dafür, dass der Rechtsbehelf in der Hauptsache (hier Widerspruch) unzulässig ist, bestehen nicht.

Hinweis: Ausführungen zur Zulässigkeit des Hauptsacherechtsbehelfs können auch weggelassen werden. Die dafür entscheidenden Fragen werden ohnehin in der Zulässigkeit des Antrags gemäß § 80 V VwGO behandelt, sodass es sich regelmäßig um eine Doppelung handeln würde.

Der Antrag auf Wiederherstellung der aufschiebenden Wirkung ist also begründet, soweit die zugrunde liegende Verfügung rechtswidrig und der Antragsteller dadurch in seinen Rechten verletzt ist.

Hinweis: Die Zweckmäßigkeit, die im Rahmen der Widerspruchsprüfung zu berücksichtigen ist, bleibt hier wie sonst auch in Klausuren unberücksichtigt.

Dann kann an seiner sofortigen Vollziehung unter keinem Gesichtspunkt ein öffentliches Interesse bestehen.

a) Rechtsgrundlage - Abrissverfügung

Als Rechtsgrundlage für die Abrissverfügung kommt Art. 82 LBO in Betracht.

b) Formelle Rechtmäßigkeit der Abrissverfügung

(1) Zuständigkeit für die Abrissverfügung

Der Bürgermeister der Gemeinde G war hier die zuständige Bauaufsichtsbehörde.

23 Vgl. Schoch/Schneider/Bier/*Schoch* § 80 Rn. 246.

(2) Verfahren beim Erlass der Abrissverfügung

Zu einer Anhörung der S ist es nicht gekommen. Diese kann aber gemäß § 45 I Nr. 3, II VwVfG durch das eingeleitete Widerspruchsverfahren als nachgeholt angesehen werden.[24]

(3) Form der Abrissverfügung

Die Abrissverfügung wurde schriftlich und mit einer Begründung erlassen. Die Formvorschriften sind damit gewahrt.

c) Materielle Rechtmäßigkeit der Abrissverfügung

Nach Art. 82 LBO ist für eine Abrissverfügung Voraussetzung, dass die bauliche Anlage im Widerspruch zu öffentlich-rechtlichen Vorschriften errichtet wurde. Die Sachverhaltsanmerkung gibt vor, dass die Holzhütte formell und materiell baurechtswidrig errichtet ist – das heißt, dass sie ohne Genehmigung errichtet worden ist und auch nicht genehmigungsfähig war. Somit steht sie im Widerspruch zu öffentlich-rechtlichen Vorschriften.

Der Bürgermeister der Gemeinde G hat das Ermessen gemäß der vorhandenen Verwaltungsvorschrift ausgeübt und den Abbruch verfügt. Sog. ermessenslenkende Verwaltungsvorschriften geben vor, in welcher Art und Weise mit einem eingeräumten Ermessensspielraum umzugehen ist, um eine gleichförmige Ermessensausübung sicherzustellen.[25] Als unmittelbares Innenrecht erlangen Verwaltungsvorschriften Außenwirkung lediglich über den Gleichheitssatz des Art. 3 I GG, indem die Verwaltung sich durch vorhergehende Ermessensausübung selbst bindet.

Für einen Ermessensausfall oder einen Ermessensfehlgebrauch ist nichts ersichtlich. Da der Bürgermeister im Einklang mit der Verwaltungsvorschrift gehandelt hat, wonach für alle Bauten solcher Art Abrissverfügungen erlassen werden sollen, ist Art. 3 I GG jedenfalls nicht verletzt. Eine Verwaltungspraxis, die bei Schwarzbauten im Außenbereich stets den Abriss vorsieht – und mit der sich die Verwaltung selbst eine Ermessensbindung auferlegt, obwohl Art. 82 LBO prinzipiell eine Bandbreite von Rechtsfolgen gestattet – ist auch nicht wegen Ermessensausfalls fehlerhaft: Die Verhinderung der Landschaftszersiedelung rechtfertigt ein strenges Vorgehen mit einer pauschalen Ermessensausübung in solchen Fällen. Zwar mag der Abriss für S, die im Unklaren über die Vorgaben des Baurechts war, härter erscheinen, als für andere Bürger, doch gibt es baurechtliche Vorgaben auch in Schweden und ein diesbezüglicher Irrtum kann den Abriss nicht als unverhältnismäßig erscheinen lassen. Ein besonderes Vertrauen, insbesondere durch behördliche Handlungen oder Erklärungen, hatte S ebenfalls nicht. Aus diesem Grund ist die Abrissverfügung auch im Fall der S nicht unverhältnismäßig.

d) Zwischenergebnis

Aus der summarischen Prüfung ergibt sich die Rechtmäßigkeit der Abrissverfügung. Der Rechtsbehelf in der Hauptsache ist unbegründet und hat keine Aussicht auf Erfolg. Unter diesem Aspekt überwiegt das Aussetzungsinteresse also nicht.

---

24 Umfangreich dazu Klausurfall 2.

25 *Maurer* VerwR AT § 24 Rn. 10.

2. Sonstige Erwägungen

Auch wenn sich der angefochtene Verwaltungsakt in der Hauptsache als rechtmäßig erweist und der Rechtsbehelf in der Hauptsache damit als unbegründet, können andere Gründe zu einem Überwiegen des Aussetzungsinteresses führen. Diese sind hier aber nicht ersichtlich.

IV. Zwischenergebnis

Die Anordnung der sofortigen Vollziehung ist rechtmäßig.

E. Ergebnis

Der Antrag auf Wiederherstellung der aufschiebenden Wirkung nach § 80 V 1 Var. 2 VwGO ist zwar zulässig, aber unbegründet.

Fall 9 – Baustelle ohne Verkehr

Sachverhalt

E hat ein großes Grundstück am Ende der V-Straße, einer Sackgasse, in der kreisfreien Stadt S erworben. Die V-Straße mündet in eine Ortsdurchgangsstraße. Die bislang bebauten Grundstücke an der V-Straße sind allesamt Teil des einheitlichen Baugebiets »Schlosspark«, das als allgemeines Wohngebiet ausgewiesen ist. Parallel dazu wurde die V-Straße auf ihrer gesamten Länge in rechtmäßiger Weise zu einem verkehrsberuhigten Bereich bestimmt, der durch entsprechende Verkehrszeichen (Zeichen 325.1) ausgewiesen ist. Bewusst angelegte Engstellen mit großen Pflanzenkübeln am Rand der Straße sollen zur Verkehrsberuhigung beitragen.

Neben dem Grundstück des E befindet sich am Ende der Sackgasse das Grundstück des T-Vereins, auf dem sich eine kleine Stadionanlage mit Sportplatz befindet. Während das Grundstück des E nur über die V-Straße zu erreichen ist, ist das Grundstück des T-Vereins auch über die auf der Rückseite dieses Grundstücks angrenzende X-Straße zugänglich. Wer von der V-Straße zur X-Straße gelangen will, könnte also das Grundstück des T-Vereins passieren. Auf dem Grundstück des T-Vereins verläuft ein Weg mit Verbundpflasterbelag. Dieser Weg ist nicht Teil der öffentlichen Verkehrsflächen und von diesen durch versenkbare Poller abgetrennt.

E möchte auf seinem Grundstück eine Privatschule erbauen. Schon im Bauantragsverfahren hat die zuständige Behörde, der Bürgermeister der Stadt S, den E darüber informiert, dass es aus ihrer Sicht zum Schutz der Anwohner und aufgrund der Einordnung als verkehrsberuhigter Bereich nicht möglich sei, den Baustellenverkehr über die V-Straße erfolgen zu lassen. Zwar sei es üblich, dass auch Müllwagen oder gelegentlich Feuerwehrfahrzeuge die V-Straße befahren, doch übersteige die Nutzung durch Baustellenfahrzeuge das Maß dessen, für das die Straße vorgesehen sei, um ein Vielfaches. Da es sich um ein bauliches Großprojekt mit intensivem Baustellenverkehr und Rangierbedarf handle, sei mit erheblichen Schäden an der Straße und den verkehrsberuhigenden Anlagen (Pflanzenkübel) zu rechnen. Da der T-Verein in Gesprächen mit E die Bereitschaft signalisiert habe, den Baustellenverkehr über den Weg auf seinem Grundstück von der X-Straße aus zuzulassen (was zutrifft), obliege es nun dem E, für eine bindende Vereinbarung mit dem T-Verein zu sorgen. Der Bürgermeister erinnert E daran, dass dieser sein Grundstück seinerzeit von der Gemeinde erworben habe und im Rahmen des Kaufvertrags ausdrücklich darauf hingewiesen worden sei, dass er sich über die rechtlichen, wirtschaftlichen und tatsächlichen Verhältnisse des Kaufobjekts informieren müsse.

Am 12.10.2011 erhält E eine Baugenehmigung für das geplante Schulgebäude. Aus den vom Bürgermeister genannten Gründen enthält diese aber folgenden Zusatz:

»Die (1.) Einrichtung (und) (2.) Andienung der Baustelle mit Kraftfahrzeugen aller Art (Pkw, Lkw und Baufahrzeuge) über die V-Straße wird hiermit ausdrücklich untersagt. Ausgenommen hiervon sind Rettungszufahrten.«

E ist mit der Baugenehmigung prinzipiell zufrieden, hält aber den Zusatz für überzogen. Es liege in der Natur der Sache, dass ein Bauvorhaben Baustellenverkehr erzeuge. Zwar seien mittlerweile alle Arbeiten an den Wohnhäusern entlang der V-Straße abgeschlossen, aber deren Errichtung sei ebenfalls nur unter erheblichem Baustellenverkehr möglich gewesen. Es sei inakzeptabel, dass die Behörde ihm ein Bauvorhaben erlaube, ihm aber gleichzeitig untersage, die einzige öffentliche Straße zu nutzen, die das Erreichen der Baustelle ermögliche. Der Verweis auf eine privatrechtliche Vereinbarung mit dem T-Verein sei ihm nicht zumutbar, weil sich die Verhandlungen nach einem Wechsel im Vorstand mittlerweile schwieriger gestalteten.

Eine Woche nach Erhalt der Baugenehmigung erhebt E gegen den Zusatz formgerecht Widerspruch, der aber am 8.11.2011 zurückgewiesen wird. Am 23.11.2011 erhebt E gegen den Zusatz Klage vor dem Verwaltungsgericht.

Wie wird das Verwaltungsgericht entscheiden? Gegebenenfalls ist ein Hilfsgutachten zu erstellen.

Bearbeiterhinweis: Gehen Sie davon aus, dass dem Bau der Schule, abgesehen von den im Sachverhalt angesprochenen Umständen, keine öffentlich-rechtlichen Vorschriften entgegenstehen.

Anhang[1]

Landesbauordnung – LBO (Auszug):

§ 64 LBO – Baugenehmigung
(1) Die Baugenehmigung ist zu erteilen, wenn dem Vorhaben keine öffentlich-rechtlichen Vorschriften entgegenstehen, die im Baugenehmigungsverfahren zu prüfen sind; die Bauaufsichtsbehörde darf den Bauantrag auch ablehnen, wenn das Bauvorhaben gegen sonstige öffentlich-rechtliche Vorschriften verstößt.
[...]
(4) Die Baugenehmigung kann unter Auflagen, Bedingungen und dem Vorbehalt der nachträglichen Aufnahme, Änderung oder Ergänzung einer Auflage sowie befristet erteilt werden.

Anlage 3 zu § 42 II StVO, Ge- oder Verbote zum Verkehrsschild »Verkehrsberuhigter Bereich« (Zeichen 325.1)
1. Wer ein Fahrzeug führt, muss mit Schrittgeschwindigkeit fahren.
2. Wer ein Fahrzeug führt, darf den Fußgängerverkehr weder gefährden noch behindern; wenn nötig, muss gewartet werden.
3. Wer zu Fuß geht, darf den Fahrverkehr nicht unnötig behindern.
4. Wer ein Fahrzeug führt, darf außerhalb der dafür gekennzeichneten Flächen nicht parken, ausgenommen zum Ein- oder Aussteigen und zum Be- oder Entladen.
5. Wer zu Fuß geht, darf die Straße in ihrer ganzen Breite benutzen; Kinderspiele sind überall erlaubt.

1 Die Vorschriften basieren – soweit es sich um Landesrecht handelt – auf dem hessischen Landesrecht.

Übersicht XIX: Rechtsschutz gegen Nebenbestimmungen

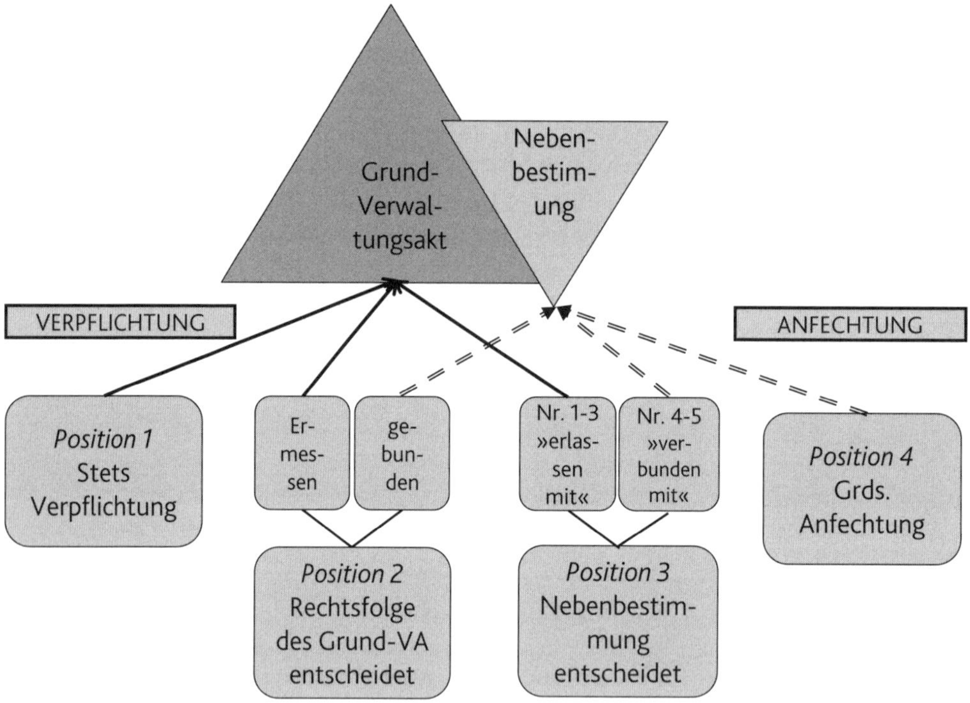

Lösung[2]

Schwerpunkte:
- Nebenbestimmungen
- isolierte Anfechtung

A. Zulässigkeit

I. Eröffnung des Verwaltungsrechtswegs

Eine aufdrängende Sonderzuweisung besteht nicht, sodass sich die Eröffnung des Verwaltungsrechtswegs nach § 40 I 1 VwGO richtet.[3] E und die Stadt S streiten über den Zusatz zur Baugenehmigung. Dieser bestimmt sich nach §§ 64 IV LBO, 36 VwVfG. Diese Vorschriften richten sich allesamt an einen Träger öffentlicher Gewalt und sind folglich öffentlich-rechtlicher Natur. Die Streitigkeit ist auch nicht verfassungsrechtlicher Art und eine abdrängende Sonderzuweisung existiert nicht. Der Verwaltungsrechtsweg ist somit eröffnet.

II. Beteiligten- und Prozessfähigkeit

E ist als volljährige, natürliche Person beteiligtenfähig nach § 61 Nr. 1 Var. 1 VwGO und prozessfähig nach § 62 I Nr. 1 VwGO. Für die Stadt S ergibt sich die Beteiligtenfähigkeit als juristische Person (Gebietskörperschaft) aus § 61 Nr. 1 Var. 2 VwGO und ihre Prozessfähigkeit aus § 62 III VwGO, wobei sie durch den Bürgermeister vertreten wird.

III. Statthafte Klageart

Die statthafte Klageart bestimmt sich gemäß § 88 VwGO nach dem Begehren des Klägers. E möchte sich allein gegen den Zusatz wehren, mit der Baugenehmigung hingegen ist er zufrieden. Die Tatsache, dass es sich bei der Baugenehmigung um einen Verwaltungsakt iSd § 35 S. 1 VwVfG handelt, ist deshalb von untergeordneter Bedeutung. Entscheidend ist vielmehr, ob der Zusatz von der Baugenehmigung getrennt werden kann.[4] Sollte diese Frage zu bejahen sein, könnte sich der E in einer Anfechtungssituation befinden. Dies hätte für ihn den Vorteil, dass das Verwaltungsgericht ein Gestaltungsurteil erlassen und damit allein den Teil der Regelung, den der er als belastend empfindet, unmittelbar aufheben könnte. Der nicht angegriffene Teil der Regelung, hier der genehmigende Teil, wäre nicht Gegenstand des Verfahrens, bliebe damit wirksam, und der E hätte weiterhin eine gültige Bauerlaubnis. Sollte aber eine Trennung beider Elemente ausgeschlossen sein, könnte der E sein Ziel, eine Baugenehmigung ohne Zusatz zu haben, nur im Rahmen eines Verpflichtungsbegehrens erreichen: Er müsste eine neue, vom Zusatz unbelastete Baugenehmigung erstreben. Dies hätte allerdings für ihn den Nachteil, dass das Gericht lediglich ein Leistungsurteil aussprechen würde und das gesamte Genehmigungsverfahren noch einmal durchlaufen werden müsste.

---

2 Der Fall ist angelehnt an die Entscheidung VG Darmstadt BauR 2011, 1055.

3 Vgl. die Anmerkung oben Fall 5, Eröffnung des Verwaltungsrechtswegs.

4 Zu dieser Frage und ihren Folgen Wolff/Decker/*Wolff* § 36 VwVfG Rn. 52; *Hufen/Bickenbach* JuS 2004, 867 (870); *Axer* Jura 2001, 748 (752); *Jahndorf* JA 1999, 676 (676 f.).

Die Kriterien, nach denen sich bestimmt, ob eine Teilanfechtungsklage oder eine Verpflichtungsklage statthaft ist, sind umstritten. Sie hängen maßgeblich von der Art des Zusatzes ab.

Hinweis: Im Folgenden wird dementsprechend zuerst erörtert, welcher Rechtsnatur der Zusatz der Baugenehmigung ist und anschließend die prozessuale Reaktion darauf. Dieser Aufbau ist indes nicht zwingend. Möglich wäre es auch, die verschiedenen Lösungsansätze für die statthafte Klageart zu erörtern und dabei inzident die Rechtsnatur des Zusatzes zu bestimmen, siehe dazu unten A. III. 2. b). Zur besseren Übersichtlichkeit werden diese beiden Schritte hier aber nacheinander behandelt.

1. Keine »unechte« Nebenbestimmung

Voraussetzung ist, dass es sich überhaupt im Rechtssinne um eine Nebenbestimmung handelt. In manchen Fällen wird der Begriff für etwas verwendet, das keine Nebenbestimmung iSd § 36 VwVfG ist. Bei solchen »unechten« Nebenbestimmungen muss die für das Rechtsschutzbegehren des E günstigere Teilanfechtung von vornherein ausscheiden. Solche »Nebenbestimmungen« sind untrennbar mit dem Grundverwaltungsakt verbunden und lassen daher lediglich eine Verpflichtungsklage zu.

a) Lediglich begriffliche Nebenbestimmung

Eine Nebenbestimmung nur in begrifflicher Hinsicht liegt vor, wenn das Gesetz den Begriff der »Nebenbestimmung«, »Bedingung« oder »Auflage« für etwas verwendet, das ein vollwertiger Verwaltungsakt ohne Zusätze ist oder sein kann. Beispiele dafür sind § 15 VersG oder § 5 I GastG.[5] Dass es sich hier lediglich um solch eine begriffliche Nebenbestimmung handelt, ist nicht ersichtlich.

b) Inhaltsbestimmung und sog. modifizierende Auflage

Ein unselbstständiger Teil der Baugenehmigung liegt auch dann vor, wenn der Zusatz als Inhaltsbestimmung oder sog. modifizierende Auflage zu qualifizieren ist. Eine Inhaltsbestimmung legt Inhalt und Umfang der getroffenen Regelung fest, die dann nur insgesamt zum Gegenstand eines Verfahrens gemacht werden kann.[6] Eine Inhaltsbestimmung konkretisiert (und beschränkt gegebenenfalls) nur die Reichweite des Grundverwaltungsakts, entfaltet aber keinen eigenen, darüber hinaus gehenden Regelungsgehalt.[7] Ähnlich verhält es sich bei der modifizierenden Auflage, wobei ihr Verhältnis zur Inhaltsbestimmung nicht vollständig geklärt ist.[8] Trotz der Bezeichnung ist die modifizierende Auflage keine Auflage iSd § 36 II Nr. 4 VwVfG. Sie bewirkt, dass der Bürger einen Verwaltungsakt mit einem anderen als dem beantragten Inhalt erhält, was diesen qualitativ gegenüber dem begehrten Bescheid wesentlich verändert.[9] Dies macht die Abgrenzung zu echten Nebenbestimmungen oftmals schwierig. Die Baugenehmigung für die Schule wurde so gewährt, wie E sie beantragt hat. Der Zusatz, die V-Straße nicht für den Baustellenverkehr zu nutzen, bezieht sich

5 Vgl. OVG Bautzen DÖV 2002, 529.
6 *Axer* Jura 2001, 748 (750).
7 Vgl. Stelkens/Bonk/Sachs/*U. Stelkens* § 36 Rn. 93 ff.; *Kopp/Ramsauer* § 36 Rn. 5.
8 Vgl. Stelkens/Bonk/Sachs/*U. Stelkens* § 36 Rn. 96 ff.
9 Zur modifizierenden Auflage *Weyreuther* DVBl 1969, 295; *Weyreuther* DVBl 1984, 365; *Maurer* VerwR AT § 12 Rn. 16. Zur Kritik an der modifizierenden Auflage Erichsen/Ehlers/*Ruffert* VerwR AT § 23 Rn. 10; Wolff/Decker/*Wolff* § 36 VwVfG Rn. 46; *Axer* Jura 2001, 748 (750); Stelkens/Bonk/Sachs/*Stelkens* § 36 Rn. 96 mwN.

nicht auf die bauliche Anlage als Gegenstand der Baugenehmigung. Es handelt sich vielmehr um eine zusätzliche Verpflichtung für E. Inhaltsbestimmung und modifizierende Auflage können daher ausgeschlossen werden.

c) Hinweis

Schließlich könnte es sich bei dem Zusatz auch um einen bloßen Hinweis handeln. Dazu müsste er lediglich deklaratorisch wiedergeben, was durch bestehende gesetzliche Vorgaben ohnehin vom Bürger zu beachten ist.[10] Gegenstand einer isolierten Anfechtungsklage können Hinweise regelmäßig schon deswegen nicht sein, weil sie keine über das Gesetz hinausgehende Rechtsfolge setzen. Ein pauschales Verbot, einen verkehrsberuhigten Bereich wie die V-Straße nicht dem Baustellenverkehr auszusetzen, gibt es jedoch nicht. Damit scheidet auch ein Hinweis aus.

d) Zwischenergebnis

Der von E angegriffene Zusatz stellt keine unechte Nebenbestimmung dar.

2. Echte Nebenbestimmung iSd § 36 VwVfG

Die gesetzlich vorgesehenen Nebenbestimmungen finden sich in § 36 II VwVfG. Bei dem Zusatz in der Baugenehmigung handelt es sich nicht um eine Befristung gemäß § 36 II Nr. 1 VwVfG, weil der Zusatz nicht einen bestimmten Zeitpunkt benennt, an dem die Wirkung der Baugenehmigung beginnen oder enden soll, und auch nicht anordnet, dass die Baugenehmigung nur für einen bestimmten Zeitraum gilt. Ebenfalls kann ein Widerrufsvorbehalt nach § 36 II Nr. 3 VwVfG von vornherein ausgeschlossen werden. Der Zusatz untersagt, die V-Straße mit Kraftfahrzeugen zu benutzen, eröffnet aber nicht die Möglichkeit, die Baugenehmigung später zu widerrufen (vgl. § 49 II 2 Nr. 1 VwVfG). Schließlich scheidet auch ein Auflagenvorbehalt iSd § 36 II Nr. 5 VwVfG aus. Ebenso wenig wie der Zusatz einen Widerrufsvorbehalt artikuliert, kann ihm entnommen werden, dass nachträglich eine Auflage aufgenommen, geändert oder ergänzt werden soll. Die Untersagung der Straßennutzung ist vielmehr definitiv.

a) Abgrenzung zwischen Auflage und Bedingung

Der Zusatz stellt somit entweder eine Bedingung nach § 36 II Nr. 2 VwVfG oder eine Auflage gemäß § 36 II Nr. 4 VwVfG dar. Bei einer Bedingung hängt die Rechtswirksamkeit der Hauptregelung entweder vom Eintritt eines bestimmten Ereignisses (aufschiebend bedingt) oder vom Wegfall eines bestimmten Ereignisses (auflösend bedingt) ab.[11] Hingegen ist eine Hauptregelung, die mit einer Auflage versehen ist, vom Zeitpunkt des Erlasses an wirksam.[12] Die Auflage trifft eine selbstständig erzwingbare hoheitliche Anordnung.[13] Um ihr Autorität zu verschaffen, muss die Behörde entweder die Auflage selbstständig vollstrecken oder aber den Hauptverwaltungsakt

10 *Kopp/Ramsauer* § 36 Rn. 7.

11 *Maurer* VerwR AT § 12 Rn. 6; *Kopp/Ramsauer* § 36 Rn. 19; *Hufen/Bickenbach* JuS 2004, 867 (868 f.); *Wagner* JA 2008, 866 (867).

12 *Axer* Jura 2001, 748 (749); Wolff/Decker/*Wolff* § 36 VwVfG Rn. 42; *Wagner* JA 2008, 866 (867).

13 BVerwGE 29, 261 (264 f.); 41, 178 (181); VGH Kassel NVwZ-RR 1990, 128 (132); Wolff/Decker/*Wolff* § 36 VwVfG Rn. 42.

widerrufen (vgl. § 49 II 2 Nr. 2 VwVfG).[14] Während eine nicht erfüllte Bedingung also ohne weiteres ausschließt, dass sich der Bürger auf den Hauptverwaltungsakt berufen kann, muss die Behörde bei einer nicht erfüllten Auflage erneut aktiv werden. Wenn es sich bei dem Zusatz vom 12.10.2011 um eine Bedingung handelt, würde die Baugenehmigung zu dem Zeitpunkt unwirksam, in dem die V-Straße, veranlasst durch E, mit Baustellenfahrzeugen befahren würde. Wenn es sich hingegen um eine Auflage handelt, würde das Befahren mit Baufahrzeugen lediglich dazu führen, dass E Adressat weiterer Maßnahmen der zuständigen Behörde sein könnte.

Die Abgrenzung zwischen Auflage und Bedingung kann Schwierigkeiten bereiten. Wenn die mit einer Nebenbestimmung geltend gemachte Forderung in einem Tun, Dulden oder Unterlassen des Antragstellers besteht, kann die Aufforderung bei gleicher Formulierung sowohl die Wirksamkeit der Hauptregelung suspendieren (Bedingung) als auch Grundlage für eine zusätzliche sebstständige behördliche Maßnahme sein (Auflage).[15] Die Formulierung gibt dem Bürger oft nicht zu erkennen, ob eine Bedingung oder Auflage vorliegt. Wofür sich die Behörde entschieden hat, ist durch Auslegung der Anordnung unter Berücksichtigung der Umstände des Einzelfalls zu ermitteln.[16]

b) Auslegung des behördlichen Zusatzes

Für diese Auslegung kann der beigefügte Zusatz auf verschiedene Indizien untersucht werden.[17] Von Bedeutung ist insbesondere die Wortwahl. Die Behörde hat die Untersagung der Straßennutzung jedoch lediglich als Zusatz bezeichnet, nach einer Zuordnung zu den Kategorien Bedingung oder Auflage sucht man vergebens.

Hinweis: Hinzuweisen ist in diesem Zusammenhang darauf, dass selbst eine Bezeichnung als eine der beiden Nebenbestimmungen nicht zwingend bedeuten muss, dass es sich auch im Ergebnis um diese Art der Nebenbestimmung handelt. Möglich ist auch, dass die Behörde eine falsche Bezeichnung (falsa demonstratio) wählt. Auch der Bezeichnung ist damit lediglich Indizwirkung zuzusprechen.

Als nächstes kann, ausgehend von einem objektiven Empfängerhorizont, der Wille der Behörde ermittelt werden. Wenn für die Behörde die Befolgung der zusätzlichen Anordnung so wichtig ist, dass damit auch die Wirksamkeit der Hauptregelung stehen und fallen soll, deutet das auf eine Bedingung hin. Die Behörde scheint ein gewichtiges Interesse daran zu haben, dass die V-Straße nicht mit Baustellenfahrzeugen befahren wird, sonst hätte sie nicht schon seit Beginn des Verfahrens auf diesen Umstand hingewiesen. Es bestehen jedoch Zweifel daran, dass die Behörde das – möglicherweise nur einmalige – Befahren der Straße mit Baustellenfahrzeugen mit dem Verlust der Baurechte verbinden wollte. Das Verbot hat bis zum Ende der Bauarbeiten Gültigkeit; ob es beachtet worden ist, zeigt sich möglicherweise erst dann. Entfiele die Baugenehmigung dann, würde E über ein fertiges Bauwerk verfügen, das ohne Baugenehmigung errichtet worden wäre; im Interesse der Rechtssicherheit liegt dies nicht. Die Behörde müsste also einen Weg finden, um die Baugenehmigung wieder aufleben zu lassen, wenn ein Verstoß gegen die Untersagung abgestellt worden ist; dies spricht dagegen, sie vorher aufgrund des Verstoßes wegfallen zu lassen. Zudem

14 *Detterbeck* VerwR AT Rn. 652.
15 Wolff/Decker/*Wolff* § 36 VwVfG Rn. 42.
16 *Maurer* VerwR AT § 12 Rn. 17; *Axer* Jura 2001, 748 (749).
17 Hierzu *Maurer* VerwR AT § 12 Rn. 17; *Voßkuhle/Kaiser* JuS 2012, 699 (700).

liegen die Folgen eines Verstoßes in Unannehmlichkeiten für die Nachbarn und möglichen Beschädigungen der Straße, die aber im ersten Fall zeitlich begrenzt und im zweiten Fall reversibel sind. Das wohl verstandene Interesse der Behörde ist somit auf die Durchsetzung und gegebenenfalls Vollstreckung des Zusatzes (beispielsweise durch Zwangsgelder) gerichtet, aber nicht darauf, die Rechtswirksamkeit der Baugenehmigung von seiner Beachtung abhängig zu machen.

Darüber hinaus spielt die rechtliche Zulässigkeit von Auflage und Bedingung eine Rolle für die Qualifizierung der Maßnahme. Wenn eine der beiden Nebenbestimmungen von vornherein unzulässig ist, kann angenommen werden, dass sich die Verwaltung rechtstreu verhalten wollte und sich deshalb für die zulässige Variante entschieden hat. § 36 I, II VwVfG erlauben prinzipiell sowohl Auflagen als auch Bedingungen. Auch § 64 IV LBO erklärt sowohl die Auflage als auch die Bedingung für zulässige Nebenbestimmungen bei einer Baugenehmigung. Keine der beiden Nebenbestimmungen ist also offensichtlich unzulässig.

Hinweis: Ausreichend ist an dieser Stelle eine oberflächliche Betrachtung der relevanten Regelungen, weil die rechtliche Zulässigkeit noch in der Begründetheit zu prüfen ist.

Die Auslegung deutet also auf das Vorliegen einer Auflage hin, wobei dem wohlverstandenen Willen der Behörde – wonach E in allen Phasen eine gültige Baugenehmigung haben soll – besonderes Gewicht beigemessen werden muss. Selbst wenn dieser Wille nicht so klar erkennbar wäre, spräche für eine Auflage der Verhältnismäßigkeitsgrundsatz: Da sie die Wirksamkeit des Grundverwaltungsakts unberührt lässt, ist sie die weniger belastende und damit im Rechtssinne erforderliche Nebenbestimmung. Dies setzt jedoch voraus, dass Zweifel über den Charakter der Nebenbestimmung auch im Auslegungswege nicht behoben werden können – was, wie gezeigt, hier nicht der Fall ist.

c) Zwischenergebnis

Die Auslegung ergibt, dass es sich bei dem Zusatz um eine Auflage handelt.

3. Rechtsschutz gegen Nebenbestimmungen

Der Rechtsschutz gegen die Auflage könnte entweder über eine isolierte Anfechtungsklage oder eine Verpflichtungsklage zu suchen sein.

a) Verpflichtungsklage notwendig

Nach einer vereinzelt vertretenen Auffassung ist bei allen Nebenbestimmungen, einschließlich der Auflage, Rechtsschutz nur über eine Verpflichtungsklage möglich, die auf eine uneingeschränkte Begünstigung gerichtet ist.[18] Als Begründung hierfür dient die Annahme, bei jeder Nebenbestimmung handle es sich um eine unselbstständige Teilregelung eines Verwaltungsakts, die nicht abtrennbar sei. Nach dieser Ansicht müsste E also mit der Verpflichtungsklage gegen den Zusatz zu seiner Baugenehmigung vorgehen.

18 *Labrenz* NVwZ 2007, 161 (164); *Fehn* DÖV 1988, 202 (210 f.); *Stadie* DVBl. 1991, 613 (616).

b) Isolierte Anfechtungsklage als Grundsatz

Spiegelbildlich dazu argumentieren andere klägerfreundlich, dass jede Art von Nebenbestimmung isoliert anfechtbar sei.[19] Dem Kläger sei nicht zuzumuten, das schon Erreichte durch eine Verpflichtungsklage wieder Preis zu geben.[20] Voraussetzung für eine solche Klage soll sein, dass die Hauptregelung ohne die angegriffene Nebenbestimmung noch rechtmäßig und sinnvoll bestehen bleiben kann.[21] Dies sei aber vor allem eine Frage der materiellen Teilbarkeit und damit der Begründetheit. Eine Ausnahme ist lediglich für den Fall anzunehmen, dass von vornherein und offenkundig ausgeschlossen ist, dass die Nebenbestimmung ohne den Hauptverwaltungsakt Bestand hat.[22] Hier ist nicht ersichtlich, warum die Baugenehmigung nicht auch ohne die Auflage Bestand haben könnte. Demnach wäre eine Anfechtungsklage allein gegen die Auflage statthaft.

c) Differenzierung nach Art des Hauptverwaltungsakts

Nach wieder anderer Ansicht ist danach zu differenzieren, ob der Hauptverwaltungsakt Gegenstand einer rechtlich gebundenen oder einer Ermessensentscheidung ist. Bei Ermessensregelungen könnte eine isolierte Anfechtungsklage zur Folge haben, dass das Gericht die Ermessensprärogative der Verwaltung übergeht. Sollte die gerichtliche Entscheidung dazu führen, dass fortan der Hauptverwaltungsakt ohne die Nebenbestimmung existiert, könnte dies im Widerspruch zum Willen der Verwaltung stehen. Um die behördliche Ermessensausübung zu respektieren, will deswegen ein Teil des Schrifttums die Zulässigkeit der isolierten Anfechtungsklage gegen Nebenbestimmungen auf Fälle beschränken, in denen der Hauptverwaltungsakt eine gebundene Entscheidung darstellt.[23] Liegt der Hauptregelung aber eine Ermessensentscheidung zugrunde, ist danach eine Verpflichtungsklage anzustreben, um der Verwaltung die Ermessensausübung zu belassen. Die Baugenehmigung ist in § 64 I LBO als gebundene Entscheidung geregelt (»ist«). Für E ist auch nach dieser Ansicht folglich eine isolierte Anfechtungsklage gegen die Auflage statthaft.

d) Differenzierung nach Art der Nebenbestimmung

Als letzte Möglichkeit bietet sich an, auf die Art der Nebenbestimmung abzustellen.[24] Nach § 36 II VwVfG sei entscheidend, dass Befristung, Bedingung und Widerrufsvorbehalt »mit einem Verwaltungsakt erlassen werden«, hingegen die Auflage und der Auflagenvorbehalt »mit einem Verwaltungsakt verbunden werden«. Hierin komme eine Selbständigkeit von Auflage und Auflagenvorbehalt zum Ausdruck, die Voraussetzung der isolierten Anfechtung sei. Die anderen Arten von Nebenbestimmungen hingegen seien integrierter Bestandteil der Hauptregelung und nicht selbstständig angreifbar. Der Zusatz vom 12.10.2011 stellt, wie erörtert, eine Auflage dar. Damit wäre auch nach dieser Ansicht eine isolierte Anfechtungsklage statthaft.

---

19 BVerwGE 112, 221 (224); *Maurer* VerwR AT § 12 Rn. 25 f.; *Brüning* NVwZ 2002, 1081 (1081 f.).
20 *Hufen/Bickenbach* JuS 2004, 867 (871).
21 *Maurer* VerwR AT § 12 Rn. 25; *Detterbeck* VerwR AT Rn. 669.
22 BVerwGE 100, 335 (338); *Axer* Jura 2001, 748 (752).
23 *Schenke* VerwProzR Rn. 295 ff.; *Jahndorf* JA 1999, 676 (679 f.).
24 BVerwGE 29, 261 (264 ff.); 36, 145 (153 f.); *Kopp/Ramsauer* § 36 Rn. 61, 63; *Axer* Jura 2001, 748 (752).

e) Diskussion und Stellungnahme

Der Großteil der vertretenen Ansichten sieht hier eine isolierte Anfechtungsklage als statthaft an. Bestätigt wird dieser Befund durch das Gesetz, wie ein Blick § 113 I 1 VwGO zeigt. Danach kann das Gericht einen Verwaltungsakt aufheben, »soweit« er rechtswidrig ist. Die pauschale Annahme der Unteilbarkeit steht deshalb im Widerspruch zu den Wertungen des Gesetzes. Dies gilt umso mehr, als auch ein Verwaltungsakt ohne Nebenbestimmungen im Sinne der Bestimmung durchaus teilbar sein kann; somit kann es auf die Frage, ob eine Nebenbestimmung im vorgenannten Sinne eine eigenständige darstellt oder nicht, für die Zulässigkeit der Anfechtungsklage erst recht nicht ankommen.

E kann daher den Zusatz im Wege der isolierten Anfechtungsklage angreifen. Die Verpflichtungsklage auf Erteilung einer Baugenehmigung ohne den Zusatz kommt daneben nicht in Betracht. Ob sie nach einzelnen der diskutierten Ansichten womöglich alternativ zur Anfechtungsklage erhoben werden könnte, kann dahinstehen. Jedenfalls entspricht ein Verpflichtungsantrag nicht dem Begehren (§ 88 VwGO) des E, der seine Baugenehmigung behalten will. Überdies zwingt sie die Verwaltung zu einer erneuten Entscheidung über den Bauantrag und ist insoweit nicht der einfachste Weg zur Erreichung des Rechtsschutzzieles, mit der Folge, dass das Rechtsschutzinteresse für die Erhebung einer solchen Verpflichtungsklage hier nicht besteht.

4. Ergebnis

Statthaft für E ist eine isoliert gegen die Auflage, die V-Straße zum Baustellenverkehr zu nutzen, gerichtete Anfechtungsklage.

IV. Klagebefugnis

Für die Klagebefugnis nach § 42 II VwGO darf nicht von vornherein ausgeschlossen sein, dass E durch die Auflage in seinen Rechten verletzt ist. E ist Adressat einer belastenden Anordnung und schon aus diesem Grund klagebefugt. Der Zusatz beschränkt seinen gesetzlichen Anspruch auf Erteilung der Baugenehmigung.

V. Vorverfahren und Klagefrist

E hat fristgerecht Widerspruch gegen die Auflage erhoben. Die daraufhin am 23.11.2011 erhobene Klage wahrt die Frist des § 74 I VwGO.

VI. Klagegegner

Richtiger Klagegegner ist nach § 78 I Nr. 1 VwGO die Stadt S.

VII. Zwischenergebnis

Die Klage ist zulässig.

B. Begründetheit

Die Klage ist begründet, soweit die Auflage rechtswidrig ist, E dadurch in seinen Rechten verletzt ist und der Hauptverwaltungsakt noch rechtmäßig und sinnvoll bestehen bleiben kann (vgl. § 113 I 1 VwGO).

I. Rechtsgrundlage

Nach § 36 VwVfG ist für die Zulässigkeit von Nebenbestimmungen nach der Art des Hauptverwaltungsakts zu differenzieren. Abs. 1 enthält Voraussetzungen für die Beifügung von Nebenbestimmungen zu gebundenen Entscheidungen, in Abs. 2 finden sich Regeln für Nebenbestimmungen zu Ermessensentscheidungen. Bei der Baugenehmigung nach § 64 Abs. 1 LBO handelt es sich um eine gebundene Entscheidung. Einschlägig ist damit § 36 Abs. 1 VwVfG. Danach darf ein Verwaltungsakt nur dann mit einer Nebenbestimmung versehen werden, wenn sie durch Rechtsvorschrift zugelassen ist oder wenn sie sicherstellen soll, dass die gesetzlichen Voraussetzungen des Verwaltungsakts erfüllt werden.

In diesem Zusammenhang ist aber umstritten, ob über die Vorschrift des § 36 VwVfG hinaus noch eine Rechtsgrundlage in den einschlägigen materiell-rechtlichen Regelungen notwendig ist.[25] Für die Baugenehmigung bedarf dieser Meinungsstreit keiner Entscheidung, weil eine Rechtsgrundlage für Nebenbestimmungen in Gestalt des § 64 IV LBO positiv normiert ist. Danach kann die Baugenehmigung unter anderem mit einer Auflage versehen werden. Rechtsgrundlage ist damit § 64 IV LBO iVm § 36 I VwVfG.

II. Formelle Rechtmäßigkeit der Auflage

1. Zuständigkeit

Laut Sachverhalt hat die zuständige Behörde gehandelt.

2. Verfahren

Die Behörde hat E schon im Bauantragsverfahren darauf hingewiesen, dass es aus ihrer Sicht nicht möglich sei, den Baustellenverkehr über die V-Straße zu leiten. Es ist davon auszugehen, dass E in dieser Zeit ausreichend Möglichkeiten hatte, seinen Standpunkt darzulegen, sodass das Erfordernis einer Anhörung nach § 28 VwVfG gewahrt ist.

3. Form

Die Auflage ist hinreichend begründet iSd § 39 I VwVfG.

III. Materielle Rechtmäßigkeit der Auflage

Nach § 36 I VwVfG darf dem Verwaltungsakt nur eine Nebenbestimmung beigefügt werden, die sicherstellt, dass die gesetzlichen Voraussetzungen des Verwaltungsakts erfüllt werden. Insofern stellt sich die Frage, ob § 64 IV LBO hiervon abweicht, weil der Erlass einer Nebenbestimmung durch diesen in das Ermessen der Behörde gestellt wird. Hiergegen spricht allerdings, dass § 64 I LBO einen Anspruch auf Erteilung einer Baugenehmigung vorsieht, wenn öffentlich-rechtliche Vorschriften nicht entgegenstehen. Liegen alle gesetzlichen Voraussetzungen für die Erteilung vor, ist der Behörde also verwehrt, nach ihrem Ermessen noch Nebenbestimmungen hinzuzufügen. Dies darf sie auch im Rahmen des § 64 IV LBO nur zu dem Ziel, die Voraussetzungen für die Erteilung der Baugenehmigung überhaupt herzustellen; das Er-

25 *Kopp/Ramsauer* § 36 Rn. 39 mwN.

messen ist dann beschränkt auf die Wahl der geeigneten Maßnahme. Daraus folgt, dass auch § 64 IV LBO nichts anderes bestimmt, als § 36 I VwVfG: Er soll sicherstellen, dass die gesetzlichen Voraussetzungen für den Erlass der Baugenehmigung eingehalten werden.[26]

1. Sicherstellung der gesetzlichen Voraussetzungen

Man könnte schon bezweifeln, ob sich die Regelungswirkung der Baugenehmigung überhaupt auf die Nutzung der Straße erstreckt. Aufgrund der besonderen Situation gibt es aber im öffentlichen Verkehrsraum nur eine Möglichkeit, das Grundstück des E zu erreichen, und das Anfallen von Baustellenverkehr ist eine zwangsläufige und vorhersehbare Folge des Gebrauchmachens der Baugenehmigung. Sollte der Baustellenverkehr also gegen öffentlich-rechtliche Vorschriften verstoßen, könnte dies aufgrund des notwendigen Zusammenhangs auch im Rahmen der Baugenehmigung Berücksichtigung finden.

Solche öffentlich-rechtlichen Vorschriften können sich aus dem Straßenverkehrsrecht ergeben. Die Anlage 3 zu § 42 II StVO enthält in Nr. 12 zu Zeichen 325.1 Angaben, was in einem verkehrsberuhigten Bereich erlaubt ist. So müssen die Fahrzeugführer mit Schrittgeschwindigkeit fahren und dürfen Fußgänger weder gefährden noch behindern. Auch dürfen Fahrzeugführer außerhalb der dafür gekennzeichneten Flächen nicht parken, ausgenommen zum Ein- oder Aussteigen und zum Be- oder Entladen. Es ist allerdings nicht verboten, die Straße auch mit schweren Kraftfahrzeugen zu befahren, und es wird auch keine quantitative Grenze festgelegt. Sollte also der Baustellenverkehr durch den verkehrsberuhigten Bereich fließen, führt das nicht per se zu einem Rechtsverstoß. Aus straßenverkehrsrechtlicher Sicht ergibt sich also kein Anhaltspunkt dafür, dass die Auflage die gesetzlichen Voraussetzungen der Baugenehmigung sicherstellt.

Die Auflage könnte aber zum Zweck haben, dass Schäden verhindert werden, die durch Baustellenverkehr aufgrund der konkreten Umstände zu besorgen sind. Die V-Straße ist durch große Pflanzenkübel an manchen Stellen bewusst enger gestaltet. Die pauschale Unterbindung von Baustellenverkehr ist nicht erforderlich, um Schädigungen zu unterbinden. Durch Sicherungsmaßnahmen wie Einsatz von Sicherheitspersonal und gegebenenfalls Aufstellung von Baustellenampeln kann dieses Ziel ebenfalls erreicht werden. Unabhängig davon muss bezweifelt werden, ob die Verhinderung schwerverkehrstypischer Schäden objektiv betrachtet überhaupt das Ziel der Regelung ist. Dies zeigt sich daran, dass Müllwagen und Lieferwagen, die ähnliche Schäden bewirken können, die V-Straße weiterhin ohne Einschränkungen befahren dürfen.

Die Baugenehmigung könnte unter Verweis auf den Baustellenverkehr nicht verweigert werden, sodass eine darauf gerichtete Auflage auch nicht der Sicherstellung der gesetzlichen Voraussetzungen der Baugenehmigung dient.

2. Widerspruch zu Zweck des Verwaltungsakts

Nach § 36 III VwVfG hat darüber hinaus jede Nebenbestimmung im Einklang mit dem Zweck des Hauptverwaltungsakts zu stehen und darf diesem nicht zuwiderlau-

26 BGHZ 91, 178 (181 f.); Stelkens/Bonk/Sachs/*U. Stelkens* § 36 Rn. 116.

fen. Zweck der Baugenehmigung ist die Errichtung der Schule. Wenn dem Bauherrn aber die Benutzung der einzigen öffentlichen Straße verwehrt wird, die zu dem Baugrundstück führt, kann das Bauvorhaben praktisch nicht durchgeführt werden.

Der Verweis auf privatrechtliche Vereinbarungen ist zumindest dann nicht geeignet, an dieser Zweckverhinderung etwas zu ändern, wenn diese Vereinbarungen noch nicht abgeschlossen sind. Hier ist nicht einmal gesichert, dass der T-Verein überhaupt eine Vereinbarung zu schließen bereit ist. Erzwungen werden kann diese weder durch E noch durch die Behörde, da der T-Verein im Rahmen seiner Privatautonomie berechtigt ist, eine Benutzung seines Grundstücks durch den Baustellenverkehr abzulehnen. Dann würde es dabei bleiben, dass E die Baugenehmigung faktisch nicht nutzen kann.

3. Zwischenergebnis

Die Auflage dient nicht der Sicherstellung der gesetzlichen Voraussetzungen der Baugenehmigung. Vielmehr steht sie mit dem Zweck der Baugenehmigung im Widerspruch. Sie ist daher rechtswidrig.

E ist dadurch auch in seinen Rechten verletzt.

IV. Materielle Teilbarkeit von Hauptverwaltungsakt und Auflage

Der Hauptverwaltungsakt muss auch ohne die Nebenbestimmung rechtmäßig und sinnvoll bestehen bleiben können. Entfällt die rechtswidrige Auflage, bleibt eine Baugenehmigung bestehen, der keine öffentlich-rechtlichen Vorschriften entgegenstehen. Die Baugenehmigung hätte nach § 64 I LBO als gebundene Entscheidung uneingeschränkt erteilt werden müssen und kann folglich auch ohne die Auflage rechtmäßig und sinnvoll bestehen bleiben.

V. Ergebnis

Die Klage ist zulässig und begründet.

Fall 10 – Ein dilettantischer Gastwirt

Sachverhalt

Im Frühjahr 2012 plant A in der kreisfreien Stadt S im Bundesland L die Eröffnung einer genehmigungsbedürftigen Gaststätte. Ein seiner Ansicht nach passendes Gebäude hat er im Vergnügungsviertel von S gefunden. Zum Gaststättenbetrieb ist es bislang noch nicht geeignet, weil in den betreffenden Räumen noch eine Bäckerei eingerichtet ist, die aber vor einiger Zeit den Betrieb eingestellt hat. Um bei seiner Hausbank einen Kredit zu bekommen, hat A ein umfangreiches Konzept ausgearbeitet, das nicht nur auf eine günstige wirtschaftliche Prognose hinweist, sondern auch die technische Realisierbarkeit seines Vorhabens betont. Die Bank steht dem Projekt grundsätzlich positiv gegenüber, bezweifelt aber, dass A auch alle notwendigen behördlichen Genehmigungen erhalten wird. Sie will deshalb die weiteren Vorbereitungen von A abwarten.

A legt sein Konzept am 19.7.2012 auch dem Bürgermeister als für die Gaststättengenehmigung zuständigen Behörde vor. Dieser lässt sich von dem Papier überzeugen und sichert dem A am 2.8.2012 schriftlich zu, dass er die Gaststättengenehmigung erteilen wird. A erhält daraufhin von seiner Hausbank einen Kredit und erwirbt für 5.000 EUR schon einmal Gegenstände für die Inneneinrichtung.

Am 15.10.2012 besichtigt ein Mitarbeiter des Bürgermeisters das Gebäude. Er stellt fest, dass die Räumlichkeiten für den Betrieb einer Gaststätte in Wahrheit nicht geeignet sind. Sanitäranlagen lassen sich nicht so einrichten, wie es für Gaststätten vorgeschrieben ist. Auch die Küche kann entgegen den schriftlichen Angaben des A nicht unter Beachtung aller Hygienevorschriften realisiert werden. Die Konzeptunterlagen sind, wie sich am Ende erweist, von A geschönt worden und präsentieren grob unzutreffende räumliche Verhältnisse.

Auf Nachfrage des A am 19.10.2012, wann er die endgültige Gaststättengenehmigung erhalten werde, antwortet die zuständige Behörde am 1.11.2012 schriftlich, dass sein Konzeptpapier fehlerhaft sei. A und der Bürgermeister führen dann noch verschiedene Gespräche, in denen eine mögliche Änderung der Pläne ebenso Thema ist wie die komplette Versagung der Erlaubnis. Sie enden ergebnislos, weil sich A aus Kostengründen nicht in der Lage sieht, die Umbauarbeiten durchzuführen, die für einen Gaststättenbetrieb in dem Gebäude notwendig wären. Daraufhin teilt ihm der Bürgermeister am 13.11.2012 schriftlich mit, dass die baulichen Voraussetzungen zum Betrieb einer Gaststätte nicht vorlägen. Man sei sich zwar der besonderen Wirkung einer Zusicherung bewusst, A könne dennoch keine Gaststättengenehmigung erhalten.

Am 21.12.2012 erhebt A hiergegen Widerspruch. Er habe im Vertrauen auf die schriftliche Zusicherung schon Einrichtungsgegenstände erworben. Am 10.1.2013 erlässt die zuständige Behörde einen Widerspruchsbescheid, den sie unter anderem damit begründet, dass die Zusicherung keine Rechtswirkungen mehr entfalte, weil A sie allein aufgrund seines unzutreffenden Konzeptpapiers erhalten habe. Zwei Wochen später erwägt A, Klage vor dem Verwaltungsgericht zu erheben. Hilfsweise verlangt er von der Stadt S Ersatz eines finanziellen Schadens, den er im Vertrauen auf die Zusicherung erlitten habe. Die erworbene Inneneinrichtung war eine Maßanfertigung, die A nur für 1.000 EUR weiterverkaufen konnte.

Erstatten Sie ein (ggf. Hilfs-)Gutachten über die Erfolgsaussichten.

Zusatzfrage: Hat A einen finanziellen Ausgleichsanspruch wegen der Inneneinrichtung?

Anhang[1]

Gaststättengesetz – GastG (Auszug):

§ 2 GastG – Erlaubnis
(1) Wer ein Gaststättengewerbe betreiben will, bedarf der Erlaubnis. [2]Die Erlaubnis kann auch nichtrechtsfähigen Vereinen erteilt werden.
(2) Der Erlaubnis bedarf nicht, wer
1. alkoholfreie Getränke,
2. unentgeltliche Kostproben,
3. zubereitete Speisen oder
4. in Verbindung mit einem Beherbergungsbetrieb Getränke und zubereitete Speisen an Hausgäste verabreicht.

§ 4 GastG – Versagungsgründe
(1) Die Erlaubnis ist zu versagen, wenn
1. Tatsachen die Annahme rechtfertigen, dass der Antragsteller die für den Gewerbebetrieb erforderliche Zuverlässigkeit nicht besitzt, insbesondere dem Trunke ergeben ist oder befürchten lässt, dass er Unerfahrene, Leichtsinnige oder Willensschwache ausbeuten wird oder dem Alkoholmissbrauch, verbotenem Glücksspiel, der Hehlerei oder der Unsittlichkeit Vorschub leisten wird oder die Vorschriften des Gesundheits- oder Lebensmittelrechts, des Arbeits- oder Jugendschutzes nicht einhalten wird,
2. die zum Betrieb des Gewerbes oder zum Aufenthalt der Beschäftigten bestimmten Räume wegen ihrer Lage, Beschaffenheit, Ausstattung oder Einteilung für den Betrieb nicht geeignet sind, insbesondere den notwendigen Anforderungen zum Schutze der Gäste und der Beschäftigten gegen Gefahren für Leben, Gesundheit oder Sittlichkeit oder den sonst zur Aufrechterhaltung der öffentlichen Sicherheit oder Ordnung notwendigen Anforderungen nicht genügen oder
[...]

Kommunalverfassung – KV (Auszug):

§ 38 KV – Hauptamtlicher Bürgermeister
[...]
(2) Der Bürgermeister ist gesetzlicher Vertreter der Gemeinde.
[...]

1 Die Vorschriften basieren – soweit es sich um Landesrecht handelt – auf dem mecklenburg-vorpommerischen Landesrecht.

Übersicht XX: Das subjektive öffentliche Recht

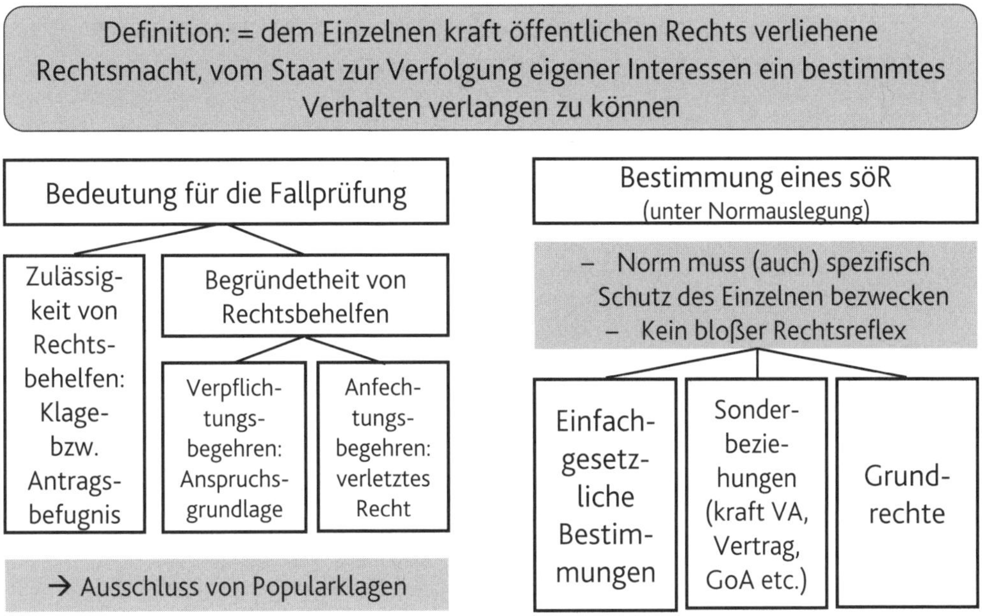

Übersicht XXI: Rücknahme und Widerruf
(von begünstigenden Verwaltungsakten)

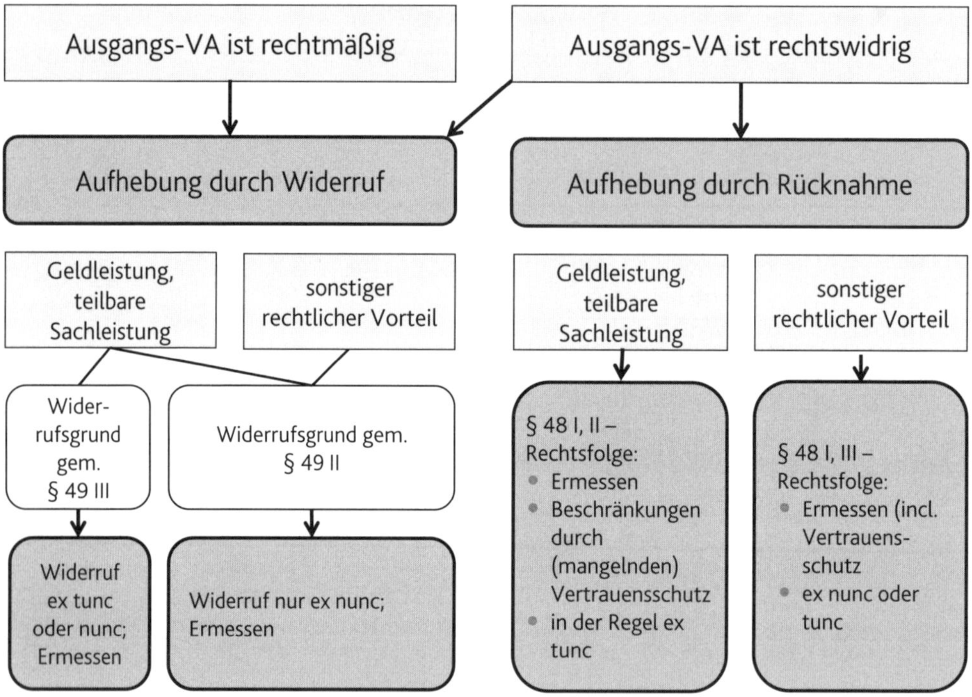

Lösung

Schwerpunkte:
- Rücknahme
- Zusicherung
- Unterscheidung Rechtmäßigkeit und Wirksamkeit
- subjektives öffentliches Recht
- verfristeter Widerspruch
- finanzieller Ausgleich nach Rücknahme

A. Zulässigkeit

I. Eröffnung des Verwaltungsrechtswegs

Eine aufdrängende Sonderzuweisung besteht nicht. Nach § 40 I 1 VwGO ist der Verwaltungsrechtsweg eröffnet, wenn es sich um eine öffentlich-rechtliche Streitigkeit nicht verfassungsrechtlicher Art handelt und keine abdrängende Sonderzuweisung besteht.[2] A begehrt eine Gaststättenerlaubnis, deren Grundlage die §§ 2, 4 GastG sind. Hiernach sind ausschließlich Behörden zur Erteilung von Gaststättenerlaubnissen berechtigt. Der Streit über die Erteilung einer Gaststättenerlaubnis ist also öffentlich-rechtlich. Mit A und der Stadt S streiten sich nicht zwei unmittelbar am Verfassungsleben Beteiligte um unmittelbar aus der Verfassung stammende Rechte und Pflichten, sodass die Streitigkeit auch nichtverfassungsrechtlicher Art ist. Eine abdrängende Sonderzuweisung besteht nicht, sodass der Verwaltungsrechtsweg nach § 40 I 1 VwGO eröffnet ist.

II. Beteiligten- und Prozessfähigkeit

A ist beteiligtenfähig nach § 61 Nr. 1 Var. 1 VwGO und prozessfähig nach § 62 I Nr. 1 VwGO. Die Stadt S ist beteiligtenfähig nach § 61 Nr. 1 Var. 2 VwGO und prozessfähig nach § 62 III VwGO. Sie wird vertreten durch den Bürgermeister.

III. Statthafte Klageart

Die statthafte Klageart bestimmt sich gemäß § 88 VwGO nach dem auslegungsfähigen Begehren des Klägers. A beruft sich auf die schriftliche Zusicherung, die er erhalten hat und die ihm den Erhalt einer Gaststättenerlaubnis ermöglichen soll.

A könnte sich mit einer Anfechtungsklage nach § 42 I Var. 1 VwGO gegen die Ablehnung vom 13.11.2012, einen Verwaltungsakt, wenden. Hat die Anfechtungsklage Erfolg, besteht die Zusicherung fort. Allerdings würde A mit diesem Vorgehen noch keine Gaststättenerlaubnis erwirken können. Er wäre weiterhin auf die Zusicherung beschränkt, eine solche zu erhalten. Dies entspricht nicht seinem wohlverstandenen Begehren.

Statthaft könnte insofern eine Verpflichtungsklage gemäß § 42 I Var. 2 VwGO in Form der Versagungsgegenklage sein. Die Versagungsgegenklage ist insbesondere dann einschlägig, wenn die Behörde einen beantragten Verwaltungsakt zuvor abge-

2 Vgl. die Anmerkung oben Fall 5, Eröffnung des Verwaltungsrechtswegs.

lehnt hat.[3] In diesem Fall schließt der beantragte Erlass des begehrten Verwaltungsakts die Anfechtung der vorherigen Ablehnung ein.[4] Bei der begehrten Gaststättenerlaubnis handelt es sich um einen Verwaltungsakt, deren Erlass zuvor von der Behörde abgelehnt worden ist. Einschlägig ist damit die Verpflichtungsklage.

IV. Klagebefugnis

Um klagebefugt zu sein, muss A nach § 42 II VwGO geltend machen, durch die Ablehnung des Verwaltungsakts in seinen Rechten verletzt zu sein. Als Kläger muss A zumindest möglicherweise ein subjektives öffentliches Recht (Anspruch) auf den begehrten Verwaltungsakt haben.[5] Ein subjektives öffentliches Recht ermöglicht dem Einzelnen, aufgrund öffentlichen Rechts zur Verfolgung privater Interessen vom Staat ein besonderes Verhalten verlangen zu können.[6] Nach der Schutznormlehre folgt ein subjektives öffentliches Recht aus gesetzlichen Bestimmungen, wenn eine Norm gerade dem Interesse einzelner Bürger und nicht nur dem Interesse der Allgemeinheit dienen soll und die Vorteile der Vorschrift dem Bürger deshalb nicht allein als Reflex zukommen.[7]

Die gesetzlichen Bestimmungen der §§ 2, 4 GastG könnten dieses subjektive öffentliche Recht gewähren, auch wenn solches aus dem Wortlaut der Vorschriften nicht unmittelbar hervorgeht. Dass es sich um einen gebundenen Anspruch handelt, ergibt sich aus dem Grundsatz der Gewerbefreiheit gemäß Art. 12 I GG, § 1 GewO. Dieser wird durch § 4 GastG nur eingeschränkt, soweit dies der ordnungsgemäßen Gewerbeausübung dient. Weitere, im Ermessen der Behörde stehende Versagungsgründe darf es nicht geben.[8] Hier steht aber – laut Sachverhalt – fest, dass sich der Betrieb einer Gaststätte in den beantragten Räumlichkeiten nicht mit den gesetzlichen Vorgaben des § 4 GastG vereinbaren lässt. In Ansehung der Gesetzeslage hat A offensichtlich keinen Anspruch auf Erteilung einer Gaststättenerlaubnis.[9]

Er könnte sich jedoch aus der schriftlichen Zusicherung ergeben, die A am 2.8.2012 erhielt, wonach er die Gaststättengenehmigung bekommen werde. Subjektive öffentliche Rechte können sich nicht allein aus Rechtsnormen ergeben, sondern auch aus Verwaltungsrechtsverhältnissen.[10] Folge eines Verwaltungsrechtsverhältnisses kann dabei auch die Entstehung von subjektiven öffentlichen Rechten für den Bürger sein.[11] Ein Verwaltungsrechtsverhältnis kann nicht allein durch eine gesetzliche Regelung zwischen der Verwaltung und einem weiteren Rechtssubjekt entstehen, sondern auch durch einen Verwaltungsakt, einen Verwaltungsvertrag, eine verwaltungsrechtliche Willenserklärung oder Realhandeln. A hat am 2.8.2012 eine Zusicherung erhalten.

3 *Kopp/Schenke* § 42 Rn. 6; Wolff/Decker/*Wolff* § 42 VwGO Rn. 60.
4 Im Vergleich zur Untätigkeitsklage, bei der die Behörde im Vorfeld den begehrten Verwaltungsakt nicht erlassen, aber auch nicht abgelehnt hat, ergeben sich geringfügige Unterschiede in der Zulässigkeit bei der Prüfung der Klagefrist und des Vorverfahrens. In der Begründetheit wirkt sich dies nicht aus.
5 Wolff/Decker/*Wolff* § 42 VwGO Rn. 127.
6 *Maurer* VerwR AT § 8 Rn. 2.
7 BVerfGE 29, 297 (307); BVerwGE 1, 83 (83); 81, 329 (334); 92, 313 (317); HK-VerwR/*Sennekamp* § 42 VwGO Rn. 50; *Kopp/Schenke* § 42 Rn. 83.
8 *Metzner* § 2 Rn. 2, § 4 Rn. 1.
9 AA wohl noch vertretbar, siehe aber dann unten.
10 Dazu *Maurer* VerwR AT § 8 Rn. 17 ff. mwN.
11 *Kopp/Schenke* § 42 Rn. 162.

Die Rechtsnatur der Zusicherung ist zwar umstritten: Manche qualifizieren sie als Verwaltungsakt, andere als verwaltungsrechtliche Willenserklärung.[12] Diese Frage wirkt sich hier aber nicht aus. Entscheidend ist weniger die dogmatische Einordnung als die mit Rechtsbindungswillen abgegebene Erklärung, dem Bürger ein bestimmtes Recht einzuräumen. Die Zusicherung nach § 38 VwVfG weist, wie der Wortlaut der gesetzlichen Bestimmung und der systematische Verweis auf die Regelungen über die Bestandskraft des Verwaltungsakts zeigen, generell einen solchen Erklärungscharakter auf. Es ist deshalb nicht von vornherein ausgeschlossen, dass mit der Zusicherung vom 2.8.2012 zwischen A und dem Träger der Gaststättenbehörde ein Verwaltungsrechtsverhältnis entstand, das auch einen Anspruch des A auf eine Gaststättenerlaubnis beinhaltet. Aus diesem Verwaltungsrechtsverhältnis resultiert zumindest möglicherweise für A ein subjektives öffentliches Recht.

Es ist nicht von vornherein ausgeschlossen, dass A aus der Zusicherung einen Anspruch auf eine Gaststättenerlaubnis ableiten kann.

V. Vorverfahren

A muss ordnungsgemäß Widerspruch erhoben haben. § 70 I 1 VwGO ordnet an, dass dieser innerhalb eines Monats zu erfolgen ist. Am 13.11.2012 erhält A die schriftliche Nachricht, dass ihm keine Gaststättengenehmigung erteilt wird. Am 21.12.2012 erhebt A Widerspruch. Die Monatsfrist ist damit, selbst unter Berücksichtigung etwaiger Samstage, Sonn- oder Feiertage, nicht gewahrt. Anzeichen dafür, dass die Rechtsmittelbelehrung fehlerhaft gewesen ist, bestehen nicht; die Ablehnung am 13.11.2012 wurde ordnungsgemäß erklärt. Schließlich bringt A auch keine Gründe vor, die eine Wiedereinsetzung in den vorigen Stand rechtfertigen würden.

Trotz dieser Fristversäumnis hat die zuständige Behörde am 10.1.2013 einen Widerspruchsbescheid erlassen, sich also auf den verfristeten Widerspruch eingelassen. Der Widerspruchsführer muss dadurch den Eindruck erhalten, als sei seine Fristversäumnis unerheblich. Bei der prozessualen Bewertung dieser Situation muss berücksichtigt werden, dass das Widerspruchsverfahren einen Doppelcharakter besitzt: Zum einen ist es ein Verwaltungsverfahren, zum anderen prozessuale Zulässigkeitsvoraussetzung.[13] Sein Charakter als Verwaltungsverfahren könnte dafür sprechen, die Durchführung des Widerspruchsverfahrens als Prärogative der Widerspruchsbehörde zu deuten, kraft welcher dieser gestattet sein muss, eigenverantwortlich Fristversäumnisse auch zu heilen. Andererseits entscheidet über die Erfüllung prozessualer Zulässigkeitsvoraussetzung das Verwaltungsgericht, sodass diese Vorgaben der VwGO möglicherweise nicht zur Disposition der Widerspruchsbehörde stehen.

Die überwiegende Rechtsprechung folgt der ersten Grundposition. Die Widerspruchsbehörde dürfe bei einer Fristversäumnis des Widerspruchsführers gleichwohl einen Widerspruchsbescheid erlassen; die Widerspruchsbehörde sei »Herrin des Vorverfahrens«. Lässt sich die Widerspruchsbehörde in der Sache auf den verfristeten Widerspruch ein, ist das Widerspruchsverfahren aus Sicht der Rechtsprechung als ordnungsgemäß zu behandeln, und die Entscheidung der Widerspruchsbehörde öff-

12 Vgl. zum Streitstand *Maurer* VerwR AT § 9 Rn. 60 ; *Hebeler/Schäfer* Jura 2010, 881 (881 f.).
13 *Schenke* VerwProzR Rn. 642; *Schoch* Jura 2003, 752 (752).

net erneut den Rechtsweg.[14] Die Rechtsprechung begründet ihre Ansicht damit, dass die Frist des § 70 VwGO keine von Amts wegen zu prüfende Zulässigkeitsvoraussetzung sei. Das Verwaltungsgericht dürfte sich dann nicht über die Entscheidung der Widerspruchsbehörde, trotz einer Verfristung einen Widerspruchsbescheid zu erlassen, hinwegsetzen.[15] Die zuständige Gaststättenbehörde der Stadt S hat auf den verfristeten Widerspruch hin einen Widerspruchsbescheid erlassen, den sie inhaltlich mit den weggefallenen Rechtswirkungen der Zusicherung begründet hat. Sie hat sich damit sachlich eingelassen und nach Sichtweise der Rechtsprechung die ordnungsgemäße Durchführung des Vorverfahrens sichergestellt. Ob sie dies in Kenntnis der Verfristung tat oder aus Versehen, ist unerheblich.[16]

Die herrschende Literatur spricht der Widerspruchsbehörde die Kompetenz zum Erlass eines »heilenden« Widerspruchsbescheides ab.[17] Der Devolutiveffekt, der erst die Zuständigkeit der Widerspruchsbehörde begründe, könne durch einen unzulässigen Widerspruch gar nicht ausgelöst werden, sodass die Widerspruchsbehörde nicht zur »Herrin des Vorverfahrens« werden könne und auch keine Entscheidungsbefugnis erlange. Beim Vorverfahren handele es sich um eine prozessuale Sachentscheidungsvoraussetzung, die nicht zur Disposition der Verwaltung stehe. Nach diesem Verständnis hat A die Widerspruchsfrist nicht eingehalten.

Für eine Befugnis der Widerspruchsbehörde, die Verfristung von Widersprüchen zu heilen, könnte das schutzwürdige Vertrauen des Widerspruchsführers streiten. Regelmäßig schafft ein Widerspruchsbescheid, der eine Entscheidung zur Sache und eine Rechtsmittelbelehrung enthält, für den Widerspruchsführer einen Vertrauenstatbestand. Dies könnte durch ein Verwaltungsgericht, das eine anschließende Klage als unzulässig abweist, missachtet werden. Auch könnte argumentiert werden, es würde am Ergebnis gar nichts ändern – und in Formalismus münden –, wenn der Verwaltung die Befugnis, über einen verfristeten Widerspruch zu entscheiden, abgesprochen würde;[18] denn die Ausgangsbehörde kann – gegebenenfalls sogar angewiesen durch die Widerspruchsbehörde – rechtswidrige und bestandskräftig gewordene Verwaltungsakte, auch nach § 48 VwVfG zurücknehmen. Zudem können auf einen erneuten Antrag des Bürgers auch begünstigende Verwaltungsakte ohne weiteres erlassen werden. Dies könnte dafür sprechen, der Widerspruchsbehörde die Disposition über § 70 VwGO zu erlauben.

Der Wortlaut und die Systematik der §§ 70, 60 VwGO machen jedoch deutlich, dass bei einer Verfristung des Widerspruchs nur über die Wiedereinsetzungsgründe doch noch eine Sachentscheidung bekommen zu sein soll. Insofern dient die Vorschrift des § 70 VwGO nicht nur dem Schutz der Verwaltung, sondern auch dem öffentlichen Interesse, weil mit ihr Rechtssicherheit erzeugt wird und zusätzliche Prozesse ver-

14 BVerwGE 15, 306 (310); 57, 342 (344 f.); BVerwG NVwZ 1983, 608 (608); NVwZ-RR 1989, 85 (86); VGH Mannheim NVwZ-RR 2002, 6 (6); ebenso *Hufen* VerwProzR § 6 Rn. 32. Dies gilt allerdings dann nicht, wenn der Widerspruch ein dreipoliges Verhältnis betrifft und durch die Entscheidung über den Widerspruch schutzwürdige Positionen Dritter betroffen sind, BVerwG NVwZ-RR 1989, 85 (86); NJW 2010, 1686 Tz. 21.

15 BVerwG NVwZ 1983, 608 (608).

16 VGH Mannheim NVwZ-RR 2002, 6 (6).

17 *Schoch* Jura 2003, 752 (755); *Kopp/Schenke* § 70 Rn. 9; Wolff/Decker/*Decker* § 70 VwGO Rn. 15; Eyermann/*Rennert* § 70 Rn. 11.

18 *Hufen* VerwProzR § 6 Rn. 32.

mieden werden.[19] Wollte man der Rechtsprechung einen Ermessensspielraum über den Erlass eines Widerspruchsbescheides zubilligen, der einer Fristversäumnis abhilft, müsste jeder Widerspruchsführer konsequenterweise auch einen Anspruch auf ermessensfehlerfreie Entscheidung über den Erlass eines solchen Widerspruchsbescheides haben. Dies würde die Rechtsschutzmechanismen gegen den Willen des Gesetzgebers, der mit der Bestandskraft eine bedingungslose zeitliche Beschränkung für die Anfechtung eines Verwaltungsakts setzen wollte, erheblich aufblähen. Wenn beim Widerspruchsführer bei Erlass eines solchen Widerspruchsbescheids ein schutzwürdiges Vertrauen besteht, kann dies uU im Rahmen staathaftungsrechtlicher Ansprüche berücksichtigt werden.

Die Widerspruchsbehörde hat deshalb nach alledem nicht die Befugnis, eigenmächtig über die Frist des § 70 I VwGO zu disponieren. Es fehlt daher an einem ordnungsgemäßen Vorverfahren.[20]

VI. Zwischenergebnis

Die Klage des A ist unzulässig.

Hinweis: Falls sich Bearbeiter für die Einhaltung der Widerspruchsfrist entscheiden, ist im Folgenden noch zu prüfen:

VII. Klagefrist

Da A zwei Wochen nach Erhalt des Widerspruchsbescheids Klage erhoben hat, ist die Klagefrist des § 74 II VwGO eingehalten.

IX. Klagegegner

Zutreffender Klagegegner ist nach § 78 I Nr. 1 VwGO die Körperschaft, deren Behörde den angefochtenen Verwaltungsakt erlassen oder den beantragten Verwaltungsakt unterlassen hat.

Hilfsgutachten

Ein Hilfsgutachten ist immer dann erforderlich, wenn die gutachtliche Prüfung mit einem Befund endet, der die Erörterung weiterer – also konsekutiver – Rechtsfragen, die der Sachverhalt aufwirft, sachlogisch erübrigt. Im Verwaltungsrechtsfall ist dies der Fall, wenn sich die Klage als unzulässig erweist und der Weg zu der nach Lage der Dinge erwarteten Begründetheitsprüfung damit versperrt ist. Nach den Grundsätzen der juristischen Methodenlehre darf im Gutachten nur angesprochen werden, was zur Beantwortung der Fallfrage maßgeblich ist. Lautet sie, ob ein prozessuales Vorgehen Erfolg haben wird, ist die Begründetheit nicht mehr maßgeblich, wo bereits die Prüfung der Zulässigkeit zu einem negativen Ergebnis führt. Dass von Bearbeitern – selbst wenn die Fallfrage dies nicht ausdrücklich erwähnt –, eine hilfsgutachtliche Prüfung der Begründetheit regelmäßig erwartet wird, hat einen didaktischen und einen prozessrechtlichen Grund:

- Der didaktische Grund: Klausuren sind so konzipiert, dass nach Möglichkeit alle im Fall enthaltenen Rechtsprobleme erörtert werden. Das Gericht kann bei unzulässigen Klagen auf die Begründetheitsprüfung verzichten, ein Gutachter darf dies nicht. Dies gilt umso mehr, als die meisten Klausuren Raum für unterschiedliche Lösungswege bieten müssen. Prüfungstiefe und Prüfungsumfang sollen nicht primär davon abhängen, ob sich ein Bearbeiter für Lösung A entschieden hat,

19 *Schoch* Jura 2003, 752 (756).
20 Eine aA ist ebenso vertretbar.

die zu einer Fortsetzung der Prüfung führen muss, oder für Lösung B, die eine Fortsetzung der Prüfung eigentlich ausschließt (weil sie zur Unzulässigkeit der Klage führt). Bearbeiter, die einer vertretbaren, aber uU dem Lösungsmodell des Klausurstellers nicht entsprechenden Ansicht folgen oder die bei der Subsumtion bereits in einem frühen Abschnitt der Lösung einen Fehler machen, sollen sich nicht den Schwerpunkt der Prüfung selbst abschneiden, wenn dieser an einer nachgelagerten Stelle liegt. Insofern ermöglicht das Hilfsgutachten in der Klausur die Bewertung juristischer Fähigkeiten auf einer hinreichend breiten und möglichst einheitlichen Erkenntnisbasis.

- Der prozessrechtliche Grund: Hilfsgutachten haben auch mit Blick auf den Verwaltungsprozess einen guten Sinn, und zwar unter zwei Aspekten. Erstens kommt es für die Urteilsverkündung auf die Rechtslage im Zeitpunkt der letzten Verhandlung, nicht auf diejenige bei Erhebung der Klage an. Ist die Klage also zunächst unzulässig, müssen Anwalt wie Richter uU die Möglichkeit in Betracht ziehen, dass das Zulässigkeitshindernis im Laufe des Prozesses entfällt und dann über die materiellen Rechtsfragen auch entschieden werden kann und muss – und sich zur Sache deshalb ein Hilfsgutachten zurechtlegen. Ähnliches ergibt sich – zweitens – vor dem Hintergrund der begrenzten Wirkungen der Rechtskraft (vgl. § 322 ZPO): Erwächst ein Urteil in Rechtskraft, kann über den Streitgegenstand kein erneuter Prozess geführt werden. Dies wirkt sich aber unterschiedlich aus, je nachdem, ob ein Klagantrag unzulässig oder unbegründet ist. Denn die Rechtskraft erfasst immer nur das Urteil und die dieses tragenden wesentlichen Entscheidungsgründe. Bei einer Abweisung der Klage als unzulässig hat das Gericht über Sachfragen noch nicht entschieden, sie werden von der Rechtskraft also nicht erfasst. Somit ist nicht ausgeschlossen, sie in einem späteren Gerichtsverfahren noch zu behandeln. Dieses kann sogar – wenn Fristen dies noch gestatten – im Wege der gleichen Klageart durchgeführt werden, denn die Behebung eines Zulässigkeitshindernisses verändert den Lebenssachverhalt, sodass die Rechtskraft einer erneuten Klage insoweit nicht mehr im Wege steht. Dass vielleicht doch noch irgendwann über die materiellen Rechtsfragen entschieden wird, müssen die Beteiligten also von vornherein in Erwägung ziehen.

B. Begründetheit

Die Klage ist nach § 113 V 1 VwGO begründet, wenn und soweit die Ablehnung des Verwaltungsakts rechtswidrig und der Kläger dadurch in seinen Rechten verletzt ist und die Sache spruchreif ist. Die Ablehnung ist dann rechtswidrig, wenn A einen Anspruch auf Erhalt einer Gaststättenerlaubnis hat.

Hinweis: Sofern ein Anspruch aus §§ 2, 4 GastG nicht schon oben in der Klagebefugnis abgelehnt wurde, ist er hier zu behandeln. Wurde der Anspruch hingegen schon in der Zulässigkeit verneint, bedarf es der folgenden Ausführungen nicht.

I. Anspruch aus §§ 2, 4 GastG

Ein Anspruch direkt aus Gesetz scheitert, wenn die Voraussetzungen für eine Gaststättenerlaubnis nach § 4 I 1 Nr. 2 GastG nicht bestehen, s. oben. Die inhaltlichen Gründe, aus denen eine Gaststättengenehmigung versagt werden kann, finden sich in § 4 I GastG. A ist zwar nicht unzuverlässig iSd § 4 I 1 Nr. 1 GastG. Nach § 4 I 1 Nr. 2 GastG ist jedoch weiter Voraussetzung, dass die Räume, die zum Betrieb der Gaststätte oder zum Aufenthalt der Beschäftigten bestimmt sind, wegen ihrer Lage, Beschaffenheit, Ausstattung oder Einteilung für den Betrieb geeignet sein müssen. Während des Genehmigungsverfahrens hat sich aber herausgestellt, dass sich in den Räumlichkeiten des A, in denen er die Gaststätte eröffnen möchte, keine ausreichenden Sanitäranlagen verwirklichen lassen und sich auch die Küche nicht unter Beachtung aller bestehenden Hygienevorschriften einbauen lässt. Der Gaststättenerlaubnis steht damit ein Versagungsgrund nach § 4 I 1 Nr. 2 GastG im Wege. § 4 I 1 GastG sieht eine gebundene Entscheidung vor, die Versagung gegenüber A ist also zwingend.

II. Anspruch aus der Zusicherung vom 2.8.2012

A könnte einen Anspruch auf Erteilung der Gaststättenerlaubnis aus der Zusicherung ableiten. Aus dem Sachverhalt geht hervor, dass es sich tatsächlich um eine Zusicherung handelt, nicht hingegen um eine bloße Auskunft oder einen Hinweis auf die Rechtslage, denen die rechtliche Bindungswirkung fehlen würde.

Dafür muss die Zusicherung aber wirksam sein. Eine Zusicherung ist nach § 38 VwVfG wirksam und entfaltet Rechtswirkungen, wenn sie ordnungsgemäße zustande gekommen ist, nicht nichtig und nicht aufgehoben worden ist.

Hinweis: Die Zusicherung wird in dieser Fallkonstellation nicht angegriffen. A wendet sich allein gegen den Bescheid vom 13.11.2012 und allein hiergegen richtet sich auch das Anfechtungselement der Versagungsgegenklage. Ungeachtet der Frage, ob die Zusicherung ein Verwaltungsakt darstellt, wäre die Zusicherung nach diesen Maßstäben auch bestandskräftig geworden. Für die Fallbearbeitung ist hier nur entscheidend, ob die Zusicherung einen Anspruch gewährt, also Rechtswirkungen entfaltet. Für Rechtswirkungen hingegen ist nur die Wirksamkeit einer Handlung entscheidend, nicht aber, sofern diese nicht direkt von einem der Beteiligten angegriffen wird, ihre Rechtmäßigkeit.

1. Zustandekommen

a) Zuständige Behörde

§ 38 VwVfG knüpft die Wirksamkeit einer Zusicherung an das Handeln der zuständigen Behörde. Zuständig für die Zusicherung ist diejenige Behörde, die auch für den Erlass des zugesicherten Verwaltungsakts zuständig ist.[21] Nach dem Sachverhalt ist der Bürgermeister der Stadt S zuständig für die Erteilung der Gaststättenerlaubnis. Damit war der Bürgermeister auch für die Zusicherung zuständig.

b) Schriftform

Die von § 38 VwVfG geforderte Schriftform ist gewahrt.

2. Keine Nichtigkeit

§ 38 II VwVfG erstreckt die Anwendung der Regelungen über die Nichtigkeit eines Verwaltungsakts nach § 44 VwVfG auf die Zusicherung. Die Zusicherung darf also nicht so schwer und so offensichtlich rechtswidrig sein, dass dies ihre Nichtigkeit begründet.

a) Rechtmäßigkeit

Die Rechtmäßigkeit einer Zusicherung bestimmt sich grundsätzlich nach denselben Voraussetzungen, die auch für den Erlass des zugesicherten Verwaltungsakts gelten.[22] Rechtsgrundlage für den Erlass einer Gaststättengenehmigung sind die §§ 2, 4 GastG.

---

21 *Kingler/Krebs* JuS 2010, 1059 (1060); *Hebeler/Schäfer* Jura 2010, 881 (882); *Kopp/Ramsauer* § 38 Rn. 18.

22 *Kingler/Krebs* JuS 2010, 1059 (1062); Stelkens/Bonk/Sachs/*U. Stelkens* § 38 Rn. 85; *Kopp/Ramsauer* § 38 Rn. 23.

Ihre formelle Rechtmäßigkeit begegnet keinen Bedenken. Die Gaststättenerlaubnis ist ein begünstigender Verwaltungsakt, sodass A vor deren Erlass nicht nach § 28 VwVfG hätte angehört werden müssen. Gleiches muss für den Erlass der Zusicherung gelten.

Die Zusicherung muss sich aber auch inhaltlich-materiell auf einen rechtmäßigen Verwaltungsakt beziehen. Die inhaltlichen Gründe, aus denen eine Gaststättengenehmigung versagt werden kann, finden sich in § 4 I GastG. A ist nicht unzuverlässig iSd § 4 I 1 Nr. 1 GastG. Nach § 4 I 1 Nr. 2 GastG ist weiter Voraussetzung, dass die Räume, die zum Betrieb der Gaststätte oder zum Aufenthalt der Beschäftigten bestimmt sind, wegen ihrer Lage, Beschaffenheit, Ausstattung oder Einteilung für den Betrieb geeignet sein müssen. Während des Genehmigungsverfahrens hat sich aber herausgestellt, dass sich in den Räumlichkeiten des A, in denen er die Gaststätte eröffnen möchte, keine ausreichenden Sanitäranlagen verwirklichen lassen und sich auch die Küche nicht unter Beachtung aller bestehenden Hygienevorschriften einbauen lässt. Die Gaststättenerlaubnis muss – was § 4 I 1 Nr. 2 GastG zwingend anordnet – versagt werden. Da sich die Zusicherung auf ihre Erteilung und folglich auf einen rechtswidrigen Verwaltungsakt bezieht, ist sie selbst rechtswidrig.

Hinweis: Sollten Bearbeiter die Möglichkeit einer Verletzung des Anspruchs aus §§ 2, 4 GastG bejahen (s. oben.), können diese Ausführungen auch im Rahmen der Anspruchsprüfung in der Begründetheit erörtert werden.

b) Nichtigkeit als Fehlerfolge, § 44 VwVfG

Ohne alle Rechtswirkungen bleibt die Zusicherung aber nur, wenn die Rechtswidrigkeit nach §§ 38 II, 44 VwVfG auch die Nichtigkeit nach sich zieht.

Die Bezugnahme auf einen Verwaltungsakt, der unter Verstoß gegen § 4 I 1 Nr. 2 GastG erlassen werden würde, stellt keinen Fehler dar, der nach § 44 II VwVfG zwingend zur Nichtigkeit führt, allerdings auch keinen solchen, der nach § 44 III VwVfG alleine regelmäßig nicht die Nichtigkeit begründet. Nach §§ 38 II, 44 I VwVfG ist eine Zusicherung unabhängig davon nichtig, soweit sie an einem besonders schwerwiegenden Fehler leidet und dies bei verständiger Würdigung aller in Betracht kommenden Umstände offensichtlich ist. Der Rechtsverstoß muss dem Verwaltungsakt geradezu »auf die Stirn geschrieben« sein und sich dem Betrachter aufdrängen.[23] Abzustellen ist dabei auf einen verständigen Durchschnittsbetrachter, nicht die Auffassungsgabe eines erfahrenen Juristen.[24] Der Fehler der zugesicherten Gaststättenerlaubnis, und damit auch der Fehler der Zusicherung, bezieht sich auf gaststättenrechtliche Voraussetzungen. Die Räume, in denen A seine Gaststätte eröffnen möchte, lassen es nicht zu, bestehende Hygienevorschriften und Vorgaben zur Beschaffenheit von Sanitäranlagen einzuhalten. Solche technisch geprägten Vorschriften sind nicht einmal im GastG, sondern in untergesetzlichen Verordnungen oder Verwaltungsvorschriften normiert. Detaillierte Kenntnis hierüber haben grundsätzlich nur Fachleute. Es ist deshalb schon nicht einmal davon auszugehen, dass die Planungen des A offensichtliche Rechtsverstöße aufweisen. Auch dass es sich um einen besonders schweren Fehler

23 BSGE 17, 79 (83); *Kopp/Ramsauer* § 44 Rn. 12; *Will/Rathgeber* JuS 2012, 1057 (1060 f.).

24 BVerwGE 19, 284 (287); *Bull/Mehde* VerwR AT Rn. 760; *Maurer* VerwR AT § 10 Rn. 32; *Will/Rathgeber* JuS 2012, 1057 (1060 f.).

handelt, ist vor dem Hintergrund zu bezweifeln. Die Zusicherung ist somit nicht nichtig.

3. Keine Aufhebung

Der Rechtswirksamkeit der Zusicherung kann schließlich entgegenstehen, dass sie aufgehoben wurde. § 38 II VwVfG verweist hierzu auf die Regeln über Rücknahme und Widerruf gemäß §§ 48, 49 VwVfG.

a) Vorliegen eines Aufhebungsaktes

Ausdrücklich hat die Behörde keine Rücknahme oder Widerruf der Zusicherung erklärt. Jedoch hat die Behörde mit Schreiben vom 13.11.2012 deutlich gemacht, dass sie A keine Genehmigung erteilen wird, weil die Voraussetzungen dafür nicht gegeben seien. Wie dieses Schreiben einzuordnen ist, muss durch Auslegung analog §§ 133, 157 BGB ermittelt werden.[25] Der Bürgermeister hat im Schreiben vom 13.11.2012 nach längeren Verhandlungen zu erkennen gegeben, dass er nicht bereit ist, eine Gaststättenerlaubnis zu erteilen. Dass aber A zuvor eine darauf gerichtete Zusicherung erhalten hatte, war in der Behörde bekannt. Mit der Aussage vom 13.11.2012 hat die Behörde deshalb nicht nur die Erteilung der Erlaubnis abgelehnt, sondern gleichzeitig auch signalisiert, dass sie sich an ihre frühere Zusicherung nicht mehr gebunden fühlt.

b) Rechtmäßigkeit der Aufhebung

Die Aufhebung einer Zusicherung erfolgt jedoch nicht voraussetzungslos. Für die Zusicherung sind nach § 38 II VwVfG die Regeln über die Bestandskraft von Verwaltungsakten anzuwenden, sodass die Rechtswirkungen der Zusicherung vom 2.8.2012 nicht mehr ohne Weiteres rückgängig gemacht werden konnten. Vielmehr müssen die Vorschriften zur Aufhebung nach §§ 48, 49 VwVfG Beachtung finden. Erlässt eine Behörde einen Verwaltungsakt inhaltlich konträr zu einem früheren Verwaltungsakt, ist grundsätzlich eine konkludente Aufhebung anzunehmen.[26] Die Rechtmäßigkeitsvoraussetzungen der konkludent erklärten Aufhebung müssen aber erfüllt sein.

Hinweis: Im Gegensatz zur Zusicherung kommt es für die Rücknahme hier auf die Rechtmäßigkeit an. Mit der Versagungsgegenklage, die A erhoben hat, begehrt er nicht nur die Erteilung eines Verwaltungsaktes, sondern ficht gleichzeitig auch die erhaltene Ablehnung an, s. oben. Während für die Zusicherung, die A nicht angegriffen hat, die Wirksamkeit maßgeblich war, hat A die konkludente Rücknahme angefochten, sodass diese nur Bestand haben kann, wenn sie rechtmäßig ist.

(1) Rechtsgrundlage der Aufhebung

Die Zusicherung war aufgrund eines Verstoßes der zugesicherten Gaststättenerlaubnis gegen § 4 I 1 Nr. 2 GastG rechtswidrig, sodass es sich um eine Rücknahme nach § 48 VwVfG handelt.

25 Zur Anwendung dieser Grundsätze BVerwGE 41, 305 (306); 67, 305 (307 f.); *Kluth* NVwZ 1990, 608 (610).

26 BVerwGE 62, 1 (5); *Kopp/Ramsauer* § 48 Rn. 29 mwN.

(2) Formelle Rechtmäßigkeit der Rücknahme

(a) Zuständigkeit

Für die Aufhebung eines Verwaltungsakts ist die Behörde zuständig, die den aufzuhebenden Verwaltungsakt erlassen hat.[27] Hier hat der Bürgermeister die Zusicherung abgegeben und sie auch wieder aufgehoben. Die Zuständigkeit ist damit gewahrt.

(b) Verfahren

Die Rücknahme der Zusicherung führt dazu, dass für A der Anspruch aus der Zusicherung wegfällt, weshalb es sich um einen belastenden Verwaltungsakt handelt. A musste vor dem Erlass nach § 28 VwVfG angehört werden. Die Anhörung gibt dem Betroffenen die Gelegenheit, sich zu den entscheidungserheblichen Umständen zu äußern, welche die Behörde dann in ihre Entscheidung einzubeziehen hat.[28] Nachdem sich gezeigt hatte, dass die Räume des A ohne weitere Umbauarbeiten nicht für den Betrieb einer Gaststätte geeignet sind, haben A und der Bürgermeister verschiedene Gespräche geführt. Während dieser Gespräche hat der Bürgermeister auch darauf hingewiesen, dass das gesamte Vorhaben noch scheitern könne. A hatte also ausreichende Gelegenheit, sich hierzu zu äußern. Vor der konkludenten Rücknahme der Zusicherung wurde A mithin angehört.

(c) Form

Die gesetzliche Regelung enthält keine ausdrücklichen Vorgaben für die Form eines Rücknahmebescheids. Nach dem actus-contrarius-Gedanken hat aber eine Rücknahme in derselben Form zu geschehen wie der aufzuhebende Akt. Sowohl die Zusicherung vom 2.8.2012 als auch deren konkludente Rücknahme vom 13.11.2012 erfolgten schriftlich. Die Rücknahme wurde damit formgerecht erklärt.

(3) Materielle Rechtmäßigkeit

(a) Tatbestandsvoraussetzungen

Nach §§ 38 II, 48 I 1 VwVfG betrifft die Rücknahme rechtswidrige Verwaltungsakte. Die Zusicherung ist rechtswidrig. Aus § 48 I 1 VwVfG geht auch hervor, dass es für die Rücknahme unerheblich ist, wenn der aufzuhebende Verwaltungsakt schon bestandskräftig ist.

Die Rücknahme begünstigender Verwaltungsakte unterliegt zusätzlichen Voraussetzungen. § 48 VwVfG differenziert zwischen Verwaltungsakten, die eine einmalige oder laufende Geldleistung oder teilbare Sachleistung zum Gegenstand haben und von Abs. 2 erfasst werden, und allen weiteren, deren Rücknahme in Abs. 3 geregelt ist. Während eine Rücknahme nach Abs. 2 nur unter zusätzlichen Voraussetzungen, die den Vertrauensschutz betreffen, möglich ist, wird Vertrauensschutz bei Abs. 3 vor allem im Anschluss an die Rücknahme relevant für einen möglichen finanziellen Ausgleichsanspruch. Vertrauensschutz stellt aber gerade keine Tatbestandsvoraussetzung

---

27 Wolff/Decker/*Decker* § 48 VwVfG Rn. 39; *Kopp/Ramsauer* § 48 Rn. 164, vgl. *Martini* JA 2013, 442 (442).

28 *Maurer* VerwR AT § 19 Rn. 20.

für die Rücknahme begünstigender Verwaltungsakte dar, die einen Vorteil iSd Abs. 3 gewähren.

Bei der Zusicherung handelt es sich nicht um eine Regelung, die eine Geldleistung oder teilbare Sachleistung betrifft. Einschlägig ist deshalb Abs. 3, der keine weiteren tatbestandlichen Voraussetzungen aufstellt. Ein Verwaltungsakt, der keine einmalige oder laufende Geldleistung oder teilbare Sachleistung, sondern andere Vorteile zum Gegenstand hat, kann folglich ohne weitere Voraussetzungen zurückgenommen werden.

Die Zusicherung vom 2.8.2012 wurde durch Rücknahme vom 13.11.2012 aufgehoben. Die Rücknahmefrist des § 48 IV VwVfG ist also ebenfalls gewahrt.

(b) Rechtsfolge

Nach §§ 38 II, 48 I 1 VwVfG steht die Rücknahme im Ermessen der Behörde. Dies wirft die Frage auf, ob Vertrauensschutzgesichtspunkte, auch wenn sie für die Rücknahme von Verwaltungsakten iSd § 48 III VwVfG keine Tatbestandsvoraussetzung bilden, zumindest im Rahmen der Ermessensausübung einfließen müssen. A hatte darauf vertraut, aufgrund der Zusicherung eine Gaststättenerlaubnis erhalten zu können, und auch schon finanzielle Dispositionen dafür getroffen.

Ein Teil des Schrifttums verneint dies: Aspekte des Vertrauensschutzes seien abschließend in Abs. 2 normiert, bei Verwaltungsakten iSd Abs. 3 sei eine Berücksichtigung von Vertrauensschutz ausschließlich im Rahmen finanzieller Ausgleichsansprüche vorgesehen.[29] Es kann jedoch vorkommen, dass finanzieller Ausgleich allein bestehenden Vertrauensschutz nicht angemessen aufwiegen kann, etwa bei der Rücknahme einer Aufenthaltsgenehmigung.[30] Sollte der Gesetzgeber ausgeschlossen haben, Vertrauensschutz bei der Rücknahmeentscheidung selbst zu berücksichtigen, wären Zweifel an der Verfassungsmäßigkeit dieser Regelung angebracht.[31] Auch Rücknahmeentscheidungen nach Abs. 3 unterliegen dem Ermessen der Behörde, das alle relevanten Gesichtspunkte einschließen muss und daher Vertrauensschutz nicht schlechthin ausklammern darf. Das Prinzip der Gesetzmäßigkeit der Verwaltung – durch die Rücknahme wird ein gesetzmäßiger Zustand hergestellt – wird auch insoweit durch das Prinzip der Rechtssicherheit begrenzt, zu dem Vertrauensschutz gehört. Allerdings kommt diesem Vertrauensschutz mit Blick auf den normierten Ausgleichsanspruch uU ein geringeres Gewicht zu als bei der Rücknahme von Verwaltungsakten iSd Abs. 2.

Die Entscheidung könnte unter einem Ermessensausfall leiden. Die Erteilung der Gaststättengenehmigung wurde gemäß § 4 I 1 Nr. 2 GastG versagt, weil die baulichen Voraussetzungen zum Betrieb einer Gaststätte fehlen. Hierbei handelte es sich um eine gebundene Entscheidung. Die Behörde könnte allein die zwingende Rechtslage bei der Versagung der Genehmigung am 13.11.2012 im Blick gehabt haben, mit der Folge, dass sie die Notwendigkeit der Ermessensausübung bei der gleichzeitig nur konkludent erklärten Rücknahme übersehen haben würde.

---

29 Erichsen/Ehlers/*Ruffert* VerwR AT § 24 Rn. 36.
30 Vgl. *Kopp/Ramsauer* § 48 Rn. 137; *Krausnick* JuS 2010, 681 (685).
31 *Ehlers/Kallerhoff* Jura 2009, 823 (832); vgl. zum Streitstand allgemein Wolff/Decker/*Decker* § 48 VwVfG Rn. 37 mwN.

Hinweis: Bei konkludenten Aufhebungserklärungen kann dies leicht eine Ursache für rechtswidriges Behördenhandeln sein

Der Bürgermeister der Stadt S hat aber in Kenntnis der Zusicherung schon während der Gespräche mit A in Aussicht gestellt, dass die Gaststättenerlaubnis möglicherweise nicht erteilt werden kann. Im Zuge der konkludenten Rücknahme hat er sogar ausdrücklich darauf hingewiesen, dass er sich der parallel bestehenden Zusicherung bewusst war und sie bei seinen Überlegungen berücksichtigt und einbezogen hat. Auch ein Ermessensausfall liegt deshalb nicht vor.

Dem Bürgermeister könnte jedoch ein Ermessensfehlgebrauch anzulasten sein, wenn die Rücknahme eine unverhältnismäßige Maßnahme ist. Sie dient dem Schutz der Gäste und Bediensteten und ist für diesen Zweck auch geeignet und erforderlich. Für die Angemessenheit ist beachtlich, dass A mit dem Betrieb seiner Gaststätte noch nicht begonnen hat. Die Bank hat sich zwar offen gegenüber einer Kreditvergabe gezeigt, zum Abschluss eines Kreditvertrags ist es aber noch nicht gekommen. Insgesamt befand sich A noch in der Planungsphase, was sein Vertrauen gering halten musste. Zwar hat A im Vorfeld 5.000 EUR für die Inneneinrichtung ausgegeben, diese Summe erscheint angesichts der möglichen Belästigungen und Gefahren, die für Dritte aus dem Betrieb in ungeeigneten Gaststättenräumen erwachsen, aber nicht besonders gravierend. Hinzu kommt, dass die rechtswidrige Zusicherung maßgeblich auf den fehlerhaften Plänen des A beruht und A die Pläne auch vorsätzlich manipuliert hatte. Insoweit ist sein Vertrauen auch nicht schutzwürdig (vgl. den Gedanken aus § 48 II 3 Nr. 2 VwVfG). Ein Ermessensfehler ist nicht erkennbar.

(4) Zwischenergebnis

Die Rücknahme der Zusicherung war rechtmäßig. Die Zusicherung entfaltet keine Rechtswirkungen mehr und kommt als Anspruchsgrundlage nicht in Betracht.

III. Ergebnis

A hat keinen Anspruch auf eine Gaststättenerlaubnis. Seine unzulässige Klage wäre auch unbegründet.

Zusatzfrage:

Ein finanzieller Ausgleichsanspruch bei der Rücknahme eines Verwaltungsakts ist in § 48 III VwVfG vorgesehen. A könnte ihn in Höhe von 4.000 EUR geltend machen; dies ist der Verlust, den er beim Verkauf seiner für 5.000 EUR erworbenen und wegen der Rücknahme der Zusicherung nicht mehr einsetzbaren Inneneinrichtung erlitten hat.

IV. Anspruchsvoraussetzungen

1. Antrag

Einen Antrag auf Ausgleich des Vermögensnachteils hat A gestellt.

2. Schutzwürdiges Vertrauen

Der Anspruch besteht allerdings nach § 48 III 1 VwVfG nur, soweit das Vertrauen des Betroffenen unter Abwägung mit dem öffentlichen Interesse schutzwürdig ist. Hierzu wird im Gesetz auf § 48 III 3 VwVfG verwiesen. Nach dessen Nr. 2 kann sich der Betroffene auf Vertrauen nicht berufen, wenn er den Verwaltungsakt durch Angaben erwirkt hat, die in wesentlicher Beziehung unrichtig oder unvollständig waren. Wodurch aber ein »Erwirken« gekennzeichnet ist, wird nicht einhellig beurteilt.

Manche verlangen ein zweck- und zielgerichtetes Handeln des Begünstigten, das gerade für die Fehlerhaftigkeit und nicht den Erlass als solchen kausal geworden ist.[32] Auf Verschulden des Begünstigten im technischen Sinne kommt es nicht an.[33] Für andere reicht es aus, dass die fehlerhaften Angaben für die Rechtswidrigkeit des Verwaltungsakts kausal geworden sind.[34] A hat seine Konzeptunterlagen geschönt, also vorsätzlich manipuliert. Sie geben die räumlichen Verhältnisse aufgrund der Manipulation unzutreffend wieder. Die Angaben waren für den Bürgermeister die Grundlage, um die Zusicherung zu erteilen. Selbst nach der engsten Auffassung stellt dies ein »Erwirken« dar. Das Vertrauen des A ist deshalb nicht schutzwürdig.

V. Ergebnis

Ein Anspruch auf finanziellen Ausgleich besteht nicht.

Exkurs

Die Vorschrift des § 48 IV VwVfG ist mit Bezug auf die Rücknahme Ausgangspunkt eines umfangreichen Streitstandes. Dabei geht es um die Frage, wann die Rücknahmefrist für die Behörde beginnt. § 48 IV VwVfG stellt dafür auf die Kenntnisnahme von Tatsachen ab, die die Rücknahme rechtfertigen. Problematisch wird dies insbesondere bei sog. Rechtsanwendungsfehlern, bei denen die Behörde zum Zeitpunkt des Erlasses von allen Tatsachen, die für den Erlass relevant sind, korrekte Kenntnis hat, aber das materielle Recht falsch anwendet – also falsch subsumiert – und so einen rechtswidrigen Verwaltungsakt produziert. In dieser Situation kennt die Behörde schon beim Erlass die tatsächlichen Tatsachen, die zur Rücknahme des Verwaltungsakts berechtigen. Beginnt nun die Jahresfrist des § 48 IV VwVfG schon mit dem Erlass des Verwaltungsakts, weil die Behörde die zugrunde liegenden Tatsachen kennt, auch wenn sie sich ihres Rechtsanwendungsfehlers gar nicht bewusst ist?

Bei der Auseinandersetzung mit diesem Problem sind drei Fragen zu unterscheiden.

1. Ein Teil der Lehre versteht Rechtsanwendungsfehler nicht als »Tatsachen«, dementsprechend würden sie nicht von § 48 IV VwVfG erfasst.[35] Hierfür sprechen der Wortlaut der Vorschrift und das allgemeine Sprachverständnis. Als Konsequenz dürften Rechtsanwendungsfehler überhaupt keiner Rücknahmefrist unterliegen. Da dies jedoch den Bürger der Rücknahme von Verwaltungsakten in zeitlicher Hinsicht

32 VGH München NVwZ 2001, 931 (932); *Kopp/Ramsauer* § 48 Rn. 116.

33 BVerwGE 78, 139 (142); *Kopp/Ramsauer* § 48 Rn. 119; *Maurer* VerwR AT § 11 Rn. 31.

34 BVerwGE 74, 357 (364); 78, 139 (142); *Maurer* VerwR AT § 11 Rn. 31; *Ehlers/Kallerhoff* Jura 2009, 823 (830).

35 Stelkens/Bonk/Sachs/*Sachs* § 48 Rn. 223; *Maurer* VerwR AT § 11 Rn. 35a; *Schoch* NVwZ 1985, 880 (884).

schutzlos ausliefern würde, wird mitunter eine analoge Anwendung des § 48 IV VwVfG ins Spiel gebracht.[36]

Die Rechtsprechung lässt hingegen auch Rechtsanwendungsfehler in den Anwendungsbereich des § 48 IV VwVfG fallen.[37] Sie beruft sich auf die vergleichbare Schutzwürdigkeit des Betroffenen. Sollten Rechtsanwendungsfehler ohnehin nicht von § 48 IV VwVfG erfasst sein, wäre außerdem der Verweis in S. 2 auf den Widerrufsgrund in Abs. 2 S. 3 Nr. 1 entbehrlich. Bei der dort geregelten Erwirkung des Verwaltungsakts durch arglistige Täuschung, Drohung oder Bestechung handele es sich nämlich auch um (unbewusste) Rechtsanwendungsfehler der Behörde. Wenn Rechtsanwendungsfehler aber sowieso nicht von § 48 IV VwVfG erfasst wären, hätte man die Anwendung auf diesen Fall nicht ausdrücklich ausschließen müssen.

2. Darüber hinaus stellt sich die Frage, wann die Rücknahmefrist beginnt, was insbesondere wiederum bei Rechtsanwendungsfehlern relevant wird.

a) Nach einer Auffassung beginnt die Frist des § 48 IV VwVfG bereits dann, wenn die Tatsachen, welche die Rechtswidrigkeit begründen, bekannt sind, selbst wenn der Behörde die Rechtswidrigkeit zu diesem Zeitpunkt noch nicht bewusst ist.[38] Bei Rechtsanwendungsfehlern fällt dieser Zeitpunkt regelmäßig mit dem Erlass des Verwaltungsakts zusammen. Die Behörde hat dann ein Jahr Zeit, um die Rechtswidrigkeit zu erkennen (falls noch nicht geschehen), die für die Rücknahme und Ausübung des Rücknahmeermessens wesentlichen Tatsachen zu ermitteln und zu bearbeiten und die Entscheidung über die Rücknahme zu treffen (Erkennens-, Ermittlungs- und Entscheidungsfrist).

b) Eine vor allem in der Literatur verbreitete Ansicht lässt die Frist beginnen, wenn die Behörde die Rechtswidrigkeit des Verwaltungsakts erkennt.[39] Danach hat sie ein Jahr Zeit, um die Umstände zu ermitteln und zu bearbeiten, die für die Ausübung des Ermessens maßgeblich sind, und eine Entscheidung über die Rücknahme zu treffen (Ermittlungs- und Entscheidungsfrist).

c) Nach einer stark durch die Rechtsprechung geprägten Vorstellung beginnt die Frist erst dann, wenn die Behörde die Rechtswidrigkeit erkannt und zusätzlich alle Umstände, die für die Ausübung des Rücknahmeermessens notwendig sind, ermittelt und bearbeitet hat.[40] Innerhalb der Frist des § 48 IV VwVfG ist damit nur noch über die Rücknahme selbst zu entscheiden; es handelt sich bei diesem Verständnis um eine reine Entscheidungsfrist.

d) Versteht man die Frist des § 48 IV VwVfG als eine Erkennens-, Ermittlungs- und Entscheidungsfrist, wird dies oftmals dazu führen, dass eine Rücknahme schon dann verfristet ist, bevor die Behörde überhaupt erkannt hat, dass sie in Betracht kommt. Das Konzept der Rechtsprechung muss hingegen dazu führen, dass eine Rücknahme auch viele Jahre nach Erlass des Verwaltungsakts noch möglich ist. Für den Bürger entsteht dann kaum jemals Rechtssicherheit; die ihr eigentlich dienende zeitliche Be-

---

36 *Maurer* VerwR AT § 11 Rn. 35a; *Pünder* VR 2001, 129 (133).

37 BVerwGE 70, 356 (357 f.); 66, 61 (64); BVerwG NVwZ 1987, 500 (500).

38 BVerwGE 66, 61 (63).

39 *Maurer* VerwR AT § 11 Rn. 35a; Knack/Henneke/*Meyer* § 48 Rn. 83.

40 BVerwGE 70, 356 (362 f.); 100, 199 (201 f.); BVerwG NVwZ 2002, 485 (485); Wolff/Decker/*Decker* § 48 VwVfG Rn. 32.

grenzung des § 48 IV VwVfG entfaltet damit kaum die erwünschte rechtssichernde Wirkung. Die Behörde hätte es gar in der Hand, durch neue Ermittlungen den Fristbeginn selbst zu beeinflussen. Der Vorteil dieses Verständnisses ist jedoch ein erhöhtes Maß an Praktikabilität. Außerdem hat auch der Gesetzgeber eine Klarstellung im VwVfG für den Fristbeginn unter Hinweis auf diese neuere Rechtsprechung für entbehrlich gehalten.

3. Schließlich ist noch unklar, ob auf die Behörde als solche oder nur den zuständigen Amtswalter abzustellen ist, wenn es um die Kenntnis der Rechtswidrigkeit und der zugrundeliegenden Tatsachen geht.[41] Hier spricht vieles dafür, nur auf die nach außen handelnde Behörde abzustellen. Alles Weitere ist Sache der behördeninternen Arbeitsteilung, die der Bürger in der Regel nicht kennt und deren Identität für das rechtswirksame Handeln von Behörden irrelevant ist.

41 Vgl. *Maurer* VerwR AT § 11 Rn. 35a.

Fall 11 – Für Subventionen keine Subventionen

Sachverhalt

Das Bundesforschungsministerium vergibt auf Antrag Subventionen für feministische Forschung. Diese kommen besonders förderungswürdigen Projekten der Forschung in Frauenfragen zugute. Eine gesetzliche Grundlage besteht nicht, doch sind im Bundeshaushalt für »Zuwendungen mit dem Ziel der Frauenförderung« die notwendigen Mittel ausgewiesen.

Auf Antrag erhält Professorin F von der Juristischen Fakultät der Universität U im Oktober 2012 für ihr Studienprojekt zu »Gleichberechtigung und Gleichstellung der Geschlechter unter dem Grundgesetz«, das auch die Herausgabe eines Kurzlehrbuchs umfassen soll, unter Beachtung der einschlägigen Vergaberichtlinien eine finanzielle Zuwendung für feministische Forschung in Höhe von 10.000 EUR. Die Mittel muss F innerhalb von zwei Jahren anfordern. Der Zuwendungsbescheid enthält einen als »Nebenbestimmung« ausgewiesenen Zusatz, dass die Mittel innerhalb von sechs Monaten nach dem Anforderungstermin für den bestimmten Zweck zu verwenden seien und F dem Ministerium hierüber Rechenschaft abzulegen habe.

F fordert die Mittel im Dezember 2012 an. Im März 2013 setzt F die Mittel ein, allerdings für die Herstellung eines »Handbuchs des Subventionsrechts«, das, wie F meint, von größerer gesamtwirtschaftlicher Bedeutung ist als das Gleichstellungsbuch. Mit dem Subventionshandbuch hat F bereits 15.000 EUR Gewinn erwirtschaftet. Hiervon erfährt das Ministerium im Juni 2013 und teilt der F im August 2013 schriftlich mit, dass es den Zuwendungsbescheid mit Wirkung für die Vergangenheit aufhebe. Zwei Monate später erhält F außerdem die schriftliche Mitteilung, dass sie den Betrag von 26.000 EUR (10.000 EUR zuzüglich 5% Zinsen – der Basiszinssatz beträgt infolge der Finanzkrise 0% – für zwei Jahre aus diesem Betrag zuzüglich 15.000 EUR Gewinn) innerhalb einer näher bestimmten Frist an das Ministerium zu erstatten habe. F erhebt gegen beide Anordnungen fristgerecht Klage.

Wie wird das Verwaltungsgericht entscheiden? Gegebenenfalls ist ein Hilfsgutachten zu erstellen.

Übersicht XXII: Sekundäransprüche nach Rücknahme und Widerruf
(von begünstigenden Verwaltungsakten)

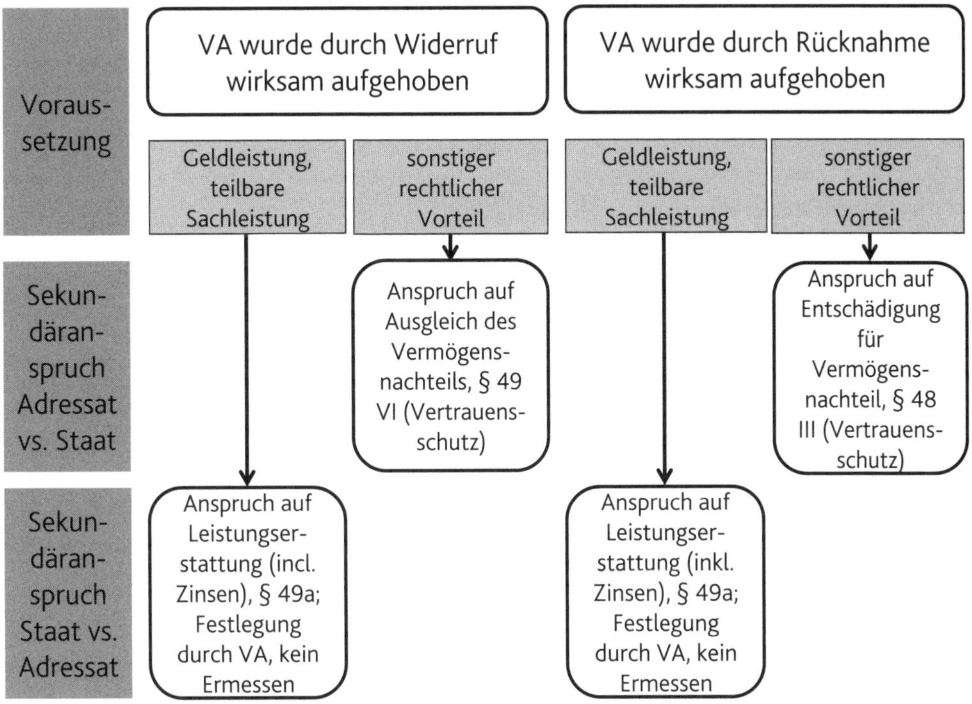

Lösung

Schwerpunkte:
- Widerruf
- Leistungsverwaltung
- Subventionsrückforderung
- actus-contrarius-Gedanke

A. Zulässigkeit

I. Eröffnung des Verwaltungsrechtswegs

Eine aufdrängende Sonderzuweisung besteht nicht. Entscheidend ist damit § 40 I VwGO, es muss sich also um eine öffentlich-rechtliche Streitigkeit nicht verfassungsrechtlicher Art handeln.[1] Es geht hier um die Aufhebung einer finanziellen Zuwendung und die darauf basierende Rückforderung. Diese Maßnahmen richten sich nach §§ 48, 49, 49a VwVfG. Zur Aufhebung und Rückforderung berechtigt sind ausschließlich Träger öffentlicher Gewalt, sodass es sich um öffentlich-rechtliche Vorschriften handelt.

Man könnte auch versucht sein, hier auf die Rechtsform der Gewährung abstellen. Würde es sich dabei um eine Zuwendung nach öffentlichem Recht handeln, müsste unter Berücksichtigung des actus-contrarius-Gedankens die Aufhebung ebenfalls öffentlich-rechtlich erfolgen.[2] Problematisch an diesem Vorgehen ist aber, dass dann vom Sollen auf das Sein geschlossen würde. Ob nämlich die Behörde sich wirklich an diese Anforderung gehalten hat, was für die Rechtsnatur ihres Handelns maßgeblich ist, würde damit keine Rolle spielen.

Die Streitigkeit ist auch nichtverfassungsrechtlicher Art. Eine abdrängende Sonderzuweisung besteht nicht. Der Verwaltungsrechtsweg ist nach § 40 I VwGO eröffnet.

II. Beteiligten- und Prozessfähigkeit

F ist nach § 61 Nr. 1 Var. 1 VwGO beteiligtenfähig und gemäß § 62 I Nr. 1 VwGO prozessfähig. Der Bund ist nach § 61 Nr. 1 Var. 1 VwGO beteiligtenfähig und prozessfähig nach § 62 III VwGO, vertreten durch den zuständigen Abteilungsleiter.

III. Statthafte Klageart

Die statthafte Klageart bestimmt sich gemäß § 88 VwGO nach dem auslegungsfähigen Begehren des Klägers. Das Geld ist F nicht durch einen zivilrechtlichen Schenkungsvertrag iSd § 516 BGB gewährt worden. Vielmehr handelte es sich um einen Subventionsbescheid, der einen verlorenen Zuschuss gewährt.[3] Sowohl die Aufhebung als auch die Rückforderung sind auf die Regelung eines Einzelfalls gerichtet und erfüllen beide die Merkmale eines Verwaltungsakts iSd § 35 S. 1 VwVfG.

1 Vgl. die Anmerkung oben Fall 5, Eröffnung des Verwaltungsrechtswegs.
2 Zum actus-contrarius-Gedanken *Bleckmann* JuS 1988, 174; *Maurer* VerwR AT § 10 Rn. 7b.
3 Vgl. *Maurer* VerwR AT § 17 Rn. 6.

Hinweis: Hier sind Widerruf und Rückzahlungsaufforderung in zwei äußerlich und zeitlich getrennte Verwaltungsakte gekleidet. Zwingend ist dieses Vorgehen für die Behörde aber nicht. Die Verwaltung kann auch beide Anordnungen in einem Bescheid verbinden, wobei es sich auch dann um zwei Verwaltungsakte handeln würde. Lautet der Bescheid hingegen nur auf Rückforderung, ist der zweite Verwaltungsakt auf Aufhebung lediglich konkludent erklärt. – Auch hier hilft genau genommen der actus-contrarius-Gedanke nicht weiter. Wenn die Gewährung in Form eines Verwaltungsakts erfolgte, bedeutet das zwar, dass auch die Aufhebung durch Verwaltungsakt zu geschehen hat. F muss sich aber nicht gegen die Aufhebung in der Form wehren, in der sie rechtmäßig wäre, sondern gegen die Aufhebung in der Form, die sie tatsächlich aufweist.

Statthaft ist in beiden Fällen die Anfechtungsklage nach § 42 I Var. 1 VwGO.

Hinweis: Im Folgenden wird für den Aufbau zwischen beiden Klage nicht unterschieden, sondern nur bei den einzelnen Zulässigkeitspunkten, je nach Bedarf, auf beide Klagen eingegangen.

IV. Klagebefugnis

Es muss die Möglichkeit bestehen, dass F durch die Aufhebung und Rückforderung in ihren Rechten verletzt ist. Hier ist F zwar Adressatin belastender Verwaltungsakte; ob allein mit dem Adressatengedanken die Klagebefugnis begründet werden kann, erscheint aber zweifelhaft. Der Adressatengedanke (»Adressatentheorie«) geht davon aus, dass der Adressat eines belastenden Verwaltungsakts zumindest in seiner allgemeinen Handlungsfreiheit aus Art. 2 I GG verletzt sein kann. Wird ihm eine zuvor zugesagte staatliche Leistung wieder entzogen, implizierte der Rückgriff auf den Adressatengedanken, dass der Adressat – weil er in Art. 2 I GG betroffen ist – auch einen Anspruch auf die Leistung aus Art. 2 I GG gehabt hat.[4]

Doch ist durch den Zuwendungsbescheid zwischen F und dem Zuwendenden ein Verwaltungsrechtsverhältnis entstanden, das auch subjektive öffentliche Rechte enthält,[5] insbesondere das Recht, die zugewendeten Mittel behalten zu dürfen. Der Zuwendungsbescheid ist mittlerweile in Bestandskraft erwachsen. Es ist nicht von vornherein auszuschließen, dass F durch die Aufhebung des Bescheids und die Rückforderung in ihrem Recht aus dem Zuwendungsbescheid, eine finanzielle Förderung in Höhe von 10.000 EUR zu erhalten, verletzt ist. Sie ist damit klagebefugt.

V. Vorverfahren

Nach § 68 I 1 VwGO ist vor Erhebung der Anfechtungsklage Widerspruch zu erheben. F hat keinen Widerspruch gegen den Widerruf und die Rückforderung erhoben. Nach § 68 I 2 Nr. 1 VwGO bedarf es jedoch dann keines Vorverfahrens, wenn der Verwaltungsakt von einer obersten Bundesbehörde erlassen worden ist, außer wenn ein Gesetz die Nachprüfung vorschreibt. Das Bundesforschungsministerium ist eine oberste Bundesbehörde und eine Nachprüfung ist nicht durch ein spezielles Gesetz vorgeschrieben. Der Widerspruch war damit nicht einmal statthaft.

VI. Klagefrist

Die Klagefrist des § 74 I 2 VwGO ist gewahrt.

4 *Schenke* VerwProzR Rn. 512.
5 Zum Verwaltungsrechtsverhältnis Erichsen/Ehlers/*Remmert* VerwR AT § 18; *Erbguth* VerwR AT § 10.

VII. Klagegegner

Richtiger Klagegegner ist nach § 78 I Nr. 1 VwGO der Bund.

VIII. Ergebnis

Die Verpflichtungsklage ist sowohl gegen die Aufhebung des Zuwendungsbescheids als auch gegen den Rückforderungsbescheid zulässig.

B. Objektive Klagehäufung, § 44 VwGO

Beide Anfechtungsklagen richten sich gegen denselben Beklagten, stehen miteinander im Zusammenhang und sind vor demselben Gericht zu verfolgen.

C. Begründetheit

Die Anfechtungsklagen sind nach § 113 I 1 VwGO begründet, soweit die Aufhebung und die Rückforderung rechtswidrig sind und F dadurch in ihren Rechten verletzt ist.

I. Aufhebung des Zuwendungsbescheids

1. Rechtsgrundlage des Aufhebungsbescheids

Ob Rechtsgrundlage für die Aufhebung die Rücknahme nach § 48 VwVfG oder der Widerruf nach § 49 VwVfG ist, hängt davon ab, ob der aufzuhebende Verwaltungsakt rechtmäßig oder rechtswidrig ist. Dabei ist der Zeitpunkt des Erlasses des Verwaltungsakts entscheidend für die Beurteilung seiner Rechtmäßigkeit.[6]

a) Rechtmäßigkeit des Zuwendungsbescheids

(1) Rechtsgrundlage

Eine Gesetzesgrundlage, auf die das Bundesministerium den Erlass des Zuwendungsbescheids stützen konnte, ist nicht ersichtlich. Dies muss jedoch nicht zwingend zur Rechtswidrigkeit des Zuwendungsbescheids führen, wenn eine Situation besteht, in der die Verwaltung für ihr Handeln keiner gesetzlichen Grundlage bedarf.

Die Vertreter der sog. Lehre vom Totalvorbehalt verlangten früher, dass jedes Handeln der Verwaltung auf einem formellen Gesetz oder einer Verordnung beruhen musste.[7] Dies wurde zum Teil damit begründet, dass das Parlament das einzig unmittelbar demokratisch legitimierte Organ sei und deshalb jegliches staatliches Handeln auf seine Entscheidung zurückführbar sein müsse. Auch wurde darauf abgestellt, dass staatliches Handeln von vornherein generell und abstrakt festgelegt werden müsse, um einen Missbrauch auszuschließen. Diese pauschale Bindung jedweden Verwaltungshandelns an gesetzliche Ermächtigungen würde allerdings zu einer Übernormierung führen, die das Parlament überfordert. Auch wenn ein solcher Totalvorbehalt den Schutz der Bürger bezweckt, würde er letztendlich die Möglichkeit, Leistungen

6 *Maurer* VerwR AT § 11 Rn. 11, § 10 Rn. 3; *Ehlers/Schröder* Jura 2010, 503 (506).
7 *Jesch*, Gesetz und Verwaltung, 2. Aufl. 1968, 171 ff.; *Rupp*, Grundfragen der heutigen Verwaltungsrechtslehre, 2. Aufl. 1991, 113 ff.

zu erhalten, erschweren, und die Rechte der Bürger damit verkürzen. Insbesondere bei Notfällen oder in Krisensituationen könnte die Verwaltung nicht mehr schnell und flexibel Leistungen gewähren.

Mittlerweile wird die Notwendigkeit einer Rechtsgrundlage differenzierter betrachtet. Das Prinzip der Gesetzmäßigkeit der Verwaltung enthält zum einen den Vorbehalt des Gesetzes und zum anderen den Vorrang des Gesetzes. Im Bereich des Vorrangs des Gesetzes hat die Verwaltung lediglich zu beachten, dass ihr Handeln nicht gegen höherrangiges Recht verstößt. Im Bereich des Vorbehalts des Gesetzes hingegen kann die Verwaltung nur dann handeln, wenn eine gesetzliche Grundlage sie zu dem Handeln ermächtigt.[8] Im Grundsatz ist der Vorbehalt des Gesetzes bei Eingriffen in Freiheit und Eigentum, Erlass von Verordnungen (vgl. Art. 80 I GG) und sonst wesentlichen Entscheidungen zu beachten.[9]

Prinzipiell ist es zwar möglich, dass auch eine finanzielle Förderung, die für den Empfänger allein begünstigenden Charakter hat, sich als Eingriff für Dritte – etwa Wettbewerber – darstellen kann. Dies ist hier aber nicht ersichtlich. Dennoch muss auch die Vergabe von Leistungen durch die Verwaltung stets in einem Verfahren erfolgen, das potenziell jedem Bürger die gleichen Chancen wahrt. Auch ist sicherzustellen, dass insbesondere das Berufen auf eine ständige Übung der leistungsgewährenden Behörde nicht zu staatlichen Zahlungspflichten in einem derartigen Umfang führen, dass sie die staatliche Leistungsfähigkeit überfordern.

Die Vergabe von (finanziellen) Förderungen ist also nur dann ohne eine gesetzliche Grundlage zulässig, wenn einerseits die Mittel im Haushaltsplan für den bestimmten Zweck ausgewiesen sind und so von vornherein eine Begrenzung der Zahlungspflichten existiert und andererseits Vergaberichtlinien vorhanden sind, die eine voraussehbare und gleichberechtigende Vergabe ermöglichen.[10] Auf die finanziellen Mittel zur Förderungen der feministischen Forschung trifft dies zu; sie sind im Bundeshaushaltsplan ausgewiesen, und Vergaberichtlinien existieren ebenfalls. Die Förderung der F bedurfte damit keiner ausdrücklichen gesetzlichen Grundlage.

(2) Formelle Rechtmäßigkeit

Es liegen keine Anzeichen dafür vor, dass der Zuwendungsbescheid formell rechtswidrig war.

(3) Materielle Rechtmäßigkeit

Es ist davon auszugehen, dass die Vergaberichtlinien eingehalten sind und der Zuwendungsbescheid auch nicht gegen höherrangiges Recht verstößt. Ermessensfehler sind ebenfalls nicht ersichtlich.

b) Zwischenergebnis

Der Zuwendungsbescheid, den F erhalten hat, war zum Zeitpunkt des Erlasses rechtmäßig. Dessen Aufhebung erfolgt damit im Wege des Widerrufs nach § 49 VwVfG.

---

8 Vgl. *Maurer* VerwR AT § 6 Rn. 2 ff.
9 Zu einer sonst wesentlichen Entscheidung vgl. OVG Berlin NJW 1975, 1938.
10 Vgl. BVerwGE 90, 112 (126); *Detterbeck* VerwR AT Rn. 285; *Maurer* VerwR AT § 6 Rn. 20.

2. Formelle Rechtmäßigkeit des Aufhebungsbescheids

a) Zuständigkeit

Für die Bestimmung der Zuständigkeit zum Widerruf gibt es nur punktuelle Regelungen. So entscheidet nach § 49 V VwVfG über den Widerruf nach Unanfechtbarkeit des Verwaltungsakts die nach § 3 VwVfG zuständige Behörde. Dabei regelt § 3 VwVfG aber lediglich in engen Grenzen Fragen örtlicher Zuständigkeit. Jenseits dieser ausdrücklichen Regelung ist darauf abzustellen, dass auch der Widerruf selbst ein Verwaltungsakt ist, für dessen Erlass die allgemeinen Verfahrensregelungen gelten.[11] Deshalb ist für den Widerruf nach dem actus-contrarius-Gedanken die Behörde zuständig, die auch schon für den Erlass des Bescheids zuständig war, der widerrufen werden soll. Die Förderung stammt aus Mitteln des Bundesforschungsministeriums, das selbst für die Vergabe und damit auch für den Widerruf zuständig ist.

b) Verfahren

Der Widerruf stellt einen belastenden Verwaltungsakt dar, weshalb F nach § 28 I VwVfG zuvor angehört werden musste. Dies geschah nicht. Die Anhörung war zwar nicht nach § 28 II VwVfG entbehrlich, konnte aber gemäß § 45 I Nr. 3 VwVfG im weiteren Verfahren nachgeholt werden.[12]

c) Form

Die Form des Aufhebungsbescheids bestimmt sich ebenfalls mit dem actus-contrarius-Gedanken nach der Form des Verwaltungsakts, der widerrufen werden soll.[13] Der ursprüngliche Zuwendungsbescheid wurde schriftlich erklärt und auch der Aufhebungsbescheid erfolgte hier in schriftlicher Form.

3. Materielle Rechtmäßigkeit

§ 49 VwVfG trifft für den Widerruf von Verwaltungsakten differenzierende Regelungen. In Abs. 1 ist der Widerruf nicht begünstigender Verwaltungsakte geregelt. Die Abs. 2, 3 enthalten demgegenüber konkrete Gründe für den Widerruf begünstigender Verwaltungsakte. Im Vergleich zur Rücknahme hat der Gesetzgeber beim Widerruf die Abwägung nicht dem Rechtsanwender überlassen, sondern diese schon im Gesetz abstrakt über die einzelnen Widerrufsgründe in den Abs. 2, 3 vorgenommen. Die Widerrufsgründe des Abs. 2 gelten dabei allgemein für begünstigende Verwaltungsakte. Die Widerrufsgründe des Abs. 3 stellen darüber hinaus eine Spezialregelung für Verwaltungsakte dar, die eine einmalige oder laufende Geldleistung oder teilbare Sachleistung zur Erfüllung eines bestimmten Zwecks gewähren oder hierfür Voraussetzung sind, welche die Widerrufsgründe des Abs. 2 insoweit ergänzen, aber nicht ausschließen.[14] Mit Wirkung für die Vergangenheit (ex tunc), wie hier, ist ein Widerruf allerdings nur nach § 49 III VwVfG und nicht nach Abs. 2 zulässig. Der Zuwendungsbescheid, der widerrufen wurde, gewährt der F eine finanzielle Förderung in Höhe von 10.000 EUR. Der Widerruf muss damit den Anforderungen dieser Bestimmung genügen.

---

11 Wolff/Decker/*Decker* § 49 VwVfG Rn. 34.
12 Vgl. umfangreich oben Klausurfall 2.
13 Vgl. Stelkens/Bonk/Sachs/*Sachs* § 48 Rn. 242; § 49 Rn. 117; *Ehlers/Schröder* Jura 2010, 824 (830).
14 *Kopp/Ramsauer* § 49 Rn. 62.

a) Tatbestandsvoraussetzungen

(1) Rechtmäßiger Verwaltungsakt iSd Abs. 3

Wie erörtert, ist der Zuwendungsbescheid ein rechtmäßiger Verwaltungsakt iSd § 49 III VwVfG.

(2) Widerrufsgrund

(a) Zweckwidrige Mittelverwendung

Ein Widerruf ist nach § 49 III 1 Nr. 1 VwVfG möglich, wenn die Leistung nicht, nicht alsbald nach der Erbringung oder nicht mehr für den in dem Verwaltungsakt bestimmten Zweck verwendet wird. Die Bewilligung diente der Durchführung eines Studienprojekts zu »Gleichberechtigung und Gleichstellung der Geschlechter unter dem Grundgesetz« und umfasste auch die Herausgabe eines Kurzlehrbuchs. Tatsächlich hat F das Geld aber für die Herstellung eines »Handbuchs des Subventionsrechts« und damit nicht für den vorbestimmten Zweck verwendet. Die Behörde ist daher zum Widerruf berechtigt.

(b) Nichterfüllung einer Auflage

Als Widerrufsgrund kommt außerdem § 49 III 1 Nr. 2 VwVfG in Betracht. Danach kann ein Verwaltungsakt, der eine Geldleistung gewährt (Abs. 3), ex tunc widerrufen werden, wenn mit dem Verwaltungsakt eine Auflage verbunden ist und der Begünstigte diese nicht oder nicht innerhalb einer ihm gesetzten Frist erfüllt hat.

Der Zuwendungsbescheid enthält unter der Bezeichnung »Nebenbestimmung« einen Zusatz, dass die Mittel innerhalb von sechs Monaten nach dem Anforderungstermin für den bestimmten Zweck zu verwenden seien und F dem Ministerium hierüber Rechenschaft abzulegen habe. Bei der im ersten Teil genannten Pflicht zur Verwendung der Mittel »für den bestimmten Zweck« könnte es sich um eine Auflage gemäß §§ 36 II Nr. 4, 49 III 1 Nr. 2 VwVfG handeln, doch ist auch eine Bedingung nicht ausgeschlossen.[15] Bei einer Bedingung steht die Wirksamkeit des Hauptverwaltungsakts unter der Voraussetzung, dass die Bedingung erfüllt wird. F muss die 10.000 EUR erhalten haben, um das Geld zu dem bestimmten Zweck überhaupt verwenden und dem Bundesforschungsministerium hierüber Rechenschaft ablegen zu können. Schon der logische Ablauf der Verfahrensschritte steht der Annahme einer Bedingung entgegen, für die es im Übrigen auch keinen Hinweis auf einen entsprechenden Behördenwillen gibt. Aus dem gleichen Grund kommt auch eine auflösende Befristung nicht in Betracht.

Zweifelhaft ist jedoch, ob das Gebot, die Mittel zweckgerecht zu verwenden, seinem Inhalt nach Gegenstand der Auflage ist oder nur Inhalt der Zuwendung. Sollte Letzteres der Fall sein, würde sich die Auflage auf die zeitliche Begrenzung der Verwendung (auf sechs Monate) beziehen. Hierfür spricht, dass die Formulierung der Auflage auf den Zuwendungsbescheid verweist (»für den bestimmten Zweck«) und auch das Gesetz von einer Unterscheidung zwischen dem Zweck der Zuwendung (Abs. 3 S. 1 Nr. 1) und einer davon gesonderten Auflage (Abs. 3 S. 1 Nr. 2) ausgeht. Ob die

15 Vgl. Klausurfall 9.

Zweckbestimmung selbst Auflagencharakter aufweist, kann hier im Grunde dahinstehen, da die Verwendung für einen anderen als den bestimmten Zweck notwendigerweise zur Folge hat, dass die Frist von sechs Monaten – die Auflagencharakter aufweist – nicht beachtet worden ist.

Hinweis: Die beiden Widerrufsgründe stehen zueinander nicht in einem Exklusivverhältnis. Wenn in der Auflage ebenfalls eine Zweckbestimmung zum Ausdruck kommt, führt die zweckwidrige Mittelverwendung sowohl zum Widerrufsgrund nach Nr. 1 als auch zu dem nach Nr. 2.[16] Die Erwähnung des Zwecks in der Auflage und die erkennbare inhaltliche Bezugnahme legen es nahe, dass auch in der Auflage die Zweckbestimmung ihren Niederschlag findet. Damit besteht auch ein Widerrufsgrund nach Abs. 3 S. 1 Nr. 2 (aA vertretbar).

(3) Widerrufsfrist

Das Bundesforschungsministerium muss die Widerrufsfrist eingehalten haben. § 49 III 2 VwVfG ordnet dafür die entsprechende Anwendung des § 48 IV VwVfG an. Dies bedeutet, dass die Behörde den Widerruf nur innerhalb eines Jahres seit dem Zeitpunkt erklären kann, in dem sie von Tatsachen Kenntnis erhält, die den Widerruf rechtfertigen. Im Juni 2013 hat das Ministerium von der zweckwidrigen Mittelverwendung Kenntnis erhalten und im August 2013 hat es dann den Zuwendungsbescheid widerrufen. Die Jahresfrist ist somit eingehalten.

b) Rechtsfolge

Der Widerruf nach § 49 III Nr. 2 VwVfG steht im Ermessen der Behörde. Es bestehen aber keine Anhaltspunkte für eine fehlerhafte Ermessensausübung. Auch haushaltsrechtliche Prinzipien wie die Grundsätze der Wirtschaftlichkeit und Sparsamkeit sprechen regelmäßig für einen Widerruf.[17] Der Verwaltungsakt konnte nach § 49 III VwVfG mit Wirkung für die Vergangenheit widerrufen werden.

4. Ergebnis

Der Widerruf ist rechtmäßig.

II. Rückforderungsbescheid

1. Rechtsgrundlage des Rückforderungsbescheid

Grundlage für die Rückforderung ist § 49a I VwVfG.

2. Formelle Rechtmäßigkeit

a) Zuständigkeit

Für den Rückforderungsbescheid zuständig ist nach dem actus-contrarius-Gedanken die Behörde, die auch für die Aufhebung zuständig war.[18] Damit war das Bundesforschungsministerium auch für den Rückforderungsbescheid zuständig.

16 *Kopp/Ramsauer* § 49 Rn. 72.
17 Vgl. BVerwGE 105, 55 (58); *Krausnick* JuS 2010, 778 (782).
18 Stelkens/Bonk/Sachs/*Sachs* § 49a Rn. 34.

b) Verfahren

Eine Anhörung erfolgte zwar nicht, kann aber nach § 45 I Nr. 3 VwVfG nachgeholt werden.

c) Form

Die Rückforderung hat nach § 49a I 2 VwVfG durch einen schriftlichen Verwaltungsakt zu erfolgen. Die Rückforderung aus dem Oktober 2013 erfüllt diese Voraussetzungen.

3. Materielle Rechtmäßigkeit

a) Tatbestandsvoraussetzungen

Die Möglichkeit der Rückforderung nach § 49a VwVfG steht unter der Voraussetzung, dass ein Verwaltungsakt mit Wirkung für die Vergangenheit widerrufen oder aufgehoben worden ist. Dies ist, wie erörtert, geschehen.

Allerdings stellt sich die Frage, ob die Behörde über den eigentlichen Zuwendungsbetrag in Höhe von 10.000 EUR hinaus auch Gewinne und Zinsen von F fordern durfte. Dies bestimmt sich nach § 49a II VwVfG, der für den Umfang der Rückforderung auf die Regeln des BGB zur Herausgabe einer ungerechtfertigten Bereicherung verweist.

Danach erfasst der Rückforderungsanspruch in erster Linie den gewährten Subventionsbeitrag als die erbrachte Leistung, § 49a I, II VwVfG iVm § 818 I, II BGB.

Nach § 49a III 1 VwVfG ist der zu erstattende Betrag vom Eintritt der Unwirksamkeit des Verwaltungsakts an mit fünf Prozentpunkten über dem Basiszinssatz jährlich zu verzinsen. Der maßgebliche Zeitpunkt ist derjenige, in dem die materiellen Rechtsfolgen des Widerrufs eintreten. Da dieser hier ex tunc, also mit Wirkung für die Vergangenheit erklärt worden ist, wirkt er auf den Zeitpunkt des Erlasses des widerrufenen Verwaltungsakts zurück. Von diesem Zeitpunkt an besteht auch der Zinsanspruch. Bei einem anzusetzenden Zinssatz von fünf Prozent aus 10.000 EUR für zwei Jahre beläuft er sich auf 1.000 EUR. Für einen Zinseszinsanspruch findet sich im Gesetz keine Grundlage. Die Zinsforderung bestand also in der geltend gemachten Höhe.

Die Gewinnabschöpfung in Höhe von 15.000 EUR könnte zulässig gewesen sein, wenn die Einkünfte aus dem Buch sich als Nutzungen iSd §§ 818 I, 100 BGB darstellen. Dabei ist aber zu beachten, dass der Gewinn nicht aus der Förderung selbst erzielt wurde (lucrum ex re), sondern lediglich aus dem Handeln mit dem Buch, zu dem die Subvention absprachewidrig verwendet wurde (lucrum ex negotio cum re). Einkünfte, die – wie hier – auf einen Rechtsgeschäft beruhen, sind auch keine Surrogate iSd § 818 I BGB.[19] Damit war die Gewinnabschöpfung nicht zulässig.

---

19 BVerwG NJW 1992, 328 (329); Stelkens/Bonk/Sachs/*Sachs* § 49a Rn. 44.

b) Rechtsfolge

Die Rückforderung nach § 49a I VwVfG stellt eine gebundene Entscheidung dar. Nur hinsichtlich der Zinsen allerdings räumt § 49a III VwVfG der Behörde einen Ermessensspielraum ein. Ermessensfehler sind aber nicht vorhanden.

4. Ergebnis

Da der Rückforderungsbescheid summenmäßig teilbar ist, ist dieser insoweit rechtswidrig, als er den Betrag von 11.000 EUR übersteigt. F ist insoweit auch in ihren Rechten verletzt.

III. Gesamtergebnis

Die Klagen sind zulässig, jedoch nur diejenige gegen den Rückforderungsbescheid ist auch zum Teil begründet.

Fall 12 – Verböserung – na und?

Sachverhalt

A betreibt in der kreisangehörigen Stadt S die Kneipe »Na und?«. Sie liegt an einer zentralen Bummel- und Flaniermeile innerhalb eines Mischgebietes. Die Kneipe des A befindet sich in unmittelbarer Nachbarschaft zu einer Vielzahl von Einzelhändlern und weiterer Gastronomiebetriebe. Gerade in den warmen Sommermonaten ist das Viertel ein beliebter Treffpunkt von Touristen und Einheimischen gleichermaßen.

Vor der Kneipe des A verläuft zwischen einem anderthalb Meter breiten Fußgänger- und Radfahrerweg, der mit Markierungen abgesetzt ist, und der Bebauung ein ca. vier Meter breiter, gepflasterter Bereich, der ebenfalls zum öffentlichen Straßenraum gehört. Auch diesen Bereich möchte A für seine Gäste nutzen und plant die Aufstellung von Tischen und Stühlen. Hierzu beantragt er beim Bürgermeister als zuständiger Behörde eine Sondernutzungserlaubnis für zwölf Tische mit jeweils vier Stühlen. Die Erlaubnis wird A am 26.4.2010 erteilt. Sie enthält jedoch die Beschränkung, dass nur acht Tische mit jeweils vier Stühlen aufgestellt werden dürfen. Bei den Genehmigungen, die andere Gastronomiebetriebe in der Nachbarschaft des A erhalten haben, hatte sich gezeigt, dass mit dieser Anzahl von Tischen und Stühlen der Fußgänger- und Radweg weiterhin normal genutzt werden kann.

Gleichwohl fühlt sich A in seiner Berufsfreiheit über die Maße eingeschränkt. Er erhebt fristgerecht beim Kreis als zuständiger Stelle Widerspruch. Bei der Widerspruchsentscheidung werden die Pläne der Straße herangezogen. Dabei stellt sich heraus, dass vor der Gaststätte des A, anders als bei den Nachbarbetrieben, mehrere Straßenlaternen und Schilder die bestuhlbare Fläche immer wieder durchbrechen. Die geplanten acht Tische mit insgesamt 32 Stühlen würden sich deshalb vor dem Bereich des »Na und?« nur so aufstellen lassen, dass sie zwangsläufig auch einen Teil des Fußgänger- und Radweges in Anspruch nehmen. Der Kreis weist den Widerspruch des A zurück. Mit dem Widerspruchsbescheid, der dem A am 28.5.2010 zugestellt wird, wird nach einer Anhörung des A gleichzeitig die ursprüngliche Erlaubnis vom 26.4.2010 dahingehend abgeändert, dass nun nur noch sechs Tische mit jeweils vier Stühlen genehmigt werden. Eine größere Anzahl von Tischen und Stühlen müsste den Fußgänger- und Radfahrerweg beanspruchen. Insoweit wird die Erlaubnis versagt.

A hat aufgrund von Gesprächen mit anderen Gastronomen aus der Straße zwar mittlerweile eingesehen, dass die ursprüngliche Beschränkung auf acht Tische mit insgesamt 32 Stühlen in Ordnung ist und wirtschaftlich wohl ausreichen wird. Umso erboster ist er aber, dass die Widerspruchsbehörde die ihm erteilte Erlaubnis eigenmächtig noch weiter beschnitten hat. Dies will er nicht hinnehmen und sucht am 11.6.2010 einen Rechtsanwalt auf.

Erstatten Sie ein (ggf. Hilfs-)Gutachten über die Erfolgsaussichten des A.

Bearbeiterhinweis: Es ist davon auszugehen, dass eine straßenrechtliche Verordnung, die bestimmte Nutzungsformen der Straße generell von einer Sondernutzungserlaubnis freistellt, nicht existiert.

Gehen Sie weiter davon aus, dass ein fachaufsichtliches Weisungsrecht und Selbsteintrittsrecht des Kreises gegenüber der kreisangehörigen Stadt S im Bereich des Straßenrechts besteht.

Anhang[1]

Straßengesetz – StrG (Auszug):

§ 34 StrG – Gemeingebrauch
(1) Der Gebrauch der Straße ist jedermann im Rahmen der Widmung und der Verkehrsvorschriften gestattet (Gemeingebrauch). Auf die Aufrechterhaltung des Gemeingebrauchs besteht kein Rechtsanspruch.
[...]
(3) Gemeingebrauch liegt nicht vor, wenn der Gemeingebrauch anderer ausgeschlossen oder mehr als unvermeidbar beschränkt oder die Straße nicht vorwiegend zum Verkehr, sondern zu anderen Zwecken benutzt wird.
[...]

§ 41 StrG – Sondernutzung
(1) Der Gebrauch der Straße über den Gemeingebrauch hinaus (Sondernutzung) bedarf der Erlaubnis der Straßenbaubehörde. Sie entscheidet darüber im Benehmen mit dem Träger der Straßenbaulast.

Gemeindeordnung – GO (Auszug):

§ 47 GO – Stellung und Aufgaben des Bürgermeisters
(1) Der Bürgermeister leitet die Gemeindeverwaltung und vertritt die Gemeinde nach außen.
[...]

1 Die Vorschriften basieren – soweit es sich um Landesrecht handelt – auf dem des Landes Rheinland-Pfalz.

Übersicht XXIII: Prozessuales Vorgehen gegen erstmalige Beschwer durch Widerspruchsbescheid (§ 79 I Nr. 2 VwGO)

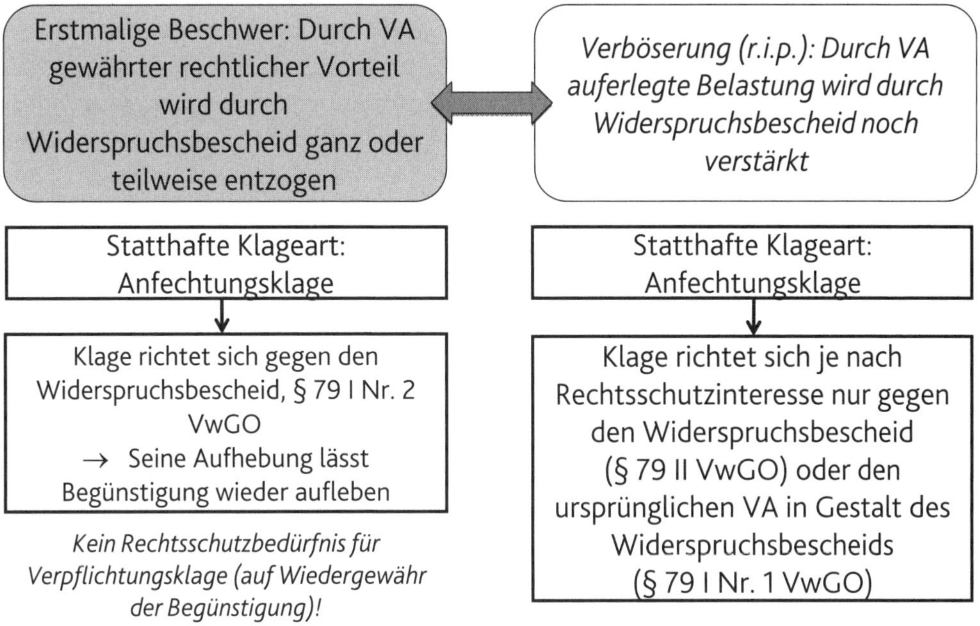

Übersicht XXIV: Prozessuales Vorgehen gegen Verböserungen

Statthafte Klageart: Anfechtungsklage

Fall 1	Fall 2
Adressat erstrebt Beseitigung sowohl der ursprünglichen Belastung als auch der Verböserung	Adressat erstrebt nur Beseitigung der Verböserung *(zB weil er den Grund-VA für rechtmäßig hält)*
↓	↓
Klage richtet sich gegen den ursprünglichen VA in Gestalt des Widerspruchsbescheids, § 79 I Nr. 1 VwGO	Klage richtet sich gegen den Widerspruchsbescheid, § 79 II VwGO

Übersicht XXV: Rechtsgrundlage der Verböserung (reformatio in peius)

Prinzipielle Zulässigkeit der r.i.p. ⟷ *Abgrenzung gegen ...*

Contra:
- keine Gesetzesgrundlage
- Vorverfahren dient allein Rechtsschutz
- Selbstschädigung durch Widerspruch verletzt rechtliches Gehör

Pro:
- Vorverfahren dient Selbstkontrolle der Verwaltung
- arg. e contrario aus §§ 48 f. VwVfG
- Widerspruchsführer hat Bestandskraft selbst vereitelt, daher nur bedingt schutzwürdiges Vertrauen auf Rechtslage

Aufhebung des VA nach Anfechtung durch Dritten (durch Gericht oder Behörde, vgl. § 50 VwVfG)

Selbsteintritt der übergeordneten Behörde (= Erlass eines VA in Ersetzung der Ausgangsbehörde):
- zulässig nur bei ausdrücklicher gesetzlicher Regelung (Ausnahme: Gefahr im Verzug)
- bei Unzulässigkeit (Überschreitung des gesetzlichen Rahmens) keine Umdeutung in r.i.p. (str.)

Übersicht XXVI: Verböserung (reformatio in peius) – Zulässigkeit und Voraussetzungen

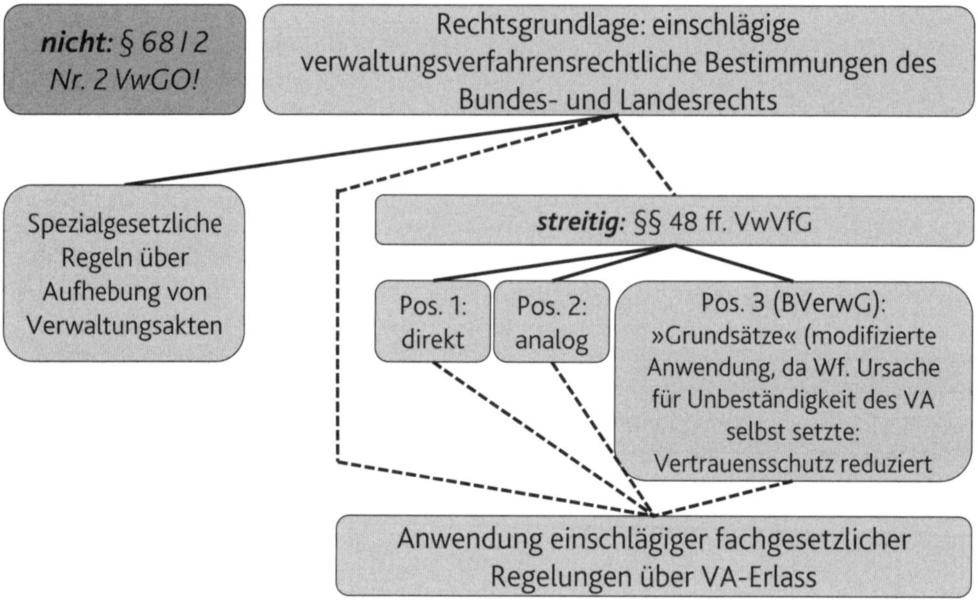

Übersicht XXVII: Prüfungsreihenfolge bei Verböserung

Wenn eine doppelte Ermächtigung für erforderlich erachtet wird

1. Voraussetzungen des § 48, 49 oder 51 VwVfG?
2. Vereinbarkeit des Ergebnisses der Verböserung nach Maßgabe der auf den Grund-VA anwendbaren spezialgesetzlichen Regelungen
3. Besonderer Vertrauensschutz?

Wenn eine einfache Ermächtigung für ausreichend erachtet wird

1. Vereinbarkeit des Ergebnisses der Verböserung nach Maßgabe der auf den Grund-VA anwendbaren spezialgesetzlichen Regelungen?
2. Besonderer Vertrauensschutz?

Lösung

Schwerpunkte:
- reformatio in peius
- Selbsteintritt
- Rechtswirkungen Widerspruch

A. Zulässigkeit

I. Eröffnung des Verwaltungsrechtswegs

Eine aufdrängende Sonderzuweisung ist nicht ersichtlich. Der Verwaltungsrechtsweg müsste deshalb nach der Generalklausel des § 40 I VwGO eröffnet sein.[2] A streitet sich mit der Behörde über die Berechtigung zum Aufstellen von Tischen auf dem Straßenbereich vor seiner Kneipe. Diese richtet sich nach der straßenrechtlichen Vorschriften über Gemeingebrauch und Sondernutzung, §§ 34, 41 StrG. Hierdurch wird alleine ein Träger öffentlicher Gewalt berechtigt. Eine öffentlich-rechtliche Streitigkeit liegt vor, sie hat keinen verfassungsrechtlichen Charakter. Eine abdrängende Sonderzuweisung ist nicht vorhanden.

II. Beteiligten- und Prozessfähigkeit

Die Beteiligten- und Prozessfähigkeit des A ergeben sich aus §§ 61 Nr. 1 Var. 1, 62 I Nr. 1 VwGO. Die Beteiligtenfähigkeit der Stadt S folgt aus § 61 Nr. 1 Var. 2 VwGO. Sie wird nach § 47 I GO vor Gericht durch ihren Bürgermeister vertreten, § 62 III VwGO.

III. Statthafte Klageart

Zu klären ist die statthafte Klageart. Maßgeblich hierfür ist gemäß § 88 VwGO das klägerische Begehren. A will sich mittlerweile nur noch gegen den Widerspruchsbescheid wehren. Grundsätzlich aber ist nach § 79 I Nr. 1 VwGO Gegenstand der Anfechtungsklage der Verwaltungsakt in der Gestalt, die er durch den Widerspruchsbescheid gefunden hat.

Eine selbstständige Anfechtung des Widerspruchsbescheids ist nach § 79 I Nr. 2 VwGO dennoch möglich, wenn dieser erstmalig eine Beschwer enthält. Von einer Beschwer ist auszugehen, wenn jemand Einbußen in seinen rechtlichen geschützten Interessen hinnehmen muss.[3] A war jedoch schon durch den Ausgangsbescheid beschwert, weil bereits dieser eine Reduzierung der Tischanzahl enthielt.

Hinweis: Typische Konstellationen von § 79 I Nr. 2 VwGO ist die Beschwer, die erst auf den Widerspruch eines Dritten hin entsteht.

Nach § 79 II 1 VwGO kann der Widerspruchsbescheid aber auch alleiniger Gegenstand der Anfechtungsklage sein, wenn und soweit er gegenüber dem ursprünglichen Verwaltungsakt eine zusätzliche selbstständige Beschwer enthält. Dabei werden die

2 Vgl. den Hinweis oben Fall 5, Eröffnung des Verwaltungsrechtswegs.
3 HK-VerwR/*Kastner* § 79 VwGO Rn. 11.

beiden Merkmale »zusätzlich« und »selbstständig« überwiegend synonym verstanden. Jede zusätzliche Beschwer ist auch eine selbstständige Beschwer, was sich schon daran zeigt, dass die zusätzliche Beschwer erst durch den vom Ausgangsbescheid zu trennenden Verwaltungsakt und damit selbstständig entstanden ist.[4] Eine zusätzliche selbstständige Beschwer ist also jede Änderung des ursprünglichen Verwaltungsakts zu Ungunsten des durch diesen Verwaltungsakt Belasteten.[5] Durch den Widerspruchsbescheid wird die Genehmigung zum Aufstellen von acht Tischen mit jeweils vier Stühlen, die A ursprünglich erhalten hatte, auf sechs Tische mit jeweils vier Stühlen begrenzt. Mit diesem Verständnis würde es sich also um eine zusätzliche selbstständige Beschwer iSd § 79 II 1 VwGO handeln.

Mitunter wird aber vertreten, dass § 79 II 1 VwGO nur dann einschlägig sei, wenn der Verwaltungsakt in seinem Wesen geändert werde bzw. bei einer reformatio in peius generell nur § 79 I Nr. 1 VwGO anwendbar sei.[6] Unabhängig von der Frage, ob hier tatsächlich eine reformatio in peius vorliegt, erscheinen diese Einschränkungen nur schwer mit dem Gesetzeswortlaut vereinbar. Nach § 79 II 1 VwGO »kann« der Widerspruchsbescheid alleiniger Gegenstand der Anfechtungsklage sein, das Gesetz selbst räumt also dem Bürger ein Wahlrecht ein. Dass eine zusätzliche selbstständige Beschwer erst bei einer Wesensveränderung des Verwaltungsakts eintritt, lässt sich dem Gesetzeswortlaut ebenfalls nicht entnehmen. Bei einer reformatio in peius erscheint eine solche Bedingung geradezu widersprüchlich, da sich ihr Regelungsgehalt ja gerade im Rahmen des ursprünglichen Verwaltungsakts halten muss.[7]

Hinweis: Die vollständige Erörterung, ob tatsächlich eine reformatio in peius vorliegt, könnte in Klausuren die Zulässigkeit überlasten. Es erscheint deshalb sachgerecht, sich mit den dargelegten abweichenden Ansichten nur in der gezeigten allgemeinen Art auseinanderzusetzen, sofern man diese einschränkenden Ansichten in einer Klausur nicht sogar gänzlich unberücksichtigt lässt. Für die Anwendung des § 79 II 1 VwGO ist es unerheblich, ob es sich um eine reformatio in peius oder einen (grds. unzulässigen) Selbsteintritt handelt, weil beides eine zusätzliche selbstständige Beschwer darstellt.

Eine Anfechtungsklage nach § 42 I Var. 1 VwGO, mit der alleine der Widerspruchsbescheid angegriffen wird, § 79 II 1 VwGO, ist damit statthaft. Der Widerspruchsbescheid erfüllt die Merkmale eines Verwaltungsakts.

IV. Klagebefugnis

Um gemäß § 42 II VwGO klagebefugt zu sein, muss A geltend machen können, durch den Verwaltungsakt in seinen Rechten verletzt zu sein, eine solche Rechtsverletzung darf also nicht von vornherein und offensichtlich ausgeschlossen sein. Bei Vorliegen der Voraussetzungen besteht zumindest ein Anspruch auf ermessensfehlerfreie Entscheidung über eine Sondernutzungserlaubnis nach § 41 StrG. Ein Anspruch auf Erteilung der gewünschten Erlaubnis ist ebenfalls nicht völlig ausgeschlossen; er könnte sich im Lichte einer Selbstbindung der Verwaltung aus Art. 3 I GG ergeben,

4 Schoch/Schneider/Bier/*Pietzcker* § 79 Rn. 12; Posser/Wolff/*Möstl* § 79 Rn. 22; Eyermann/*Happ* § 79 Rn. 19.
5 BVerwGE 17, 148 (150); *Kopp/Schenke* § 79 Rn. 11 mwN.
6 Vgl. die Nachweise bei *Kopp/Schenke* § 79, Fn. 26.
7 Siehe dazu noch unten die Frage eines Selbsteintritts.

weil auch benachbarte Gastronomiebetreiber und Einzelhändler Sondernutzungserlaubnisse erhalten haben. Die Klagebefugnis ist gegeben.

Hinweis: An dieser Stelle ist es zumindest nicht unproblematisch, wie in anderen Fällen auf den Adressatengedanken zurückzugreifen. Zwar ist A mit dem Widerspruchsbescheid Adressat eines belastenden Verwaltungsakts. Da aber im Rahmen des Adressatengedankens das möglicherweise verletzte Recht die allgemeine Handlungsfreiheit des Art. 2 I GG ist, würde die Anwendung des Adressatengedankens die Aussage einschließen, dass A auch einen entsprechenden Anspruch besitzt. Dies mag, wie dargelegt, der Fall sein, müsste aber auch im Rahmen des Adressatengedankens näher dargelegt werden, vgl. oben Klausurfall 11. Davon abgesehen erscheint es möglich, zur Begründung der Klagebefugnis auf ein verwaltungsrechtliches Sonderverhältnis abzustellen, das durch die ursprüngliche Erteilung der Genehmigung begründet wurde.

V. Vorverfahren

A müsste gemäß § 68 VwGO erfolglos ein Vorverfahren betrieben haben. Dabei ist aber zu beachten, dass er mit der Anfechtungsklage den Widerspruchsbescheid selbst angefochten hat. Zweifelhaft ist dann, ob A erneut gegen diesen Widerspruchsbescheid als Verwaltungsakt Widerspruch einlegen musste.

Nach § 68 I 2 Nr. 2 VwGO bedarf es keines Vorverfahrens, wenn der Widerspruchsbescheid erstmalig eine Beschwer enthält. Eine entsprechende Vorschrift für die zusätzliche und selbstständige Beschwer im Verwaltungsakt findet sich im Gesetz aber nicht. Die sonst gleichlaufenden gesetzlichen Regelungen dieser beiden Fallgruppen könnten dafür sprechen, dass ein Vorverfahren bei einer zusätzlichen selbstständigen Beschwer analog § 68 I 2 Nr. 2 VwGO entbehrlich ist. Für eine Analogie bedarf es einer planwidrigen Regelungslücke und einer vergleichbaren Interessenlage. Auch für den Fall, dass ein Widerspruch eine zusätzliche selbstständige Beschwer enthält, hat sich die Widerspruchsbehörde schon mit dem Sachverhalt auseinandergesetzt, sodass ein erneutes Vorverfahren kaum mehr eine Selbstkontrolle der Verwaltung erreichen könnte. Auch soll die Verwaltung daran gehindert werden, durch abgeänderte Widerspruchsbescheide stets das Erfordernis eines erneuten Vorverfahrens zu begründen (Widerspruchskette) und so den gerichtlichen Rechtsschutz hinauszuzögern. Die Interessenlage ist damit vergleichbar mit derjenigen nach Erlass eines Widerspruchsbescheids, der eine erstmalige Beschwer begründet. Die bestehende Regelungslücke ist nicht gewollt und daher auch planwidrig. § 68 I 2 Nr. 2 VwGO ist analog heranzuziehen.[8] Eines erneuten Vorverfahrens bedurfte es deshalb nicht, der Widerspruch war unstatthaft.

Hinweis: Vertretbar erscheint es auch, dieses Ergebnis über einen anderen Weg als eine Analogie zu begründen. Entscheidend ist vor allem, dass die Entbehrlichkeit des Vorverfahrens sachlich begründet wird.

VI. Klagefrist

Die Klage muss innerhalb der erforderlichen Frist beim Verwaltungsgericht eingegangen sein. Im Rahmen der Monatsfrist des § 74 I VwGO erscheint sowohl eine Anwendung des S. 1 als auch des S. 2 möglich. § 74 I 1 VwGO stellt auf die Zustellung eines Widerspruchsbescheids ab. Diese erfolgte am 28.5.2010. § 74 I 2 VwGO

8 OVG Koblenz NVwZ 1992, 386 (386); *Piontek* JuS 2000, 1244 (1245). Vgl. auch *Kopp/Schenke* § 68 Rn. 20.

stellt hingegen auf die Bekanntgabe eines Verwaltungsakts ab, wenn ein Widerspruchsverfahren nicht erforderlich ist. Hier ist ein Widerspruch gegen die durch den Widerspruchsbescheid begründete erstmalige Beschwer nicht statthaft, sodass der Widerspruchsbescheid selbst im Sinne dieser Bestimmung »der Verwaltungsakt« ist. Im Ergebnis führen beide Varianten deshalb nicht zu Unterschieden: Die Zustellung des Widerspruchsbescheids (§ 73 III 1, 2 VwGO) ist lediglich eine besondere Form der Bekanntgabe (§ 41 V VwVfG), sodass auch nach § 74 I S. 2 VwGO auf den 28.5.2010 abzustellen ist. In jedem Fall beginnt eine Monatsfrist. A wendet sich am 11.6.2010 an seinen Rechtsanwalt. Die Monatsfrist kann also noch gewahrt werden.

VII. Klagegegner

Nach §§ 79 II 3, 78 I Nr. 1 VwGO ist Klagegegner der Bund, das Land oder die Körperschaft, deren Behörde den angefochtenen Verwaltungsakt erlassen hat. Nach § 78 II VwGO ist Behörde iSd § 78 I Nr. 1 VwGO die Widerspruchsbehörde, wenn Gegenstand der Klage ein Widerspruch ist, der erstmalig eine Beschwer enthält, was ebenso wie bei der Entbehrlichkeit des Vorverfahrens entsprechend auf Widersprüche mit zusätzlicher selbstständiger Beschwer anzuwenden ist.[9] Die Klage ist also gegen den Kreis als Träger der Widerspruchsbehörde zu richten.

Hinweis: Anders ist dies, wenn durch den Widerspruchsbescheid der Ausgangsverwaltungsakt zwar verändert wird, der Kläger aber weiterhin den Ausgangsverwaltungsakt angreift. Für diesen Fall des § 79 I Nr. 1 VwGO, bei dem Verwaltungsakt und Widerspruch als Einheit behandelt werden, muss sich die Ausgangsbehörde das Handeln der Widerspruchsbehörde zurechnen lassen, was dazu führt, dass der Träger der Ausgangsbehörde der richtige Klagegegner ist.

VIII. Zwischenergebnis

Die Klage ist zulässig.

B. Begründetheit

Die Klage ist begründet, soweit der Widerspruchbescheid rechtswidrig und A dadurch in seinen Rechten verletzt ist, vgl. §§ 79 II 1, 113 I 1, 115 VwGO.

I. Rechtsgrundlage

Die Behörde des Kreises als Widerspruchsbehörde bedarf für ihr Handeln einer Rechtsgrundlage. Hier besteht aber die Besonderheit, dass die Widerspruchsbehörde nicht nur über den Widerspruch des A entschieden hat, sondern zusätzlich eine eigene Entscheidung getroffen hat.

1. Vorliegen einer reformatio in peius

Hierbei könnte es sich um eine reformatio in peius handeln. Abzugrenzen ist diese jedoch von einem bloßen Selbsteintritt der Widerspruchsbehörde.[10] Bei beiden erfährt der Bürger im Zuge des Widerspruchsverfahrens zwar eine Verschlechterung seiner Position, nur bei der reformatio in peius bezieht sich diese aber auch auf den Gegenstand des Widerspruchsverfahrens. Bei einem Selbsteintritt hingegen trifft die

9 Posser/Wolff/*Kintz* § 78 Rn. 39.
10 *Kopp/Schenke* § 68 Rn. 10; *Kahl/Hilbert* Jura 2011, 660 (661).

Widerspruchsbehörde lediglich »bei Gelegenheit« des Widerspruchs aufgrund eigener Sachzuständigkeit eine Entscheidung, die aber nicht auf den Gegenstand des Widerspruchsverfahrens bezogen ist. Vielmehr wird eine neue Sachentscheidung für einen davon zu unterscheidenden Lebenssachverhalt getroffen.[11]

Hinweis: Ein Selbsteintritt der Widerspruchsbehörde läge beispielsweise dann vor, wenn sie auf den Widerspruch des A hin ihm eine straßenverkehrsrechtliche Anordnung bezogen auf seinen Führerschein erteilt hätte. Auch dies wäre eine weitere Verschlechterung im Rahmen des Widerspruchsverfahrens, die sich allerdings auf einen anderen Lebenssachverhalt bezieht. Die Abgrenzung zwischen reformatio in peius und Selbsteintritt der Widerspruchsbehörde findet oftmals nicht statt, ist aber notwendig, weil ein Selbsteintritt anders als eine reformatio in peius zu behandeln ist. Ein Selbsteintritt ist als eigenständiger, erstmaliger Verwaltungsakt in einer Sache zu behandeln. In aller Regel fehlt es dann schon an der Zuständigkeit der handelnden Behörde, weil im Behördenzug eine untergeordnete Behörde zuständig gewesen wäre, nicht aber die nächsthöhere Widerspruchsbehörde.

A hatte seinen Widerspruch gegen die Genehmigung gerichtet, die ihm die Nutzung des Straßenbereichs nur mit der Einschränkung erlaubte, lediglich acht Tische aufzustellen. Nunmehr wehrt sich A gegen die zusätzliche Verschlechterung seiner Position, die in der Beschränkung der Tischanzahl von acht auf sechs liegt. Beide Einschränkungen beziehen sich auf den Antrag des A, den Straßenraum vor seiner Kneipe zur Bewirtschaftung von Gästen nutzen zu dürfen. Sowohl die ursprüngliche Einschränkung als auch die Einschränkung im Rahmen des Widerspruchsverfahrens beziehen sich also auf den gleichen Lebenssachverhalt. Es handelt sich folglich um eine reformatio in peius und keinen Selbsteintritt.

2. Generelle Zulässigkeit einer reformatio in peius

Die reformatio in peius muss zunächst generell zulässig sein.

a) Unzulässigkeit der reformatio in peius

Nach einer Ansicht ist die reformatio in peius im Widerspruchsverfahren nicht zulässig.[12] Dies wird vor allem damit begründet, dass die Möglichkeit einer reformatio in peius den Bürger davon abhalten könnte, vom Widerspruch Gebrauch zu machen, was wiederum zu einer faktischen Verkürzung der Rechtsschutzgarantie des Art. 19 IV GG führe. Außerdem sprächen gegen die Zulässigkeit die Dispositionsmaxime und der Grundsatz der Bindung des Gerichts an die Anträge, wie er in den §§ 88, 129 VwGO, § 331 StPO zum Ausdruck komme.[13] Alles in allem sei der Widerspruch ein Rechtsbehelf zur Verbesserung der Position des Bürgers und nicht zur Verschlechterung. Demnach wäre die weitere Beschränkung der Genehmigung durch die Widerspruchsbehörde schon aus allgemeinen Gründen rechtswidrig.

---

11 *Schenke* VerwProzR Rn. 688; *Kopp/Schenke* § 68 Rn. 10.

12 *Ule* VerwProzR § 24 III 1; *Hufen* VerwProzR § 9 Rn. 17; *v. Mutius*, Das Widerspruchsverfahren der VwGO als Verwaltungsverfahren und Prozeßvoraussetzung, 2010, 220 ff.

13 *Menger/Erichsen* VerwArch 57 (1966), 270 (283).

b) Grundsätzliche Zulässigkeit reformatio in peius

Nach der Gegenansicht ist die reformatio in peius grundsätzlich zulässig.[14] Begründet wird dies mit dem Umstand, dass der Betroffene durch die Einlegung des Rechtsmittels möglichen Vertrauensschutz selbst zur Disposition gestellt habe. Auch im gerichtlichen Verfahren müsse der Rechtsmittelführer nach §§ 127, 141 VwGO mit Anschlussrechtsbehelfen der Gegenpartei rechnen. Im Widerspruchsverfahren erzeuge das Einschreiten der Widerspruchsbehörde einen vergleichbaren Effekt. Damit wäre eine reformatio in peius, wie sie die Widerspruchsbehörde vorgenommen hat, grundsätzlich zulässig. Ob sie es im konkreten Fall gewesen ist, hängt dann von den noch zu prüfenden formellen und materiellen Voraussetzungen für eine reformatio in peius ab.

c) Diskussion und Stellungnahme

Für eine generelle Zulässigkeit der reformatio in peius sprechen nicht schon die §§ 68 I 2 Nr. 2, 71, 78 II, 79 II VwGO, die von der Möglichkeit einer Beschwer im Widerspruchsverfahren ausgehen. Denn aus diesen Normen lässt sich nur ableiten, dass der Widerspruchsbescheid eine zusätzliche rechtliche Beschwer enthalten *kann*, nicht aber, ob er dies auch rechtlich *darf*. Auch hat der Bundesgesetzgeber nach Art. 74 I Nr. 1 GG nur die Kompetenz, das Vorverfahren als Zulässigkeitsvoraussetzung zu regeln, nicht aber die Kompetenz, gleichzeitig verfahrensrechtliche Regelungen im Widerspruchsverfahren auszugestalten.[15]

Doch auch mit den vorhandenen Regelungen lässt sich die reformatio in peius bewältigen. Ausgangspunkt dafür ist die eigene Entscheidung der Widerspruchsbehörde, die sich in der reformatio in peius manifestiert. Nach § 68 VwGO hat auch die Widerspruchsbehörde eine umfassende Rechts- und Zweckmäßigkeitskontrolle durchzuführen. § 79 I Nr. 1 VwGO zeigt sogar, dass die Widerspruchsbehörde in diesem Rahmen eine eigenständige Entscheidungskompetenz besitzt (»in der Gestalt, die er durch die Widerspruchsbehörde gefunden hat«).[16] Sieht man in der Verböserung des Ausgangsbescheids zugleich seine partielle Aufhebung, ist auch dies nicht systemwidrig. Die §§ 48, 49 VwVfG etwa lassen die Aufhebung eines Verwaltungsakts nach Bestandskraft zu und dies muss erst recht auch vorher möglich sein, wenn die Bestandskraft durch das vom Bürger betriebene Widerspruchsverfahren gerade noch nicht eingetreten ist. Nur so kann die Widerspruchsbehörde ihrer Gesetzesbindung, der sie gemäß Art. 20 III GG unterworfen ist, und dem Zweck der Selbstkontrolle, den das Widerspruchverfahren hat, nachkommen. Die reformatio in peius ist damit nicht grundsätzlich unzulässig.[17]

3. Konkrete Rechtsgrundlage der reformatio in peius

Damit ist aber noch nicht die konkrete Rechtsgrundlage der reformatio in peius geklärt, aus der sich ihre Voraussetzungen ergeben.

---

14 BVerwG DVBl. 1996, 1318 (1318); *Schenke* VerwProzR Rn. 691; *Meister* JA 2002, 567 (569); *Kahl/Hilbert* Jura 2011, 660 (662).

15 *Menger/Erichsen* VerwArch 57 (1966), 270 (283); *Renck* BayVBl. 1974, 639 (640).

16 *Meister* JA 2002, 567 (569).

17 Es ist hier durchaus auch eine aA vertretbar, doch hält man sich, wenn man dieser hM folgt, die weitere Prüfung offen.

a) §§ 68 f. VwGO

Man könnte für eine konkrete Rechtsgrundlage schon auf die §§ 68 ff. VwGO abstellen, weil diese die Regeln über den Erlass des Widerspruchsbescheids enthalten. Wie dargestellt, ergibt sich aber aus einer systematischen Betrachtung dieser Normen lediglich, dass die reformatio in peius zulässig ist, nicht aber, unter welchen Voraussetzungen. Zu einer solchen Regelung wäre der Bundesgesetzgeber, wie gesehen, kompetenzrechtlich nicht in der Lage. Die VwGO und insbesondere die §§ 68 ff. können also keine materielle Rechtsgrundlage bilden.[18]

b) Materielles Bundes-/Landesrecht

Abseits dieser prozessualen Regelungen könnte stattdessen auf materielles Bundes- oder Landesrecht zurückgegriffen werden. Diese Möglichkeiten sind aber umstritten.

(1) Anwendung des materiellen Fachrechts

Teilweise wird auf das Recht der Ausgangsbehörde und allgemeine Grundsätze des Verwaltungsrechts zurückgegriffen, insbesondere auf die rechtsstaatlichen Ausformungen des Vertrauensschutzes.[19] Maßgeblich sollen allein die Vorschriften des materiellen Fachrechts sein, welche auch schon die Rechtsgrundlage für den ursprünglichen Verwaltungsakt gebildet haben. Dies war die straßenrechtliche Regelung des § 41 StrG über Sondernutzungen. Etwaige Gesichtspunkte des Vertrauensschutzes sind dann im Rahmen des Ermessens zu berücksichtigen.

(2) (Zusätzliche) Anwendung der §§ 48, 49 VwVfG

Einer anderen Ansicht nach soll nicht nur auf das jeweilige materielle Fachrecht zurückgegriffen werden, sondern darüber hinaus auch die §§ 48, 49 VwVfG zur Anwendung kommen.[20] Dem liegt zugrunde, dass der Betroffene durch den Ausgangsbescheid implizit davon ausgehen darf, zumindest die dort enthaltene Gewährung zu er- bzw. behalten. Dies solle gerade deshalb gelten, damit dem Bürger ein gewisses Maß an Vertrauensschutz bleibe. Demnach wäre nach dortigen Grundsätzen zu fragen, ob eine entsprechende Aufhebung der Gewährung zulässig ist.

(3) Diskussion und Stellungnahme

Die (zusätzliche) Anwendung der §§ 48, 49 VwVfG erscheint insoweit sachgerecht, als die Normen für den Vertrauensschutz des Bürgers eine erprobte und ausbalancierte Systematik vorgeben. Sie könnte sogar zwingend sein, wenn das Ergebnis der reformatio in peius – faktische Teilaufhebung des Verwaltungsakts – ausschließlich

---

18 BVerwGE 65, 313 (319); *Kopp/Schenke* § 68 Rn. 10b; *Meister* JA 2002, 567 (569).

19 OVG Koblenz NVwZ 1992, 386 (386). Die Ansicht des Bundesverwaltungsgerichts ist nicht ganz eindeutig. Mitunter greift es auf die §§ 48, 49 VwVfG zurück, manchmal wird auf die Grundsätze von §§ 48, 49 VwVfG abgestellt und in anderen Fällen werden allgemeine verwaltungsrechtliche Grundsätze bemüht. Auffallend ist aber, dass das Bundesverwaltungsgericht – soweit ersichtlich – in keinem Fall eine reformatio in peius tatsächlich auch an den Voraussetzungen von §§ 48, 49 VwVfG geprüft hat. Mittlerweile formuliert das Bundesverwaltungsgericht vornehmlich, dass sich die Zulässigkeit einer reformatio in peius nach Maßgabe des jeweils anzuwendenden Bundes- oder Landesrechts bestimme und nur dort, wo solche Regelungen fehlen, nach den Grundsätzen über die Rücknahme und den Widerruf von Verwaltungsakten, BVerwG NVwZ-RR 1997, 26 (26) mwN.

20 Schoch/Schneider/Bier/*Dolde/Porsch* § 68 Rn. 49; Stelkens/Bonk/Sachs/*Sachs* § 48 Rn. 71 mwN.

über diese Bestimmungen erreicht werden könnte. Schon dies ist aber nicht der Fall. Nach § 43 Abs. 2 VwVfG bleibt ein Verwaltungsakt wirksam, solange und soweit er unter anderem nicht zurückgenommen, widerrufen oder anderweitig aufgehoben wird. Das Gesetz kennt also neben §§ 48, 49 VwVfG auch noch andere Möglichkeiten der Aufhebung, wie Aufhebung durch einen Abhilfebescheid (§ 72 VwGO) oder einen Widerspruchsbescheid (§ 73 VwGO).[21] Ein hierbei möglicherweise relevanter Vertrauensschutz wird vom Rechtsstaatsprinzip gefordert und muss dann zugunsten des Bürgers im Rahmen des Ermessens berücksichtigt werden.

Ganz im Gegenteil sprechen sogar wichtige Erwägungen gegen die Anwendung der §§ 48, 49 VwVfG auf die reformatio in peius. Denn die Widerspruchsbehörde muss, wie sich aus § 68 I 1, II VwGO ergibt, den gleichen Kompetenzumfang besitzen wie die Ausgangsbehörde. Dies ergibt sich zwingend daraus, dass die reformatio in peius eine Widerspruchsentscheidung und gerade keine Entscheidung im Wege des Selbsteintritts darstellt. Mit anderen Worten muss die Widerspruchsbehörde über die Rechtmäßigkeit und Zweckmäßigkeit der zu treffenden Verwaltungsentscheidung befinden. Diese Möglichkeit ist ihr im Rahmen der §§ 48, 49 VwVfG aber nicht eröffnet: Die für Rücknahme und Widerruf zuständige Behörde kann lediglich eine Ermessensentscheidung darüber treffen, ob bei Vorliegen der Tatbestandsvoraussetzungen (Rechtswidrigkeit bzw. Widerrufsgrund) überhaupt der rechtliche Vorteil beseitigt werden soll. Dies spricht dafür, für die reformatio in peius ausschließlich auf das materielle Fachrecht abzustellen, hier also § 41 StrG.

Hinweis: In dieser Frage ist eine zusätzliche Anwendung der §§ 48, 49 VwVfG ebenso gut vertretbar, zu dem daraus folgenden Aufbau unten und Klausurfälle 10, 11. Zu bedenken ist bei dieser Entscheidung aber, dass bei Anwendung der §§ 48, 49 VwVfG zwar all diejenigen Fälle unproblematisch sind, in denen der Ausgangsbescheid rechtswidrig ist. Problemfälle liegen hingegen vor, wenn der Ausgangsbescheid rechtmäßig ist. Das sind solche, in denen sowohl der Ausgangs- als auch der Widerspruchsbescheid inhaltlich rechtmäßig sind, aus Sicht der Widerspruchsbehörde eine andere (rechtmäßige) Entscheidung aber zweckmäßiger ist. Ein Widerrufsgrund besteht in solchen Fällen regelmäßig nicht. Die Annahme, dass die beiden Auffassungen idR nicht zu voneinander abweichenden Ergebnissen führen, trifft deshalb für die Fallbearbeitung oftmals nicht zu.[22]

II. Tatbestandsvoraussetzungen

Für die Tatbestandsvoraussetzungen ist also auf das materielle Fachrecht abzustellen, mithin hier das Straßenrecht.

1. Formelle Voraussetzungen

a) Zuständigkeit

Mit einer eher verfahrensorientierten Ansicht wird die Zuständigkeit der Widerspruchsbehörde schon mit §§ 68, 73 VwGO begründet.[23] Diese Vorschriften regelten zwar die generelle Zulässigkeit der reformatio in peius nicht, doch folge die Zuständigkeit der Widerspruchsbehörde schon aus dem in den Bestimmungen angeordneten Devolutiveffekt. Demnach wäre der Kreis zuständig.

21 Vgl. *Kopp/Ramsauer* § 43 Rn. 40.
22 *Kopp/Ramsauer* § 79 Rn. 54.
23 *Theuersbacher* BayVBl. 1978, 18 (18); *Mandelartz* VR 1978, 133 (135).

Andere vertreten bei der Frage der Zuständigkeit eine stärker materiell geprägte Sichtweise. Hiernach soll noch nicht ausreichen, dass die Widerspruchsbehörde im Wege des Devolutiveffekts für den Widerspruch zuständig ist, sondern sie muss der Ausgangsbehörde auch als Fachbehörde übergeordnet sein. Es bedarf demnach zumindest eines fachaufsichtlichen Verhältnisses zwischen Widerspruchs- und Ausgangsbehörde, aufgrund dessen die Widerspruchsbehörde in einem bestimmten Sachbereich Weisungen erteilen kann.[24] Mitunter wird sogar gefordert, dass darüber hinaus ein Selbsteintrittsrecht der Widerspruchsbehörde bestehen muss.[25] Wendet man diese Maßstäbe an, ergibt sich folgender Befund: Eine originäre straßenrechtliche Zuständigkeit der Kreisbehörde besteht nicht. Laut Sachverhalt ist vielmehr der Bürgermeister der Stadt S zuständig. Ihm ist aber zu entnehmen, dass der Landrat als Behörde des Kreises nicht nur ein Weisungsrecht gegenüber dem Bürgermeister der Stadt S und damit die Befugnis zur Fachaufsicht besitzt, sondern auch ein Selbsteintrittsrecht. Nach beiden Ansichten ist der Landrat also zuständig.

Hinweis: Unproblematisch ist dies in Situationen bzw. Bundesländern, in denen Ausgangs- und Widerspruchsbehörde identisch sind.[26]

b) Verfahren

Auch die verfahrensrechtlichen Vorgaben müssen gewahrt sein. Früher wurde die Notwendigkeit einer Anhörung vor einer reformatio in peius nicht einheitlich bewertet.[27] Mittlerweile lässt sich § 71 VwGO jedoch entnehmen, dass zumindest im Falle einer erstmaligen Beschwer durch die Aufhebung oder Änderung eines Verwaltungsakts im Widerspruchsverfahren der Betroffene vorher gehört werden soll. Für den Fall der zusätzlichen selbstständigen Beschwer, wie sie durch eine reformatio in peius auferlegt wird, trifft § 71 VwGO keine explizite Regelung. Die entsprechende Anwendung der besonderen Regelungen für den Widerspruchsbescheid mit erstmaliger Beschwer auf den Widerspruchsbescheid mit zusätzlicher selbstständiger Beschwer in anderen Konstellationen spricht dafür, auch § 71 VwGO entsprechend anzuwenden. Dies gilt umso mehr, als der Widerspruchsführer idR nicht mit einer Verböserung rechnen wird, da er den Widerspruch zum Zwecke der Verbesserung seiner Rechtsposition eingelegt hat.[28] Um diesem Vertrauensmoment Rechnung zu tragen, erscheint eine Anhörung in allen typischen Fällen (»soll«) angebracht. Sie soll dem Widerspruchsführer helfen, zu überlegen, ob er seinen Widerspruch zurückzieht und so der reformatio in peius (in der Sache wahrscheinlich vorerst) entgeht. A wurde hier vor Erlass des Widerspruchsbescheids angehört, sodass die Anforderungen des § 71 VwGO erfüllt sind.

---

24 Schoch/Schneider/Bier/*Dolde/Porsch* § 68 Rn. 51; *Kopp/Ramsauer* § 79 Rn. 53a mwN. Auch in dieser Frage ist die Position des Bundesverwaltungsgerichts nicht ganz eindeutig. Einerseits akzeptiert es die Argumentation von unterinstanzlichen Gerichten, die auf ein Selbsteintritts- oder Weisungsrecht abstellen. Andererseits stellt es klar, dass es die kompetenzrechtliche Grundlage in den §§ 68, 73 VwGO sieht, BVerwG NVwZ 1987, 215 (216); NVwZ-RR 1997, 26 (26).

25 *Kopp/Schenke* § 68 Rn. 10b; *Kahl/Hilbert* Jura 2011, 660 (663).

26 Vgl. nur *Kopp/Ramsauer* § 79 Rn. 53a; *Kopp/Schenke* § 68 Rn. 10b.

27 Vgl. *Czybulka/Biermann* JuS 2000, 353 (359). So war umstritten, ob eine Anhörung nur dann erforderlich werden sollte, wenn die die reformatio auslösenden Umstände objektiv neue Tatsachen waren.

28 Vgl. BVerwG NVwZ 1999, 1218; VGH Mannheim NVwZ-RR 2002, 3 (4).

c) Form

Die reformatio in peius im Rahmen des Widerspruchsverfahrens erging in ordnungsgemäßer Form.

2. Materielle Voraussetzungen

Hinweis: Wollte man der Auffassung folgen, dass §§ 48, 49 VwVfG die Rechtsgrundlage sind, müsste man im Rahmen der materiellen Voraussetzungen in zwei Schritten zwischen der Aufhebung des Ausgangsbescheids und dem Erlass des Widerspruchsbescheids differenzieren. Für die Aufhebung und die Entscheidung zwischen § 48 VwVfG und § 49 VwVfG wäre dann nach wohl hM nicht auf den begünstigenden oder belastenden Charakter des Verwaltungsakts abzustellen, sondern auf den begünstigenden oder belastenden Charakter der Änderung, typischerweise also eine Belastung.[29]

a) Öffentliche Wege

Sowohl der Fußgänger- und Radfahrerweg als auch der gepflasterte Bereich zur Bebauung hin gehören laut Sachverhalt zum öffentlichen Straßenraum.

b) Abgrenzung Sondernutzung – Gemeingebrauch

Das Aufstellen der Tische und Stühle ist eine nach § 41 StrG erlaubnispflichtige Sondernutzung, wenn sie über den Gemeingebrauch hinausgeht. Gemäß § 34 I StrG dienen die öffentlichem Wege dem Gemeingebrauch und dürfen von grundsätzlich jedermann im Rahmen der Widmung und der Vorschriften über den Straßenverkehr benutzt werden. Gemeingebrauch setzt nach § 34 III StrG die Nutzung der Straße zum Verkehr voraus. Unter Verkehr wird die Benutzung der Straße in der Absicht der Ortsveränderung verstanden.[30] Eine Sondernutzung liegt hingegen vor, wenn es sich um einen verkehrsfremden Vorgang handelt bzw. eine Tätigkeit, bei der kein unmittelbarer Zusammenhang mit einem Verkehrsvorgang besteht.[31] Das Aufstellen der Tische dient nicht der Ortsveränderung und auch nicht Verkehrszwecken. A verfolgt damit allein gewerbliche Zwecke. Das Aufstellen stationärer Objekte im Straßenraum zu gewerblichen Zwecken verlässt somit den Bereich des erlaubnisfreien Gemeingebrauchs. Es handelt sich also um eine erlaubnispflichtige Sondernutzung.

III. Rechtsfolge: Ermessen

Die Entscheidung, ob eine Sondernutzungserlaubnis erteilt wird, steht im Ermessen. Mit der Beschränkung der Erlaubnis auf sechs Tische mit Stühlen orientiert sich die Behörde an der Notwendigkeit, den öffentlichen Straßenraum für die ihm gemäßen Verkehrszwecke angemessen nutzen zu können: Der Fußgänger- und Radweg ist mit anderthalb Metern äußerst eng und zusätzliche Tische und Stühle in diesem Bereich würden die Nutzung für den Verkehr erheblich erschweren. Ein Ermessensfehlgebrauch ist deshalb nicht ersichtlich. Ermessensausfall und Ermessensüberschreitung sind ebenfalls nicht gegeben.

Darüber hinaus muss bei der Ermessensentscheidung aber auch berücksichtigt werden, dass ein Gewerbetreibender, der bereits eine günstigere Sondernutzungserlaub-

29 Vgl. *Maurer* VerwR AT § 11 Rn. 15.
30 Kodal/*Stahlhut* StraßenR Kap. 25 Rn. 19; *Sauthoff*, Öffentliche Straßen, 2. Aufl. 2010, Rn. 293.
31 OVG Münster NVwZ 2002, 218 (218).

nis erhalten hat – die ihm durch Verböserung teilweise genommen wird – möglicherweise besonderen Vertrauensschutz geltend machen kann. Abzuwägen sind dabei die Folgen, die dem Widerspruchsführer erwachsen, mit dem öffentlichen Interesse an einem uneingeschränkten Vollzug der Eingriffsmaßnahme.[32] A hat durch seinen Widerspruch selbst den Anlass für die reformatio in peius gesetzt und über sein schutzwürdiges Vertrauen somit selbst disponiert. Ermessensfehlerhaft ist die Verböserung insofern nur, wenn sie für den Widerspruchsführer untragbare Verhältnisse zur Folge hat.[33] Dies ist bei einem Widerspruchsbescheid, der dem A, quantitativ betrachtet, drei Viertel des Sondernutzungsvorteils belässt, aber nicht ersichtlich. Vielmehr ist eine untragbare Verkehrslage zu besorgen, wenn es bei dem ursprünglichen Bescheid bleibt. Auf der anderen Seite verbessert sich die gewerbliche Situation des A auch mit sechs Tischen erheblich.

Ermessensfehler liegen nicht vor.

IV. Ergebnis

Eine Klage wäre zulässig, aber unbegründet.

---

32 *Hufen* VerwProzR § 9 Rn. 21.
33 BVerwGE 67, 129 (134 f.); vgl. BVerwG DVBl. 1966, 857 (859).

Fall 13 – Zielfahnder in der Krise

Sachverhalt

B ist seit 15 Jahren als Beamter im Bundeskriminalamt (BKA) in Wiesbaden tätig. Dort war er zuletzt in der Abteilung Zentrale Polizeiliche Dienste als Zielfahnder eingesetzt. B ist stolz auf seine Tätigkeit und jederzeit bereit, lange Auslandsaufenthalte und Überstunden zu übernehmen. Auf einer Dienstreise nach Zentralamerika lässt B sich seinen Dienstlaptop mitsamt sensiblen Daten stehlen, weil er auf einen plumpen Ablenkungstrick für Touristen hereinfällt, vor dem das BKA die Öffentlichkeit in Deutschland vor der gerade beginnenden Ferienzeit gewarnt hatte. Von dieser Dienstreise kehrt B überdies mit einer Malaria-Infektion zurück, die nicht völlig ausgeheilt werden kann. Dies führt dazu, dass er in unregelmäßigen Abständen wegen akuter Fieberschübe nicht zum Dienst erscheinen kann. Überdies wirkt B seit der Scheidung von seiner Frau, die seine ständige dienstbedingte Abwesenheit nicht mehr hinnehmen wollte, oft abgespannt und gereizt. Die Ermittlungstätigkeit in den Bereichen, die B obliegen, gerät daher häufiger ins Stocken. Der Dienstvorgesetzte (D) des B gewinnt den Eindruck, dass B mit den ihm zugewiesenen Aufgaben gegenwärtig überfordert ist.

Nach einigen Monaten erhält B vom Bundesministerium des Innern (BMI), dem das BKA nachgeordnet ist, ein mit Rechtsbehelfsbelehrung versehenes Schreiben. In diesem wird ihm mitgeteilt, dass er mit Wirkung zum kommenden Monatsersten an das Statistische Bundesamt (ebenfalls Wiesbaden) versetzt werde, wo ihm ein gleichwertiges Amt mit identischer Besoldungsgruppe verliehen werde. Die Personalräte sind ordnungsgemäß beteiligt worden. Die bereits Tage zuvor dem B in einem Telefongespräch in Aussicht gestellte Entscheidung zur Versetzung auf einen »ruhigeren Posten« wird mit »dienstlichen Notwendigkeiten« begründet, die ihre Ursachen vor allem in der gesundheitlichen und seelischen Verfassung des B haben. Mit gleicher Post erhält einen Zahlungsbescheid des Ministeriums in Höhe von 1.100 EUR für den Verlust des Laptops. In einer Nachbesprechung der Reise hatte B schon über den Verlust und mögliche Konsequenzen mit dem zuständigen Kollegen im BMI gesprochen.

B, für den eine Welt zusammengebrochen ist, erhebt form- und fristgerecht Widerspruch gegen den Zahlungsbescheid und die Versetzung. Ein Kollege des B meint, dies genüge nicht. B sollte außerdem einen Antrag auf Anordnung der aufschiebenden Wirkung des Widerspruchs gegen die Versetzung stellen.

Haben der Widerspruch und der Antrag im einstweiligen Rechtsschutz Aussicht auf Erfolg? Gegebenenfalls ist ein Hilfsgutachten zu erstellen.

Anhang

Bundesbeamtengesetz – BBG (Auszug):

§ 3 BBG – Begriffsbestimmungen
(1) Oberste Dienstbehörde der Beamtin oder des Beamten ist die oberste Behörde eines Dienstherrn, in deren Geschäftsbereich die Beamtin oder der Beamte ein Amt wahrnimmt.

(2) Dienstvorgesetzte oder Dienstvorgesetzter ist, wer für beamtenrechtliche Entscheidungen über die persönlichen Angelegenheiten der ihr oder ihm nachgeordneten Beamtinnen und Beamten zuständig ist.
(3) Vorgesetzte oder Vorgesetzter ist, wer dienstliche Anordnungen erteilen darf.
[...]

§ 28 BBG – Versetzung
(1) Eine Versetzung ist die auf Dauer angelegte Übertragung eines anderen Amtes bei einer anderen Dienststelle bei demselben oder einem anderen Dienstherrn.
(2) Eine Versetzung ist auf Antrag der Beamtin oder des Beamten oder aus dienstlichen Gründen ohne ihre oder seine Zustimmung zulässig, wenn das Amt mit mindestens demselben Endgrundgehalt verbunden ist wie das bisherige Amt und die Tätigkeit aufgrund der Vorbildung oder Berufsausbildung zumutbar ist.

§ 75 BBG – Pflicht zum Schadensersatz
(1) Beamtinnen und Beamte, die vorsätzlich oder grob fahrlässig die ihnen obliegenden Pflichten verletzt haben, haben dem Dienstherrn, dessen Aufgaben sie wahrgenommen haben, den daraus entstehenden Schaden zu ersetzen.
[...]

§ 126 BBG – Verwaltungsrechtsweg
(1) Für alle Klagen der Beamtinnen, Beamten, Ruhestandsbeamtinnen, Ruhestandsbeamten, früheren Beamtinnen, früheren Beamten und der Hinterbliebenen aus dem Beamtenverhältnis sowie für Klagen des Dienstherrn ist der Verwaltungsrechtsweg gegeben.
(2) Vor allen Klagen ist ein Vorverfahren nach den Vorschriften des 8. Abschnitts der Verwaltungsgerichtsordnung durchzuführen. Dies gilt auch dann, wenn die Maßnahme von der obersten Dienstbehörde getroffen worden ist.
(3) Den Widerspruchsbescheid erlässt die oberste Dienstbehörde. Sie kann die Entscheidung für Fälle, in denen sie die Maßnahme nicht selbst getroffen hat, durch allgemeine Anordnung anderen Behörden übertragen. Die Anordnung ist zu veröffentlichen.
(4) Widerspruch und Anfechtungsklage gegen die Abordnung oder die Versetzung haben keine aufschiebende Wirkung.

Übersicht XXVIII: Das Widerspruchsverfahren (Standardverlauf)

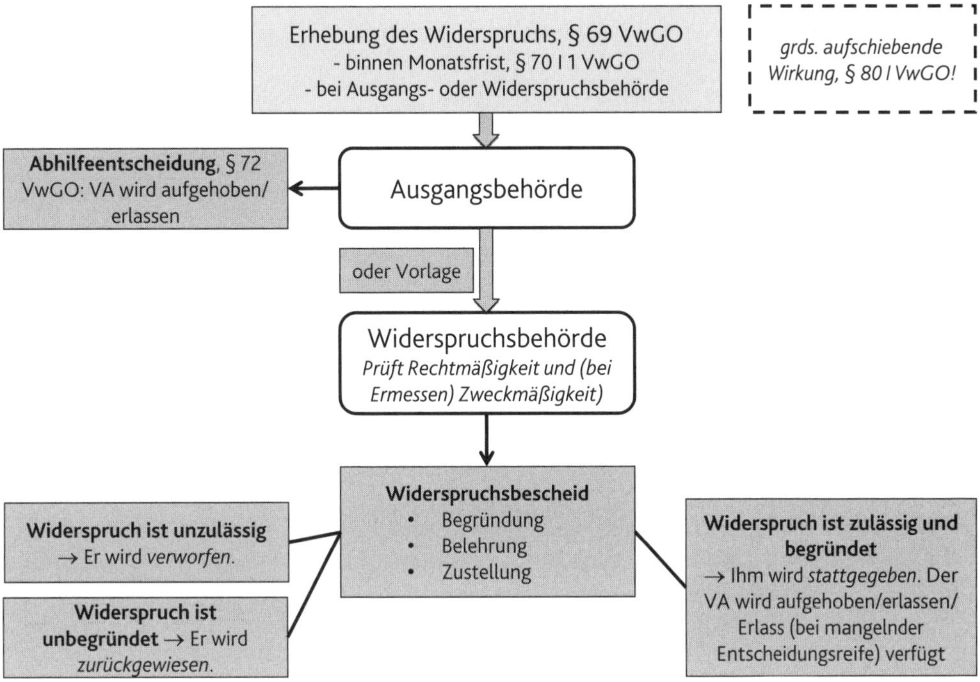

Übersicht XXIX: Zulässigkeit des Widerspruchs

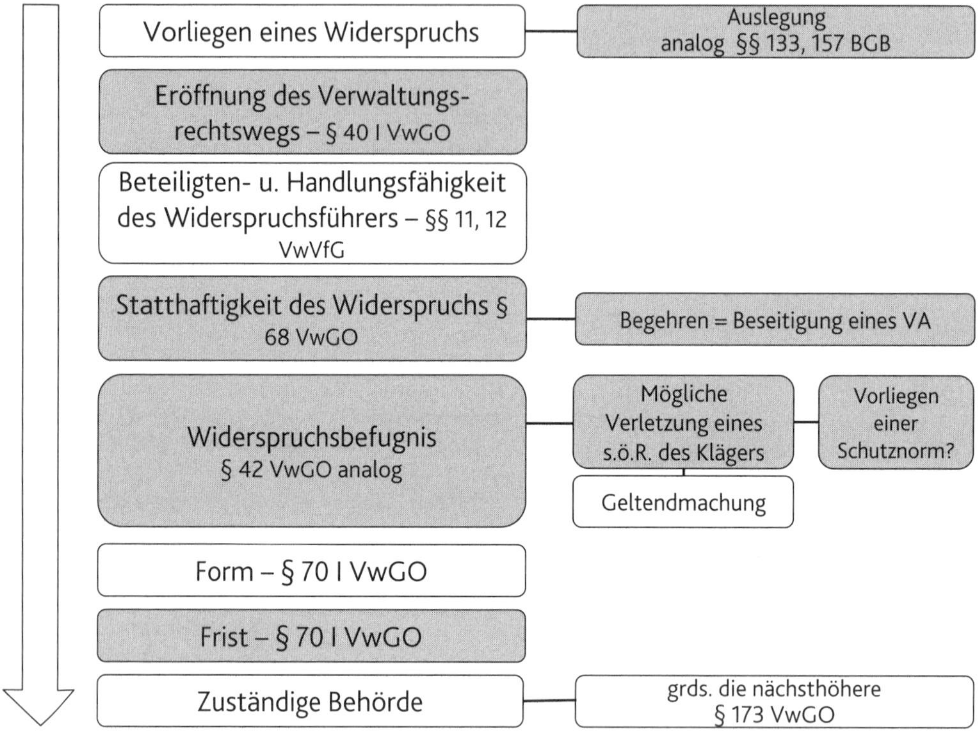

Übersicht XXX: Suspensiv- und Devolutiveffekt des Widerspruchs

Suspensiveffekt *aufschiebende Wirkung*	Devolutiveffekt *abwälzende Wirkung*
§ 80 I VwGO Betrifft Rechtswirkungen des Verwaltungsakts	§ 73 I Nr. 1 VwGO Betrifft Zuständigkeit der Behörden
hM: **Vollziehbarkeitstheorie** Die bei Bestandskraft sonst eintretende Vollziehbarkeit (Vollstreckbarkeit) wird gehemmt aA: **Wirksamkeitstheorie** Der VA wird am Wirksamwerden gehindert	Nicht die Ausgangsbehörde, sondern eine übergeordnete Behörde entscheidet über den Widerspruch ***Ausnahmen*** *(Ausgangsbehörde entscheidet):* • in Selbstverwaltungsangelegenheiten (§ 73 I Nr. 3), • wenn nächsthöhere eine oberste Behörde ist (§ 73 I Nr. 2), • wenn das Gesetz dies bestimmt (§ 73 I 3)
Ende des Suspensiveffekts: § 80b VwGO (Bestandskraft)	
Ausnahme *vom Suspensiveffekt:* *§ 80 II VwGO (Sofortvollzug, gesetzliche Anordnung, zB § 212a BauGB)*	*Problemkreise: Selbsteintritt; eigene Entscheidung oder Zurückverweisung; reformatio in peius*

Lösung

Schwerpunkte:
- Zulässigkeit des Widerspruchs
- Außenwirkung des Verwaltungsakts
- einstweiliger Rechtsschutz § 80 V VwGO
- Erfordernis einer Rechtsgrundlage

1. Teil: Widerspruch gegen den Zahlungsbescheid

A. Zulässigkeit des Widerspruchs

I. Eröffnung des Verwaltungsrechtswegs

Auch für die Durchführung eines Widerspruchsverfahrens muss der Verwaltungsrechtsweg eröffnet sein. Nach § 126 I BBG ist für alle Klage der Bundesbeamten aus dem Beamtenverhältnis der Verwaltungsrechtsweg eröffnet.

Hinweis: Ob es sich hierbei um eine direkte oder analoge Anwendung handelt, ist unklar. Für eine direkte Anwendung könnte streiten, dass die gleiche Bestimmung die Durchführung eines Vorverfahrens ausdrücklich festschreibt.

B und das BMI streiten um die Erstattung des Wertes eines Laptops, der während der Ausübung der Dienstpflichten abhandengekommen ist. Der Streitgegenstand resultiert damit aus dem Beamtenverhältnis. Schon nach der aufdrängenden Sonderzuweisung des § 126 I, II BBG ist der Verwaltungsrechtsweg eröffnet. Ob eine öffentlich-rechtliche Streitigkeit nichtverfassungsrechtlicher Art vorliegt, braucht hier – anders als bei § 40 I VwGO – nicht eigens geprüft zu werden.

Hinweis: Für Beamte der Länder, Gemeinden und Gemeindeverbände sowie der sonstigen der Aufsicht eines Landes unterstehenden Körperschaften, Anstalten und Stiftungen des öffentlichen Rechts findet der entsprechende § 54 BeamtStG Anwendung.[1]

II. Beteiligten- und Handlungsfähigkeit

A ist nach §§ 79, 11 Nr. 1 VwVfG als natürliche Person beteiligtenfähig und gemäß §§ 79, 12 I Nr. 1 VwVfG handlungsfähig.

! **Hinweis:** Die Beteiligten- und Handlungsfähigkeit der Behörde, die dem Bürger gegenübersteht, ist hier nicht anzusprechen. Als Verwaltungsverfahren ist das Vorverfahren zwingend von einer Behörde durchzuführen, die kraft Amtes beteiligten- und handlungsfähig ist. Geprüft werden muss lediglich die Zuständigkeit der Widerspruchsbehörde, siehe unten.

III. Statthaftigkeit

Nach § 126 II BBG ist für alle Klagen ein Vorverfahren notwendig. Der Widerspruch ist damit statthaft.

1 Zum Verhältnis von § 54 BeamtStG und § 126 BRRG *Terhechte* NVwZ 2010, 996.

IV. Widerspruchsbefugnis

A ist analog § 42 II VwGO widerspruchsbefugt, wenn er geltend machen kann, durch den Zahlungsbescheid in seinen Rechten verletzt zu sein, wofür die Möglichkeit einer Rechtsverletzung notwendig ist.[2] B als Beamter stehe allerdings in einem sehr viel engeren Verhältnis zum Staat als andere Bürger und nimmt für den Staat eine bestimmte Funktion wahr. Der Staat ist deshalb mitunter darauf angewiesen, seine Entscheidungen schneller und einfacher gegenüber dem Beamten durchsetzen zu können. Dies führte zur Annahme besonderer Rechtsbeziehungen mit eingeschränkten Individualrechten des Beamten (und ebenso Soldaten, Schüler oder Strafgefangenen) gegenüber dem Staat.[3] Während die früher vertretene Impermeabilitätstheorie vom Vorliegen eines »besonderen Gewaltverhältnisses« im Sinne eines (grund)rechtsfreien Raumes ausging,[4] hat das Bundesverfassungsgericht die uneingeschränkte Geltung der Grundrechte für diese Konstellationen bejaht.[5] Der von Teilen des Schrifttums für die genannten staatsnahen Rechtsverhältnisse seither verwendete Begriff des »Sonderstatusverhältnisses« ist insoweit jedenfalls nicht mit einem rechtlichen Ausnahmestatus assoziiert.

Gleichwohl muss das Näheverhältnis der Beamten zum Staat insoweit Berücksichtigung finden, als nicht jede in eine Belastung des Beamten mündende Maßnahme schon als Eingriff in dessen Rechte qualifiziert zu werden braucht.[6] Mitunter resultiert daraus die Unterscheidung zwischen einem Grund- und einem Betriebsverhältnis, wobei das Grundverhältnis die Begründung, Veränderung oder Beendigung des Beamtenverhältnisses betrifft und es sich bei Maßnahmen in diesem Bereich deshalb um Regelungen mit Außenwirkung handelt. Diese Außenwirkung soll Maßnahmen im Betriebsverhältnis, das lediglich die betriebliche Ausgestaltung beschreibt, fehlen.[7] Diese Differenzierung darf jedoch nicht zu einem pauschalen Ausschluss des Rechtsschutzes gegenüber Maßnahmen im Betriebsverhältnis führen, die ebenfalls rechtlichen Bindungen unterliegen. Ob der Beamte sie rechtlich angreifen kann, hängt nicht von der Kategorisierung ab, sondern ob sie kraft ihrer Intensität in die Beeinträchtigung einer subjektiven Rechtsposition münden.[8] Der Zahlungsbescheid betrifft nicht nur formale Fragen des Betriebsablaufs innerhalb der Behörde des B. Mit ihm wird vielmehr in das Vermögen des Beamten eingegriffen. Es ist nicht schlechterdings ausgeschlossen, dass dieser in seinen Rechten aus Art. 2 I GG verletzt ist.

V. Ordnungsgemäße Widerspruchserhebung

A hat form- und fristgerecht Widerspruch erhoben.

VI. Zuständige Behörde

Mangels gegenteiliger Angaben im Sachverhalt ist davon auszugehen, dass A den Widerspruch auch bei der zuständigen Behörde eingereicht hat, zumal dies nach § 70 I VwGO sowohl bei der Ausgangs- als auch Widerspruchsbehörde möglich ist.

2 Vgl. nur *Schenke* VerwProzR Rn. 494.
3 *Maurer* VerwR AT § 6 Rn. 24 ff., § 8 Rn. 27 f.; Stelkens/Bonk/Sachs/*U. Stelkens* § 35 Rn. 198 ff.
4 Vgl. *Schenke* VerwProzR Rn. 96; HK-VerwR/*Unruh* § 40 VwGO Rn. 76; *Detterbeck* VerwR AT Rn. 1453.
5 BVerfGE 33, 1 (10 f.).
6 *Maurer* VerwR AT § 8 Rn. 31.
7 *Ule* VerwProzR § 5 III 1.
8 *Schenke* VerwProzR Rn. 97 f.

VII. Zwischenergebnis

Der Widerspruch ist zulässig.

B. Begründetheit des Widerspruchs

Der Widerspruch ist gemäß § 68 VwGO iVm § 113 I 1 VwGO (analog) begründet, soweit der Zahlungsbescheid rechtswidrig ist und der B dadurch in seinen Rechten verletzt ist oder wenn der Zahlungsbescheid unzweckmäßig ist und den B dadurch in seinen rechtlich geschützten Interessen beeinträchtigt.

I. Rechtsgrundlage

Der Dienstherr hat seine Schadensersatzforderung gegenüber B durch einen Verwaltungsakt festgesetzt, der dem B eine Zahlungspflicht auferlegt. Dieser Verwaltungsakt ist fehlerunabhängig rechtswirksam, kann in Bestandskraft erwachsen und durch die Verwaltung selbst vollstreckt werden, was den Eingriffscharakter der Regelung betont. Der rechtsstaatliche Vorbehalt des Gesetzes gebietet, dass ein solcher Eingriff durch eine gesetzliche Grundlage abgedeckt wird.

Problematisch ist jedoch, dass eine normative Ermächtigung für den Erlass eines solchen Verwaltungsakts nicht aufzufinden ist. § 75 BBG normiert zwar die Voraussetzungen, unter denen Beamte dem Dienstherrn zu Schadensersatz verpflichtet sind, enthält aber keine Angaben dazu, wie dieser Anspruch seitens des Dienstherrn durchzusetzen ist und ob dazu ein Verwaltungsakt erlassen werden darf. Manche leiten die immanente Berechtigung der Behörde zum Erlass eines solchen Verwaltungsakts aus dem Beamtenverhältnis ab: Der Beamte sei dem Dienstherrn allgemein untergeordnet, sodass der Dienstherr im Beamtenverhältnis befugt sei, auch Schadensersatzansprüche einseitig durch einen Verwaltungsakt festzusetzen, ohne dazu ausdrücklich ermächtigt zu sein.[9] Die Ermächtigung zum Erlass eines Verwaltungsakts wird somit als ungeschriebene aus dem Beamtenverhältnis abgeleitet. Andere lehnen diesen Schluss vom Beamtenverhältnis auf eine Ermächtigung zum Erlass von Verwaltungsakten ab. Im Beamtenverhältnis seien nicht nur die Grundrechte uneingeschränkt anwendbar, auch beanspruche der Vorbehalt des Gesetzes Geltung, und überdies stehe einer einseitigen Zahlungsfestsetzung zulasten des Beamten die Fürsorgepflicht des Dienstherrn entgegen.[10] Demnach bestünde keine Rechtsgrundlage für den Zahlungsbescheid und dieser wäre schon aus dem Grund rechtswidrig (in dem Fall bliebe dem Dienstherrn nur der Klageweg).

Berücksichtigung muss finden, dass das Beamtenverhältnis fast durchgehend durch Verwaltungsakt geregelt wird, wie etwa bei der Ernennung oder Besoldung. Zwar sind speziell diese gesetzlich ausgeformt, doch erfordert das Verhältnis zwischen Beamten und Dienstherren darüber hinaus in erheblich mehr Fällen als die Verwaltungstätigkeit gegenüber dem Bürger die einseitige Festsetzung von Verpflichtungen, um eine effektive Gestaltung der Verwaltungstätigkeit sicherzustellen. Dies spricht dafür, insoweit keine strengen Maßstäbe anzulegen und bei Maßnahmen, die nicht unmittelbar statusbezogen sind, auf eine ausdrückliche Ermächtigung jedenfalls dann

9 BVerwGE 19, 243 (246); 25, 280 (285 f.); 27, 245 (246); 81, 301 (303); *Maurer* VerwR AT § 10 Rn. 7; *Kopp/Ramsauer* § 35 Rn. 23a; *Wagner/Leppek* BeamtenR Rn. 198.

10 *Renck* JuS 1965, 129 (132 f.); *Schoch* Jura 2010, 670 (675).

zu verzichten, wenn die Grundlagen des materiellen Anspruchs im Gesetz erkennbar werden. Auf § 75 BBG trifft dies jedenfalls zu. Damit kann die Rechtsgrundlage für den Zahlungsbescheid dem Beamtenverhältnis inzident entnommen werden.[11]

II. Formelle Rechtmäßigkeit

Das BMI war zuständig. Es hat B vor dem Erlass des Bescheids in einer Nachbesprechung auch angehört (§ 28 VwVfG).

III. Materielle Rechtmäßigkeit

Nach § 75 BBG haben Beamte, die vorsätzlich oder grob fahrlässig die ihnen obliegenden Pflichten verletzt haben, dem Dienstherrn, dessen Aufgaben sie wahrgenommen haben, den daraus entstehenden Schaden zu ersetzen. B wurde auf einer Dienstreise ein Laptop gestohlen. Dabei ist er als Kriminalbeamter auf einen plumpen Trick für Touristen hereingefallen, obwohl er gerade auf den Dienstlaptop mit sensiblen Daten in besonderem Maße hätte Acht geben müssen. Hinzu kommt, dass das BKA die Bevölkerung vor der Ferienzeit auf diese Gefahr hingewiesen hatte. B hat also die im Verkehr erforderliche Sorgfalt in einem besonders schweren, ungewöhnlich hohem Maße verletzt und handelte damit grob fahrlässig.[12] Die Geltendmachung des Ersatzanspruches war hier auch unter Berücksichtigung der Fürsorgepflicht des Dienstherrn nicht unverhältnismäßig.

IV. Zweckmäßigkeit

Es ist nichts dafür ersichtlich, dass der Zahlungsbescheid unzweckmäßig ist.

V. Ergebnis

Der Widerspruch ist zwar zulässig, aber unbegründet.

2. Teil: Einstweiliger Rechtsschutz gegen die Versetzung

A. Zulässigkeit

I. Eröffnung des Verwaltungsrechtswegs

Im Hauptsacheverfahren wäre der Verwaltungsrechtsweg durch die aufdrängende Sonderzuweisung des § 126 I BRRG eröffnet. Damit unterliegt auch der einstweilige Rechtsschutz dem Verwaltungsrechtsweg.

II. Beteiligten- und Prozessfähigkeit

B ist als natürliche Person gemäß § 61 Nr. 1 Var. 1 VwGO beteiligtenfähig; seine Prozessfähigkeit folgt aus § 62 I 1 Nr. 1 VwGO. Der Bund ist nach § 61 Nr. 1 Var. 2 VwGO beteiligtenfähig und prozessfähig nach § 62 III VwGO; er wird vertreten durch den zuständigen Behördenleiter.

11 Eine aA ist hier ebenso vertretbar.
12 Auch hier ist eine aA vertretbar.

III. Statthafte Antragsart

Die statthafte Antragsart bestimmt sich nach dem auslegungsfähigen Begehren des Antragsstellers analog § 88 VwGO. B möchte erreichen, dass die aufschiebende Wirkung seines Widerspruchs gegen die Versetzung angeordnet wird. Dies lässt sich nicht über § 123 VwGO erreichen, einschlägig ist vielmehr ein Antrag nach § 80 V VwGO.

1. Versetzung als Verwaltungsakt

Voraussetzung dafür ist, dass es sich bei der Versetzung um einen Verwaltungsakt handelt und ein dagegen gerichteter Widerspruch keine aufschiebende Wirkung entfaltet. Ein Verwaltungsakt stellt eine Maßnahme zur Regelung dar, die auf unmittelbare Rechtswirkung nach außen gerichtet ist. Wie bereits dargestellt, kann jedoch im Beamtenverhältnis nicht jede Anordnung des Dienstherrn gleichzeitig als eine Maßnahme angesehen werden, die auf Außenwirkung gerichtet ist. Außenwirkung kann nur solchen Maßnahmen zuerkannt werden, die den Beamten in seiner persönlichen Rechtsstellung betreffen, anderenfalls handelt es sich lediglich um ein Verwaltungsinternum.

Bei Änderungen des Dienstortes und des Aufgabenbereichs eines Beamten lassen sich verschiedene Rechtsfiguren unterscheiden.[13] Bei der Versetzung nach § 28 BBG wird dem Beamten auf Dauer ein anderes (abstrakt-funktionales) Amt zugewiesen, dh ein Aufgabenkreis, welcher der durch die Besoldungsgruppe ausgedrückten Rechtsstellung des Beamten durchaus entspricht, aber bei einer anderen als der bisherigen Behörde. Die Versetzung braucht nicht mit dem Wechsel des Dienstherrn einherzugehen. Da der Beamte aufgrund der Versetzung ein anderes Amt erhält, berührt sie unmittelbar seinen Status und ist damit ein Verwaltungsakt. Bei der Umsetzung hingegen, die im Bundesbeamtengesetz nicht näher geregelt ist, wird dem Beamten innerhalb derselben Behörde bei demselben Dienstherrn einen anderen Dienstposten (funktionelles Amt im konkreten Sinne) zugewiesen. Das Amt im statusrechtlichen Sinne bleibt dadurch unberührt. Es handelt sich um eine räumlich-organisatorische Maßnahme, weshalb die Umsetzung nicht darauf gerichtet ist, Außenwirkung zu entfalten.[14] Schließlich kann eine Organisationsverfügung zur Änderung des Arbeitskreises dazu führen, dass der Beamte zwar sein bisheriges Amt im abstrakten und konkreten Sinne behält, er aber durch eine Änderung des Geschäftsverteilungsplans nunmehr mit anderen Tätigkeiten und Sachbereichen betraut ist.

B wird in das Statistische Bundesamt versetzt. Unabhängig davon, dass sich an seiner Besoldungsgruppe dadurch nichts ändert, wird er doch in einer anderen als der bisherigen Behörde tätig. Der Widerspruch in der Hauptsache richtet sich gegen eine Versetzung und folglich gegen einen Verwaltungsakt.

2. Widerspruch ohne aufschiebende Wirkung

Nach § 126 IV BRRG haben Widerspruch und Anfechtungsklage gegen eine Versetzung keine aufschiebende Wirkung.

---

13 Zum Folgenden *Wagner/Leppek* BeamtenR Rn. 125 ff.; *Kunig*, in: Schmidt-Aßmann/Schoch/*Kunig*, Besonderes Verwaltungsrecht, 15. Aufl. 2008, Kap. 6 Rn. 112 ff.; *Kirsch* Jura 2010, 487 (489).

14 BVerwGE 60, 144 (146).

3. Keine Bestandskraft des Verwaltungsakts

Hinweis: Dieser Prüfungspunkt kann alternativ auch im Rahmen des Rechtsschutzbedürfnisses angesprochen werden.

Für einen Antrag nach § 80 V VwGO darf der Verwaltungsakt noch nicht bestandskräftig geworden sein. B hat frist- und formgerecht gegen die Versetzung Widerspruch erhoben, über den noch nicht entschieden ist.

IV. Antragsbefugnis, § 42 II VwGO analog

Auch im Rahmen des einstweiligen Rechtsschutzes ist erforderlich, dass eine Rechtsverletzung des Antragstellers nicht eindeutig und offenkundig ausgeschlossen ist.[15] Hier erscheint es zumindest möglich, dass aus Art. 33 II GG folgender Anspruch des B auf eine Beschäftigung, die seiner Eignung, Befähigung und fachlichen Leistung entspricht, verletzt ist.

V. Zuständiges Gericht

Das Gericht der Hauptsache ist nach § 80 V VwGO für den einstweiligen Rechtsschutz zuständig. Gericht der Hauptsache ist – solange das gerichtliche Verfahren noch nicht anhängig ist – dasjenige, das im ersten Rechtszug örtlich und sachlich zuständig ist. Mangels abweichender Angaben im Sachverhalt ist dies hier nach §§ 45, 52 Nr. 4 VwGO das Verwaltungsgericht Wiesbaden.

VI. Richtiger Antragsgegner

Richtiger Antragsgegner ist in analoger Anwendung des § 78 I Nr. 1 VwGO die Bundesrepublik Deutschland, deren Behörde (BMI) den Bescheid erlassen hat.

VII. Allgemeines Rechtsschutzbedürfnis

1. Vorherige Einlegung des Hauptsacherechtsbehelfs?

Aus § 80 V 2 VwGO ergibt sich, dass eine Anfechtungsklage nicht vor dem Antrag auf einstweiligen Rechtsschutz gestellt zu werden braucht. Auf die umstrittene Frage, ob dem Antrag nach § 80 V VwGO ein Widerspruch vorhergehen muss, braucht hier nicht eingegangen zu werden. B hat jedenfalls ordnungsgemäß und fristgerecht Widerspruch erhoben.

2. Vorheriger Aussetzungsantrag bei der Behörde?

Strittig ist auch, ob das Rechtsschutzbedürfnis entfällt, wenn der Widerspruchsführer die Möglichkeit hat, bei der Behörde gemäß § 80 IV 1 VwGO einen Antrag auf Aussetzung der Vollziehung zu stellen. Hiergegen spricht der klare Wortlaut des § 80 VI 1 VwGO, der ein solches Antragserfordernis auf die Anforderung von Abgaben und Kosten beschränkt. Die Vorschrift ist als Ausnahmebestimmung eng auszulegen.[16] Ein vorheriger Aussetzungsantrag an die Behörde ist nicht erforderlich.

15 Vgl. nur *Kopp/Schenke* § 80 Rn. 134.

16 Die gegenteilige Ansicht ist bei entsprechender Begründung ebenso vertretbar. Da es sich aber um ein hinlänglich diskutiertes Problem handelt, können längere Ausführungen hierzu auf mangelnde Schwerpunktsetzung deuten.

VIII. Zwischenergebnis

Der Antrag nach § 80 V VwGO ist zulässig.

B. Begründetheit

Der Antrag auf Anordnung der aufschiebenden Wirkung ist begründet, wenn das Aussetzungsinteresse des Antragstellers gegenüber dem Vollzugsinteresse überwiegt. Maßgeblich dafür ist in erster Linie eine summarische Prüfung der Erfolgsaussichten in der Hauptsache. Diese bestimmen sich vor allem nach der Rechtsmäßigkeit der Versetzungsanordnung.

I. Erfolgsaussichten in der Hauptsache – Rechtmäßigkeit der Versetzung

Hinweis: Die Zulässigkeit des Rechtsbehelfs in der Hauptsache braucht hier nicht mehr gesondert angesprochen zu werden. Die Zulässigkeitsvoraussetzungen des Antrags nach § 80 V VwGO entsprechen regelmäßig denen des Widerspruchs oder der Anfechtungsklage (Eröffnung des Verwaltungsrechtswegs, Beteiligten- und Prozessfähigkeit bzw. Handlungsfähigkeit, Statthaftigkeit, Klage- bzw. Antragsbefugnis). Die Form und Frist des Rechtsmittels in der Hauptsache ist bereits im Rechtsschutzbedürfnis des Antrags nach § 80 V VwGO bei der Frage erörtert, ob der angegriffene Verwaltungsakt bestandskräftig geworden ist.

1. Rechtmäßigkeit der Versetzung

Rechtsgrundlage für die Versetzung ist § 28 BBG.

a) Formelle Rechtmäßigkeit

(1) Zuständigkeit

Für die Zuständigkeit zur Versetzung ist im BBG keine eindeutige Regelung vorhanden. Nach der allgemeinen Regelung des § 3 II BBG liegt die Zuständigkeit damit grundsätzlich beim Dienstvorgesetzten. Unmittelbarer Dienstvorgesetzter ist der Behördenleiter.[17] Nicht dieser hat aber über die Versetzung entschieden, sondern Beamte des BMI.

Hinweis: Zu unterscheiden ist zwischen dem Vorgesetztem und dem Dienstvorgesetztem. Nur Letzterer ist für die Angelegenheiten zuständig, die das Dienstverhältnis und den Status des Beamten betreffen, wie die Versetzung.

Das BMI ist nur dann für die Entscheidung zuständig, wenn es entweder ebenfalls Dienstvorgesetzter ist oder zumindest ein Selbsteintrittsrecht hatte, also eine gesetzlich eingeräumte Befugnis einer übergeordneten Behörde, die einer niederen Behörde zustehende Entscheidung an sich zu ziehen.[18] § 3 II BBG ist nicht so zu verstehen, dass allein der unmittelbare Vorgesetzte Dienstvorgesetzter ist. Neben diesem (unmittelbaren) Dienstvorgesetzten gibt es weitere (mittelbare) Dienstvorgesetzte, sog. höhere Dienstvorgesetzte. Dabei ist die oberste Dienstbehörde stets höchster Dienstvorgesetzter.[19] Als solcher ist sie nach § 3 II 1, III BBG auch unmittelbar zuständig.

17 *Battis* § 3 Rn. 5.
18 *Maurer* VerwR AT § 21 Rn. 49.
19 Vgl. *Battis* § 3 Rn. 5.

(2) Verfahren

In einem Telefongespräch, das vor der Versetzung stattgefunden hat, hatte B Gelegenheit, Stellung zu nehmen. Dies genügt den Anforderungen des § 28 VwVfG.

Der Personalrat der abgebenden als auch der Personalrat der aufnehmenden Dienststelle haben der Maßnahme zugestimmt, sodass die Mitbestimmungspflicht gemäß §§ 76 I Nr. 4, 69 BPersVG erfüllt ist.

(3) Form

Die Versetzung enthält auch eine Begründung iSd § 39 VwVfG.

b) Materielle Rechtmäßigkeit – Tatbestandsvoraussetzungen der Versetzung

Eine Versetzung ist nach § 28 II BBG zulässig, wenn sie entweder auf Antrag des Beamten erfolgt oder ohne seine Zustimmung aus dienstlichen Gründen. Das neue Amt muss in diesem Fall mit mindestens demselben Endgrundgehalt verbunden sein wie das bisherige Amt und die neue Tätigkeit aufgrund der Vorbildung oder Berufsausbildung des Beamten zumutbar sein.

(1) Dienstlicher Grund

Bei der neuen Verwendung im Statistischen Bundesamt handelt es sich um ein gleichwertiges Amt mit identischer Besoldungsgruppe. Ein Antrag des B auf Versetzung liegt nicht vor. Notwendig ist deshalb ein dienstlicher Grund für die Versetzung. Hierbei handelt es sich um einen unbestimmten Rechtsbegriff, dessen Anwendung vom Gericht vollumfänglich überprüft werden kann.[20] Grundsätzlich kann ein dienstliches Bedürfnis auch in der Person des Beamten bestehen, wenn sich Eigenschaften oder Verhaltensweisen des Beamten auf die Erfüllung seiner Dienstpflichten auswirken.[21] Gerade im Hinblick darauf, dass die Voraussetzung des »dienstlichen Grundes« auch als Schutz für den Beamten zu verstehen ist, sind hieran strenge Anforderungen zu stellen.[22] Im Rahmen einer strikten Verhältnismäßigkeitsprüfung ist auch die Entscheidung des Beamten für einen konkreten Dienstherren zu berücksichtigen. Für den Fall, dass der dienstliche Grund im gesundheitlichen oder seelischen Zustand des Beamten wurzelt, muss er allerdings so gravierend sein, dass der Beamte sein gegenwärtiges Amt nicht mehr erfüllen kann. Als Alternative zu einer Versetzung kommt stets auch die Feststellung der Dienstunfähigkeit und Versetzung in den Ruhestand nach §§ 44 ff. BBG in Betracht. So fehlt ein dienstlicher Grund für die Versetzung, wenn der Beamte aufgrund seiner gesundheitlichen und seelischen Probleme auch den Anforderungen der neuen Dienststelle nicht gewachsen ist.

Die gesundheitliche Lage des B ist nicht ausschließlich mit seiner Tätigkeit beim BKA verbunden, sondern würde sich auch bei anderen Stellen auswirken. Viel spricht auch dafür, dass sich seine psychische Situation wieder bessern wird. Auch ist eine

20 *Wagner/Leppek* BeamtenR Rn. 130 ff.; *Battis* § 3 Rn. 12.

21 *Battis* § 3 Rn. 13; Ehlers/Fehling/Pünder/*Battis* VerwR BT III § 87 Rn. 81; kritisch und restriktiver *Wagner/Leppek* BeamtenR Rn. 130 ff. unter Verweis auf die frühere Rechtslage, die zwischen »dienstlichen Gründen« und einem »dienstlichen Bedürfnis« differenzierte.

22 *Battis* § 3 Rn. 12.

allgemeine Dienstunfähigkeit bei B nicht vorhanden. Dies spricht gegen einen dienstlichen Grund für die Versetzung.

Andererseits gelingt es dem B aber nicht, seine Ermittlungstätigkeit so wahrzunehmen, wie dies von einem Beamten in seiner Position erwartet werden kann. Die Anforderungen seines neuen Amtes im Statistischen Bundesamt dürfte B besser erfüllen können. Die dortigen Aufgaben dürften auch in einem ruhigeren Umfeld angesiedelt sein als seine Tätigkeit als Zielfahnder im BKA. Auch bei der neuen Stelle bleibt Dienstherr des B der Bund und das Statistische Bundesamt ist ebenso wie das BKA dem Innenministerium zugeordnet. Die zukünftige Stelle des B beim Statistischen Bundesamt befindet sich ebenso in Wiesbaden wie seine bisherige Verwendung beim BKA. Dies verringert die Belastung, die für B mit der Versetzung verbunden ist. Ein dienstlicher Grund lässt sich nach alledem noch bejahen.[23]

(2) Zumutbarkeit der neuen Tätigkeit

Die Tätigkeit am Statistischen Bundesamt muss dem B allerdings aufgrund seiner Vorbildung oder Berufsausbildung auch zumutbar sein. Sie unterscheidet sich von seinen Aufgaben beim BKA ganz erheblich. Im Statistischen Bundesamt dürften B verstärkt mathematische, statistische und datenverarbeitende Tätigkeiten am Schreibtisch erwarten. Seine Tätigkeit als Zielfahnder zeichnete sich hingegen durch komplexe Ermittlungsarbeit im Besonderen und klassische Polizeiarbeit im Allgemeinen aus. Typischerweise ist auch die Ausbildung für eine statistisch geprägte Tätigkeit nicht mit der Ausbildung für eine polizeilich-ermittelnde Tätigkeit vergleichbar. Diese Unterschiede im Tatsächlichen spiegeln sich auch in Unterschieden bei der beruflichen Selbstwahrnehmung. Die neue Tätigkeit ist dem B aus diesen Gründen nicht zumutbar.

3. Zwischenergebnis

Die Versetzung ist rechtswidrig und verletzt B in seinen Rechten.

Hinweis: Denkbar wäre es, B auf einen anderen Posten im BKA, etwa in der Verwaltung, zu versetzen, damit er dort seine Ausbildung und bisherigen Erfahrungen einsetzen kann. Dabei erscheint es angezeigt, B nur vorübergehend nicht als Zielfahnder einzusetzen. Da sich dies durch die Zuweisung eines anderen Amtes im konkret-funktionalen Sinne realisieren ließe, wäre an eine Umsetzung zu denken.

II. Interessenabwägung

Die Erfolgsaussichten in der Hauptsache sprechen für das Überwiegen des Aussetzungsinteresses des B. Es bestehen keine Interessen, die den Vollzug eines rechtswidrigen Verwaltungsakts rechtfertigen könnten.

III. Ergebnis

Der Antrag nach § 80 V VwGO ist zulässig und begründet.

23 Eine aA ist hier ebenso gut vertretbar.

Fall 14 – Hobbymarkt sticht Eiszeitschau

Sachverhalt

A ist passionierte Hobbyforscherin mit dem Spezialgebiet Eiszeit. Zu diesem Thema hat sie eine Vielzahl von Fotos, Schaubildern und Exponaten zusammengetragen. Das gesammelte Wissen möchte sie auch gerne ihren Mitmenschen vermitteln, weshalb sie in unregelmäßigen Abständen und an verschiedenen Orten unentgeltlich öffentliche Ausstellungen veranstaltet.

Für die erste Woche im April 2013 plant A erneut eine Ausstellung, dieses Mal in der kreisfreien Stadt S. Die Topographie des Gebiets, in dem S liegt, ist stark geprägt durch Formationen, die während der letzten Eiszeit entstanden sind. Am 12.9.2012 beantragt sie beim Liegenschaftsamt der Stadt S die Überlassung der Stadthalle. Nach § 1 der für sie erlassenen Satzung dient die Stadthalle nicht nur offiziellen Anlässen und Veranstaltungen der Stadt, sondern auch kann auch Privaten für Veranstaltungen überlassen werden, sofern diese Veranstaltungen einen Bezug zur örtlichen Gemeinschaft von S haben. § 2 der Satzung bestimmt, dass die Vergabe an Private mittels schriftlichen Bescheids erfolgt. Da sich die Stadthalle gerade im Bereich privater Veranstaltungen großer Beliebtheit erfreut, hat der Bürgermeister – in formeller Hinsicht rechtmäßig – Richtlinien erlassen, welche die Vergabe der Stadthalle bei konkurrierenden Bewerbern regeln. Demnach ist die Stadthalle in erster Linie an bekannte und bewährte Nutzer zu vergeben, die auch schon bisher die Stadthalle genutzt haben. Sobald die Entscheidung für einen privaten Nutzer per Bescheid getroffen ist, schließt die Stadt mit diesem einen Mietvertrag.

Zeitgleich mit A beantragt auch H die Nutzung der Stadthalle. H wickelt seine Korrespondenz mittlerweile komplett elektronisch ab, sodass er ausdrücklich um einen Bescheid per E-Mail bittet. Dem Liegenschaftsamt ist dies recht. Um Kosten zu senken und sich als umweltfreundliche Verwaltung zu präsentieren, hat die Behördenleitung ebenfalls beschlossen, die Korrespondenz mit dem Bürger nach Möglichkeit nur noch elektronisch abzuwickeln, und 2010 eine entsprechende Verwaltungsvorschrift erlassen. Am 4.10.2012 übersendet das Liegenschaftsamt nach vorhergehender Anhörung eine Mail, die zugleich an H und A adressiert ist. Die E-Mail-Adresse der A hatte das Liegenschaftsamt deren Briefkopf aus dem Antrag vom 12.9.2012 entnommen.

Mit dieser E-Mail wird der Antrag der A abgelehnt und dem H die Nutzung der Stadthalle gestattet. Zur Begründung führt das Liegenschaftsamt aus, dass zeitgleich mit dem Antrag der A auch ein Antrag des H für denselben Zeitraum eingegangen sei. H veranstaltet jedes Jahr einen lokalen Hobby- und Bastelmarkt mit Ausstellern aus der Region, der 2013 ebenfalls in der ersten Aprilwoche stattfinden soll. Der Markt des H sei seit Jahren bekannt und habe jedes Mal in der Stadthalle stattgefunden. Die Zusammenarbeit mit H habe sich aus Sicht der Stadt stets reibungslos gestaltet. Man vergebe deshalb die Stadthalle für den fraglichen Zeitraum an H. Zur gleichzeitigen elektronischen Bekanntgabe an H und A habe man sich entschlossen, um diese Konkurrenzsituation mit größtmöglicher Transparenz zu lösen. Die E-Mail ist mit einer elektronischen Signatur nach dem Signaturgesetz versehen und Rechtsbehelfsbelehrung versehen. Der Widerspruch der A vom 21.11.2012 bleibt erfolglos.

Eine gemeinsame Nutzung der Stadthalle durch A und H während des betreffenden Zeitraums ist nicht möglich.

Daraufhin erhebt A fristgerecht Klage vor dem Verwaltungsgericht mit dem Ziel, die Stadthalle in der ersten Aprilwoche 2013 nutzen zu können. Sie ist der Ansicht, die Vergaberichtlinie diskriminiere Interessenten wie sie, die zum ersten Mal die Stadthalle nutzen wollten, weil sie gegenüber Wiederholungsbewerbern stets erfolglos seien. Vor Gericht nimmt der Vertreter der Stadt S mündlich Stellung. Er erklärt, dass unabhängig von den Vorgaben der Satzung die Entscheidung über die Vergabe nicht anders hätte ausfallen können, weil der Bastel- und Hobbymarkt des H jedes Jahr sieben Mal so viele Besucher anziehe wie die Eiszeitausstellung der A (wobei der Vertreter von S die durchschnittlichen, nachweisbaren Besucherzahlen der Eiszeitausstellung an anderen Orten zugrunde legt). Außerdem würden auf dem Hobby- und Bastelmarkt lokale Aussteller ihre Erzeugnisse anbieten können, was bei der Entscheidung über die Nutzung einer kommunalen Einrichtung wie der Stadthalle positiv zu berücksichtigen gewesen sei. Diese Umstände waren auch schon seit Beginn des Verfahrens bekannt.

Hat die Klage der A Aussicht auf Erfolg? Gegebenenfalls ist ein Hilfsgutachten zu erstellen.

Bearbeiterhinweis: Es ist davon auszugehen, dass die E-Mail am 4.10.2012 an H wirksam bekanntgegeben worden ist.

Lösung

Schwerpunkte:
- Konkurrentenklage
- ermessenslenkende Verwaltungsvorschrift
- maßgeblicher Zeitpunkt für die gerichtliche Entscheidung
- Nachschieben von Gründen
- öffentliche Einrichtung
- elektronischer Bescheid
- Beiladung

A. Zulässigkeit

I. Eröffnung des Verwaltungsrechtswegs

Es mangelt an einer aufdrängenden Sonderzuweisung, sodass nach § 40 I 1 VwGO für die Eröffnung des Verwaltungsrechtswegs entscheidend ist, dass es sich um eine öffentlich-rechtliche Streitigkeit nicht verfassungsrechtlicher Art handelt und keine abdrängende Sonderzuweisung eingreift. Eine öffentlich-rechtliche Streitigkeit zeichnet sich dadurch aus, dass die Beteiligten um die Anwendung einer öffentlich-rechtlichen Norm streiten, dh eine Norm, die ausschließlich einen Träger öffentlicher Gewalt berechtigt oder verpflichtet (sog. modifizierte Subjektstheorie).[1] A begehrt die Nutzung der Stadthalle in der ersten Aprilwoche anstelle des Hobby- und Bastelmarkts des H.

Für eine öffentlich-rechtliche Streitigkeit könnte sprechen, dass es sich bei der Stadthalle um eine öffentliche Sache handelt, sofern die Nutzung ihrer Zweckbestimmung entspricht. Eine öffentliche Sache entsteht durch den Rechtsakt der Widmung und die tatsächliche Indienststellung.[2] Die Widmung kann durch Gesetz, Satzung oder Verwaltungsakt bzw. Allgemeinverfügung erfolgen. Inhaltlich ist sie darauf ausgerichtet, dass die Sache fortan einem bestimmten öffentlichen Zweck dienen soll.[3] Die Satzung, die für die Stadthalle erlassen worden ist, bezweckt, dass die Stadthalle nicht nur der Ausrichtung offizieller Anlässe dient, sondern auch von Privaten genutzt wird. Ein öffentlicher Zweck ist damit bestimmt. Es handelt sich bei der Stadthalle also um eine öffentliche Sache und bei der Nutzung zu Ausstellungszwecken um eine widmungsgemäße Nutzung.

Eine öffentlich-rechtliche Streitigkeit könnte ausgeschlossen sein, weil die konkrete Nutzung der Stadthalle durch einen Mietvertrag, also zivilrechtlich, geregelt wird. Bei der Nutzung von staatlichen Einrichtungen kann aber zwischen der Zulassung – dem »Ob« der Nutzung – und der konkreten Ausgestaltung des Nutzungsverhältnisses – dem »Wie« der Nutzung – unterschieden werden (sog. Zwei-Stufen-Theorie[4]). Zwar sind die Nutzungsmodalitäten für die Stadthalle von S hier im Mietvertrag und

1 Vgl. nur *Kopp/Schenke* § 40 Rn. 11; Schoch/Schneider/Bier/*Ehlers* § 40 Rn. 225 ff. mwN.
2 *Maurer* VerwR AT § 9 Rn. 31; *Detterbeck* VerwR AT Rn. 965; Erichsen/Ehlers/*Papier* VerwR AT § 40 Rn. 1.
3 Erichsen/Ehlers/*Papier* VerwR AT § 40 Rn. 1 ff.; Schoch/*v. Danwitz* VerwR BT Kap. 7 Rn. 17.
4 Dazu *Maurer* VerwR AT § 17 Rn. 11 ff.; *Detterbeck* VerwR AT Rn. 909 ff. Vgl. auch oben Kurzfälle zur Rechtswegeröffnung.

damit zivilrechtlich festgelegt. Der A geht es aber nicht darum, diese Modalitäten gerichtlich überprüfen zu lassen, sondern überhaupt zur Nutzung der Stadthalle zugelassen zu werden, um sodann einen Mietvertrag angeboten zu bekommen.

Die Frage nach der Zulassung zu einer bestimmten Nutzung der öffentlichen Sache wie hier der Stadthalle richtet sich daher nach ihrem öffentlich-rechtlichen Widmungszweck. Das Wahlrecht, das der Stadt für die Ausgestaltung des Nutzungsverhältnisses zusteht, erstreckt sich nicht auch auf das Ob der Zulassung. Die Entscheidung über die Einräumung von Nutzungsrechten ist, weil sie am öffentlich-rechtlichen Widmungszweck auszurichten ist, stets öffentlich-rechtlicher Natur.

Der Streit ist auch nicht verfassungsrechtlicher Art, weil A und die Stadt S nicht zwei unmittelbar am Verfassungsleben Beteiligte sind und sie auch nicht um Rechte und Pflichten streiten, die unmittelbar aus der Verfassung stammen. Auch eine abdrängende Sonderzuweisung greift nicht ein. Der Verwaltungsrechtsweg ist nach § 40 I 1 VwGO eröffnet.

II. Beteiligten- und Prozessfähigkeit

A ist nach § 61 Nr. 1 Var. 1 VwGO beteiligten- und nach § 62 I Nr.1 VwGO prozessfähig. Die Stadt S ist beteiligtenfähig nach § 61 Nr. 1 Var. 2 VwGO und prozessfähig nach § 62 III VwGO. Sie wird vertreten durch den Bürgermeister.

III. Statthafte Klageart

Die statthafte Klageart bestimmt sich gemäß § 88 VwGO nach dem auslegungsfähigen Begehren des Klägers. Man könnte darauf abstellen, dass die Nutzungskapazitäten der Stadthalle begrenzt sind, deshalb kontingentiert werden und H einen Zulassungsbescheid bekommen hat. Solange dieser Bescheid wirksam ist, wird A keine eigene Zulassung erhalten können. Insofern könnte eine Anfechtungsklage angezeigt sein, damit A überhaupt in die Position versetzt wird, eine eigene Zulassung erhalten zu können. Mit der Anfechtungsklage ließe sich die Begünstigung des Konkurrenten aufheben, die eigene Begünstigung könnte A mit ihr allerdings nicht erreichen.

Insofern könnte maßgeblich sein, dass A einen Zulassungsbescheid erstrebt. Dies ließe sich über eine Verpflichtungsklage realisieren.[5] Sie könnte aber daran scheitern, dass die begehrte Leistung schon rechtswirksam vergeben ist und dem Kläger deshalb letztendlich die Klagebefugnis oder ein Rechtsschutzbedürfnis abgesprochen werden muss.[6] Auch in Form einer Versagungsgegenklage wendet sich die Verpflichtungsklage nur gegen die Versagung der Leistung in der eigenen Person, nicht aber gleichzeitig auch gegen die Begünstigung eines Dritten.[7]

Angezeigt ist deshalb eine Kombination der Anfechtungs- und Verpflichtungsklage (sog. verdrängende Konkurrentenklage),[8] damit A sowohl die Zulassung des H als auch die begehrte eigene Begünstigung zum Gegenstand des Rechtsstreits machen

5 In diese Richtung *Kopp/Schenke* § 42 Rn. 48.
6 Vgl. OVG Lüneburg NJW 1992, 1979 (1980); OVG Magdeburg DVBl. 1996, 162 (162).
7 OVG Magdeburg DVBl. 1996, 162 (163).
8 HM BVerwGE 96, 302 (305); OVG Lüneburg NVwZ-RR 2010, 208; OVG Magdeburg DVBl. 1996, 162 (162); Schoch/Schneider/Bier/*Pietzcker* § 42 Abs. 1 Rn. 141 ff. Der Begriff »verdrängende Konkurrentenklage« ist lediglich eine tatsächliche Umschreibung für das verfolgte Begehren. Es handelt sich dabei nicht um eine eigenständige Klageart nach der VwGO.

kann. Dies empfiehlt sich nur dann nicht, wenn es für den Kläger angesichts der Vielzahl von den Konkurrenten erteilten Genehmigungen extrem schwierig ist, gezielt gegen einzelne unter diesen vorzugehen, auch weil dies komplexe Ermittlungen zu deren Rechtmäßigkeit erfordern würde. Ebenso wenig ist es in der Regel einem Konkurrenten zumutbar, eine Vielzahl von Genehmigungen anzufechten.[9] Hier gab es jedoch in Person des H nur einen Konkurrenten um die Nutzung der Stadthalle und A wusste auch von dessen Genehmigung, sodass das gleichzeitige Erheben von Anfechtungs- und Verpflichtungsklage sachgerecht und zumutbar ist.

Hinweis: Im Folgenden bietet es sich an, die weiteren Zulässigkeitsvoraussetzungen von Anfechtungs- und Verpflichtungsklage einheitlich zu prüfen, da beide Klagearten in ihren Voraussetzungen weite Überschneidungen aufweisen und auch die tatsächlichen Gegebenheiten dieselben sind. Das darf aber nicht darüber hinwegtäuschen, dass es sich technisch um zwei eigenständige Klagen handelt.

IV. Klagebefugnis

A ist nach § 42 II VwGO klagebefugt, wenn sie geltend machen kann, durch die Ablehnung des Verwaltungsakts in ihren Rechten verletzt zu sein, wofür die Möglichkeit einer Rechtsverletzung ausreichend, aber auch notwendig ist.[10] § 1 der Satzung eröffnet A die Möglichkeit, die Stadthalle zu nutzen, wenn die Veranstaltung einen Bezug zur örtlichen Gemeinschaft von S hat. Die Vorschrift dient damit insbesondere den Interessen der jeweiligen Veranstalter. A plant eine Ausstellung über die Eiszeit. Die Gegend um S ist geologisch durch die Eiszeit geprägt, sodass ein örtlicher Bezug zur örtlichen Gemeinschaft nicht von vornherein auszuschließen ist. Daraus resultiert für A zumindest ein Recht auf ermessensfehlerfreie Entscheidung. Es erscheint auch nicht von vornherein unmöglich, dass die Auswahlentscheidung zulasten der A rechtswidrig ist und jenes Recht verletzt. A ist klagebefugt.

V. Ordnungsgemäßes Vorverfahren

A muss ordnungsgemäß Widerspruch erhoben haben. In § 70 I 1 VwGO ist bestimmt, dass dies innerhalb eines Monats zu geschehen hat. A hat am 4.10.2012 die ablehnende Nachricht erhalten, die sie zugleich darüber aufgeklärt hat, dass H die Stadthalle nutzen darf. Widerspruch hat A dann aber erst am 21.11.2012 erhoben. Die Monatsfrist des § 70 I 1 VwGO ist damit nicht eingehalten.

1. Verwendung einer E-Mail durch die Behörde – Bekanntgabe des Bescheids

Die Widerspruchsfrist konnte aber nur laufen, wenn A der Bescheid auch ordnungsgemäß bekanntgegeben wurde. Grundsätzlich bestimmt sich die Bekanntgabe von Verwaltungsakten nach § 44 VwVfG. Für die Übermittlung elektronischer Dokumente gelten jedoch besondere Regelungen. Nach § 3a I VwVfG ist sie nur zulässig, soweit der Empfänger hierfür einen Zugang eröffnet hat. Notwendig ist, dass der Bürger seine Bereitschaft zur Entgegennahme rechtsverbindlicher elektronischer Erklärungen auf geeignete Weise deutlich macht. Dies ist zumindest bei ausdrücklichen

9 BVerwGE 80, 270 (273).
10 Vgl. nur *Schenke* VerwProzR Rn. 494.

Erklärungen gegenüber der Behörde der Fall.[11] H hat in seinem Antrag explizit um eine E-Mail als Antwort gebeten. Eine solche Erklärung hatte A, die die gleiche E-Mail erhielt, demgegenüber nicht abgegeben.

Eine Zugangseröffnung iSd § 3a I VwVfG könnte aber darin zu sehen sein, dass A im Antragspapier ihre E-Mail-Adresse angegeben hat, wodurch sie seine Bereitschaft zum Empfang elektronischer Dokumente konkludent erklärt haben könnte. Es kommt also darauf an, welches Signal für den Empfänger mit der Aufnahme einer E-Mail-Adresse in den Briefkopf eines Privaten verbunden ist. Hierfür sind auch die Verkehrsanschauung in Bezug auf die Verbreitung elektronischer Kommunikationsmittel und die unterschiedlichen schutzwürdigen Interessen zu berücksichtigen.[12] E-Mails haben sich zu einem unverzichtbaren Element alltäglicher Kommunikation entwickelt. Dieser Bedeutungszuwachs erstreckt sich vor allem auf die Kommunikation – unverbindlich-privat oder aber rechtsverbindlich-geschäftlich – zwischen Privaten. Die Kommunikation zwischen Bürger und Behörde ist nach wie vor von der Papierform bestimmt. Formen der elektronischen Kommunikation mit Beweissicherung im Rechtsverkehr haben sich bislang nicht flächendeckend durchsetzen können. Die bloße Angabe der E-Mail-Adresse im Briefkopf kann nicht als Zeichen dafür gewertet werden, dass jemand von diesen üblichen Kommunikationsmustern abweichen will. A hatte für den Schriftverkehr mit der Behörde einen vorgefertigten Briefkopf benutzt, den sie offenbar für die schriftliche Korrespondenz generell einsetzt. Dass sie mit der Behörde eine elektronische Korrespondenz wünschte, kann daraus noch nicht geschlossen werden. Dies gilt umso mehr, als sie ihren Antrag trotz Vorhandenseins einer E-Mail-Adresse in Papierform einreichte. Es kann deshalb nicht gefolgert werden, dass A diesen Kommunikationskanal ausnahmslos und mit der notwendigen Verbindlichkeit für öffentlich-rechtliche Rechtserklärungen verwendet wissen will und hierfür auch jederzeit und zuverlässig auf solchem Wege erreichbar sein will.[13] Das Verwenden einer E-Mail war gegenüber A somit nicht zulässig.

Daran ändert sich auch nichts in Ansehung der Verwaltungsvorschrift, welche die Behördenleitung erlassen hat und welche die Nutzung elektronischer Kommunikationsform vorsieht. Bei Verwaltungsvorschriften handelt es sich um generelle Regelungen im verwaltungsinternen Bereich, die von vorgesetzten Behörden oder Amtswaltern aufgrund ihrer Leitungs- und Weisungskompetenzen erlassen werden und die Handhabung von Organisations-, Verfahrens- und materiellen Fragen betreffen.[14] Verwaltungsvorschriften entfalten Wirkungen unmittelbar nur für den verwaltungsinternen Bereich und nicht gegenüber dem Bürger. Allein der Erlass einer Verwaltungsvorschrift vermag den Rechtskreis des Bürgers deshalb nicht zu berühren. Der Bescheid vom 4.10.2012 ist der A also nicht ordnungsgemäß bekanntgegeben worden.

11 *Kopp/Ramsauer* § 3a Rn. 11.

12 Stelkens/Bonk/Sachs/*Schmitz* § 3a Rn. 10; *Kopp/Ramsauer* § 3a Rn. 9.

13 So auch *Kopp/Ramsauer* § 3a Rn. 10; Stelkens/Bonk/Sachs/*Schmitz* § 3a Rn. 12; *Schlatmann* DVBl. 2002, 1005 (1090).

14 *Maurer* VerwR AT § 24 Rn. 1; *Erichsen/Klüsche* Jura 2000, 540 (540 f.); *Remmert* Jura 2004, 728 (728 f.).

2. Statthaftigkeit des Widerspruchsverfahrens

Das Widerspruchsverfahren setzt einen wirksam bekanntgegebenen Verwaltungsakt voraus.[15] Vor der Bekanntgabe eines Verwaltungsakts ist ein Widerspruch gegen diesen noch nicht statthaft (sog. vorfristiger Widerspruch).[16] Nach § 41 I VwVfG ist ein Verwaltungsakt jedem Adressaten bzw. Betroffenen gesondert bekanntzugeben. Die Bekanntgabe und dementsprechend der Beginn von Rechtsmittelfristen sind für jeden einzelnen Adressaten bzw. Betroffenen gesondert festzustellen.[17] Wenn der Bescheid der A nicht wirksam bekanntgegeben worden ist, könnte dies zur Folge haben, dass A nicht wirksam Widerspruch erheben konnte; denn es würde uU an einem Verwaltungsakt und daher einem Streitgegenstand für das Widerspruchsverfahren fehlen.

Zu unterscheiden ist jedoch, ob der Verwaltungsakt überhaupt jemandem bekanntgegeben worden ist – falls nicht, ist er in der Tat noch nicht »in der Welt« – oder nur bei einem der Adressaten die Bekanntgabevoraussetzungen nicht erfüllt sind. So verhält es sich hier. Der Bescheid ist dem H am 4.10.2012 bekanntgegeben worden, für ihn hat eine mögliche Rechtsmittelfrist zu laufen begonnen. Der A gegenüber ist derselbe Bescheid aber noch nicht wirksam bekanntgegeben worden. Dies hat in erster Linie zur Folge, dass eine Widerspruchsfrist nicht zu laufen begonnen hat.

Auf die Frage, ob der Verwaltungsakt mit Widerspruch und Anfechtungsklage auch durch A angegriffen werden kann, hat dies keinen Einfluss. Für deren Statthaftigkeit ist es ausreichend, wenn der angegriffene Verwaltungsakt überhaupt einem Beteiligten, hier H, rechtswirksam bekanntgegeben worden ist. Als Folge dessen hat er rechtliche Existenz erlangt und kann Streitgegenstand eines Verfahrens sein, auch wenn er A gegenüber noch nicht wirksam bekannt gegeben worden ist. Die Bekanntgabe muss nicht zwingend gegenüber dem Widerspruchsführer bzw. Kläger erfolgen, solange der angegriffene Verwaltungsakt überhaupt wirksam bekanntgegeben ist.[18] A hat damit erfolglos ein Widerspruchsverfahren durchlaufen.

VI. Klagefrist

A hat fristgerecht Klage vor dem Verwaltungsgericht erhoben (§ 74 VwGO).

VII. Klagegegner

Richtiger Klagegegner ist nach § 78 I Nr. 1 VwGO die kreisfreie Stadt S, deren Behörde den angefochtenen Bescheid erlassen hat.

VIII. Zwischenergebnis

Die Klagen sind zulässig.

B. Beiladung

Der Prüfung bedarf, wie es sich auswirkt, dass der Rechtsstreit zwischen A und S auch die Rechte des H berühren kann. Nach § 65 II VwGO sind Dritte zu einem Rechtsstreit notwendigerweise beizuladen, wenn sie an dem streitigen Rechtsverhält-

15 *Kopp/Schenke* § 68 Rn. 2.
16 BVerwGE 25, 20 (21).
17 Vgl. Stelkens/Bonk/Sachs/*U. Stelkens* § 41 Rn. 22; *Kopp/Ramsauer* § 41 Rn. 30.
18 *Kopp/Schenke* § 68 Rn. 2; *Schenke* VerwProzR Rn. 182; *Kopp/Ramsauer* § 41 Rn. 27.

nis derart beteiligt sind, dass die Entscheidung auch ihnen gegenüber nur einheitlich ergehen kann. Obsiegt A mit ihrer Klage, bedeutet dies gleichzeitig, dass H die Stadthalle nicht nutzen darf, obwohl er vorher einen positiven Bescheid erhalten hatte. Der Klageerfolg der A ist also mit einem rechtlichen Nachteil für H verbunden. Dies gilt umso mehr, als beide den gleichen Verwaltungsakt erhalten haben. Die Entscheidung kann deshalb gegenüber A und H nur einheitlich ergehen. H ist nach § 65 II VwGO beizuladen.

C. Objektive Klagehäufung

A wird ihr Begehren – die sog. verdrängende Konkurrentenklage – durch zwei Klagen verfolgen: eine Anfechtungsklage und eine Verpflichtungsklage. Diese können nach § 44 VwGO in einer Klage zusammen verfolgt werden, wenn sie sich gegen denselben Beklagten richten, im Zusammenhang stehen und dasselbe Gericht zuständig ist. Beide Klagen der A richten sich gegen die Stadt S, lassen nur gemeinsam eine endgültige Entscheidung über die Nutzung der Stadthalle durch A zu und sind beim gleichen Gericht zu erheben. Die Klagen können folglich im Rahmen einer objektiven Klagehäufung nach § 44 VwGO verbunden werden.

Hinweis: Hierbei dürfte es sich um eine eventuale uneigentliche Klagehäufung oder Stufenklage handeln, dh über die zweite Klage soll nur für den Fall entschieden werden, dass die erste Klage erfolgreich ist.[19]

D. Begründetheit

Die Klage ist begründet, soweit der Genehmigungsbescheid gegenüber H und die parallele Ablehnung der Stadthallennutzung durch A rechtswidrig sind und A dadurch in ihren Rechten verletzt ist, vgl. § 113 I 1, V 1 VwGO. Die Rechtswidrigkeit muss im Falle einer Drittanfechtung gerade auf der Verletzung einer drittschützenden Norm beruhen.

I. Rechtswidrigkeit der Genehmigung der Nutzung durch H und Versagung der Nutzung durch A

Hinweis: Die Rechtswidrigkeit der Nutzung durch H kann sich mangels weiterer Angaben im Sachverhalt lediglich aus Vorgaben ergeben, die in gleicher Weise für die Entscheidung gegenüber H galten, insbesondere den materiell-rechtlichen Vergabekriterien. Diese sind aber auch für die Rechtmäßigkeit der Ablehnung gegenüber A entscheidend gewesen, weshalb die Vergabeentscheidung und Ablehnung im Folgenden gemeinsam geprüft werden.

1. Rechtsgrundlage

Sowohl für die Genehmigung gegenüber H als auch die Versagung gegenüber A findet sich die Rechtsgrundlage in § 1 der Satzung. Diese ermöglicht es der Stadt S, Privaten die Stadthalle zu überlassen, sofern deren Nutzung einen Bezug zur örtlichen Gemeinschaft von S hat.

19 Vgl. Ehlers/Schoch/*Ehlers*, Rechtsschutz im Öffentlichen Recht, 2010, § 21 Rn. 18.

2. Formelle Rechtmäßigkeit

a) Zuständigkeit

Der Bürgermeister der Stadt S ist zuständig gewesen. Das Liegenschaftsamt ist lediglich eine interne Unterteilung der Stadtverwaltung und keine nach außen handelnde Behörde.[20]

b) Verfahren

A und H haben beide Anträge auf Nutzung gestellt und wurden vor der Entscheidung auch angehört. Die verfahrensrechtlichen Anforderungen sind beachtet worden.

c) Form

Auch die Formvorschrift des § 2 der Satzung muss eingehalten worden sein. Sie bestimmt, dass die Entscheidung über die Nutzung schriftlich ergehen muss. A und H haben aber eine E-Mail erhalten. Nach § 3a II 1, 2 VwVfG kann eine durch Rechtsvorschrift angeordnete Schriftform durch die elektronische Form ersetzt werden, soweit Rechtsvorschriften nicht etwas anderes bestimmen. Das elektronische Dokument ist dabei mit einer qualifizierten elektronischen Signatur nach dem Signaturgesetz zu versehen. Dies ist hier geschehen. Obwohl die Bescheide als E-Mails erlassen worden sind, genügen sie damit den Formvorschriften.

Hinweis: Hier ist zu unterscheiden zwischen der ordnungsgemäßen Form nach §§ 37, 3a II VwVfG und der wirksamen Bekanntgabe gemäß §§ 43, 3a I VwVfG.

3. Materielle Rechtmäßigkeit

a) Tatbestandsvoraussetzung

Als materielle Tatbestandsvoraussetzung findet sich lediglich, dass die Veranstaltungen einen Bezug zur örtlichen Gemeinschaft von S haben müssen. Der Hobby- und Bastelmarkt des H ist ein lokaler Markt mit Ausstellern aus der Region. Der Bezug zur örtlichen Gemeinschaft ist damit gegeben. Die Ausstellung der A hat die letzte Eiszeit zum Gegenstand, die gerade in der Gegend von S ihre geologischen Spuren hinterlassen hat und die Landschaft prägt. Auch damit lässt sich ein örtlicher Bezug bejahen. Die Tatbestandsvoraussetzungen werden also von beiden geplanten Veranstaltungen erfüllt.

b) Rechtsfolge

Entscheidend ist somit, ob diese Konkurrenzsituation ermessensfehlerfrei aufgelöst worden ist. Ein Ermessensausfall oder eine Ermessensüberschreitung sind nicht ersichtlich.

(1) Ermessensausübung unter Beachtung der Richtlinie

Die Auswahlentscheidung darf nicht an einem Ermessensfehlgebrauch leiden. Dies ist unter anderem der Fall, wenn in die Ermessensentscheidung normfremde Zwecke eingeflossen sind. Wie bei der Konkurrenz zweier Antragsteller auszuwählen ist, be-

20 Vgl. Klausurfall 7.

stimmt die Satzung aber nicht. Vielmehr hat die Behördenleitung eine Richtlinie über die Ermessensausübung erlassen.[21] Hierbei handelt es sich um eine generelle Regelung der Kriterien, welche nachgeordnete Amtswalter bei ihrer Ermessensausübung zu beachten haben, eine sog. ermessenslenkende Verwaltungsvorschrift.[22] Sie soll zu einer einheitlichen und gleichbleibenden Ermessensausübung führen. Gleichwohl kann eine Behörde, die sich an die Verwaltungsvorschrift hält, dann einen Ermessensfehler begehen, wenn bereits die Anwendung der Vorschrift zu Ergebnissen führt, die dem Normzweck widersprechen und unverhältnismäßig sind.

Nach der Richtlinie ist die Stadthalle in erster Linie an bekannte und bewährte Nutzer zu vergeben, die auch schon bisher die Stadthalle genutzt haben. Im Gegensatz zu A hat H die Stadthalle in den vergangenen Jahren immer wieder genutzt. Dabei traten keine Probleme auf und sein Hobby- und Bastelmarkt wurde von der Bevölkerung gut angenommen. Auf eine solche Historie kann A nicht zurückblicken. Auch hat sie sich bislang bei der Nutzung nicht bewährt. Unter diesem Blickwinkel kann ein Ermessensfehlgebrauch nicht festgestellt werden.

Problematisch ist aber, dass das in der Verwaltungsvorschrift vorgegebene Verfahren dazu führen müsste, dass Wiederholungsbewerber stets einen Vorteil gegenüber Neubewerbern haben. Solange sich nur in ausreichender Zahl Wiederholungsbewerber um einen der kontingentierten Plätze bewerben, bleiben Neubewerber ohne Chance.[23] Ebenso verhält es sich auch mit dem Kriterium »bekannt und bewährt«. Es führt dazu, dass Neubewerbern die Möglichkeit versagt wird, sich überhaupt erstmalig bekannt zu machen und darzulegen, dass auch sie sich bewähren können.[24] Ein Auswahlverfahren, das allein auf Bekanntheit und Vertrautheit beruht, schließt Neubewerber auf unabsehbare Zeit von der Partizipation an der Leistung aus. Dies widerspricht dem in Art. 3 I GG verankerten Gebot der Chancengleichheit.[25] Die Vergabe allein nach diesen Kriterien ist folglich rechtswidrig gewesen.

(2) Zusätzliche Ermessenserwägungen im gerichtlichen Verfahren

Ein anderes Bild könnte sich aber ergeben, wenn die Erwägungen, die der Vertreter der Stadt im gerichtlichen Verfahren geschildert hat, bei der Begründetheitsprüfung Berücksichtigung finden dürfen.

(a) Zeitpunkt der Beurteilung

Das Gericht könnte sie bei der Entscheidungsfindung zu berücksichtigen haben, wenn für die Beurteilung der Sach- und Rechtslage der Zeitpunkt der gerichtlichen Entscheidung maßgeblich ist – der hier noch bevorsteht – und nicht ein früherer Zeitpunkt. Dies hängt von den einzelnen Klagearten ab und ist im Einzelnen sehr umstritten.[26] Grundsätzlich kommen zwei Zeitpunkte in Betracht: der Zeitpunkt der letzten Verwaltungsentscheidung, dh regelmäßig der Entscheidung über den Widerspruch, oder der Zeitpunkt der letzten mündlichen Verhandlung vor Gericht. Sofern

21 Siehe zur Verwaltungsvorschrift auch oben Klausurfall 8.
22 *Maurer* VerwR AT § 24 Rn. 10; Erichsen/Ehlers/*Möstl* VerwR AT § 20 Rn. 22.
23 Vgl. *Heitsch* GewArch 2004, 225 (228); *Ziekow* ÖffWirtschaftsrecht 217.
24 Vgl. BVerwG NVwZ 1984, 585 (585); OVG Lüneburg NJW 2003, 531 (532 f.); OVG Münster NVwZ-RR 1991, 297 (297).
25 Vgl. NK-VwGO/*Wolff* § 114 Rn. 157.
26 Vgl. *Kopp/Schenke* § 113 Rn. 29; *Hufen* VerwProzR § 24 Rn. 7; *Gärditz/Orth* Jura 2013, 1100.

sich aus dem materiellen Recht nicht eine spezielle Regelung ergibt,[27] geht man überwiegend davon aus, dass bei der Anfechtungsklage grundsätzlich auf den Zeitpunkt der letzten Behördenentscheidung abzustellen ist. Dies ist regelmäßig der Zeitpunkt der Widerspruchsentscheidung, wenn Gegenstand der Anfechtungsklage ein rechtsgestaltender Verwaltungsakt ohne Dauerwirkung ist.[28] Auch bei der Anfechtungsklage soll es aber insbesondere dann auf den Zeitpunkt der letzten mündlichen Verhandlung vor Gericht ankommen, wenn Gegenstand der Klage ein Dauerverwaltungsakt ist.[29] Für die Verpflichtungsklage geht die Mehrheit davon aus, dass die letzte mündliche Verhandlung vor Gericht den entscheidenden Zeitpunkt bildet.[30] Dieser ist hier noch nicht eingetreten. Das Begehren der A wurde noch nicht erfüllt, und im Rahmen der Verpflichtungsklage verfolgt sie es.

Angesichts der hier komplizierten prozessualen Situation – zugleich Anfechtungs- und Verpflichtungsklage – kann die Bestimmung des zutreffenden Entscheidungszeitpunktes aber dahinstehen, wenn schon aus anderem Grund die Ausführungen des Vertreters der Stadt S vor Gericht zu berücksichtigen wären.

(b) Nachschieben von Gründen

Nach § 114 S. 2 VwGO kann die Verwaltungsbehörde ihre Ermessenserwägungen hinsichtlich des Verwaltungsakts auch noch im verwaltungsgerichtlichen Verfahren ergänzen.

Die Bestimmung weist Ähnlichkeiten zur Heilungsvorschrift des § 45 I Nr. 2 VwVfG auf, wonach eine erforderliche Begründung nachträglich gegeben wird. Diese verwaltungsverfahrensrechtliche Regelung erfasst jedoch nur die Konstellationen, in denen eine Begründung entweder gänzlich fehlt oder aber nicht den (formellen) Anforderungen des § 39 VwVfG genügt. § 114 S. 2 VwGO hingegen ermöglicht es, eine Begründung, die zwar dem § 39 VwVfG gerecht wird, inhaltlich aber fehlerhaft ist, zu ergänzen.[31]

Allerdings betrifft § 114 S. 2 VwGO nur die prozessrechtliche Zulässigkeit von Ergänzungen, während die materiellrechtliche Zulässigkeit des Nachschiebens von Gründen durch § 114 S. 2 VwGO nicht geregelt wird, schon weil dem Bundesgesetzgeber dafür die Gesetzgebungskompetenz fehlt.[32] Aus dem Untersuchungsgrundsatz und dem Grundsatz der Mündlichkeit folgt, dass auch Umstände, die erst in der mündlichen Verhandlung vorgebracht werden, vom Gericht zu berücksichtigen sind.[33] Ein Nachschieben von Gründen ist aber im Lichte des Art. 19 IV GG in folgenden Fällen ausgeschlossen: wenn bislang noch überhaupt keine Gründe vorgetragen wurden und es sich deshalb nicht mehr um ein »Ergänzen« handelt, wenn sich

27 BVerwGE 51, 15 (24); BVerwG NVwZ 1991, 360 (361); Eyermann/*Schmidt* § 113 Rn. 45; zur Differenzierung zwischen einem prozessrechtlichen und materiellrechtlichen Zeitpunkt *Kopp/Schenke* § 113 Rn. 34; HK-VerwR/*Emmenegger* § 113 VwGO Rn. 15 ff.

28 BVerwG NVwZ 2004, 103 (103); BVerwGE 34, 155 (158); 60, 133 (135); Wolff/Decker/*Wolff* § 113 VwGO Rn. 37 ff.; *Hufen* VerwProzR § 24 Rn. 8; *Gärditz/Orth* Jura 2013, 1100 (1106); aA *Schenke* VerwProzR Rn. 794.

29 Wolff/Decker/*Wolff* § 113 VwGO Rn. 39 ff.; *Hufen* VerwProzR § 24 Rn. 9.

30 Eyermann/*Schmidt* § 113 Rn. 45; *Schenke* VerwProzR Rn. 849.

31 *Schenke* VerwProzR Rn. 811.

32 Eyermann/*Rennert* § 114 Rn. 85; *Schenke* VerwProzR Rn. 816.

33 *Hufen* VerwProzR § 24 Rn. 20.

durch das Nachschieben das Wesen des Verwaltungsakts ändert und praktisch eine neue Ermessensentscheidung getroffen wird oder wenn durch das Nachschieben die Rechtsverteidigung des Bürgers unzumutbar eingeschränkt wird.[34]

In prozessrechtlicher Hinsicht stellt § 114 S. 2 VwGO, dessen Wirkungen im Einzelnen zwar umstritten sind, sodann aber im Ergebnis klar, dass der »neue« Verwaltungsakt nicht zu einer Klageänderung führt und kein weiteres Vorverfahren notwendig macht.[35]

Die Stadt S hatte schon vor der mündlichen Verhandlung Gründe für die Ermessensentscheidung angeführt. Dabei handelte es sich um die Auswahlkriterien »bekannt« und »bewährt«. Nunmehr beruft sich die Stadt darauf, dass die Veranstaltung des H für eine größere Anzahl von Menschen von Interesse zu sein scheint. Dieses Kriterium der Attraktivität bezieht sich auf den Inhalt der geplanten Veranstaltung, hat damit einen hohen Sachbezug und ist zulässig.[36] Außerdem hat die Stadt auch berücksichtigt, dass die Nutzung durch den Hobby- und Bastelmarkt einen stärkeren Bezug zur örtlichen Gemeinschaft hat als die Ausstellung über die Eiszeit. Für die Nutzung einer kommunalen öffentlichen Einrichtung erscheint auch dieses Kriterium sachgerecht.[37] Fraglich ist aber, ob es sich hierbei noch um eine Ergänzung von Ermessenserwägungen handelte. Dies lässt sich noch annehmen, wenn durch das Nachschieben nur eine bestehende Ermessensentscheidung präzisiert wird, nicht aber, wenn eine gänzlich neue Ermessensentscheidung nachgeschoben wird[38] bzw. wesentliche Aspekte der Ermessenserwägung im Nachhinein gegeben oder ausgetauscht werden.[39]

Hier hat die Stadt im gerichtlichen Verfahren Erwägungen vorgenommen, die nicht etwa eine unvollständige Ermessensausübung ergänzen, sondern einen Komplex von Ermessenserwägungen vollständig durch einen anderen ersetzen. Dieser Austausch wesentlicher Ermessensgründe, die rechtswidrig waren, durch neue Ermessenserwägungen ist kein zulässiges Nachschieben von Gründen mehr. Obwohl die neuen Gründe für sich genommen tragfähig sind, weist die Entscheidung zugunsten des H einen Ermessensfehler auf.[40]

II. Rechtsverletzung des Klägers

Durch die rechtswidrige Versagung ist es A verwehrt, die Stadthalle für ihre Ausstellung zu nutzen. § 1 der Satzung, der eine Nutzung der Stadthalle durch Private ermöglicht, dient auch gerade dem Interesse der einzelnen Antragsteller und stellt damit ein subjektives öffentliches Recht dar. A ist daher durch die rechtswidrige Versagung in ihren Rechten verletzt.

---

34 BVerwGE 38, 191 (195); 64, 356 (358); *Maurer* VerwR AT § 10 Rn. 40. Vgl. aber auch BVerwGE 121, 297 (309 f.); dazu *Bader* JuS 2006, 199; *Schenke* JuS 2000, 230 (231).

35 Eyermann/*Rennert* § 114 Rn. 90 ff.

36 Vgl. OVG Münster GewArch 1994, 25 (25 f.); VGH München GewArch 1991, 230 (231); VG Hannover GewArch 2009, 82 (83).

37 AA vertretbar. Für Märkte ist dies mit dem Prinzip der Marktfreiheit wohl nicht vereinbar, vgl. Tettinger/Wank/Ennuschat/*Ennuschat* § 70 Rn. 54.

38 NK-VwGO/*Wolff* § 114 Rn. 208.

39 *Kopp/Schenke* § 114 Rn. 50; NK-VwGO/*Wolff* § 114 Rn. 208 mwN.

40 AA mit entsprechenden Argumenten vertretbar.

III. Spruchreife

Für ein Verpflichtungsurteil muss darüber hinaus Spruchreife bestehen. Dazu darf der begehrte Anspruch des Klägers keine weiteren Voraussetzungen aufweisen oder noch unter dem Vorbehalt einer Ermessensausübung durch die Verwaltung stehen.[41] Nach der Satzung kommt der Stadt bei der Überlassung der Stadthalle an Private Ermessen zu. Hier ist nicht ersichtlich, dass allein eine Überlassung an A ermessensfehlerfrei wäre (Ermessensreduzierung auf Null). Es mangelt also an der Spruchreife.

IV. Ergebnis

Die Klage ist zulässig, aber nur teilweise begründet. Über den Antrag der A hat die zuständige Behörde unter Rechtsauffassung des Gerichts neu zu bescheiden.

41 Vgl. oben Klausurfall 4.

Fall 15 – Spätes Geständnis

Sachverhalt

Um Geld zu sparen und die Umwelt zu schonen, gründet G zusammen mit ihren Freunden A, B und C eine »Car Sharing Community«. Die vier erwerben gemeinsam einen Kleinwagen, dessen Fahrzeugbrief auf G ausgestellt ist, da diese den Wagen unter allen Beteiligten am häufigsten benutzen und den größten Kostenanteil übernehmen wird. G soll daher zugleich als Halterin des Fahrzeugs auftreten.

Am 12.2.2013 erhält G ein amtliches Schreiben des zuständigen Landrates des Landkreises L mit dem Inhalt, dass der auf G eingetragene Wagen am 31.1.2013 im Bereich einer Autobahnbaustelle mit 156 km/h geblitzt worden sei. Da die zulässige Höchstgeschwindigkeit dort 60 km/h betrage, müsse G mit der Einleitung eines Bußgeldverfahrens und der Verhängung eines Fahrverbots rechnen. Jeder der von G auf den Vorfall angesprochenen Freunde A, B und C weist die Möglichkeit, dass er den Wagen zum Tatzeitpunkt gesteuert haben könnte, weit von sich. G teilt daraufhin bei ihrer Vernehmung am 25.2.2013 mit, weder sie noch einer der am Auto teilhabenden Freunde habe nachweislich am Steuer des Fahrzeugs gesessen. Da das aufgenommene Foto über die Identität des Fahrers ebenso wenig Klarheit bringt wie die Vernehmung von A, B und C, unterbleibt der Erlass eines Bußgeldbescheids gegen G, doch gibt ihr die Behörde am 4.3.2013 für die Dauer eines Jahres das Führen eines Fahrtenbuchs gemäß § 31a StVZO auf.

Dass sie und die übrigen Nutzer des Wagens nunmehr jede Fahrt zu dokumentieren haben, ärgert G, doch fügt sie sich der Anordnung. Anfang Mai 2013 vertraut C seinen Freunden G, A und B bei einem abendlichen Glas Wein an, dass er den Wagen zum fraglichen Zeitpunkt gefahren habe; er habe einmal austesten wollen, was die »Mühle so hergibt«, und dabei »die Baustelle glatt übersehen«. Mit dem Versprechen, nach Verhängung des drohenden Fahrverbotes gelegentlich Chauffeurdienste für ihn zu leisten, überreden G, A und B den C dazu, gegenüber der Behörde die Geschwindigkeitsüberschreitung zuzugeben.

G, die sich jetzt endlich der Pflicht zum Führen eines Fahrtenbuches entledigen will, stellt am 9.5.2013 gegenüber dem zuständigen Landratsamt einen Antrag, den Bescheid vom 4.3.2013 angesichts der wahren Situation zu ändern. Nachdem die Behörde Mitte September immer noch nicht auf den Antrag reagiert hat, erhebt G Klage vor dem Verwaltungsgericht.

Der Vertreter der Behörde wendet im gerichtlichen Verfahren ein, dass mittlerweile gegenüber C die Verfolgungsverjährung eingetreten sei. Da C deshalb für ein Ordnungswidrigkeitenverfahren nicht herangezogen werden könne, müsse man den bisherigen Bescheid aufrechterhalten.

Hat die Klage Aussicht auf Erfolg? Gegebenenfalls ist ein Hilfsgutachten zu erstellen.

Anhang[1]

Straßenverkehrs-Zulassungs-Ordnung – StVZO (Auszug):

§ 31a StVZO – Fahrtenbuch
(1) Die nach Landesrecht zuständige Behörde kann gegenüber einem Fahrzeughalter für ein oder mehrere auf ihn zugelassene oder künftig zuzulassende Fahrzeuge die Führung eines Fahrtenbuchs anordnen, wenn die Feststellung eines Fahrzeugführers nach einer Zuwiderhandlung gegen Verkehrsvorschriften nicht möglich war. Die Verwaltungsbehörde kann ein oder mehrere Ersatzfahrzeuge bestimmen.
[...]

Straßenverkehrsgesetz – StVG (Auszug):

§ 26 StVG – Zuständige Verwaltungsbehörde; Verjährung
[...]
(3) Die Frist der Verfolgungsverjährung beträgt bei Ordnungswidrigkeiten nach § 24 drei Monate, solange wegen der Handlung weder ein Bußgeldbescheid ergangen noch öffentliche Klage erhoben ist, danach sechs Monate.

Ordnungswidrigkeitengesetz – OWiG (Auszug):

§ 33 OWiG – Unterbrechung der Verfolgungsverjährung
(1) Die Verjährung wird unterbrochen durch
1. die erste Vernehmung des Betroffenen, die Bekanntgabe, dass gegen ihn das Ermittlungsverfahren eingeleitet ist, oder die Anordnung dieser Vernehmung oder Bekanntgabe,
[...]

Landkreisordnung – LKrO (Auszug):

§ 50 LKrO – Gesetzliche Vertretung
(1) Die Landrätin oder der Landrat ist die gesetzliche Vertreterin oder der gesetzliche Vertreter des Landkreises.
[...]

1 Die Vorschriften basieren – soweit es sich um Landesrecht handelt – auf dem des Landes Schleswig-Holstein.

Lösung

Schwerpunkte:
- Wiederaufgreifen des Verfahrens
- Verpflichtungsklage

A. Zulässigkeit

I. Eröffnung des Verwaltungsrechtswegs

Eine aufdrängende Sonderzuweisung existiert nicht. Gemäß § 40 I VwGO muss es sich für die Verwaltungsrechtsweg um eine öffentlich-rechtliche Streitigkeit nicht verfassungsrechtlicher Art handeln.[2] G hat das Wiederaufgreifen jenes Verfahrens beantragt, das zur Anordnung führte, ein Fahrtenbuch für den gemeinsam mit A, B und C genutzten Wagen zu führen. Das Wiederaufgreifen richtet sich verfahrensrechtlich nach § 51 VwVfG und materiellrechtlich nach § 31a I StVZO. Diese Normen berechtigen ausschließlich einen Träger öffentlicher Gewalt. Da die Streitigkeit auch nichtverfassungsrechtlicher Art ist und eine abdrängende Sonderzuweisung nicht besteht, ist nach § 40 I VwGO der Verwaltungsrechtsweg eröffnet.

II. Beteiligten- und Prozessfähigkeit

Die Beteiligten- und Prozessfähigkeit der G ergeben sich aus §§ 61 Nr. 1 Var. 1, 62 I Nr. 1 VwGO. Die Beteiligtenfähigkeit des Landkreises L folgt aus § 61 Nr. 1 Var. 2 VwGO. Er wird nach § 50 I LKrO vor Gericht durch den Landrat vertreten, § 62 III VwGO.

III. Statthafte Klageart

Die statthafte Klageart bestimmt sich gemäß § 88 VwGO nach dem auslegungsfähigen Begehren des Klägers. G möchte erreichen, dass die Behörde das Verwaltungsverfahren wieder aufgreift und eine neue, ihr günstigere Entscheidung trifft.

1. Entscheidung über Wiederaufgreifen

In erster Linie maßgeblich ist damit die Rechtsnatur der Entscheidung über das Wiederaufgreifen. Man könnte es für einen verwaltungsinternen Willensbildungsprozess halten, der – anders als der Bescheid, der aufgrund des Wiederaufgreifens in der Sache erlassen wird (Zweitbescheid) – nicht auf Außenwirkung gerichtet ist. Dann wäre eine allgemeine Leistungsklage einschlägig, die gegebenenfalls mit einer Anfechtungsklage zu kombinieren wäre, falls das Wiederaufgreifen zuvor abgelehnt wurde.[3] Sieht man jedoch auch in der Entscheidung über das Wiederaufgreifen eine Maßnahme mit Außenwirkung, muss man diese Maßnahme als Verwaltungsakt qualifizieren, sodass eine Verpflichtungsklage statthaft wäre.[4]

---

2 Vgl. den Hinweis oben Fall 5, Eröffnung des Verwaltungsrechtswegs.
3 *Erichsen/Ebbers* Jura 1997, 424 (431).
4 BVerwGE 44, 333 (335); BVerwG NVwZ 2002, 482 (483); *Maurer* VerwR AT § 11 Rn. 56; *Kopp/Ramsauer* § 51 Rn. 53.

Ein verwaltungsinterner Willensbildungsprozess geht jeder Entscheidung der Verwaltung vor und stellt keine Besonderheit dar. Entscheidend ist vielmehr das Ergebnis, zu dem dieser Willensbildungsprozess führt. Das Verfahren über das Wiederaufgreifen kann ebenso wie andere Verfahren mit einer für den Antragsteller positiven oder negativen Entscheidung enden. Beide Varianten entfalten für den Antragsteller Rechtswirkungen. Bei einem negativen Ausgang wird der Antrag des Bürgers, der auf eine rechtliche Veränderung gerichtet ist, verbindlich abgelehnt. Dass es sich hierbei lediglich um eine verfahrensrechtliche Regelung handelt, ist unbeachtlich. Insofern steht das Verfahren über das Wiederaufgreifen jedem anderen Verwaltungsverfahren iSd § 9 VwVfG gleich. Die Ablehnung des Wiederaufgreifens stellt deshalb eine Regelung dar, die auf Außenwirkung gerichtet ist. Das Wideraufgreifen kann deshalb mit der Verpflichtungsklage erreicht werden.

2. Durchgriff auf den Zweitbescheid

Es fragt sich aber, ob diese Verpflichtungsklage auf Wiederaufgreifen des Verfahrens bereits automatisch den Erlass einer neuen Entscheidung in der Sache erfasst. Das wohlverstandene Begehren des Klägers zielt regelmäßig nicht nur auf das Wiederaufgreifen des Verfahrens, sondern darüber hinaus auch und gerade auf die begehrte neue, für ihn positive Entscheidung in der Sache, den sogenannten Zweitbescheid.

Es erscheint insofern möglich, die Entscheidung über das Wiederaufgreifen und die neue Entscheidung in der Sache in einen untrennbaren Zusammenhang zu sehen, sodass beide Entscheidungen auch mit einem einzigen Klageantrag verfolgt werden.[5] Die Verpflichtungsklage auf eine positive Entscheidung über das Wiederaufgreifen wäre dann unmittelbar und sachnotwendig auch auf den begehrten Zweitbescheid gerichtet.

Man könnte aber auch darauf abstellen, dass der bisherige Erstbescheid mittlerweile in Bestandskraft erwachsen ist und zuerst aufgehoben werden muss, bis es einen Zweitbescheid in der Sache geben kann. Die Behörde hat im vorliegenden Fall das Wiederaufgreifen abgelehnt, sich mit einer erneuten Sachentscheidung aber noch nicht einmal beschäftigt. Dies könnte dafür streiten, die Verpflichtungsklage zunächst nur auf das Wiederaufgreifen zu beschränken[6] und, wenn sie begründet ist, im Wege einer Stufenklage gegebenenfalls ein zweites Verpflichtungsbegehren anzuschließen.

Für ein gestuftes Vorgehen sprechen zwar rechtsdogmatische Erwägungen: Die Bestandskraft eines Verwaltungsakts muss erst überwunden werden, bevor eine erneute Entscheidung in der Sache getroffen werden kann. Prozessökonomisch hingegen kann dies nicht überzeugen. Kann sich die Behörde bei der Entscheidung in der Sache nicht auf Ermessen berufen, sodass auch dieser Teil des klägerischen Begehrens spruchreif ist, besteht kein Anlass, den Kläger darauf zu verweisen, im Anschluss noch eine zweite Klage zu erheben. Ebenso ist es bei den Wiederaufnahmegründen des § 51 I Nr. 1 und Nr. 2 VwVfG. Beide schließen als Voraussetzung des Wiederaufgreifens schon eine Prüfung ein, ob sich die materielle Rechtslage zugunsten des Antragstellers ändert. Da sich das Gericht also schon beim Wiederaufgreifen mit dieser Frage beschäftigen muss, spricht wenig dafür, ihm die Prüfung der neuen Sachent-

5 Vgl. BVerwGE 104, 115 (118); BVerwG NJW 1982, 2204 (2205).
6 Stelkens/Bonk/Sachs/*Sachs* § 51 Rn. 72.

scheidung zu verwehren.[7] Statthaft ist damit die Verpflichtungsklage in Form der Untätigkeitsklage, die sowohl auf ein Wiederaufgreifen als auch eine neue Entscheidung in der Sache gerichtet ist. Formal betrachtet sind zwei Anträge zu verbinden (Klagehäufung), können aber eben zeitgleich eingebracht werden.

Hinweis: Sollten Bearbeiter die Statthaftigkeit einer Verpflichtungsklage annehmen, die lediglich die Entscheidung über das Wiederaufgreifen zum Gegenstand hat, ist für die Entscheidung in der Sache im Rahmen der Begründetheit, die dann von der Prüfung nicht erfasst ist, ein Hilfsgutachten zu erstellen.

IV. Klagebefugnis

G muss nach § 42 II VwGO geltend machen, dass sie durch die Ablehnung des Wiederaufgreifens in seinen Rechten verletzt ist. Aufgrund der neuen Aussage des C erscheint es nicht von vornherein ausgeschlossen, dass G sowohl einen Anspruch auf ein Wiederaufgreifen des Verfahrens (§ 51 VwVfG) als auch gemäß § 31a I StVZO eine für sie günstigere Entscheidung in der Sache hat. Sie ist also klagebefugt.

V. Vorverfahren

Für eine Untätigkeitsklage, bei der die Behörde auf den Antrag des Bürgers überhaupt nicht reagiert hat, bedarf es der Durchführung eines Vorverfahrens nach § 75 S. 1 VwGO nicht. Ohne behördlichen Bescheid fehlt dem Widerspruchsverfahren schon der Gegenstand.

VI. Klagefrist

Die Klagefrist des § 74 II VwGO gilt ebenfalls nicht für Verpflichtungsklage in Form der Untätigkeitsklagen. Auch hier fehlt es an dem Bescheid bzw. Widerspruchsbescheid, der die Klagefrist in Gang setzt. Stattdessen verlangt § 75 S. 2 VwGO, dass die Klage nicht vor Ablauf von drei Monaten seit dem Antrag auf Vornahme des Verwaltungsakts erhoben werden kann, sofern nicht besondere Umstände des Einzelfalls eine kürzere Frist gebieten. Den Antrag auf Wiederaufgreifen stellt G am 9.5.2013. Die Klage erhebt sie Mitte September. Die Frist des § 75 S. 2 VwGO ist gewahrt. Ein Grund iSd § 75 S. 3 VwGO, zugunsten der Behörde eine längere Frist anzusetzen, ist nicht ersichtlich.

VII. Klagegegner

Richtiger Klagegegner ist nach § 78 I Nr. 1 VwGO der Landkreis L.

Hinweis: Mangels gegenteiliger Angaben ist hier davon auszugehen, dass der Landrat nicht als Landesbehörde, sondern als Behörde des Landkreises gehandelt hat.

VIII. Keine Rechtsbehelfe gegen behördliche Verfahrenshandlungen, § 44a VwGO

Die Verpflichtungsklage richtet sich mit dem Wiederaufgreifen auch nicht ausschließlich auf eine behördliche Verfahrenshandlung, weil zugleich eine neue Entscheidung in der Sache begehrt wird.

7 In diese Richtung auch *Kopp/Ramsauer* § 51 Rn. 53 f.

IX. Ergebnis

Die Klage ist als Verpflichtungsklage zulässig.

B. Begründetheit

Die Verpflichtungsklage ist begründet, soweit G einen Anspruch auf Wiederaufgreifen des Verfahrens und auf Aufhebung der gegen sie ergangenen Anordnung hat, ein Fahrtenbuch zu führen. Der Antrag auf Wiederaufgreifen des Verfahrens, den die Behörde zurückgewiesen hat, muss zulässig und begründet sein.

I. Zulässigkeit des Antrags auf Wiederaufgreifen

1. Ordnungsgemäßer Antrag

G hat einen ordnungsgemäßen Antrag auf Wiederaufgreifen des Verfahrens gestellt. Diesen hat sie auch an die nach § 51 IV VwVfG zuständige Behörde gerichtet.

2. Unanfechtbarer Verwaltungsakt

Der Antrag verlangt einen unanfechtbaren Verwaltungsakt. Ist der fragliche Verwaltungsakt noch mit Widerspruch und Anfechtungsklage angreifbar, haben diese Vorrang vor dem Antrag auf Wiederaufgreifen. Die Anordnung zum Führen eines Fahrtenbuches stellt eine hoheitliche Maßnahme zur einseitigen Regelung eines Einzelfalls dar, die auf unmittelbare Rechtswirkung nach außen gerichtet ist, und erfüllt damit die Voraussetzungen des § 35 S. 1 VwVfG.

Diese Anordnung stammt vom 4.3.2013. Die Widerspruchsfrist beträgt nach § 70 I 1 einen Monat. G hat aber erst Ende April von C erfahren, dass tatsächlich er den Wagen gefahren hat. Die Anfechtungsfrist war damit verstrichen. Es gibt keinen Hinweis darauf, dass die Rechtsbehelfsbelehrung fehlt oder fehlerhaft gewesen ist und deshalb die Jahresfrist des § 58 II VwGO gilt. Die Anordnung, ein Fahrtenbuch zu führen, ist damit auch unanfechtbar.

3. Antragsbefugnis

G muss eine rechtliche Beschwer geltend machen. Das Wiederaufgreifen des Verfahrens dient als außerordentlicher Rechtsbehelf[8] der Beseitigung einer Beschwer, weshalb der Antrag auch nicht von jedermann, sondern lediglich von tatsächlich Betroffenen erhoben werden kann.[9] Ausreichend ist aber, ebenso wie bei der Klagebefugnis nach § 42 II VwGO, dass der Antragsteller eine mögliche Rechtsbeeinträchtigung durch den Verwaltungsakt geltend macht.[10] G ist Adressatin der belastenden Verfügung, ein Fahrtenbuch zu führen. Der Verwaltungsakt entfaltet auch nach wie vor Wirkung,[11] sodass G materiell beschwert ist.

---

8 Wolff/Decker/*Decker* § 51 VwVfG Rn. 1; *Kopp/Ramsauer* § 51 Rn. 1.

9 BVerwGE 60, 316 (326).

10 *Kopp/Ramsauer* § 51 Rn. 14.

11 Vgl. zur Unzulässigkeit des Wiederaufgreifens mangels andauernder Wirkung, BVerwG DVBl. 1997, 956 (957).

4. Schlüssiges Behaupten eines Wiederaufgreifensgrundes

G muss einen Wiederaufgreifensgrund schlüssig behauptet haben. Dies ergibt sich zwar nicht aus dem Gesetzeswortlaut, wird aber von der Rechtsprechung verlangt.[12] Dagegen spricht zwar, dass diese Schlüssigkeitsprüfung geeignet ist, die Begründetheit des Antrags vorwegzunehmen. Für Rechtsbehelfe – und damit auch für das Wiederaufgreifen nach § 51 VwVfG als außerordentlichen Rechtsbehelf – ist jedoch ein typisches Merkmal, dass diese nur dann zulässig sind, wenn die Beeinträchtigung der geltend gemachten Rechte zumindest möglich erscheint. Hier ergibt sich dies, anders als bei Widerspruch und Anfechtungsklage, aber nicht allein aus der möglichen Rechtsbeeinträchtigung, sondern zusätzlich erst aus dem Grund für eine neue Sachentscheidung über den bestandskräftigen Verwaltungsakt. Der Wiederaufgreifensgrund muss deshalb eine Entscheidung, die für den Antragsteller günstiger ist, zumindest möglich erscheinen lassen.[13] C ist mittlerweile bereit auszusagen, dass er den Wagen bei der Geschwindigkeitsüberschreitung gefahren hat. Die Anordnung, das Fahrtenbuch zu führen, wurde nur deshalb erlassen, weil der tatsächliche Fahrer nicht ermittelt werden konnte. Es ist deshalb nicht von vornherein ausgeschlossen, dass nunmehr eine andere Sachentscheidung getroffen wird.

5. Kein Verschulden

G muss ohne grobes Verschulden außerstande gewesen sein, den Grund für das Wiederaufgreifen in dem Verfahren zum Erlass der Fahrtenbuchanordnung, geltend zu machen, § 51 II VwVfG. Der Wiederaufnahmegrund besteht darin, dass der Fahrer, der die Geschwindigkeitsüberschreitung zu verantworten hat nunmehr identifiziert werden kann. Diese Information war während des früheren Verfahrens nicht zugänglich. Dass der Grund nicht im ursprünglichen Verwaltungsverfahren geltend gemacht werden konnte, hat G, die das Schweigen des C seinerzeit am Gewinn der maßgeblichen Erkenntnisse gehindert hatte, nicht grob verschuldet.

6. Frist

Nach § 51 III VwVfG muss G den Antrag auf Wiederaufgreifen des Verfahrens innerhalb von drei Monaten ab dem Tag stellen, an dem der Betroffene von dem Grund für das Wiederaufgreifens Kenntnis erhalten hat. G hat Ende April erfahren, dass C den Wagen bei der Geschwindigkeitsüberschreitung gefahren hat. Am 14.5.2013 hat sie den Antrag auf Wiederaufgreifen gestellt. Die Frist des § 51 III VwVfG ist damit gewahrt.

7. Zwischenergebnis

Der Antrag ist zulässig.

II. Begründetheit

Der Antrag nach § 51 VwVfG ist begründet, wenn tatsächlich ein Wiederaufgreifensgrund vorliegt.

---

12 BVerfG DVBl. 2000, 1048 (1049); BVerwG NJW 1982, 2204 (2204); Wolff/Decker/*Decker* § 51 VwVfG Rn. 11; *Sasse* Jura 2009, 493 (494).

13 BVerfG DVBl. 2000, 1048 (1049).

1. Änderung der Sach- und Rechtslage, Nr. 1

Es könnte sich die Sachlage zugunsten der G geändert haben.[14] Hierunter versteht man alle tatsächlichen Vorgänge, die eine Änderung des entscheidungserheblichen Sachverhalts zur Folge haben.[15] Tatsachen, die schon im Zeitpunkt des Erlasses vorlagen, müssen nachträglich wieder weggefallen sein, oder beim Erlass nicht vorhandene Tatsachen müssen nachträglich eingetreten sein.[16] Anknüpfen könnte man hier an den Erkenntnisstand. Zunächst konnte die Frage an der Beteiligung an der Ordnungswidrigkeit nicht festgestellt werden, mittlerweile ist dies möglich. Zweifelhaft ist aber, ob es sich hierbei um eine Änderung der Sachlage handelt, insbesondere unter Berücksichtigung des Wiederaufgreifensgrundes der neuen Beweismittel in Nr. 2, der von neuen Tatsachen iSd Nr. 1 zu unterscheiden ist.[17]

Zwar wird als Änderung der Sachlage auch ein Erkenntnisfortschritt angesehen,[18] hingegen kann von einer Änderung nicht gesprochen werden, wenn eine Tatsache bereits bei Erlass des Verwaltungsakts bestand und lediglich nachträglich bekannt wird.[19] C war schon bei Erlass der Anordnung Fahrer des Wagens gewesen und dies konnte sich auch nicht mehr ändern. Es handelt sich deshalb aber nicht um eine Änderung der Sachlage.

2. Neue Beweismittel, Nr. 2

In Betracht kommt aber die Wiederaufnahme aufgrund eines neuen Beweismittels im Hinblick auf die (unveränderte) Tatsache. Neue Beweismittel beziehen sich auf Tatsachen, die schon bei Erlass gegeben waren, aber nicht berücksichtigt werden konnten, weil es an einem Beweis dafür fehlte, und erst nun nachgewiesen werden können.[20] Die Aussage des C, mit der er seine Beteiligung an der Geschwindigkeitsüberschreitung eingesteht, ist ein Beweismittel, das während des Verfahrens zum Erlass der Fahrtenbuchanordnung nicht berücksichtigt werden konnte, weil es noch nicht existierte. Es handelt sich daher um ein neues Beweismittel iSd § 51 I Nr. 2 iVm § 26 VwVfG.[21]

3. Günstigere Entscheidung

Es muss sich um ein neues Beweismittel handeln, das eine der G günstigere Entscheidung herbeigeführt haben würde. Zum Teil wird verlangt, dass die günstigere Entscheidung tatsächlich feststehen muss,[22] andere begnügen sich hingegen an dieser Stelle damit, dass die günstigere Entscheidung nur möglich sein muss, und überlassen die endgültige Bewertung dem sich anschließenden wiederaufgenommenen Verfahren.[23] Für Letzteres spricht, dass die tatsächliche Prüfung einer günstigeren Entschei-

14 Zu einer Änderung der Rechtslage ist es nicht gekommen.
15 Stelkens/Bonk/Sachs/*Sachs* § 51 Rn. 94; *Kopp/Ramsauer* § 51 Rn. 29; *Sasse* Jura 2009, 493 (494).
16 BVerwGE 115, 274 (281).
17 Vgl. Stelkens/Bonk/Sachs/*Sachs* § 51 Rn. 112; *Maurer* JuS 1976, 25 (28).
18 *Kopp/Ramsauer* § 51 Rn. 29; Stelkens/Bonk/Sachs/*Sachs* § 51 Rn. 95; Wolff/Decker/*Decker* § 51 VwVfG Rn. 21.
19 Stelkens/Bonk/Sachs/*Sachs* § 51 Rn. 90.
20 *Maurer* JuS 1976, 25 (28); *Sasse* Jura 2009, 493 (494).
21 Vgl. BVerwG NJW 1982, 2204 (2204); *Maurer* JuS 1976, 25 (28); Wolff/Decker/*Decker* § 51 VwVfG Rn. 24.
22 BVerwG NJW 1982, 2204 (2204); BVerwGE 70, 110 (114).
23 *Kopp/Ramsauer* § 51 Rn. 36a; *Korber* DÖV 1982, 858 (858 ff.).

dung auch Gegenstand einer neuen Entscheidung in der Sache und diese damit durch den Antrag auf Wiederaufgreifen inhaltlich schon weitgehend vorgezeichnet wäre. Zwar stellt der Gesetzeswortlaut nicht ausdrücklich auf die bloße Möglichkeit einer günstigeren Entscheidung ab, doch verlangt er eine hypothetische Bewertung, weil die Frage einer günstigeren Entscheidung bezogen auf den ursprünglichen Erlasszeitpunkt zu beantworten ist. Eine endgültige Sicherheit kann schon aufgrund dieser hypothetischen Betrachtung, insbesondere bei Ermessensverwaltungsakten, nicht erreicht werden. Es ist deshalb angebracht – und entspricht auch eher dem Wortlaut der Vorschrift –, es mit der bloßen Möglichkeit einer günstigeren Entscheidung bewenden zu lassen.

Die Anordnung nach § 31a I StVZO, ein Fahrtenbuch zu führen, setzt voraus, dass die Feststellung eines Fahrzeugführers nach einer Zuwiderhandlung gegen Verkehrsvorschriften unmöglich war. C hat sich nunmehr als Fahrzeugführer zu erkennen gegeben. Es liegt nahe, dass dieses Beweismittel zu einer günstigeren Entscheidung für G geführt hätte, wenn es im Zeitpunkt der Verwaltungsentscheidung verfügbar gewesen wäre; denn die Feststellung des Fahrzeugführers wäre dann möglich gewesen und die Anordnung, ein Fahrtenbuch zu führen, wäre unterblieben. Eine günstigere Entscheidung ist daher möglich. Der Antrag auf Wiederaufgreifen des Verfahrens ist damit auch begründet.

III. Neue Entscheidung in der Sache

Aufgrund des begründeten Antrags auf Wiedereingreifen ist die Behörde verpflichtet, eine neue Entscheidung in der Sache zu treffen. Dieser sog. Zweitbescheid (die Behörde entscheidet über die Sache nochmals durch Verwaltungsakt) kann entweder negativ ausfallen, wenn sich gegenüber dem Erstbescheid nichts ändert, oder positiv, falls der Erstbescheid zugunsten des Antragstellers geändert oder aufgehoben wird. Für G könnte der Anspruch auf Wiederaufgreifen mit einem Anspruch auf Aufhebung der Fahrtenbuchanordnung einhergehen.

1. Rechtsgrundlage

Nach welchen Vorschriften der Zweitbescheid zu erlassen ist, wird nicht einhellig beurteilt. Von der einschlägigen Rechtsgrundlage könnte abhängen, ob G einen Anspruch auf Aufhebung der Fahrtenbuchentscheidung via Zweitbescheid hat oder nicht.

Zum Teil wird auf die §§ 48, 49 VwVfG abgestellt.[24] Dabei wird in den Vordergrund gerückt, dass im Rahmen des Wiederaufgreifens des Verfahrens ein Verwaltungsakt aufgehoben, also zurückgenommen oder widerrufen werden soll. Mitunter wird auch darauf verwiesen, dass § 51 V VwVfG ausdrücklich die §§ 48, 49 VwVfG benennt.[25] Demnach wäre hier zu erörtern, ob die Anordnung, ein Fahrtenbuch zu führen, ursprünglich rechtmäßig oder rechtswidrig gewesen ist, um dann die Voraussetzungen für entweder eine Rücknahme oder einen Widerruf zu prüfen. Diese Bestimmungen räumen der Verwaltung Ermessen ein.

Andere orientieren sich an § 51 I VwVfG und sehen die Rechtsgrundlage des Zweitbescheids allein in dem einschlägigen materiellen Recht, nach dem sich auch die

24 *Maurer* VerwR AT § 11 Rn. 61; *Richter* JuS 1990, 719 (723); *Wendt* JA 1980, 85 (87).
25 *Maurer* VerwR AT § 11 Rn. 61.

Rechtmäßigkeit des Erstbescheids beurteilt, wobei jedoch auf den Zeitpunkt abzustellen ist, in dem die neue Entscheidung getroffen werden soll.[26] Erfordert sie eine andere Sachentscheidung, muss diese auch ergehen. Das Verfahren ist dann im Ergebnis so zu behandeln, als würde zum ersten Mal eine Entscheidung gefällt. Im Gegensatz zu einer Anwendung der §§ 48, 49 VwVfG führt dies nicht zwangsläufig zu einer Ermessensentscheidung, sondern nur dann, wenn das in der Sache einschlägige materielle Recht sie vorsieht. Zu prüfen wäre dies hier nach den Regelungen der StVZO.

Für eine Anwendung der §§ 48, 49 VwVfG spricht, dass sie eine ausdifferenzierte Systematik zur Berücksichtigung des Vertrauensschutzes beim Bürger bieten. Dieser Effekt kann in der Konstellation des Wiederaufgreifens aber kaum ausgespielt werden. Ein Wiederaufgreifen des Verfahrens geht stets auf einen Antrag des Bürgers zurück. Sein Interesse an einer Verbesserung der Lage – und diese Voraussetzung ist dem Tatbestand des § 51 I Nr. 1, 2 VwVfG bereits immanent – resultiert in aller Regel aus seiner Eigenschaft als Adressat eines belastenden Verwaltungsakts. Rücknahme und Widerruf solcher Verwaltungsakte stehen nach §§ 48, 49 VwVfG unter keinem anderen Erfordernis als behördlichem Ermessen. Dies würde § 51 VwVfG aber nicht gerecht: Er gewährt dem Bürger einen Rechtsanspruch auf Wiederaufgreifen des Verfahrens, der aber wiederum ausgehebelt wäre, wenn die Entscheidung über die Aufhebung ausnahmslos im Ermessen der Behörde stünde. Maßgeblich sind damit die Regelungen des materiellen Rechts, hier der StVZO.

2. Formelle Voraussetzungen

In formeller Hinsicht stehen der neuen Sachentscheidung zum Zeitpunkt des Zweitbescheids keine Hindernisse entgegen.

3. Materielle Voraussetzungen

a) Feststellung eines Fahrzeugführers nicht möglich

Nach § 31a I 1 StVZO setzt eine Anordnung zum Führen eines Fahrtenbuches voraus, dass nicht festgestellt werden kann, wer das Fahrzeug bei der Zuwiderhandlung gegen Verkehrsvorschriften geführt hat. Diese Voraussetzung ist aber entfallen: Die Beteiligung des C ist nunmehr bekannt. Damit könnte eine Voraussetzung der Pflicht zum Führen eines Fahrtenbuches weggefallen sein.

Dagegen könnte man aber einwenden, dass es Sinn und Zweck des § 31a StVZO ist, jederzeit feststellen zu können, wer ein Fahrzeug zu einem bestimmten Zeitpunkt benutzt hat; dazu gibt die Schwere des Verstoßes in Verbindung mit Bedenken gegen die charakterliche Zuverlässigkeit des Benutzers Anlass.[27] Der späte Hinweis des C hat hier zu einer Verfahrensverzögerung geführt. Die Tatsache, dass bei Ausschöpfung aller Beweismöglichkeiten zum damaligen Zeitpunkt die Beteiligung nicht festgestellt werden konnte, könnte zu dem Schluss berechtigen, dass die Feststellung des Fahrzeugführers auch derzeit nicht unter allen Umständen gewährleistet ist. Dies

26 BVerwG NJW 1982, 2204 (2205); VGH Mannheim NVwZ-RR 1991, 55 (55); *Kopp/Ramsauer* § 51 Rn. 18; *Erichsen/Ebber* Jura 1997, 424 (429).
27 Vgl. Hentschel/König/Dauer/*Dauer* § 31a StVZO Rn. 2, 8.

könnte dafür streiten, der G allenfalls einen Anspruch auf ermessensfehlerfreie Entscheidung über die Aufhebung zuzusprechen.

§ 31a I 1 StVZO verlangt nach seinem Wortlaut aber für die Eröffnung eines Ermessensspielraums, dass der Fahrer eines Fahrzeugs, mit dem ein bestimmter Verkehrsverstoß begangen wurde, nicht festgestellt werden kann. Die hier angesprochene Verzögerung in der Aufklärung des verkehrswidrigen Verhaltens wird aber gerade durch die Eigenheiten des Wiederaufgreifens kompensiert. Der Zweitbescheid hat sich allein nach der Situation zu richten, die zum Zeitpunkt seines Erlasses besteht, und zu diesem Zeitpunkt besteht die Ungewissheit über den Urheber der Geschwindigkeitsüberschreitung nicht mehr fort. Die Feststellung einer Beteiligung daran ist nunmehr möglich und das Bedürfnis, im Hinblick auf die Ungewissheit über den Sachverhalt eine Fahrtenbuchauflage zu verhängen, weggefallen. Die fortbestehenden Bedenken im Hinblick auf eine Wiederholung des Sachverhalts haben daher kein Gewicht.

b) Andauernde Möglichkeit eines Ordnungswidrigkeitenverfahrens

Aus dem Sinn und Zweck des Rechtsinstruments ergibt sich weiter die Voraussetzung, dass eine Durchführung des Ordnungswidrigkeitenverfahrens gegen C noch möglich sein muss. Ansonsten könnte die Behörde über die wahre Beteiligung strategisch so lange im Unklaren gehalten werden, bis die eigentlich vorgesehene Sanktion nicht mehr möglich ist, um dann ein Wiederaufgreifen des Verfahrens wegen neuer Beweismittel zu beantragen.

Es darf also noch keine Verfolgungsverjährung in Bezug auf den Verkehrsverstoß eingetreten sein. Die Verjährungsfrist beträgt gemäß § 26 III StVG drei Monate und beginnt nach §§ 31 I VwVfG, 187 I BGB am 1.2.2013. Sie endete nach §§ 31 I VwVfG, 188 II BGB am Dienstag, 30.4.2013. Insofern wäre schon bei Bekanntwerden der Beteiligung des C und zum Zeitpunkt des Antrags auf Wiederaufgreifen die Verfolgungsverjährung zugunsten des C eingetreten. Nach § 33 I OWiG wird jedoch die Verjährung durch die erste Vernehmung des Betroffenen unterbrochen. Dies geschah für G am 25.2.2013. Die Unterbrechung bewirkt, dass die Verjährungsfrist neu zu laufen beginnt, sodass die Verjährung erst am 25.5.2013 eingetreten sein würde. Da es sich dabei um einen Sonnabend handelte, verlängerte sich die Frist noch auf den 27.5.2013, §§ 31 I VwVfG, 193 BGB. Zu dem Zeitpunkt hatte G den Antrag auf Wiederaufgreifen bereits gestellt, und der Behörde waren die neuen Beweismittel auch bekannt geworden. Das Ordnungswidrigkeitenverfahren konnte gegenüber C also am 9.5.2013, als der Antrag auf Wiederaufgreifen gestellt wurde, noch durchgeführt werden.

Seit dem 27.5.2013 ist dies aber nicht mehr möglich. Dies könnte zur Folge haben, dass die Fahrtenbuchanordnung gegenüber G doch aufrechterhalten werden muss. Dass die Durchführung des Ordnungswidrigkeitenverfahrens gegenüber C nicht mehr möglich ist, findet seine Ursache jedoch im Verhalten der Behörde. Diese hätte nach dem Antrag auf Wiederaufgreifen noch mehr als zwei Wochen und damit ausreichend Zeit für die Einleitung eines Verfahrens gehabt, blieb aber untätig. Es erscheint unbillig, einen rechtswidrigen Zustand – die Pflicht der G, ein Fahrtenbuch zu führen – nur deshalb aufrechtzuhalten, weil die zuständige Behörde ihre Möglichkeiten eigenverschuldet nicht genutzt hat. Dass gegenüber C kein Ordnungswidrigkeitenverfahren durchgeführt werden kann, steht also einem Zweitbescheid nicht entgegen.

c) Rechtsfolge

Die Aufrechterhaltung der Fahrtenbuchanordnung ist tatbestandlich ausgeschlossen. Nach dem oben Dargelegten verlangt § 51 VwVfG deshalb die Aufhebung des Bescheids vom 4.3.2013, auf die G auch Anspruch hat. Durch die Verweigerung des Wiederaufgreifens ist G in ihren Rechten verletzt.

4. Spruchreife

Aufgrund der gebundenen Entscheidung besteht auch Spruchreife.

IV. Ergebnis

Die Klage der G ist zulässig und begründet.

Hinweis: Nach § 51 V VwVfG bleiben die Vorschriften des § 48 I 1 und des § 49 I unberührt. Daraus wird gefolgert, dass die Möglichkeit, einen Verwaltungsakt nach §§ 48, 49 VwVfG aufzuheben, unabhängig vom Wiederaufgreifen eines Verfahrens nach § 51 VwVfG besteht. Bürger können ohne weiteres bei der zuständigen Behörde einen Antrag auf Rücknahme oder Widerruf eines Verwaltungsakts stellen; insofern kann auch ein subjektives Recht des Einzelnen auf ermessensfehlerfreie Entscheidung über die Aufhebung bestehen.[28]

28 Vgl. *Maurer* VerwR AT § 11 Rn. 62 ff.; *Detterbeck* VerwR AT Rn. 770.

Fall 16 – Brüssel ante portas

Sachverhalt

Die W-GmbH betreibt an der Elbmündung eine Werft und stellt vornehmlich mittelgroße Massengutfrachter her. In diesem Marktsegment waren in den letzten Jahren aber vor allem ostasiatische Werften erfolgreich. Die W-GmbH leidet, wie verschiedene andere Werften in Europa auch, unter dieser Weltmarktlage. Um ihre Wettbewerbsfähigkeit zu sichern und dadurch letztendlich Arbeitsplätze in einer strukturschwachen Region zu erhalten, wendet sie sich an das Bundesland L mit der Bitte um finanzielle Unterstützung.

Nach längeren Verhandlungen beschließt die Regierung des Landes L, der W eine solche zu gewähren. Das Land L, vertreten durch den Finanzminister, und die Geschäftsführung der W schließen einen Vertrag. Ausweislich der Präambel dient der Vertrag dazu, die Situation auf dem Arbeitsmarkt zu verbessern. Das Land L verpflichtet sich im gleichen Vertrag, der W für die nächsten drei Jahre insgesamt 2,7 Millionen EUR (jährlich 900.000 EUR) zur Verfügung zu stellen. Die Mittel werden als zinsloses Darlehen gewährt, das zehn Jahre nach der Auszahlung der jeweiligen Tranche zurückgezahlt werden muss. Die W-GmbH verpflichtet sich gleichzeitig dazu, in den ersten drei Jahren nach Vertragsschluss nicht mehr als 3% ihrer Arbeitnehmer konjunkturbedingt zu entlassen.

In dem strukturschwachen Gebiet an der Elbmündung wird der Abschluss des Vertrags insbesondere unter der Bevölkerung als positives Signal wahrgenommen. Durch Presseberichte erfährt jedoch auch die Europäische Kommission von der Existenz des Vertrags. Sie teilt dem Land L mit, dass sie die Rechtmäßigkeit der geplanten Zahlungen bezweifelt. Zwischenzeitlich hat auch das Finanzministerium des Landes L Bedenken bekommen und mit einer erneuten ausführlichen Prüfung des Vertrags begonnen. Gleichzeitig drängt aber die W-GmbH auf die Auszahlung des ersten Teilbetrages, der nach den Vertragsbestimmungen mittlerweile fällig geworden ist. Da das Land L bis zum Abschluss seiner Prüfung und einer endgültigen Abstimmung mit der Kommission keine vollendeten Tatsachen schaffen möchte, verweigert es einstweilen die Auszahlung.

Die W-GmbH beauftragt ihre Rechtsabteilung mit der Prüfung ihrer gerichtlichen Möglichkeiten. Sie meint, sie habe einen Anspruch auf die Unterstützungsmaßnahme: »Ein Vertrag ist immerhin ein Vertrag«.

Erstellen Sie ein Gutachten.

Anhang

Beihilfenverfahrensverordnung – BeihilfenverfahrensVO (Auszug):

Art. 11 BeihilfenverfahrensVO, VO (EG) 659/1999 – Anordnung zur Aussetzung oder einstweiligen Rückforderung der Beihilfe

(1) Die Kommission kann, nachdem sie dem betreffenden Mitgliedstaat Gelegenheit zur Äußerung gegeben hat, eine Entscheidung erlassen, mit der dem Mitgliedstaat aufgegeben wird, alle rechtswidrigen Beihilfen so lange auszusetzen, bis die Kommission eine Entscheidung über die Vereinbarkeit der Beihilfe mit dem Gemeinsamen Markt erlassen hat (nachstehend »Aussetzungsanordnung« genannt).

[...]

Übersicht XXXI: Zulässigkeit der allgemeinen Leistungsklage
(verfahrensspezifische Sachentscheidungsvoraussetzungen)

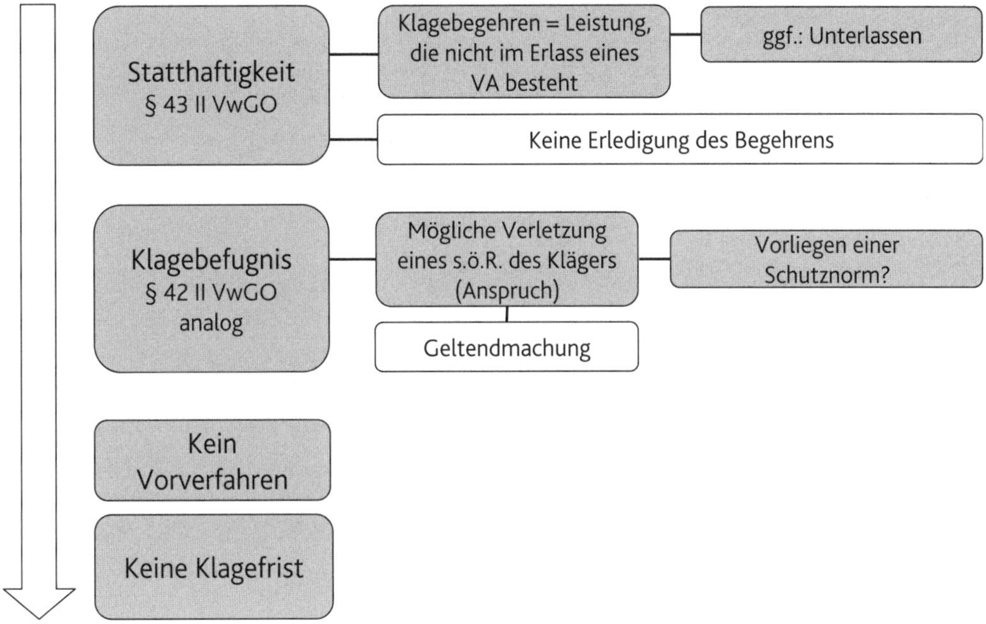

Übersicht XXXII: Prüfung des öffentlich-rechtlichen Vertrags
(Anspruchsaufbau)

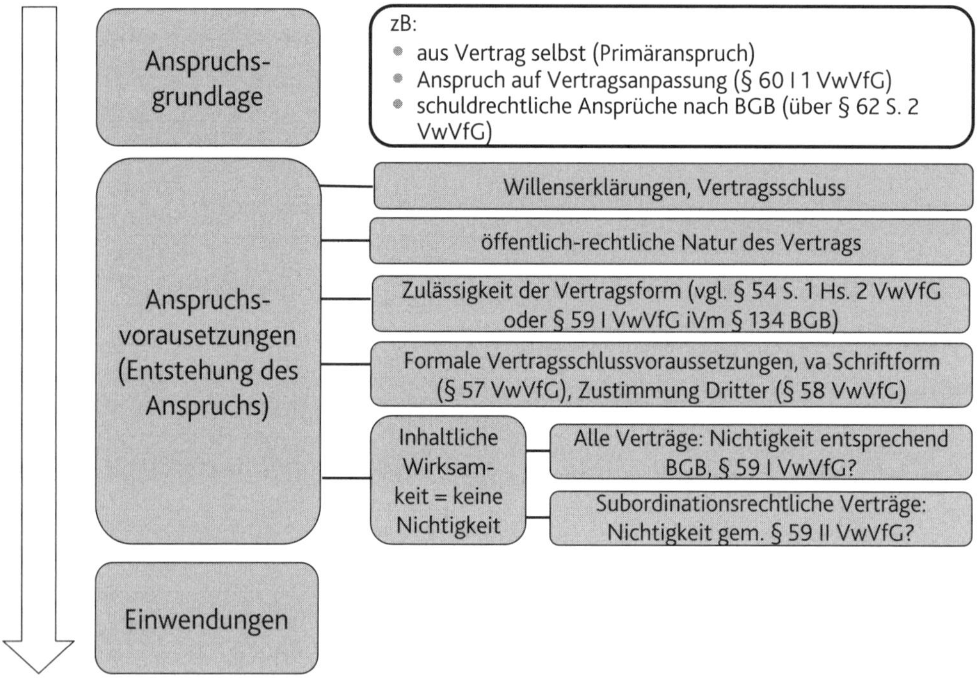

Lösung

Schwerpunkte:
- öffentlich-rechtlicher Vertrag
- Einfluss europarechtlicher Beihilfevorschriften
- Nichtigkeit

A. Zulässigkeit der Klage

I. Eröffnung des Verwaltungsrechtswegs

Eine aufdrängende Sonderzuweisung besteht nicht. Der Verwaltungsrechtsweg könnte aufgrund des § 40 I 1 VwGO eröffnet sein. Die Beteiligten streiten hier jedoch nicht um die Rechtsfolgen einer Norm, die gegebenenfalls als öffentlich-rechtlich zu qualifizieren ist, sondern um die Rechtsfolgen des zwischen ihnen geschlossenen Vertrags. Der Grundsatz der Einheitlichkeit gebietet es dabei, den Vertrag entweder insgesamt dem öffentlichen Recht oder aber dem Privatrecht zuzuordnen.[1] Unterschiedlich eingeordnete Leistungsverpflichtungen innerhalb eines einheitlichen Vertrags können einen Mischvertrag, bei dem jede einzelne Leistungspflicht unterschiedlich behandelt wird, nicht begründen.[2] Entscheidend für die Bestimmung der Rechtsnatur ist der Vertragsgegenstand.[3] Er ist dann öffentlich-rechtlicher Natur, wenn er sich auf einen Sachbereich bezieht, der öffentlich-rechtlichen Regeln unterliegt.[4] Ergänzend kann zur Bestimmung des Vertragsgegenstandes auf den Zweck des Vertrags zurückgegriffen werden, wenn dieser nach dem Parteiwillen in einem engen Sachzusammenhang mit öffentlich-rechtlichen Regelungen steht. Im Rahmen dieser Zuordnung ist nach der Rechtsprechung auf den Schwerpunkt und Gesamtcharakter der vertraglichen Regeln abzustellen.[5] Anderenorts wird vertreten, dass schon ein einziger öffentlich-rechtlicher Regelungsgegenstand den gesamten Vertrag dem öffentlichen Recht zuordnet.[6]

Das Land L gewährt der W-GmbH durch den Vertrag öffentliche Mittel, um deren wirtschaftliche Leistungsfähigkeit zu stärken und dadurch letztlich Arbeitsplätze zu sichern. Bei dieser staatlichen Wirtschaftsförderung handelt es sich um einen öffentlichen Zweck.[7] Nach beiden Ansichten liegt somit ein öffentlich-rechtlicher Vertrag vor. Der Streit hierüber ist auch nichtverfassungsrechtlicher Art und eine abdrängende Sonderzuweisung existiert nicht. Der Verwaltungsrechtsweg ist daher eröffnet.

---

1 BVerwGE 42, 331 (333 f.); BeckOK VwVfG/*Kämmerer* § 54 Rn. 49; HK-VerwR/*Fehling* § 54 VwVfG Rn. 40; *Waldhoff* JuS 2013, 1055 (1056).

2 BeckOK VwVfG/*Kämmerer* § 54 Rn. 49; HK-VerwR/*Fehling* § 54 VwVfG Rn. 40; *Maurer* VerwR AT § 14 Rn. 11.

3 BVerwGE 74, 368 (370); 30, 65 (67); *Kopp/Ramsauer* § 54 Rn. 27, 30; Stelkens/Bonk/Sachs/*Bonk* § 54 Rn. 76; *Maurer* VerwR AT § 14 Rn. 7.

4 BeckOK VwVfG/*Kämmerer* § 54 Rn. 41; *Kopp/Ramsauer* § 54 Rn. 30 ff.; *Gurlit* Jura 2001, 659 (661).

5 Vgl. BVerwGE 22, 138 (140); BGHZ 56, 365 (372 f.); BeckOK VwVfG/*Kämmerer* § 54 Rn. 49; HK-VerwR/*Fehling* § 54 VwVfG Rn. 39; *Kopp/Ramsauer* § 54 Rn. 31; Stelkens/Bonk/Sachs/*Bonk* § 54 Rn. 76 mwN.

6 BeckOK VwVfG/*Kämmerer* § 54 Rn. 50; *Kopp/Ramsauer* § 54 Rn. 32 mwN.

7 BVerwGE 84, 236 (238); BeckOK VwVfG/*Kämmerer* § 54 Rn. 52; Stelkens/Bonk/Sachs/*Bonk* § 54 Rn. 80; *Kopp/Ramsauer* § 54 Rn. 36c; vgl. auch BVerwGE 59, 60 (62).

II. Statthafte Klageart

Die W-GmbH möchte die Auszahlung der ersten Darlehenstranche erreichen. Hierfür kommt als statthafte Klageart die allgemeine Leistungsklage in Betracht, die in der VwGO zwar nicht ausdrücklich geregelt ist, wohl aber in den §§ 43 II, 111, 113 IV, 169 II VwGO vorausgesetzt wird. Sie ist statthaft, wenn der Kläger ein Tun, Dulden oder Unterlassen begehrt, das nicht im Erlass eines Verwaltungsakts liegt. Die W-GmbH verlangt die Auszahlung einer Förderbetrags, mithin ein Realhandeln. Die allgemeine Leistungsklage ist folglich statthaft.

III. Klagebefugnis

Zur Vermeidung von Popularklagen ist auch im Rahmen der allgemeinen Leistungsklage vom Kläger analog § 42 II VwGO eine Klagebefugnis zu verlangen.[8] Notwendig ist also, dass die W-GmbH geltend machen kann, durch die Verweigerung der Auszahlung in ihren Rechten verletzt zu sein, eine Rechtsverletzung also nicht von vornherein und offensichtlich ausgeschlossen ist. Verfassungsrechtliche oder einfachgesetzliche Vorschriften, aus denen die W-GmbH einen Anspruch auf die Auszahlung des Geldes haben könnte, bestehen nicht. Die Klagebefugnis kann aber auch durch individuelle Rechtspositionen begründet werden.[9] Aufgrund des geschlossenen Vertrags soll das Land L der W-GmbH insgesamt 2,7 Millionen EUR für einen Zeitraum von zehn Jahren überlassen. Aufgrund der Bindungswirkung eines wirksamen Vertrags erscheint es nicht von vornherein und offensichtlich ausgeschlossen, dass die W-GmbH aus dem Vertrag ein Recht zur Auszahlung des Geldes ableiten kann. Sie ist daher klagebefugt.

IV. Klagegegner

Nach dem Rechtsträgerprinzip[10] ist richtiger Klagegegner das Land L.

V. Beteiligten- und Prozessfähigkeit

Die W-GmbH und das Land L sind beteiligtenfähig gemäß § 61 Nr. 1 Var. 2 VwGO und prozessfähig nach § 62 III VwGO. Die W-GmbH wird gemäß § 35 I GmbHG durch den Geschäftsführer vertreten; das Land L durch den Finanzminister bzw. zuständigen Abteilungsleiter des Finanzministeriums.

VI. Rechtsschutzinteresse

Ein einfacherer und schnellerer Weg als eine Klage, um das Geld zu erhalten, ist nicht ersichtlich. Dem im Vorfeld vorgetragenen Verlangen nach Auszahlung hat sich das Land L verweigert.

B. Begründetheit

Die Klage ist begründet, wenn der W-GmbH ein Anspruch auf Zahlung von 900.000 EUR zusteht. Als Anspruchsgrundlage kommt lediglich der zwischen den

8 *Detterbeck* VerwR AT Rn. 1392; *Würtenberger* VerwProzR Rn. 390; HK-VerwR/*Sennekamp* § 42 VwGO Rn. 44.
9 Wolff/Decker/*Wolff* § 42 VwGO Rn. 80.
10 Vgl. *Kopp/Schenke* § 78 Rn. 2 mwN.

Parteien geschlossene Vertrag in Betracht. Dieser muss wirksam zustande gekommen sein, und der daraus resultierende Anspruch darf nicht untergegangen und muss durchsetzbar sein.

I. Zustandekommen des Vertrags

1. Einigung

Die Vertragsverhandlungen zwischen der W-GmbH und dem Land L endeten mit dem Abschluss eines Vertrags (vgl. §§ 144 ff. BGB iVm § 62 S. 2 VwVfG).

2. Schriftform

Die Schriftform des § 57 VwVfG ist ebenfalls eingehalten.

3. Beteiligung Dritter und anderer Behörden

Das Beteiligungsgebot des § 58 VwVfG muss beachtet worden sein. Dass der Vertrag iSd § 58 I VwVfG in Rechte Dritter eingreift, ist nicht ersichtlich. Nach § 58 II VwVfG wird ein Vertrag, der anstatt eines Verwaltungsakts geschlossen wird, bei dessen Erlass nach einer Rechtsvorschrift die Genehmigung, Zustimmung oder das Einvernehmen einer anderen Behörde erforderlich ist, erst wirksam, nachdem die andere Behörde in der vorgeschriebenen Form mitgewirkt hat. § 58 II VwVfG könnte dadurch missachtet worden sein, dass der Darlehensvertrag nicht im Vorfeld der Europäischen Kommission durch das Land L notifiziert worden ist.

§ 58 II VwVfG findet nur auf subordinationsrechtliche Verträge Anwendung. Für einen subordinationsrechtlichen Vertrag iSd § 54 S. 2 VwVfG ist nach überwiegender Ansicht entscheidend, dass die Behörde – zumindest im Kontext der streitgegenständlichen Beziehungen – auch zum Erlass eines Verwaltungsakts ermächtigt gewesen wäre.[11] Es handelt sich hier weder um einen Eingriff in Freiheit und Eigentum noch um eine aus sonstigen Gründen wesentliche Entscheidung, weshalb hierfür eine gesetzliche Grundlage nicht erforderlich gewesen wäre.[12] Ein Verwaltungsakt hätte also ohne weiteres erlassen werden dürfen, sogar mit Bezug auf den konkreten Vertragsgegenstand. Die Merkmale eines subordinationsrechtlichen Vertrags sind erfüllt.

Die Beteiligung der Kommission könnte in rechtswidriger Weise unterblieben sein. Eine Notifikation gegenüber der Kommission ist nach Art. 108 III AEUV, Art. 3 BeihilfenverfahrensVO grundsätzlich erforderlich, wenn eine staatliche Leistung an ein Unternehmen als Beihilfe iSd Art. 107 AEUV qualifiziert werden muss. Eine Beihilfe ist jede Maßnahme, welche die Belastung vermindert, die normalerweise ein Unternehmen zu tragen hat oder die nach Art und Wirkung einer solchen Maßnahme gleich steht, also jeder wie auch immer geartete wirtschaftliche Vorteil ohne marktadäquate Gegenleistung.[13] Die W-GmbH soll vom Land L ein Darlehen in Höhe von insgesamt 2,7 Millionen EUR bekommen, ohne dafür Zinsen zahlen zu müssen. Hätte sie ein Bankdarlehen aufgenommen, wären ihr solch günstige Konditionen niemals gewährt worden. Aufgrund der Marktsituation ist auch davon auszugehen, dass der Vorteil, welcher der W-GmbH auf diese Weise zufließt, den Wettbewerb zwischen

11 BVerwGE 111, 162 (165 f.); *Kopp/Ramsauer* § 54 Rn. 48.
12 Zum Bedürfnis einer Rechtsgrundlage bei der Gewährung von Leistungen oben Klausurfall 11.
13 EuGH Rs. C-30/59, Slg. 1961, 3 (43) – Steenkolenmijnen.

Schiffswerften zu verfälschen droht und auch den Handel mit entsprechenden Dienstleistungen über Deutschland hinaus beeinträchtigen kann. Da somit eine Beihilfe vorliegt, muss der Mitgliedstaat sie bei der Kommission zur Prüfung anmelden. Dies ist hier unterblieben; vielmehr hat die Kommission vom Vertrag erst aus der Zeitung erfahren. Damit hat das Land L gegen das Durchführungsverbot des Art. 108 III AEUV verstoßen.

§ 58 II VwVfG ist aber nur dann verletzt, wenn es sich bei der Europäischen Kommission um eine Behörde iSd VwVfG handelt und die Entscheidung, mit der ihre Beihilfenprüfung endet, eine Mitwirkung in Form einer Genehmigung, einer Zustimmung oder eines Einvernehmen ist. Nach § 1 IV VwVfG ist Behörde iSd VwVfG jede Stelle, die Aufgaben der öffentlichen Verwaltung wahrnimmt. Dies trifft auf die Kommission zwar zu (Art. 17 I EUV), doch beschränkt § 1 I VwVfG den Anwendungsbereich des Gesetzes auf nationale Verwaltungstätigkeit. EU-Organe sind damit keine Behörden iSd VwVfG.[14] Überdies ist zweifelhaft, ob es sich bei der Beihilfenprüfung durch die Kommission um eine Form der Mitwirkung handelt, auf die § 58 II VwVfG abzielt. Zum einen sind die Verfahren vor der Kommission und der nationalen Behörde nicht miteinander verschränkt, sondern folgen aufeinander: Die Kommission ist nach Art. 108 III 1 AEUV schon im Vorfeld jeder beabsichtigten Beihilfe rechtzeitig zu unterrichten. Vor der Entscheidung der Kommission darf die nationale Behörde keine weitergehenden Schritte unternehmen, also auch kein Verwaltungsverfahren durchführen.[15] Auch die Rechtsfolge des § 58 II VwVfG, die schwebende Unwirksamkeit des Vertrags, passt nicht zu den Regelungen im AEUV und der Beihilfenverfahrensverordnung: Zum einen ordnet das Europarecht aus Respekt vor der Souveränität der Mitgliedstaaten die Nichtigkeit europarechtswidriger Handlungen nicht an.[16] Zum anderen aber verlangt das Europarecht von den Mitgliedstaaten um seiner Effizienz willen (Art. 4 III EUV) strikte Beachtung. Hat ein Mitgliedstaat das Notifikationsgebot missachtet, muss er die Beihilfe schon dann einstweilig zurückfordern, wenn die Kommission dies von ihm fordert (Art. 11 II BeihilfenverfahrensVO, sog. Rückforderungsanordnung). Für einen rechtlichen Schwebezustand ist hier kein Raum, also darf das nationale Recht ihn nicht einfach gewähren. Aufgrund dieser erheblichen Strukturunterschiede verbietet es sich, die Beihilfenprüfung unter § 58 II VwVfG zu subsumieren.[17]

4. Nichtigkeitsgründe, § 59 VwVfG

Es könnte aber ein Nichtigkeitsgrund des § 59 VwVfG gegeben sein.

a) Katalog des Abs. 2

Im Rahmen des Katalogs des Abs. 2 kommt Nr. 2 in Betracht. Hiernach ist ein Vertrag iSd § 54 S. 2 VwVfG nichtig, wenn ein Verwaltungsakt mit entsprechendem Inhalt nicht nur wegen eines Verfahrens- oder Formfehlers iSd § 46 rechtswidrig wäre und dies den Vertragsschließenden bekannt war.

---

14 *Gellermann* DVBl. 2003, 481 (484).

15 *Ehlers* GewArch 1999, 305 (318); *Oldiges* NVwZ 2001, 626 (635 Fn. 125); *Gellermann* DVBl. 2003, 481 (484).

16 Vgl. Wolff/Decker/*Decker* § 59 VwVfG Rn. 19.

17 So auch *Maurer* VerwR AT § 14 Rn. 43a; Wolff/Decker/*Decker* § 59 Rn. 19; *Gellermann* DVBl. 2003, 481 (484); *Ehlers* GewArch 1999, 305 (318). AA HK-VerwR/*Fehling* § 58 VwVfG Rn. 30; *Finck/Gurlit* Jura 2011, 87 (93).

Es liegt ein subordinationsrechtlicher Vertrag iSd § 54 S. 2 VwVfG vor. Von dem geplanten Abschluss des Vertrags hat das Land L die Kommission nicht unterrichtet. Dies wäre aber – da es sich dabei um eine staatliche Beihilfe iSd Art. 107 AEUV handelt – nach Art. 108 III 1 AEUV erforderlich gewesen. Aufgrund der unmittelbaren Anwendbarkeit dieser Vorschrift im Rahmen der nationalen Rechtsordnung[18] liegt damit ein für § 59 II Nr. 2 VwVfG relevanter Rechtsverstoß vor. Dieser führt nur dann nicht zur Nichtigkeit des Vertrags, wenn bei einem Verwaltungsakt ein solcher Fehler nach § 46 VwVfG im Ergebnis unbeachtlich ist. Dafür reicht nicht aus, dass ein Verfahren- oder Formfehler vorliegt, sondern es muss offensichtlich sein, dass die Entscheidung in der Sache nicht beeinflusst worden ist.[19] Zwar kann die unterlassene Beteiligung der Kommission als Verfahrensfehler bezeichnet werden. Es besteht aber stets eine gewisse Wahrscheinlichkeit, dass die Kommission eine Beihilfe nicht oder nur mit Einschränkungen billigt und daher ein entsprechender Verwaltungsakt bei Durchführung der Beihilfenprüfung einen anderen Inhalt haben würde als bei unterlassener Notifikation. § 46 VwVfG steht also hier der Nichtigkeit des Vertrags nicht entgegen.

§ 59 II Nr. 2 VwVfG setzt weiter voraus, dass der Fehler den Beteiligten auch bekannt gewesen ist. Grob fahrlässige Unkenntnis reicht nicht; notwendig ist positive Kenntnis, auch wenn bezüglich der verletzten Vorschriften eine Parallelwertung in der Laiensphäre ausreicht.[20] Zwar ist die W-GmbH als Marktteilnehmer kein Adressat der Verpflichtungen aus Art. 107, 108 AEUV, doch knüpft § 59 II Nr. 2 VwVfG lediglich an die Kenntnis an, die ein Beihilfenempfänger vom Rechtsverstoß der Behörde hat. Dem Sachverhalt lässt sich kein eindeutiger Hinweis darauf entnehmen, dass der W-GmbH bekannt war, dass der Vertrag der Kommission hätte vorgelegt werden müssen. Dies gilt umso mehr, als Beihilfenempfänger in das Notifikationsverfahren normalerweise nicht eingebunden zu werden brauchen. Auch die Kenntnis des Landes ist, obwohl sie nahe liegt, nicht positiv belegt. Zwar wird man den Parteien auf Grundlage eines konkret-individuellen Sorgfaltsmaßstabs oftmals grob fahrlässige Unkenntnis vorwerfen können, weil das Wissen um die Anforderungen an die Europarechtskonformität von Beihilfen mittlerweile insbesondere bei größeren Unternehmen weit verbreitet ist.[21] Dies gilt umso mehr, als die Notwendigkeit einer europarechtlichen Notifizierung von staatlichen Beihilfen bereits im Jahre 1957 begründet wurde. Hier mag grobe Fahrlässigkeit angenommen werden können, die aber nur im Rahmen des § 48 II 3 Nr. 3 VwVfG relevant wäre, positive Kenntnis des Fehlers jedenfalls ist nicht anzunehmen. Die Nichtigkeit des Vertrags lässt sich nicht mit § 59 II Nr. 2 VwVfG begründen.

b) Generalklausel des Abs. 1

Des Weiteren könnte der Vertrag aufgrund der Generalklausel des Abs. 1 unwirksam sein. Voraussetzung dafür ist, dass sich die Nichtigkeit aus der entsprechenden Anwendung des Bürgerlichen Gesetzbuchs ergibt. In Betracht kommt einzig ein gesetzliches Verbot gemäß § 134 BGB. Ob eine Bezugnahme auf diese Norm im Rahmen des § 59 I VwVfG erfolgen darf, ist wegen der Weite ihres Anwendungsbereichs aber problematisch.[22]

18 Vgl. Calliess/Ruffert/*Cremer*, EUV/AEUV, 4. Aufl. 2011, Art. 107 AEUV Rn. 6 ff.

19 HK-VerwR/*Fehling* § 59 VwVfG Rn. 30; *Kopp/Ramsauer* § 59 Rn. 23.

20 *Kopp/Ramsauer* § 59 Rn. 24.

21 OVG Münster NVwZ 1993, 79 (81); *Ehlers/Kallerhoff* Jura 2009, 823 (831); Wolff/Decker/*Decker* § 48 VwVfG Rn. 50 mwN.

22 Vgl. dazu *Maurer* VerwR AT § 14 Rn. 41 ff; *Voßkuhle/Kaiser* JuS 2013, 687 (689).

Ein Teil der Lehre weist auf die differenzierenden Nichtigkeitsregelungen in § 59 II VwVfG hin. Mit dieser Dogmatik des öffentlich-rechtlichen Vertrags könne es nicht im Einklang stehen, wenn jeder Rechtsverstoß bereits über § 134 BGB zur Nichtigkeit des öffentlich-rechtlichen Vertrags führte. Denn gesetzliche Verbote sind auch solche des öffentlichen Rechts. Der Katalog des Abs. 2 würde seinen Sinn verlieren, wenn ohnehin jeder der dort aufgezählten Rechtsverstöße unter zum Teil geringeren Anforderungen auch über Abs. 1 zur Nichtigkeit führen würde. Dieser Dogmatik entspricht es, dass die §§ 54 ff. VwVfG lediglich die Kategorien der Nichtigkeit und der Wirksamkeit eines Vertrags kennen, auf seine Qualifikation als rechtmäßig oder rechtswidrig in dogmatischer Hinsicht aber verzichten.

Gegen einen Ausschluss des § 134 BGB als nichtigkeitsbegründender Tatbestand spricht der erkennbare Wille des Gesetzgebers, auf das BGB insgesamt Bezug zu nehmen. Wenn § 134 BGB überhaupt nicht von § 59 I VwVfG erfasst wäre, würden überdies viele gravierende Rechtsverstöße für die Nichtigkeit des öffentlich-rechtlichen Vertrags unberücksichtigt bleiben. Um dieser Erkenntnis Rechnung zu tragen, aber auch die beschriebenen Wertungswidersprüche auszuschließen, erscheint eine differenzierte Betrachtung sachgerecht: Zu unterscheiden ist im Rahmen des § 134 BGB zwischen einer einfachen oder schlichten Rechtswidrigkeit des Vertrags und einem qualifizierten oder besonderen Rechtsfehler.[23] Allein Letzterer führt zur Nichtigkeit des öffentlich-rechtlichen Vertrags. Die Frage, wann es sich um einen qualifizierten Rechtsfehler handelt, lässt sich aufgrund verschiedener Kriterien bestimmen, eine allgemeingültige Regel dafür existiert aber nicht. Ausgehend vom Wortlaut und vom Sinn und Zweck der verletzten Vorschrift ist zu entscheiden, ob diese zwingenden Charakter hat und der durch den Vertrag angestrebte Rechtserfolg unbedingt verhindert werden soll.[24]

(1) Verstoß gegen Art. 107 I AEUV

Nach Art. 107 I AEUV sind staatliche oder aus staatlichen Mitteln gewährte Beihilfen gleich welcher Art, die durch die Begünstigung bestimmter Unternehmen oder Produktionszweige den Wettbewerb verfälschen oder zu verfälschen drohen, mit dem Binnenmarkt unvereinbar, soweit sie den Handel zwischen Mitgliedstaaten beeinträchtigen und soweit in den Verträgen nicht etwas anderes bestimmt ist. Ob Art. 107 I AEUV – jedenfalls für den Mitgliedstaat – unmittelbar ein gesetzliches Verbot ausspricht oder ob dieses erst aus einer Negativentscheidung der Kommission als Ergebnis der Beihilfenprüfung erwächst, ist umstritten.[25] Gegen die Qualifikation des Art. 107 AEUV als gesetzliches Verbot iSd § 134 BGB spricht jedenfalls, dass allein die Einordnung eines Sachverhalts als Beihilfe die Unzulässigkeit nicht begründet, sondern dass die Kommission nach Abs. 3 über weite Spielräume verfügt, um sogar wettbewerbsbeschränkende Maßnahmen zu gestatten.[26] Mit anderen Worten: Ob eine Beihilfe wirklich gegen Art. 107 AEUV verstößt, wird erst dann klar, wenn die Kommission sie geprüft hat. Der offene Tatbestand des Art. 107 I AEUV und das

---

23 BVerwGE 89, 7 (10); 98, 58 (63); OVG Münster NVwZ 1992, 988 (989); *Maurer* VerwR AT § 14 Rn. 42.

24 Stelkens/Bonk/Sachs/*Bonk* § 59 Rn. 52; Wolff/Decker/*Decker* § 59 VwVfG Rn. 15; *Maurer* VerwR AT § 14 Rn. 42; *Ogorek* JA 2003, 436 (439).

25 Vgl. *Maurer* VerwR AT § 14 Rn. 43a mwN.

26 Vgl. zum Charakter der Vorschrift *Finck/Gurlit* Jura 2011, 87 (87) mwN.

damit einhergehende Fehlen zwingender Verbotsmerkmale sprechen dagegen, die Vorschrift als gesetzliches Verbot iSd § 134 BGB zu verstehen.

(2) Verstoß gegen Art. 108 III AEUV

Ein Verbotsgesetz könnte aber in Art. 108 III AEUV bestehen. Nach S. 1 ist die Kommission von jeder beabsichtigten Einführung oder Umgestaltung von Beihilfen so rechtzeitig zu unterrichten, dass sie sich dazu äußern kann. Dies ist nicht geschehen. Der Verbotscharakter des Art. 108 III AEUV ergibt sich jedoch erst in der Zusammenschau der S. 1 und 3. Denn dem Mitgliedstaat ist auch untersagt, die beabsichtigte Beihilfenmaßnahme durchzuführen, bevor die Kommission einen abschließenden Beschluss gefasst hat. Im Gegensatz zu S. 1 ist die verbotene Handlung hier ausdrücklich beschrieben. Vereinzelt wird dagegen eingewandt, dass das Durchführungsverbot des S. 3 lediglich ein »latentes« Verbot darstelle, da sie noch unter dem Vorbehalt stehe, dass die Kommission eine einstweilige Entscheidung nach Art. 11 II BeihilfenverfahrensVO (sog. Rückforderungsanordnung) oder eine endgültige Entscheidung nach Art. 14 I BeihilfenverfahrensVO (sog. Rückforderungsentscheidung) gegenüber dem Mitgliedstaat fasst.[27] Dagegen spricht jedoch, dass das Durchführungsverbot auch ohne eine abschließende Rückforderungsentscheidung der Kommission bereits materielle Wirkungen entfaltet, weil es zum Zwecke gleicher Wettbewerbsvoraussetzungen gerade auch vorschnell gewährte Beihilfen verhindern soll.[28] Hierfür spricht auch das Gebot einer wirksamen und effizienten Durchsetzung des Unionsrechts (effet utile-Grundsatz). Genauso wie für privatrechtliche Verträge ist Art. 108 III 3 AEUV deshalb auch im Rahmen öffentlich-rechtlicher Verträge als Verbotsgesetz iSd § 134 BGB anzusehen. Unschädlich dabei ist, dass sich das Verbot des Art. 108 III 3 AEUV nur an den Mitgliedstaat richtet und nicht den Empfänger der Beihilfe. Ein Vertrag ist auch dann nach § 134 BGB nichtig, wenn sich die verletzte Verbotsvorschrift zwar nur an eine Vertragspartei richtet, der Zweck der Verbotsvorschrift aber nur durch die Nichtigkeit des Vertrags erreicht werden kann, wie es hier der Fall ist.[29] Der Vertrag zwischen der W-GmbH und dem Land L ist gemäß § 59 I VwVfG, § 134 BGB nichtig.

Hinweis: Unabhängig der Beurteilung einzelner Fragen ist für formell rechtswidrig gewährte Beihilfen festzustellen, dass diese allgemein auch nach nationalem Recht als unwirksam angesehen werden. Umstritten ist eher, was daraus materiell-rechtlich folgt. Dabei konkurriert die Möglichkeit einer schwebenden Unwirksamkeit nach § 58 II VwVfG mit einer Nichtigkeit nach §§ 59 I VwVfG, 134 BGB iVm Art. 108 III 3 AEUV.

II. Ergebnis

Die W-GmbH hat keinen Anspruch auf Auszahlung der 900.000 EUR.

C. Ergebnis

Die Klage ist zulässig, aber unbegründet.

27 *Oldiges* NVwZ 2001, 626 (635).

28 Vgl. EuGH Rs. C-199/06, Slg. 2008, I-409 Rn. 40 f. – CELF I; BGH NVwZ 2004, 636 (637); *Maurer* VerwR AT § 14 Rn. 43a.

29 BGH NVwZ 2004, 636 (637).

Fall 17 – Der Preis der Beleihung

Sachverhalt

Im Jahre 1998 reiste der damals 25-jährige P, Staatsangehöriger der Inselrepublik Kap Verde, zum Studium der Tiermedizin nach Deutschland ein. Der Deutsche Akademische Austauschdienst (DAAD) gewährte ihm für sein Studium Ausbildungsbeihilfen in Höhe von (umgerechnet) insgesamt 13.000 EUR. Die Vergabe von Stipendien an kapverdische Studenten war Bestandteil eines zwischen der kapverdischen und der bundesdeutschen Regierung vereinbarten Entwicklungshilfeprogramms, dessen Ziel es unter anderem war, Akademiker für die spätere Berufstätigkeit in Kap Verde auszubilden. P verliert sein Interesse an einer Rückkehr auf die Kapverdischen Inseln, nachdem er 2000 die Jurastudentin V kennengelernt und geheiratet hat.

Im Jahre 2003 eröffnet P eine tierärztliche Praxis in der Stadt H im Bundesland L. Mit den Jahren macht P, der 2008 eingebürgert wurde, sich überregional mit Publikationen und medienwirksamen Kommentaren einen Namen als Fachmann für Tierseuchen. P möchte seine Fähigkeiten aber auch gerne in tatsächlichen Notlagen zum Einsatz bringen, zumal er sich davon zusätzliche Einnahmen erhofft. Maßnahmen zur Bekämpfung von Tierseuchen behält das Tierseuchengesetz sog. beamteten Tierärzten (Amtstierärzten) vor, die im öffentlichen Dienst stehen. In § 2 II TierSG ist jedoch auch die Möglichkeit vorgesehen, andere approbierte Tierärzte mit den Aufgaben nach dem Tierseuchengesetz durch die zuständigen Landesbehörden im Wege einer Beleihung zu betrauen.

P stellt bei der zuständigen Behörde einen Antrag, ihm die Aufgaben nach dem Tierseuchengesetz zu übertragen. Die zuständige Behörde teilt ihm mit, man stehe dem Antrag nicht grundsätzlich ablehnend gegenüber, da P ein ausgewiesener Experte für Tierseuchen sei. Allerdings sei zu bedenken, dass das dem P gewährte Stipendium als Entwicklungshilfeinvestition zugunsten der Republik Kap Verde gedacht gewesen sei. Diese Entwicklungshilfe sei in Ps Fall wirkungslos verpufft, weswegen sich P, wenn er mit öffentlichen Aufgaben betraut werden wolle, zunächst zur Rückzahlung des gewährten Stipendiums zu verpflichten habe. Dieses solle »erneut« für zukünftige Studienförderungen durch den DAAD genutzt werden. Man sei sich mit dem auf Bundesebene mit der Angelegenheit befassten Bundesverwaltungsamt insoweit einig.

Daraufhin übermittelt P schriftlich dem Bundesverwaltungsamt sein Anerkenntnis, dem Bund 13.000 EUR zu schulden, die zur Studienförderung bestimmt und zum Zeitpunkt des Wirksamwerdens seiner Beleihung fällig sind. Das Bundesverwaltungsamt bescheinigt dem P in einem gesonderten Schreiben den Eingang seiner Erklärung und teilt mit, man werde die für Beleihungen nach dem Tierseuchengesetz zuständige Behörde davon mit Blick auf die Beleihung unterrichten; so geschieht es auch. Anfang 2013 wird P Beliehener nach § 2 II TierSG.

Im Sommer 2013 drängt der Bund auf Zahlung der 13.000 EUR. V, mittlerweile Rechtsanwältin, ist der Ansicht, die Verknüpfung der Beleihung mit der Rückzahlung des Stipendiums sei unzulässig. Vor dem Verwaltungsgericht erhebt der Bund daraufhin Klage auf Zahlung von 13.000 EUR.

Wie wird das Gericht entscheiden? Gegebenenfalls ist ein Hilfsgutachten zu erstellen.

Anhang[1]

Tierseuchengesetz – TierSG (Auszug):

§ 2 TierSG – Durchführung durch Landesbehörden und Tierärzte
[...]
(2) Die Mitwirkung der Tierärzte, die vom Staate angestellt sind oder deren Anstellung vom Staate bestätigt ist (beamtete Tierärzte), richtet sich nach den Vorschriften dieses Gesetzes. Anstelle der beamteten Tierärzte können im Falle ihrer Behinderung oder aus sonstigen Gründen andere approbierte Tierärzte zugezogen werden. Diese sind innerhalb des ihnen erteilten Auftrags befugt und verpflichtet, alle Amtsverrichtungen wahrzunehmen, die in diesem Gesetz den beamteten Tierärzten übertragen sind.
[...]

Ausführungsgesetz zum Tierseuchengesetz – AGTiersG (Auszug):

§ 1 AGTierSG – Grundsätze
(1) Die Durchführung der Vorschriften des Tierseuchengesetzes in der Fassung vom 22. Juni 2004 (BGBl. I S. 1261, 3588), zuletzt geändert am 21. Dezember 2006 (BGBl. I S. 3294, 3314), in der jeweils geltenden Fassung, der auf Grund des Tierseuchengesetzes erlassenen Rechtsvorschriften sowie der unmittelbar geltenden Rechtsakte der Europäischen Gemeinschaft auf dem Gebiet des Tierseuchenrechts erfolgt durch die zuständige Behörde unter der fachlichen Leitung einer beamteten Tierärztin oder eines beamteten Tierarztes gemäß § 2 Absatz 2 Satz 1 des Tierseuchengesetzes in der jeweils geltenden Fassung.
[...]

§ 2a AGTierSG – Beleihung
Die zuständige Behörde kann [...] ihre Aufgaben nach diesen Vorschriften sowie die zugehörige Erhebung der Gebühren im eigenen Namen und in Handlungsformen des öffentlichen Rechts auf juristische Personen des Privatrechts übertragen, wenn die Beleihung im öffentlichen Interesse liegt und die Beliehene die Gewähr für eine sachgerechte Erfüllung der ihr übertragenen Aufgaben bietet. Die Beliehene unterliegt der Fachaufsicht der zuständigen Behörde.

1 Die Vorschriften basieren – soweit es sich um Landesrecht handelt – auf dem hamburgischen Landesrecht.

Lösung

Schwerpunkte:
- öffentlich-rechtlicher Vertrag
- Schriftform
- Koppelungsverbot
- Beleihung

Anmerkung: Der Verwaltungsprozess ist keinesfalls darauf beschränkt, dass stets der Bürger die Klägerposition innehat und Beklagter der Staat ist, auch wenn dies in der allgemeinen Wahrnehmung so scheint. Möglich sind auch Konstellationen, in denen sich zwei staatliche Stellen gegenüberstehen, ebenso wie der Staat den Bürger verklagen kann. Dass dies regelmäßig nicht geschieht, liegt daran, dass die Behörden in der Regel zum Instrument des Verwaltungsakts greifen, der bei Bestandskraft von der Verwaltung selbst vollstreckt werden kann, ohne dass ein Gericht hinzugezogen werden müsste.

A. Zulässigkeit der Klage

I. Eröffnung des Verwaltungsrechtswegs

Aufgrund des Fehlens einer aufdrängenden Sonderzuweisung kann der Verwaltungsrechtsweg nach § 40 I 1 VwGO eröffnet sein. Die Beteiligten streiten hier um die Rechtsfolgen aus dem Anerkenntnis, das P abgegeben hat, und nicht um die Rechtsfolgen einer gesetzlichen Bestimmung. Deshalb ist für die Zuordnung der Streitigkeit die Natur des Rechtsverhältnisses entscheidend, aus dem der streitgegenständliche Anspruch hergeleitet wird.[2] Der Bund stützt seine Forderung auf die von P abgegebene Anerkenntniserklärung. Diese könnte sich als ein zivilrechtliches Schuldanerkenntnis nach § 781 BGB oder als Teil eines öffentlich-rechtlichen Vertrags nach § 54 VwVfG darstellen, der aber dann inhaltlich einem Schuldanerkenntnis nach § 781 BGB entsprechen würde (vgl. § 62 S. 2 VwVfG).

Allein die Anerkennung einer Zahlungspflicht lässt noch keinen zwingenden Rückschluss auf die Rechtsnatur des Anerkenntnisses zu. Um festzustellen, ob es privatrechtlich oder öffentlich-rechtlich ist, müssen der Zweck der Zahlungspflicht und der Gesamtcharakter der Vereinbarung betrachtet werden.[3] Der Vertragsgegenstand und damit der Gesamtcharakter des Vertrags ist dann öffentlich-rechtlich, wenn er sich auf einen Sachbereich bezieht, der nach öffentlich-rechtlichen Regeln zu beurteilen ist.[4] Für diese Beurteilung kann auf den Schwerpunkt der vertraglichen Regelungen abgestellt werden.[5]

Die Vereinbarung muss sodann öffentlich-rechtlicher Natur sein. Mit ihr verpflichtet sich P, sein Stipendium zurückzuzahlen. Das Stipendium erfolgte ursprünglich als

2 BGHZ 97, 312 (313 f.); BVerwGE 96, 326 (329).

3 BVerwGE 74, 368 (370); 30, 65 (67); *Maurer* VerwR AT § 14 Rn. 11; *Kopp/Ramsauer* § 54 Rn. 27; Stelkens/Bonk/Sachs/*Bonk* § 54 Rn. 76.

4 *Kopp/Ramsauer* § 54 Rn. 30 ff.; vgl. oben Klausurfall 16.

5 *Kopp/Ramsauer* § 54 Rn. 31; vgl. oben Klausurfall 16. Nach einer teilweise in der Literatur vertretenen Ansicht soll es auch schon ausreichen, wenn ein Regelungsgegenstand des Vertrags öffentlich-rechtlicher Natur ist, vgl. *Kopp/Ramsauer* § 54 Rn. 32 mwN.

Entwicklungshilfeinvestition durch den DAAD und verfolgte mithin einen öffentlichen Zweck. Darüber hinaus erfolgte sie als Ausbildungsförderung in Form einer Bundesfinanzhilfe, sodass davon auszugehen ist, dass sie auch verfahrensrechtlich auf öffentlich-rechtlicher Grundlage beruht. Nach dem actus-contrarius-Gedanken hat in dem Fall auch die Rückabwicklung der Förderung öffentlich-rechtlich zu erfolgen.[6] Die Beleihung selbst ist nicht unmittelbarer Gegenstand der Vereinbarung, doch wird sie von den Beteiligten einvernehmlich als ihr Anlass und ihre Geschäftsgrundlage angesehen. Im Rahmen der Betrachtung des Vertragszwecks kann auch sie berücksichtigt werden. Die Beleihung bestimmt sich nach §§ 2 II 2 TierSG, § 2a AG-TierSG und hat damit ebenfalls eine öffentlich-rechtliche Grundlage. Es handelt sich beim Anerkenntnis also unter allen Aspekten um einen öffentlich-rechtlichen Vertrag.[7]

Die Streitigkeit ist auch nichtverfassungsrechtlicher Art und fällt nicht in den Anwendungsbereich einer abdrängenden Sonderzuweisung. Der Verwaltungsrechtsweg ist damit eröffnet.

Anmerkung: Die Erfüllung öffentlich-rechtlicher Aufgaben findet zwar in aller Regel, aber nicht ausnahmslos durch öffentlich-rechtliche Rechtssubjekte statt. Durch Beleihung[8] können Einzelpersonen oder juristischen Personen des Privatrechts öffentlich-rechtliche Aufgaben (Hoheitsrechte) zur Erfüllung übertragen werden. Sie bleiben an sich Privatpersonen, nehmen aber gegenständlich beschränkt hoheitliche Aufgaben im eigenen Namen wahr. Insoweit sind sie Behörde iSd § 1 IV VwVfG und nach hM auch Verwaltungsträger. Nach allgemeiner Ansicht ist eine Beleihung nur durch Gesetz oder aufgrund eines Gesetzes (Beleihungsakt) zulässig.

II. Beteiligten- und Prozessfähigkeit

Der Bund als Kläger ist beteiligtenfähig nach § 61 Nr. 1 Var. 2 VwGO und prozessfähig nach § 62 III VwGO, er wird vertreten durch den zuständigen Abteilungsleiter des Bundesverwaltungsamts. P ist nach § 61 Nr. 1 Var. 1 VwGO beteiligtenfähig und gemäß § 62 I VwGO prozessfähig.

III. Statthafte Klageart

Die statthafte Klageart bestimmt sich nach dem auslegungsfähigen Begehren des Klägers, § 88 VwGO. Der Bund verlangt von P Zahlung von 13.000 EUR. In Betracht kommt hierfür allein die allgemeine Leistungsklage, die zwar in der VwGO nicht ausdrücklich geregelt ist, in den §§ 43 II, 111, 113 IV, 169 II VwGO aber vorausgesetzt wird. Sie ist statthaft, wenn der Kläger ein Tun, Dulden oder Unterlassen begehrt – wie hier die Zahlung von 13.000 EUR.

IV. Klagebefugnis

Der Kläger muss sich analog § 42 II VwGO, um klagebefugt zu sein, auf ein subjektives öffentliches Recht berufen können. P hat gegenüber dem Bundesverwaltungsamt schriftlich anerkannt, dem Bund 13.000 EUR zu zahlen. Es erscheint nicht von vornherein ausgeschlossen, dass der Bund aus dieser als öffentlich-rechtlich zu qualifizierenden Vereinbarung auch einen Anspruch auf die 13.000 EUR hat.

6 Vgl. dazu oben 11.
7 BVerwGE 96, 326 (329 f.).
8 Insgesamt dazu *Maurer* VerwR AT § 23 Rn. 56 ff.; Knack/Henneke/*Schliesky* § 1 Rn. 75 ff.

V. Klagegegner

Die Klage richtet sich gegen P als natürliche Person.

VI. Rechtsschutzinteresse

Es darf für den Bund keinen einfacheren und schnelleren Weg als eine Klage geben, um das Geld zu erhalten. Dieser hätte im Erlass eines Verwaltungsakts, etwa in Form eines Zahlungsbescheids, durch das Bundesverwaltungsamt bestehen können.

Hierbei ist aber zu beachten, dass sich bei Verträgen die beiden Vertragsparteien auf Gleichrang begeben haben, während der Verwaltungsakt einseitig eine verbindliche Rechtsfolge anordnet. Würde die Behörde zuerst einen Vertrag abschließen, um ihn anschließend mittels Verwaltungsakt durchzusetzen, so wäre damit eine einseitige Änderung des gewählten Handlungsregimes verbunden. Für öffentlich-rechtliche Verträge gilt aber der sog. Grundsatz der Waffengleichheit, wonach vertragliche Leistungspflichten nicht durch einen Verwaltungsakt der Behörde durchgesetzt werden können, es sei denn, diese sind spezialgesetzlich angeordnet.[9] Der Erlass eines Verwaltungsakts wäre deshalb im Vergleich zur Klage womöglich ein schnellerer, aber kein zulässiger Weg.

B. Begründetheit

Die Klage ist begründet, wenn der Bund tatsächlich einen Anspruch gegen P auf Zahlung von 13.000 EUR hat. Die Anspruchsgrundlage hierfür kann die Vereinbarung zwischen P und dem Bundesverwaltungsamt sein. Diese muss dann zu einem wirksamen öffentlich-rechtlichen Vertrag geführt haben, der Anspruch darf nicht untergegangen und muss noch durchsetzbar sein.

I. Zustandekommen des Vertrags

1. Einigung

P hat gegenüber dem Bundesverwaltungsamt anerkannt, dem Bund 13.000 EUR zu zahlen. Aus §§ 781 BGB, 62 S. 2 VwVfG folgt, dass auch ein solches Anerkenntnis als Vertrag zu qualifizieren ist und die entsprechende Willenserklärung der Annahme bedarf. Das Bundesverwaltungsamt hat den Eingang der Erklärung bescheinigt. Dass mit dieser Erklärung auch eine Willenserklärung verbunden ist, ergibt sich aus dem Zusatz, man werde die zuständige Beleihungsbehörde unterrichten. Die Annahme, dass ein Beleihungshindernis entfallen sei, setzte die Annahme der Anerkenntniserklärung denknotwendig voraus. Eine Einigung aufgrund zweier aufeinander bezogener Willenserklärungen nach §§ 62 S. 2 VwVfG, 144 ff. BGB ist somit erzielt worden. Inhaltlich ist die Vereinbarung als öffentlich-rechtliches Schuldanerkenntnis iSd §§ 62 S. 2 VwVfG, 781 BGB zu qualifizieren.

2. Schriftform

§§ 62 S. 2 VwVfG, 781 BGB verlangt für die Willenserklärung des Anerkennenden und § 57 VwVfG für den öffentlich-rechtlichen Vertrag insgesamt die Einhaltung der

9 BVerwGE 50, 171 (174 f.); 59, 60 (62); Stelkens/Bonk/Sachs/*Bonk* § 61 Rn. 6; *Kopp/Ramsauer* § 61 Rn. 6; *Maurer* VerwR AT § 10 Rn. 6.

Schriftform. P hat seine Anerkennung schriftlich erklärt, und auch die Eingangsbestätigung erfolgte in schriftlicher Form.

Problematisch ist aber, dass P auf seine schriftliche Anerkennungserklärung vom Bundesverwaltungsamt ein gesondertes Schreiben als Antwort erhielt. Damit könnte ein Verstoß gegen den Grundsatz der Urkundeneinheit aus §§ 62 S. 2 VwVfG, 126 II 1 BGB vorliegen, der verlangt, dass beide Unterschriften eines Vertrags auf derselben Urkunde geleistet werden müssen. Unklar ist, ob dieser Grundsatz für jeden öffentlich-rechtlichen Vertrag gilt oder ob in bestimmten Situationen auch ein Schriftwechsel ausreicht, der zwei schriftliche Vertragserklärungen beinhaltet, die mit einem entsprechenden Bindungswillen abgegeben sind.[10]

Nach dem Wortlaut der Vorschrift erstreckt sich dieses Erfordernis auf jeden öffentlich-rechtlichen Vertrag. Sinn und Zweck der Formvorschrift ist ihre Warn- und Beweisfunktion.[11] Es kann Verträge geben, bei denen die Urkundeneinheit zur Erfüllung der Funktion nicht erforderlich ist. Dies trifft insbesondere dann zu, wenn lediglich eine Verpflichtung einer einzigen Vertragspartei begründet wird, wie bei dem vorliegenden Schuldanerkenntnis. Einer Warnung der anderen Seite bedarf es dabei nicht, da sie keine Verpflichtung eingeht. Dies gilt umso mehr, wenn es sich bei dieser anderen Partei, wie hier, um eine Behörde handelt, die des Schutzes im Rechtsverkehr weniger bedarf (die Beweisfunktion ist vor allem auf die Absicherung des Bürgers ausgerichtet).[12] Im Ergebnis ist deshalb jedenfalls dann, wenn dem schriftlichen Vertragsangebot des Bürgers eine unmissverständliche schriftliche Annahmeerklärung der Behörde folgt und der öffentlich-rechtliche Vertrag nur einseitig verpflichtend wird, die Urkundeneinheit iSd § 126 BGB entbehrlich. Die Abfolge von schriftlicher Anerkennungserklärung und behördlicher Bescheinigung genügt den Anforderungen des § 57 VwVfG.

3. Beteiligung Dritter und anderer Behörden

Dritte und andere Behörden (§ 58 VwVfG) waren nicht zu beteiligen. Die Belehrung ist nicht unmittelbar Gegenstand des Vertrags, sodass auch die dafür zuständige Behörde nicht direkt zu beteiligen war.

4. Nichtigkeit des Vertrags

a) Vertragsformverbot, § 54 S. 1 VwVfG

Dem Vertrag könnte, so wie ihn P und das Bundesverwaltungsamt geschlossen haben, ein Vertragsformverbot entgegenstehen. Nach § 54 S. 1 VwVfG ist ein öffentlich-rechtlicher Vertrag zulässig, soweit Rechtsvorschriften nicht entgegenstehen.[13] Das ist insbesondere dann der Fall, wenn es nicht zulässig ist, einen bestimmten Sachverhalt überhaupt durch Vertrag zu regeln.[14] Ein solches Vertragsformverbot kann sich entweder ausdrücklich aus Gesetz oder aus dem Sinn und Zweck der gesetzlichen Regelungen ergeben.

10 Nachweise zum Streitstand bei *Kopp/Ramsauer* § 57 Rn. 9a.
11 BVerwGE 96, 326 (332 ff.); Stelkens/Bonk/Sachs/*Bonk* § 57 Rn. 19; vgl. *Ogorek* JA 2003, 436 (437).
12 Vgl. BVerwGE 96, 326 (333 f.).
13 Es ist auch möglich, das Vertragsformverbot in § 59 I VwVfG iVm § 134 BGB zu verorten.
14 *Maurer* VerwR AT § 10 Rn. 26; *Kopp/Ramsauer* § 54 Rn. 42 ff.; *Gurlit* Jura 2001, 731 (735).

Der Wirksamkeit des Schuldanerkenntnisses könnte entgegenstehen, dass die dadurch ermöglichte Beleihung möglicherweise nur durch einseitigen Akt, nicht also durch Vertrag vorgenommen werden darf. Der Vertrag schafft jedoch nur eine Voraussetzung für die beabsichtigte Beleihung, nimmt die Beleihung aber selbst nicht vor. Schon aus diesem Grund verstößt das Schuldanerkenntnis nicht gegen das Vertragsformverbot. Darüber hinaus existiert auch kein generelles Verbot, die Beleihung mittels eines öffentlich-rechtlichen Vertrags zu vollziehen. Zwar enthalten die gesetzlichen Bestimmungen über die Beleihung regelmäßig schon bestimmte Vorgaben, die nicht mehr zur Disposition der Vertragsparteien stehen, doch bleiben daneben meist konkretisierungsfähige Aspekte offen, die sowohl in einem Verwaltungsakt als auch einem öffentlich-rechtlichen Vertrag geregelt werden können.[15] Das Schuldanerkenntnis verstößt nicht gegen ein Vertragsformverbot.

b) Katalog des § 59 II VwVfG

Der Vertrag könnte nach § 59 II Nr. 4 VwVfG nichtig sein. Voraussetzung dafür ist, dass sich die Behörde eine nach § 56 VwVfG unzulässige Gegenleistung versprechen lässt.

(1) Subordinationsrechtlicher Vertrag iSd § 54 S. 2 VwVfG

Die Nichtigkeitsgründe des § 59 II VwVfG finden nur Anwendung auf subordinationsrechtliche Verträge gemäß § 54 S. 2 VwVfG. Diese zeichnen sich dadurch aus, dass die Behörde, anstatt einen Verwaltungsakt zu erlassen, einen öffentlich-rechtlichen Vertrag mit demjenigen schließt, an den sie sonst den Verwaltungsakt richten würde.

Wann allerdings ein öffentlich-rechtlicher Vertrag an die Stelle eines Verwaltungsakts tritt, wird nicht einhellig beurteilt. Manche nehmen generell einen subordinationsrechtlichen Vertrag schon stets dann an, wenn Hoheitsträger und Bürger einen Vertrag schließen.[16] Andere verlangen, dass der Vertrag einen konkreten, die Rechtssache betreffenden Verwaltungsakts ersetzt.[17] Schließlich wird vermittelnd vertreten, dass lediglich der abstrakte Bereich, aus dem der Vertragsgegenstand stammt, auch einseitig hätte geregelt werden können, insbesondere durch einen Verwaltungsakt.[18] Gegen die Annahme, dass Verträge im Verhältnis von Staat und Bürger generell subordinationsrechtlich seien, spricht, dass der besondere Schutz, den der Bürger durch die Annahme eines subordinationsrechtlichen Vertrags erhält, nur dort notwendig wird, wo bei Nichtabschluss eines Vertrags der Erlass eines Verwaltungsakts droht und der Bürger dadurch in seiner Vertragsabschlussfreiheit beeinträchtigt ist.[19] Würde man verlangen, dass der konkrete Vertragsinhalt auch durch Verwaltungsakt hätte geregelt werden können, würden dadurch Vertragstypen nicht erfasst, allein weil das konkrete Regelungsumfeld keine Befugnis zum Erlass eines Verwaltungsakts enthält.[20] Auch

15 *Freitag*, Das Beleihungsrechtsverhältnis, 2005, 98 f.
16 Erichsen/Ehlers/*Gurlit* VerwR AT § 29 Rn. 8; *Ehlers* NJW 1990, 800 (802).
17 In diese Richtung *Hufen*, Fehler im Verwaltungsverfahren, 4. Aufl. 2002, Rn. 358.
18 BVerwGE 111, 162 (165); BeckOK VwVfG/*Kämmerer* § 54 Rn. 84; *Maurer* VerwR AT § 14 Rn. 13.
19 HK-VerwR/*Fehling* § 54 VwVfG Rn. 58.
20 *Schlette*, Die Verwaltung als Vertragspartner, 2000, 384.

Verpflichtungsverträge im Vorfeld des Erlasses von Verwaltungsakten blieben ohne sachlichen Grund unberücksichtigt.[21]

Ausreichend ist es deshalb, dass das Verhältnis zwischen den Vertragsparteien durch eine für den hoheitlichen Erlass eines Verwaltungsakts charakteristische Über- und Unterordnung gekennzeichnet ist. Das Verhältnis zwischen P und den beteiligten Behörden ist einerseits durch das Rückzahlungsbegehren der Studienförderung und andererseits durch den Akt der Beleihung bestimmt. Daraus ergibt sich abstrakt ein Über- und Unterordnungsverhältnis. Es handelt sich um einen subordinationsrechtlichen Vertrag.

(2) Austauschvertrag iSd § 56 VwVfG

§ 59 II Nr. 4 verlangt weiter, dass der fragliche Vertrag ein Austauschvertrag nach § 56 VwVfG ist. Ein Austauschvertrag ist nach § 56 I 1 VwVfG ein subordinationsrechtlicher Vertrag, bei dem sich die Vertragsparteien gegenseitig zu etwas verpflichten.[22]

Hinweis: Das Gesetz spricht von »Leistung« und »Gegenleistung«. Mit »Leistung« ist dabei stets das von der Behörde, mit »Gegenleistung« das vom Vertragspartner – idR dem Bürger – zu Erbringende gemeint.

Die geschlossene Vereinbarung enthält aber keine Verpflichtung des Bundesverwaltungsamtes oder gar der nach TierSG zuständigen Behörde, sondern alleine eine solche des P. Als Schuldanerkenntnis gemäß §§ 62 S. 2 VwVfG, 781 BGB wirkt er ebenfalls lediglich einseitig verpflichtend. Der Anerkenntnisempfänger erbringt keine Leistung. Die rein formale Betrachtung spricht also gegen die Einordnung als Austauschvertrag.

Damit würde aber zu wenig berücksichtigt, dass das Ziel der Vereinbarung für P durchaus ist, vom Staat eine Leistung in Form der Beleihung zu erhalten. Dies ist am Wortlaut zwar nicht erkennbar, wird aber, wie die Umstände deutlich machen, stillschweigend vorausgesetzt. Die Verhandlungen, die dem Schuldanerkenntnis vorausgingen, lassen erkennen, dass die Rückzahlung der Studienförderung an die Beleihung gekoppelt ist, die ohne jene Rückzahlung nicht erfolgen sollte. Solche Verträge, bei denen zwar die Leistung der Behörde mit der Gegenleistung kausal verknüpft ist, sich aber nicht direkt im Vertragstext niederschlägt, werden als hinkende oder unvollständige Austauschverträge bezeichnet.[23] Auch sie an § 56 VwVfG zu messen, dient unter anderem dem Schutz des Bürgers. Verhindert werden soll, dass sich dieser unter dem Eindruck einer staatlichen Leistung zu unangemessenen Gegenleistungen verpflichtet. § 56 VwVfG findet nach seinem Sinn und Zweck auch auf hinkende Austauschverträge Anwendung.[24]

Problematisch ist hier aber, dass das Bundesverwaltungsamt, das den Vertrag mit P geschlossen hat, nicht diejenige Behörde ist, die die Leistung erbringt, ja noch nicht

21 *Schlette*, Die Verwaltung als Vertragspartner, 2000, 385.
22 *Maurer* VerwR AT § 10 Rn. 17.
23 BVerwGE 96, 326 (332); 111, 162 (167); *Kopp/Ramsauer* § 56 Rn. 4; *Maurer* VerwR AT § 10 Rn. 17; Wolff/Decker/*Decker* § 56 VwVfG Rn. 3.
24 Stelkens/Bonk/Sachs/*Bonk* § 56 Rn. 3. Möglich ist es auch, § 56 VwVfG lediglich analog anzuwenden.

einmal derselben Körperschaft zugehört: Nach Art. 83, 84 I GG wird das Tierseuchengesetz, ein Bundesgesetz, durch die Länder ausgeführt (§ 42 I TierSG). Auch das Verhalten des Bundesverwaltungsamts ist aber vom Ziel der Beleihung getragen. Der Vertragsschluss gründet im Betreiben der nach dem TierSG zuständigen Behörde, die damit erreichen wollte, dass ein nach ihrer Ansicht bestehendes Beleihungshindernis beseitigt wird. Dies war für die Vertragsparteien alleiniger Zweck des Handelns. Auch wenn es somit an einer institutionellen Austauschbeziehung fehlt, ist ein funktionelles Austauschverhältnis doch gegeben.[25] Der Vertrag sollte durch eine Leistung des P eine Beleihung ermöglichen. Die Austauschbeziehung ist damit gewährleistet.

(3) Sachwidrige Koppelung von Leistung und Gegenleistung

Die Gegenleistung kann nach § 56 II oder § 56 I VwVfG unzulässig sein.

(a) Unzulässige Gegenleistung nach § 56 II VwVfG

Nach § 56 II VwVfG kann die Behörde, wenn auf ihre Leistung unabhängig vom Vertrag ein Anspruch besteht, nur solche Gegenleistungen verlangen, die bei Erlass eines Verwaltungsakts Inhalt einer Nebenbestimmung nach § 36 VwVfG sein könnten. Das Koppelungsverbot ist also missachtet, wenn P erstens auf die Beleihung einen Rechtsanspruch hat und zweitens die Verpflichtung des P zur Zahlung von 13.000 EUR nicht Inhalt einer Nebenbestimmung nach § 36 VwVfG hätte sein können.

Nach § 2a AGTierSG muss die Beleihung im öffentlichen Interesse liegen und der Beliehene Gewähr für eine sachgerechte Erfüllung der ihr übertragenen Aufgaben bieten. P ist ein ausgewiesener Experte auf dem Gebiet der Tierseuchen. Er bietet damit Gewähr dafür, dass er ihm übertragene Aufgaben sachgerecht erfüllt. Aufgrund seiner Fachkenntnisse wird man auch ein öffentliches Interesse annehmen können. § 2a AGTierSG stellt die Beleihung aber in das Ermessen der zuständigen Behörde. Hier ist nicht ersichtlich, dass jede andere Entscheidung als eine Beleihung des P mit Aufgaben nach §§ 1, 2a AGTierSG nach dem TierSG rechtswidrig wäre, zumal solche Aufgaben von Amtstierärzten ohnehin wahrgenommen werden dürfen. Die Beleihung des P ermöglicht nicht, Aufgaben wahrzunehmen, die vorher unerfüllt blieben, sondern lässt lediglich erwarten, dass diese möglicherweise besser wahrgenommen werden. Dies reicht jedoch nicht aus für eine Ermessensreduzierung auf null. Da schon ein Rechtsanspruch auf Beleihung nicht besteht, kommt es auf die Frage, ob die Zahlungspflicht Gegenstand einer Auflage oder Bedingung hätte sein können, nicht an. Das Koppelungsverbot des § 56 II VwVfG ist schon nicht einschlägig.

(b) Unzulässige Gegenleistung nach § 56 I VwVfG

Nach § 56 I VwVfG muss die Gegenleistung für einen bestimmten Zweck im Vertrag vereinbart werden, der Behörde zur Erfüllung ihrer öffentlichen Aufgaben dienen, den gesamten Umständen nach angemessen sein und in einem sachlichen Zusammenhang mit der Leistung der Behörde stehen. Diese Vorgaben müssten hier Beachtung gefunden haben.

Die Zahlung von 13.000 EUR kommt der zukünftigen Studienförderung durch den DAAD zugute. So ist es auch im Schuldanerkenntnis festgehalten. Die Studienförde-

25 BVerwGE 96, 326 (332).

rung durch den DAAD stellt auch eine öffentliche Aufgabe dar. Eine Gegenleistung ist angemessen, wenn sie nicht außer Verhältnis zum wirtschaftlichen Wert und der Bedeutung der Leistung steht, die die Behörde erbringt.[26] P soll 13.000 EUR bezahlen, die dem Gesamtbetrag der ihm gewährten Studienförderung entsprechen. Hätte der DAAD von vornherein gewusst, dass P nicht in sein Heimatland zurückkehren würde, dann hätte sein Studium nicht im Rahmen des Entwicklungsprogramms gefördert werden können. Insofern handelt es sich bei den 13.000 EUR um eine Art Vorteilsabschöpfung. Zu berücksichtigen ist auch, dass P im Gegenzug noch etwas erhält, denn er wird als Tierarzt mit Aufgaben nach dem TierSG betraut. Hierdurch erschließen sich für P langfristig neue Einnahmequellen und er kann seine Reputation steigern. Die Summe von 13.000 EUR ist deshalb nicht unangemessen.

Die Geldzahlung muss aber auch in einem sachlichen Zusammenhang mit der Leistung der Behörde stehen. Dies ist gewährleistet, wenn die Gegenleistung des Bürgers nach der vertraglichen Zweckbestimmung demselben öffentlichen Interesse iwS dient wie die Vorschriften, die die Behörde zu ihrer Leistung ermächtigen.[27] Die Studienförderung, die P erhalten hatte und nun zurückzahlen soll, diente dem tiermedizinischen Studium. Nunmehr begehrt P in seiner Funktion als Tierarzt die Beleihung mit Aufgaben nach dem Tierseuchengesetz. Insofern kann ein Zusammenhang kraft des verbindenden Merkmals der tiermedizinischen Tätigkeit nicht abgestritten werden. Allerdings diente seine Studienförderung – und das zurück zu zahlende Geld ebenfalls – der Unterstützung ausländischer Studenten und der Entwicklungshilfe. Dass P gerade Tiermedizin studierte, ist dabei ein zufälliger Umstand. Die Beleihung nach dem TierSG hat zum Ziel, dass in Krisenfällen ausreichend Fachpersonal für die Verhinderung und Bekämpfung von Tierseuchen und damit der Abwehr von Gefahren für die Gesundheit und das Leben von Tieren und Menschen bereit steht. Eine Beziehung zur Entwicklungshilfe besteht nicht, weshalb es an dem sachlichen Zusammenhang zwischen Leistung und Gegenleistung fehlt. Die vereinbarte Gegenleistung ist unzulässig nach § 56 I VwVfG.

(4) Zwischenergebnis

Der öffentlich-rechtliche Vertrag ist gemäß § 59 II Nr. 4 VwVfG nichtig. Ein Anspruch aus dem Vertrag auf die Zahlung von 13.000 EUR besteht nicht. Andere Anspruchsgrundlagen kommen nicht in Betracht.

II. Ergebnis

Die Klage ist zwar zulässig, aber unbegründet.

26 Stelkens/Bonk/Sachs/*Bonk* § 56 Rn. 54.
27 *Kopp/Ramsauer* § 56 Rn. 17.

Fall 18 – Zahnbehandlung mit Nebenwirkungen

Sachverhalt

An einem Montagmorgen ist A für einen Termin beim Arzt spät dran. Da sie nicht sofort einen Parkplatz findet, stellt sie ihren Wagen direkt vor der Arztpraxis in der L-Straße in der Freien und Hansestadt H ab. Diese Stelle bildet jedoch seit jener ein Nadelöhr für den Verkehrsfluss, weil sich auf der anderen Seite der Straße auch die Ein- und Ausfahrt zum Parkplatz eines Elektromarktes befindet. Dort, wo A parkt, verbietet deshalb seit zwei Jahren ein Schild das Halten (Verkehrszeichen 283). A weiß dies seit der Aufstellung des Schildes, zumal auch im Wartezimmer der Arztpraxis ein Aushang seinerzeit auf die geänderte Verkehrslage aufmerksam machte.

A meint, dass der Arzttermin nicht lange dauern und deshalb schon nichts passieren wird. Doch beim Arzt läuft auch nicht alles reibungslos. A muss warten, bis ein Notfall versorgt worden ist. Als sie danach wieder zu ihrem Wagen zurückkehren will, muss sie feststellen, dass dieser nicht mehr dort steht, wo sie ihn abgestellt hatte. Aufklärung bringt ein Anruf bei der Polizei: Der Wagen der A war von einem Mitarbeiter der zuständigen Straßenverkehrsbehörde entdeckt worden, der einen Abschleppunternehmer beauftragte. Dieser setzte den Wagen auf einem öffentlichen Parkplatz in 700 Meter Entfernung ab.

Während ihres Fußwegs zu diesem Parkplatz echauffiert sich A über das Verhalten der Polizei. Schon beim Telefonat wandte sie ein, sie habe lediglich zwei Stunden dort gestanden. Wenn sie mit seinem Verhalten jemanden gestört hätte, wäre dieser sicherlich in die Arztpraxis gekommen und hätte sich nach dem Fahrer des parkenden Wagens erkundigt. Andere Verkehrsteilnehmer könnten sich denken, dass Fahrer von Wagen, die dort parken, Patienten in der Arztpraxis sind. Da dies nicht geschehen sei, könne das Auto niemandem gehört haben.

Drei Wochen später erhält A obendrein noch einen (formell rechtmäßigen) Kostenbescheid für die Tätigkeit des Abschleppunternehmers in Höhe von 80 EUR. Für A bringt dies das Fass zum Überlaufen; nach erfolglosem Widerspruch erhebt sie fristgerecht Klage gegen den Kostenbescheid. Das Halteverbotsschild an dieser Stelle sei überflüssig, das sei ihr schon vor zwei Jahren klar gewesen. Auf keinen Fall könne darauf das Abschleppen gestützt werden.

Wie wird das Gericht entscheiden? Gegebenenfalls ist ein Hilfsgutachten zu erstellen.

Gehen Sie davon aus, dass die Kostenhöhe nicht zu beanstanden ist.

Anhang[1]

Gesetz zum Schutz der öffentlichen Sicherheit und Ordnung – SOG (Auszug):

§ 7 SOG – Unmittelbare Ausführung

(1) Im Wege der unmittelbaren Ausführung darf eine Maßnahme nur getroffen werden, wenn auf andere Weise eine unmittelbar bevorstehende Gefahr für die öffentliche Sicherheit oder Ordnung nicht abgewehrt oder eine Störung der öffentlichen Sicherheit oder Ordnung nicht beseitigt werden kann.
(2) Soweit dem Betroffenen durch die Maßnahme Nachteile entstehen, ist er unverzüglich zu benachrichtigen.
(3) Die Verwaltungsbehörden können die Kosten der unmittelbaren Ausführung durch Verwaltungsakt von den nach den §§ 8 und 9 Verantwortlichen in gleichem Umfang wie die Kosten einer Verwaltungsvollstreckung erstattet verlangen. […]

§ 14 SOG – Sicherstellung von Sachen
(1) Sachen dürfen nur sichergestellt werden, wenn dies erforderlich ist
a) zur Abwehr einer unmittelbar bevorstehenden Gefahr für die öffentliche Sicherheit oder Ordnung oder zur Beseitigung einer Störung der öffentlichen Sicherheit oder Ordnung;
b) zur Verhinderung einer missbräuchlichen Verwendung durch eine in Gewahrsam genommene Person,
c) zum Schutz des Eigentümers oder des rechtmäßigen Inhabers der tatsächlichen Gewalt vor dem Verlust oder der Beschädigung der Sache.

Ein verbotswidrig abgestelltes oder liegengebliebenes Fahrzeug wird in der Regel sichergestellt, wenn es die Sicherheit oder Leichtigkeit des Verkehrs beeinträchtigt oder eine Gefährdung, Behinderung oder Belästigung anderer Verkehrsteilnehmer nicht auszuschließen ist und der vom Fahrzeug ausgehenden Gefahr nicht mit einer Umsetzung auf einen in unmittelbarer Nähe gelegenen freien und geeigneten Platz im öffentlichen Verkehrsraum begegnet werden kann.
[…]
(3) Eine sichergestellte Sache wird amtlich oder in sonst zweckmäßiger Weise so lange verwahrt, bis sie an den Berechtigten herausgegeben werden kann, ohne dass die Voraussetzungen für eine erneute Sicherstellung eintreten würden. […]
Verwaltungsvollstreckungsgesetz – VwVG (Auszug):

§ 8 VwVG – Beginn der Vollstreckung
(1) Die Vollstreckung darf erst beginnen, wenn eine für die Befolgung der durchzusetzenden Pflicht gesetzte Frist verstrichen und die pflichtige Person darauf hingewiesen worden ist, dass die nach § 11 zulässigen Zwangsmittel gegen sie angewandt werden können.
[…]

§ 11 VwVG – Zwangsmittel
(1) Zur Durchsetzung eines Titels, der sich auf eine Handlungs-, Duldungs- oder Unterlassungspflicht richtet, können nach pflichtgemäßem Ermessen der Vollstreckungsbehörde die folgenden Zwangsmittel angewandt werden:
1. Ersatzvornahme (§ 13),
2. Festsetzung eines Zwangsgeldes (§ 14),
3. unmittelbarer Zwang (§§ 15, 17 bis 19),
4. Erzwingungshaft (§ 16).
[…]

§ 13 VwVG – Ersatzvornahme
(1) Wird die Verpflichtung, eine Handlung vorzunehmen, deren Vornahme durch einen anderen möglich ist (vertretbare Handlung), nicht oder nicht vollständig erfüllt, so kann die Vollstreckungsbehörde die

1 Die Vorschriften basieren auf dem hamburgischen Landesrecht.

Handlung selbst ausführen oder durch eine andere Stelle oder eine dritte Person ausführen lassen. Die pflichtige Person sowie Personen, die Mitgewahrsam an den beweglichen oder unbeweglichen Sachen der pflichtigen Person haben, sind zur Duldung der Ersatzvornahme verpflichtet.
(2) Die Kosten der Ersatzvornahme sind von der pflichtigen Person zu tragen. Sie werden von der Vollstreckungsbehörde festgesetzt.
[...]

§ 27 VwVG – Vollstreckungsmaßnahmen zur Gefahrenabwehr
(1) Bei der Ersatzvornahme und der Anwendung unmittelbaren Zwanges kann von § 3 Absatz 3, § 6 Absätze 1 und 3, § 8, § 18 Absatz 1, § 23 Absatz 5 sowie §§ 24 und 25 abgewichen werden, wenn
1. eine Störung der öffentlichen Sicherheit oder Ordnung auf andere Weise nicht beseitigt werden kann,
2. dies zum Schutz der Allgemeinheit oder einer oder eines Einzelnen vor einer unmittelbar bevorstehenden Gefahr für die öffentliche Sicherheit oder Ordnung erforderlich ist, oder
3. eine rechtswidrige Tat, die einen Straf- oder Bußgeldtatbestand verwirklicht, anders nicht verhindert werden kann.

(2) Die Befugnis zur unmittelbaren Ausführung nach § 7 des Gesetzes zum Schutz der öffentlichen Sicherheit und Ordnung bleibt unberührt.

Übersicht XXXIII: Vollstreckung von Verwaltungsakten (gestrecktes Verfahren)

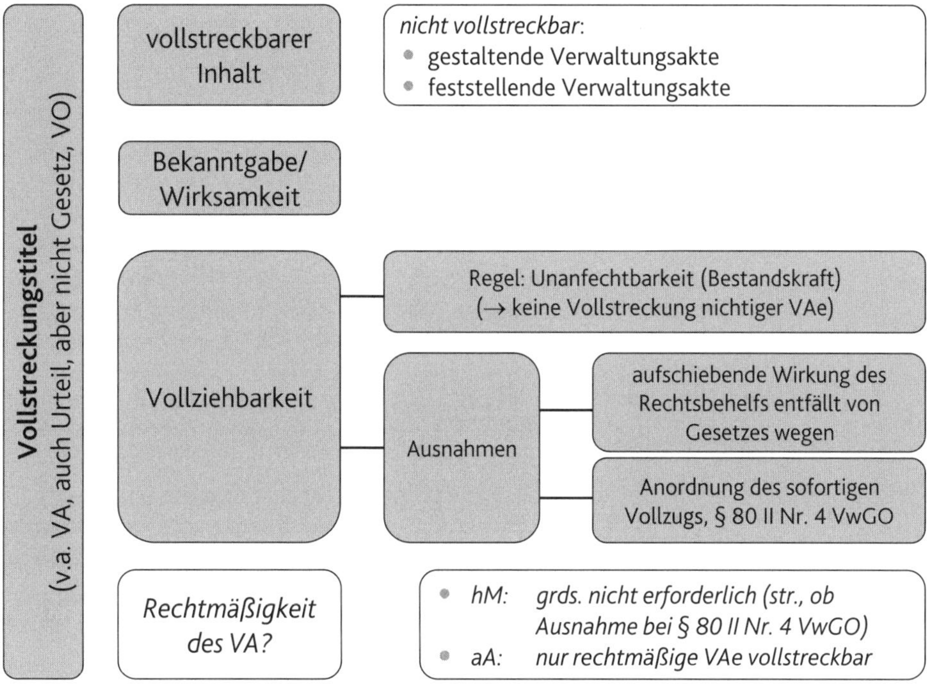

Übersicht XXXIV: Vollstreckung von Verwaltungsakten (Forts.)

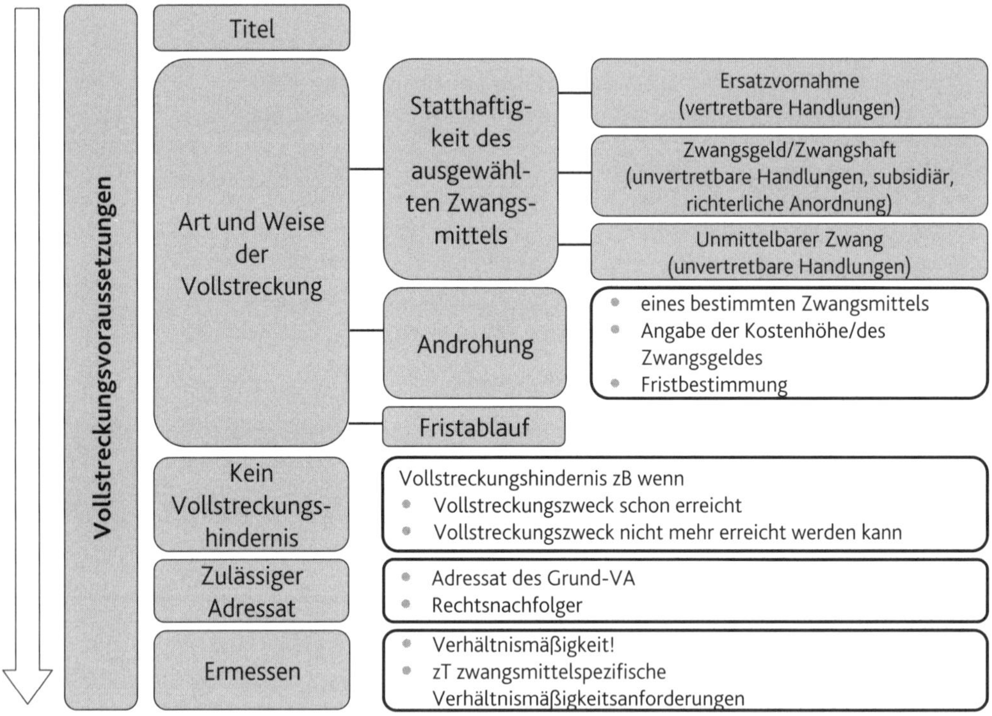

Lösung

Schwerpunkte:
- Verwaltungsvollstreckung
- Kostenbescheid
- Ersatzvornahme

A. Zulässigkeit

I. Eröffnung des Verwaltungsrechtswegs

Die Beteiligten streiten hier um einen Kostenbescheid. Als dessen Rechtsgrundlage kommen verschiedene Regelungen in Betracht: § 14 III 3 SOG, wenn sich das Abschleppen als Sicherstellung qualifizieren lässt, § 13 II VwVG im Falle einer Ersatzvornahme oder § 7 III SOG bei einer unmittelbaren Ausführung. All diesen Normen berechtigen einseitig einen Träger öffentlicher Gewalt, was die Streitigkeit zu einer öffentlich-rechtlichen macht. An dieser Stelle braucht deshalb noch nicht entschieden zu werden, um was für eine Maßnahme es sich handelt. Da es sich auch um eine nichtverfassungsrechtliche Streitigkeit handelt, ist der Verwaltungsrechtsweg nach § 40 I VwGO eröffnet.

II. Beteiligten- und Prozessfähigkeit

A ist beteiligten- und prozessfähig (§§ 61 Nr. 1 Var. 1, 62 I Nr. 1 VwGO) ebenso wie H (§§ 61 Nr. 1 Var. 2, 62 III VwGO).

III. Statthafte Klageart

A begehrt die Aufhebung des Kostenbescheids. Dieser erfüllt die Voraussetzungen eines Verwaltungsakts nach § 35 S. 1 VwVfG, sodass eine Anfechtungsklage nach § 42 I Var. 1 VwGO statthaft ist.

IV. Klagebefugnis

Es ist nicht von vornherein ausgeschlossen, dass A als Adressatin des Kostenbescheids zumindest in ihrer allgemeinen Handlungsfreiheit aus Art. 2 I GG verletzt ist.

V. Vorverfahren und Klagefrist

Ein Widerspruchsverfahren hat A erfolglos betrieben und auch die Klagefrist des § 74 VwGO beachtet.

VI. Richtiger Klagegegner

Die Freie und Hansestadt H ist nach § 78 I Nr. 1 VwGO der richtige Klagegegner.

VII. Zwischenergebnis

Die Klage ist zulässig.

B. Begründetheit

Die Anfechtungsklage ist nach § 113 I 1 VwGO begründet, soweit der Kostenbescheid rechtswidrig und A dadurch in ihren Rechten verletzt ist.

I. Rechtsgrundlage für den Kostenbescheid

Als Rechtsgrundlage für den Kostenbescheid kommen mehrere Vorschriften in Betracht.

1. Kosten für Sicherstellung nach § 14 III SOG

Möglicherweise handelt es sich um eine Sicherstellung. Die Voraussetzungen, unter denen eine Sicherstellung zulässig ist, finden sich in § 14 I SOG. In Betracht kommt hier die Abwehr einer unmittelbaren Gefahr oder Störung für die öffentliche Sicherheit und Ordnung nach Abs. 1 S. 1 Nr. 1. Darüber hinaus ist jedoch umstritten, ob bei einer Sicherstellung der Zweck des behördlichen Handelns gerade darin besteht, die Sache in Verwahrung zu nehmen und dadurch Einwirkungsmöglichkeiten Dritter auszuschließen.[2]

Hier schleppte die Polizei den Wagen der A ab, weil er derartig im öffentlichen Verkehrsraum parkte, dass er die Leichtigkeit des Verkehrs behinderte. Ihr ging es nicht darum, die Einwirkungsmöglichkeiten von A oder anderen auf den Wagen auszuschließen. Dies wird auch dadurch deutlich, dass der Abschleppunternehmer, der im Auftrag der Polizei gehandelt hat, den Wagen auf einem öffentlichen Parkplatz abstelle, nicht aber auf einem Verwahrplatz, auf den nur er bzw. die Polizei Zugriff hat. Es handelte sich deshalb um ein Abschleppen ohne den Willen zur alleinigen Sachherrschaft.

Dass ein Sachbeherrschungswille für die Sicherstellung erforderlich ist, folgt aber aus dem engen Zusammenhang zwischen dieser und der Verwahrung, von dem auch das Gesetz ausgeht. Nach § 14 III SOG wird eine sichergestellte Sache amtlich oder in sonst zweckmäßiger Weise verwahrt. Wenn für bestimmte Sachen der Wille zur alleinigen Sachherrschaft besteht, mündet dieser in ein öffentlich-rechtliches Verwahrverhältnis. Für die Rechtslage in H ist auch § 14 I 2 SOG zu beachten. Hiernach wird ein verbotswidrig abgestelltes oder liegengebliebenes Fahrzeug in der Regel sichergestellt, wenn es mit einer Verkehrsbeeinträchtigung einhergeht und eine Beeinträchtigung anderer Verkehrsteilnehmer nicht auszuschließen ist und der Gefahr nicht durch eine Umsetzung auf einen Platz im öffentlichen Verkehrsraum begegnet werden kann. Damit ist implizit auch gesagt, dass eine Umsetzung – hier ließ die Straßenverkehrsbehörde den Wagen der A auf einem öffentlichen Parkplatz abstellen – keine Sicherstellung iSd § 14 SOG darstellt. Folglich ist § 14 III SOG als Grund für die Kostenforderung nicht einschlägig.

2 VGH Kassel NJW 1995, 2123 (2124); OVG Hamburg DAR 1994, 290 (290); *Knemeyer* POR Rn. 252; *Schenke* POR Rn. 164; Lisken/Denninger/*Rachor* HdB PolizeiR Kap. E Rn. 668, 688. Gegen das Erfordernis einer alleinigen hoheitlichen Sachherrschaft VGH München BayVBl. 1989, 437 (437); *Götz* POR § 8 Rn. 60; *Schwabe* NJW 1983, 369 (373). Vgl. zur Abgrenzung auch *Helle-Meyer/Ernst* DAR 2005, 495 (496).

2. Abgrenzung Ersatzvornahme und unmittelbare Ausführung

Somit kann das Abschleppen entweder als Ersatzvornahme nach § 13 VwVG im sog. gestreckten Verfahren oder als unmittelbare Ausführung nach § 7 SOG eingeordnet werden.[3] Das gestreckte Verfahren weist im Gegensatz zur unmittelbaren Ausführung zusätzliche Verfahrensschritte auf. Die Abgrenzung hängt davon ab, ob die Behörde einen bestehenden Verwaltungsakt vollzogen hat – dann Ersatzvornahme – oder es aber aufgrund der besonderen Eilnotwendigkeit des Verwaltungshandelns an einem vollzugsfähigen Verwaltungsakt fehlte – dann unmittelbare Ausführung.

Anmerkung: In manchen Bundesländern tritt an die Stelle der unmittelbaren Ausführung bzw. neben sie der sog. sofortige Vollzug (Sofortvollzug).[4] Auch hierbei handelt es sich um eine besonders eilbedürftige Vollziehung einer Maßnahme der Verwaltung. Der vollstreckungsrechtliche sofortige Vollzug ist nicht zu verwechseln mit der Anordnung der sofortigen Vollziehung nach § 80 II 1 Nr. 4 VwGO. Diese Anordnung der sofortigen Vollziehung bewirkt, dass Widerspruch und Anfechtungsklage gegen einen Verwaltungsakt keine aufschiebende Wirkung entfalten und der Verwaltungsakt vollzogen werden kann, siehe unten B. III. 1. c) (1) (c).

Als hoheitliche Maßnahme, die vollstreckt werden konnte, kommt hier allein das Halteverbotsschild in Betracht. Hierbei handelt es sich um die Maßnahme einer Behörde, die den Verkehr auf der öffentlichen Straße regelte, mithin auf dem Gebiet des öffentlichen Rechts angesiedelt ist, und das Halteverbot unmittelbar für Verkehrsteilnehmer anordnet, also mit Außenwirkung. Problematisch ist einzig, dass sich das Halteverbotsschild nicht an einen bestimmten Bürger richtet, was Zweifel nahelegt, ob die Regelung auf einen Einzelfall bezogen ist. Nach § 35 S. 2 VwVfG handelt es sich aber auch dann um einen Verwaltungsakt in Form einer Allgemeinverfügung, wenn dieser die Benutzung einer Sache durch die Allgemeinheit betrifft.[5] Auf Halteverbotsschilder, welche eine bestimmte Nutzungsform – das Halten – an einem bestimmten Ort ausschließen, trifft dies zu. Beim Abschleppen handelt es sich also nicht nur um den Vollzug eines hypothetischen, praktisch aber nicht vorliegenden Verwaltungsakts im Wege der unmittelbaren Ausführung, sondern um die Ersatzvornahme der Anordnung aus dem Verkehrszeichen als eines tatsächlich bestehenden Verwaltungsakts. Rechtsgrundlage für den Kostenbescheid ist damit § 13 II VwVG.

II. Formelle Rechtmäßigkeit des Kostenbescheids

Laut Sachverhalt ist der Kostenbescheid in formeller Hinsicht fehlerfrei.

III. Materielle Rechtmäßigkeit des Kostenbescheids

Der Kostenbescheid ist materiell dann rechtmäßig, wenn er auf eine rechtmäßigen kostenpflichtigen Maßnahme beruht, von einem rechtmäßigen Kostenansatz ausgeht und gegen den richtigen Kostenschuldner gerichtet ist.

1. Kostenpflichtige Maßnahme rechtmäßig

Ob die kostenpflichtige Maßnahme rechtmäßig ist, bestimmt sich danach, ob der Vollzug rechtmäßig gewesen ist.

---

3 Vgl. *Muckel* JA 2012, 355 (356).

4 Zum Verhältnis von unmittelbarer Ausführung und Sofortvollzug, sofern zwischen beidem im Landesrecht differenziert wird, *Schenke* POR Rn. 564.

5 Vgl. zum Verkehrszeichen als Allgemeinverfügung *Maurer* VerwR AT § 9 Rn. 34.

a) Rechtsgrundlage des Vollzugs

Die Rechtmäßigkeit des Vollzugs hängt von der Art des Zwangsmittels ab: Ersatzvornahme, Zwangsgeld, unmittelbarer Zwang oder Erzwingungshaft. Innerhalb der Ersatzvornahme kann noch danach unterschieden werden, ob die Behörde selbst die vertretbare Handlung anstelle des Pflichtigen vornimmt (sog. Selbstvornahme) oder ein beauftragter Dritter (sog. Fremdvornahme).[6] Das Bewegen des Wagens auf einen anderen Parkplatz ist eine vertretbare Handlung, die jeder mit einem Abschleppfahrzeug ausgestattete gleichermaßen vornehmen könnte, sodass eine Ersatzvornahme einschlägig ist.[7] In dem Abschleppen eine Gewaltausübung und damit unmittelbaren Zwang nach § 15 VwVG anzunehmen, scheitert zum einen schon daran, dass es dies allenfalls bei einer Selbstvornahme möglich wäre, nicht aber bei einer Fremdvornahme, und zum anderen daran, dass die Handlungspflicht der A identisch mit der vorgenommenen Handlung ist.[8] Rechtsgrundlage für den Vollzug ist damit §§ 11 I Nr. 1, 13 VwVG.

b) Formelle Rechtmäßigkeit des Vollzugs

Zuständig für den Vollzug ist grundsätzlich diejenige Behörde, die auch den Grundverwaltungsakt erlassen hat. Nach dem Sachverhalt war die Straßenverkehrsbehörde zuständig.

c) Materielle Rechtmäßigkeit des Vollzugs

Ein in materieller Hinsicht rechtmäßiger Vollzug setzt einen Titel, bestimmte Anforderungen an die Art und Weise des Vollzugs und das Fehlen von Vollstreckungshindernissen voraus.

(1) Titel

Ein Titel kann Grundlage einer Verwaltungsvollstreckung sein, wenn er inhaltlich vollstreckungsfähig ist, ordnungsgemäß bekanntgegeben, sonst wirksam und vollziehbar ist.[9] Als Vollstreckungstitel kommt hier das Verkehrszeichen »Halteverbot« in Betracht.

(a) Vollstreckungsfähiger Inhalt

Das Verkehrszeichen als Grundverwaltungsakt muss einen vollstreckungsfähigen Inhalt aufweisen. Dafür reicht nicht jeder Verwaltungsakt aus, wie etwa das Beispiel eines bloß feststellenden Verwaltungsakts zeigt. Vielmehr muss eine Handlung, Duldung oder Unterlassung angeordnet sein. Das Halteverbotszeichen enthält in erster Linie das Verbot, einen Wagen auf der näher bezeichneten Fläche abzustellen. Darüber hinaus lässt sich dem Verbot aber auch das Gebot entnehmen, einen entgegen dem Verbot dort abgestellten Wagen zu entfernen. Das Verkehrszeichen 283 ist damit einerseits auf eine Handlung und andererseits auf eine Unterlassung gerichtet und somit vollstreckungsfähig.

---

6 *Schenke* POR Rn. 553; *Horn* Jura 2004, 447 (449 f.); *App* JuS 2004, 786 (789). In manchen Gesetzen beschränkt sich die Formulierung »Ersatzvornahme« auf die Fremdvornahme, vgl. zB § 10 VwVG.
7 Lisken/Denninger/*Rachor* HdB PolizeiR Kap. E Rn. 823.
8 Vgl. Lisken/Denninger/*Rachor* HdB PolizeiR Kap. E Rn. 826.
9 Vgl. *App* JuS 2004, 786 (787 ff.); *Helle-Meyer/Ernst* DAR 2005, 495 (497).

(b) Bekanntgabe/Wirksamkeit

Das Verkehrszeichen muss wirksam bekannt gegeben worden sein. Problematisch ist aber, dass Verkehrszeichen potentiell eine Vielzahl von Verkehrsteilnehmer betreffen, keinem von diesen der enthaltene Verwaltungsakt aber übermittelt oder gar zugestellt wird. Wann ein Verkehrsteilnehmer ein Verkehrszeichen tatsächlich wahrnimmt, lässt sich nicht generell feststellen und auch im Einzelfall kaum verlässlich nachvollziehen. Überwiegend wird deshalb für die Bekanntgabe darauf abgestellt, dass ein Verkehrszeichen dann für jedermann bekanntgegeben ist, wenn es aufgestellt ist und ein durchschnittlicher Verkehrsteilnehmer das Zeichen wahrnehmen kann (sog. Sichtbarkeitsprinzip).[10] Unerheblich dafür ist, ob der einzelne Verkehrsteilnehmer das Verkehrszeichen tatsächlich wahrgenommen hat oder nicht. Für dieses Sichtbarkeitsprinzip spricht ein flexibler Maßstab bei der Bekanntgabe von Verkehrszeichen, wie er etwa in § 39 VI StVO zu Tage tritt. Danach können Verkehrszeichen auch an einem Fahrzeug angebracht werden und gelten auch, während sich das Fahrzeug bewegt.

Für eine Begrenzung des Sichtbarkeitsprinzips könnte streiten, dass es für den einzelnen Verkehrsteilnehmer die Rechtsschutzmöglichkeiten erheblich erschwert.[11] Dem Rechtsschutz lässt sich aber mit einer Trennung zwischen dem Bekanntgabezeitpunkt und dem Beginn der Anfechtungsfrist angemessen Rechnung tragen. Die Anfechtungsfrist eines Verkehrszeichens soll damit nicht schon mit seiner Bekanntgabe – der Aufstellung also – beginnen, sondern dazu erst dann, wenn der einzelne Verkehrsteilnehmer zum ersten Mal in den Wirkungskreis des Verkehrszeichens gelangt.[12]

Festhalten lässt sich damit, dass das Halteverbotsschild auch der A ordnungsgemäß bekanntgegeben ist. Auch wenn man strengere Anforderungen stellen wollte, wären diese hier erfüllt, da der A das Kennzeichen bereits seit Jahren bekannt war.

Anzeichen dafür, dass die Allgemeinverfügung nach § 44 VwVfG nichtig ist, gibt es nicht. Die verkehrsrechtliche Anordnung wurde auch nicht nachträglich aufgehoben.

(c) Vollziehbarkeit

Der Grundverwaltungsakt muss auch vollziehbar sein. Da es dem Verkehrszeichen an einer Rechtsbehelfsbelehrung fehlt, beträgt die Anfechtungsfrist nach § 58 II VwGO ein Jahr. A hatte das Verkehrszeichen schon vor etwa zwei Jahren gesehen, als es aufgestellt wurde. Die Anfechtungsfrist ist deshalb mittlerweile verstrichen. Der Verwaltungsakt ist also in Bestandskraft erwachsen und somit auch vollziehbar.

Hinweis: Ansonsten wäre auf Verkehrszeichen § 80 II 1 Nr. 2 VwGO analog anwendbar, sodass Widerspruch oder Anfechtungsklage keine aufschiebende Wirkung zukommt.[13]

10 BVerwGE 102, 316 (318), 138, 21 (24); *Maurer* VerwR AT § 9 Rn. 36; weiter noch *Kopp/Ramsauer* § 35 Rn. 171.
11 Vgl. BVerfG NJW 2009, 3642 (3643).
12 BVerwGE 138, 21 (24); *Maurer* VerwR AT § 9 Rn. 36.
13 *Kopp/Schenke* § 80 Rn. 64.

(d) Rechtmäßigkeit des Grundverwaltungsakts?

Fraglich ist aber, ob für die Rechtmäßigkeit des Vollzugs der Grundverwaltungsakt auch seinerseits rechtmäßig sein muss. Bei der unmittelbaren Ausführung (bzw. Sofortvollzug), wo es an einem zu vollziehenden Grundverwaltungsakt tatsächlich fehlt, ist im Rahmen der Vollstreckung die Rechtmäßigkeit einer hypothetischen Grundverfügung zu prüfen, weil ansonsten eine Vollstreckung stattfinden würde, ohne dass es überhaupt zu einer rechtlichen Überprüfung kommen würde.[14] Dies könnte auch bei der Überprüfung einer Vollstreckungsentscheidung im gestreckten Verfahren geboten sein.

In der Tat nimmt ein Teil der Lehre an, dass die Rechtmäßigkeit des Grundverwaltungsakts Voraussetzung für eine rechtmäßige Vollstreckung ist.[15] In den Vollstreckungsgesetzen findet sich aber kein Hinweis auf eine solche Konnexität zwischen der Rechtmäßigkeit der Vollstreckung und der Rechtmäßigkeit des Verwaltungsakts, der vollstreckt werden soll.[16] Die Notwendigkeit, die Rechtmäßigkeit des Grundverwaltungsakts zu überprüfen, besteht im gestreckten Verfahren auch nicht derartig dringend wie in der unmittelbaren Ausführung bzw. beim Sofortvollzug. Besteht ein Verwaltungsakt, der vollstreckt werden soll, kann der Bürger unmittelbar diesen Verwaltungsakt anfechten und auf diesem Wege seine Rechtswidrigkeit geltend machen. Somit ist die Rechtmäßigkeit des Ausgangsbescheids grundsätzlich keine Voraussetzung für die Rechtmäßigkeit seiner Vollstreckung.

(2) Art und Weise des Vollzugs

Nach § 8 I VwVG darf die Vollstreckung erst beginnen, wenn dem Pflichtigen eine Frist für die Befolgung des Grundverwaltungsakts gesetzt und diese erfolglos verstrichen ist sowie ein Hinweis auf den möglichen Einsatz eines Zwangsmittels gegeben wurde. Dies geschah hier nicht. Nach § 27 I Nr. 1 VwVG kann vom Erfordernis des § 8 VwVG aber abgewichen werden, wenn eine Störung der öffentlichen Sicherheit oder Ordnung auf andere Weise nicht beseitigt werden kann. Der Wagen der A stand schon im Halteverbot, sodass nicht nur eine Gefahr, sondern schon eine eingetretene Störung vorlag. Diese konnte auf anderem Wege nicht beseitigt werden. Es bedurfte deshalb keiner Fristsetzung und keines Hinweises.

Andere zwangsmittelspezifische Voraussetzungen für eine Ersatzvornahme bestehen nicht.

(3) Kein Vollstreckungshindernisse

Vollstreckungshindernisse sind nicht ersichtlich.

(4) Zulässiger Adressat

Nach § 9 I Nr. 1 VwVG richtete sich der Vollstreckungstitel gegen A, die Halterin und Fahrerin des verkehrswidrig abgestellten Fahrzeugs ist.

---

14 *Götz* POR § 12 Rn. 21.

15 *Knemeyer* POR Rn. 358. Zu dem Verhältnis zwischen Rechtmäßigkeit des Grundverwaltungsakts und rechtmäßiger Kostenforderung sogleich.

16 *Schenke* POR Rn. 540 ff.

(5) Ermessen

Ermessensfehler bei der Auswahl des Zwangsmittels und dessen Anwendung sind nicht erkennbar. Die Vollstreckungsmaßnahme ist somit rechtmäßig.

2. Kostenansatz rechtmäßig

Laut Sachverhalt ist von einem rechtmäßigen Kostenansatz auszugehen.

3. Richtiger Kostenschuldner

Als Adressat der Vollstreckung ist A auch die richtige Kostenschuldnerin (vgl. § 13 II VwVG).

4. Rechtsfolge

Nach § 13 II VwVG sind die Kosten bei der pflichtigen Personen zu erheben. Dies spricht für eine gebundene Entscheidung. Man könnte aber in Erwägung ziehen, von dieser Rechtsfolge eine Ausnahme zuzulassen, um so etwaige Unbilligkeiten auf der Ebene der Grundverfügung oder der Vollstreckung auszugleichen.[17] Im Rahmen eines gestreckten Verfahrens ist die Rechtmäßigkeit der Grundverfügung indes nicht Voraussetzung für die Rechtmäßigkeit der Vollstreckung (s. oben 1. [3]). Dies muss auch auf die rechtliche Überprüfung des hierfür ergangenen Kostenbescheids durchschlagen. Dies gilt umso mehr, als die Überprüfung der Rechtmäßigkeit des vollstreckten Verwaltungsakts im Rahmen der Rechtskontrolle eines Kostenbescheids zur Folge hätte, dass die Anfechtungsfrist bzw. Bestandskraft des Ausgangsbescheids im Ergebnis gegenstandslos würden. Im gestreckten Verfahren ist die Rechtmäßigkeit des Grundverwaltungsakts also nicht Voraussetzung für eine Vollstreckung und daher auch nicht für die Rechtmäßigkeit der dafür erhobenen Kosten.[18]

IV. Ergebnis

Die Klage ist zwar zulässig, aber unbegründet.

---

17 Vgl. zur Diskussion *Helle-Meyer/Ernst* DAR 2005, 495 (500).

18 BVerfG NVwZ 1999, 290 (292); BVerwG NVwZ 2009, 122; OVG Münster NVwZ 2001, 231 (231); *Schenke* POR Rn. 540 mwN. Umstritten ist, ob im gestreckten Verfahren beim Vollzug von Verwaltungsakten, die lediglich nach § 80 II 1 Nr. 4 VwGO für sofortig vollziehbar erklärt worden sind, die Rechtmäßigkeit des Grundverwaltungsakts Voraussetzung für dessen Vollstreckung ist, vgl. Lisken/Denninger/*Rachor* HdB PolizeiR Kap. E Rn. 799. Davon zu unterscheiden ist die Situation bei der Prüfung eines Kostenbescheids, also nach Verfügung und Vollstreckung auf der dritten Ebene verwaltungsrechtlichen Handelns. Zwar könnte man im Rahmen der Vollstreckung zur effektiven und zügigen Gefahrenabwehr die bloße Wirksamkeit des Grundverwaltungsakts ausreichen lassen, dann aber auf der nachfolgenden Ebene der Kostentragung, die regelmäßig nicht unter einem vergleichbaren Zeitdruck steht, die Rechtmäßigkeit der Grundverfügung wieder heranziehen. Vgl. zu diesen Erwägungen bei der Vollstreckung von Verwaltungsakten, die für sofort vollziehbar erklärt wurden, *Württenberger/Heckmann*, Polizeirecht in Baden-Württemberg, 6. Aufl. 2005, Rn. 757, 913.

Fall 19 – Das Osterfeuer

Sachverhalt

Die Gemeinde G (ca. 4000 Einwohner) veranstaltet seit 2007 auf einer Freifläche innerhalb eines Naherholungsgebiets, das sich im kommunalen Eigentum befindet, ein Osterfeuer. Bis 1999 hatte das Osterfeuer immer auf einem weiter außerhalb gelegenen Gutshof stattgefunden, aber ein Eigentümerwechsel verhinderte die Fortführung an der dortigen Stelle. Aufgrund organisatorischer Schwierigkeiten konnte erst 2007 wieder ein Osterfeuer angesetzt werden. Andere geeignete Plätze als die Freifläche fanden sich dafür nicht. Seither sind zum Osterfeuer durchschnittlich etwa 1000 Besucher gekommen. Ebenso wie in den letzten Jahren erteilte die Gemeinde G als zuständige Behörde auch anlässlich der Veranstaltung im Jahr 2010 gaststättenrechtliche Genehmigungen für einen Bierwagen, einen Getränkestand für Spirituosen, Wein und alkoholfreie Getränke sowie zwei Bratwurststände. Das Osterfeuer wird nach Einbruch der Dunkelheit zwischen 19.00 und 20.00 Uhr entzündet und brennt – je nach Windstärke – bis etwa 23.00 Uhr. Nach Mitternacht wird begonnen, die Verkaufsstände abzubauen. Das von der Gemeinde G veranstaltete Osterfeuer wird durch Kindergärten, Elterngruppen und eine Bürgerinitiative unterstützt.

A wohnt in einem Einfamilienhaus am Rande der Gemeinde G, rund 250m von der Freifläche entfernt, auf der das Osterfeuer stattfindet. In den meisten Jahren herrscht an Ostern starker Wind, der Rauchwolken und Ascheteilchen auf das Grundstück des A treibt und bei ihm Reizhusten erzeugen, der rund eine Woche anhält. Außerdem parken die Besucher des Osterfeuers in seinem Wohngebiet außerhalb der vorgesehenen Parkflächen. Die übermäßige Nutzung des Wohngebiets für Parkzwecke führt zu verstärkter Lärmbelästigung durch Autoverkehr. Zusätzliche Parkplätze hat die Gemeinde im Rahmen der Veranstaltung nicht ausgewiesen.

Bereits 2008 und 2009 beschwerte sich A gegen die Veranstaltung. Nachdem A Mitte März erneut Plakate in der Gemeinde G bemerkt, die für den 4.4.2010 – Ostersonntag – das alljährliche Osterfeuer auf der Freifläche ankündigen, wendet er sich hilfesuchend an einen Rechtsanwalt. Dieser trägt für seinen Mandanten bei der Gemeinde G vor, dass A unter den Begleiterscheinungen des Osterfeuers in nicht mehr akzeptablem Maße beeinträchtigt werde. Die Gemeinde könne sich nicht darauf berufen, dass die Veranstaltung als traditionelles Brauchtum Schutz genieße; schließlich habe es vor 2007 auf der Freifläche nie ein Osterfeuer gegeben.

Mit Schreiben vom 25.3.2010 macht die Gemeinde G gegenüber A deutlich, dass sie auf der Durchführung des Osterfeuers beharrt. Dieses stoße auf eine breite Akzeptanz in der Bevölkerung.

A bittet seinen Rechtsanwalt, alles zu tun, um das diesjährige Osterfeuer noch zu verhindern.

Erstatten Sie ein (ggf. Hilfs-)Gutachten.

Bearbeiterhinweis: Da Messungen bisher nicht durchgeführt worden sind, lässt sich weder für vergangene noch für das anstehende Osterfeuer mit Sicherheit sagen, ob die einschlägigen Grenzwerte der LAI-Freizeitlärm-Richtlinie (Länderausschuss für Immissionsschutz, vgl. auch LAI-Hinweise, NVwZ 1997, 469) überschritten worden sind bzw. werden. Geringfügige Überschreitungen sind aber nach der Lebenserfahrung wahrscheinlich. Die Grenzwerte der TA-Luft werden durch das Osterfeuer überschritten.

Gehen Sie davon aus, dass die TA-Lärm (Technische Anleitung Lärm, eine Verwaltungsvorschrift, welche die Immissionsgrenzwerte konkretisiert) keine Anwendung findet und das BImSchG keine einschlägigen Anspruchsgrundlagen für das Begehren des A enthält. Brandschutz- oder abfallrechtliche Erwägungen sollen gänzlich unberücksichtigt bleiben.

Anhang

Gaststättengesetz – GastG (Auszug):

§ 2 GastG – Erlaubnis
(1) Wer ein Gaststättengewerbe betreiben will, bedarf der Erlaubnis. [2]Die Erlaubnis kann auch nichtrechtsfähigen Vereinen erteilt werden.
(2) Der Erlaubnis bedarf nicht, wer
1. alkoholfreie Getränke,
2. unentgeltliche Kostproben,
3. zubereitete Speisen oder
4. in Verbindung mit einem Beherbergungsbetrieb Getränke und zubereitete Speisen an Hausgäste
verabreicht.

Bundes-Immissionschutzgesetz – BImSchG (Auszug):

§ 3 BImSchG – Begriffsbestimmungen
(1) Schädliche Umwelteinwirkungen im Sinne dieses Gesetzes sind Immissionen, die nach Art, Ausmaß oder Dauer geeignet sind, Gefahren, erhebliche Nachteile oder erhebliche Belästigungen für die Allgemeinheit oder die Nachbarschaft herbeizuführen.
(2) Immissionen im Sinne dieses Gesetzes sind auf Menschen, Tiere und Pflanzen, den Boden, das Wasser, die Atmosphäre sowie Kultur- und sonstige Sachgüter einwirkende Luftverunreinigungen, Geräusche, Erschütterungen, Licht, Wärme, Strahlen und ähnliche Umwelteinwirkungen.
[...]

§ 22 BImSchG – Pflichten der Betreiber nicht genehmigungsbedürftiger Anlagen
(1) Nicht genehmigungsbedürftige Anlagen sind so zu errichten und zu betreiben, dass
1. schädliche Umwelteinwirkungen verhindert werden, die nach dem Stand der Technik vermeidbar sind,
2. nach dem Stand der Technik unvermeidbare schädliche Umwelteinwirkungen auf ein Mindestmaß beschränkt werden und
3. die beim Betrieb der Anlagen entstehenden Abfälle ordnungsgemäß beseitigt werden können.
[...]

Bürgerliches Gesetzbuch – BGB (Auszug):

§ 903 BGB – Befugnisse des Eigentümers
Der Eigentümer einer Sache kann, soweit nicht das Gesetz oder Rechte Dritter entgegenstehen, mit der Sache nach Belieben verfahren und andere von jeder Einwirkung ausschließen. [...]

§ 906 BGB – Zuführung unwägbarer Stoffe
(1) Der Eigentümer eines Grundstücks kann die Zuführung von Gasen, Dämpfen, Gerüchen, Rauch, Ruß, Wärme, Geräusch, Erschütterungen und ähnliche von einem anderen Grundstück ausgehende Einwirkungen insoweit nicht verbieten, als die Einwirkung die Benutzung seines Grundstücks nicht oder nur unwesentlich beeinträchtigt. Eine unwesentliche Beeinträchtigung liegt in der Regel vor, wenn die in Gesetzen oder Rechtsverordnungen festgelegten Grenz- oder Richtwerte von den nach diesen Vorschriften ermittelten und bewerteten Einwirkungen nicht überschritten werden. Gleiches gilt für Werte in allgemeinen Verwaltungsvorschriften, die nach § 48 des Bundes-Immissionsschutzgesetzes erlassen worden sind und den Stand der Technik wiedergeben.
[...]

§ 1004 BGB – Beseitigungs- und Unterlassungsanspruch
(1) Wird das Eigentum in anderer Weise als durch Entziehung oder Vorenthaltung des Besitzes beeinträchtigt, so kann der Eigentümer von dem Störer die Beseitigung der Beeinträchtigung verlangen. Sind weitere Beeinträchtigungen zu besorgen, so kann der Eigentümer auf Unterlassung klagen.
(2) Der Anspruch ist ausgeschlossen, wenn der Eigentümer zur Duldung verpflichtet ist.

Übersicht XXXV: Zulässigkeit des Antrags nach § 123 VwGO
(verfahrensspezifische Sachentscheidungsvoraussetzungen)

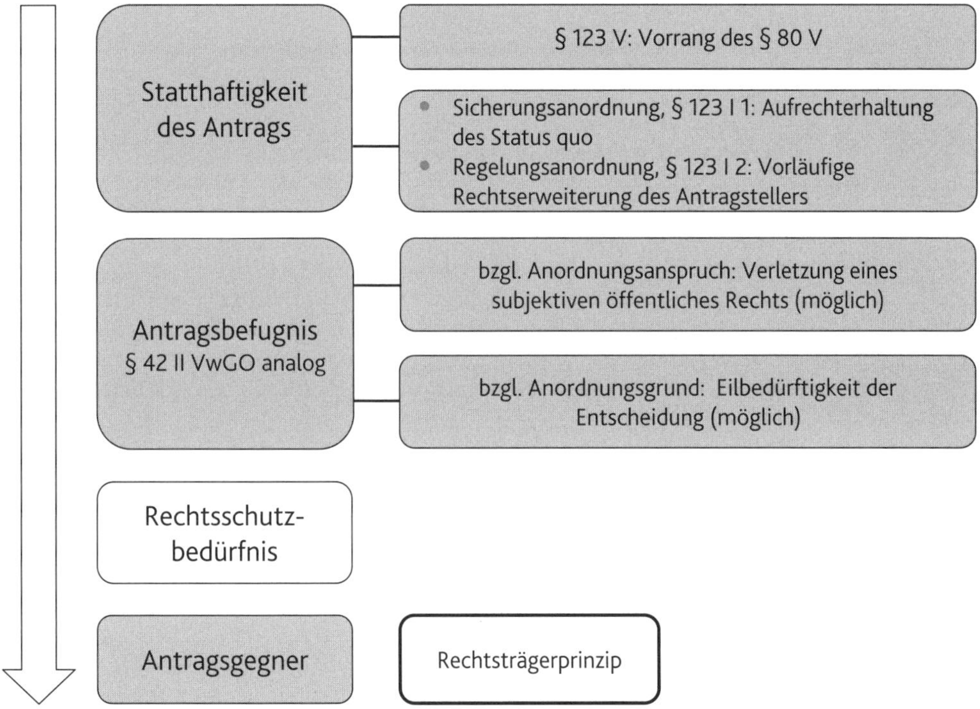

Lösung[1]

Schwerpunkte:
- einstweiliger Rechtsschutz § 123 VwGO
- öffentlich-rechtlicher Unterlassungsanspruch

Der Antrag hat Erfolg, wenn er zulässig und begründet ist.

A. Zulässigkeit

I. Eröffnung des Verwaltungsrechtswegs

Eine aufdrängende Sonderzuweisung existiert nicht, sodass sich die Eröffnung des Verwaltungsrechtswegs nach der Generalklausel des § 40 I VwGO richtet. Hiernach ist eine öffentlich-rechtliche Streitigkeit gegeben, wenn die Beteiligten um die Anwendung einer öffentlich-rechtlichen Norm streiten, also eine Norm, die ausschließlich einen Träger öffentlicher Gewalt berechtigt oder verpflichtet (sog. modifizierte Subjektstheorie).[2] Im Streit steht die Durchführung des Osterfeuers. Hierbei handelt es sich um Realhandeln, das sich nicht nach einer konkreten Norm bestimmt.[3] Fehlt eine ermächtigende Norm, ist die Streitigkeit danach zu qualifizieren, ob das Handeln in einem engen Sach- und Funktionszusammenhang zu einem öffentlich-rechtlichen Zweck steht.[4] Das Osterfeuer hat insbesondere zum Zweck, den kulturellen und sozialen Zusammenhang der ortsansässigen Bevölkerung zu stärken. Es handelt sich deshalb aus kommunalrechtlicher Sicht um eine freiwillige Selbstverwaltungsaufgabe im Rahmen der gemeindlichen Daseinsvorsorge.[5] Hinzu kommt, dass das gesamte Areal einschließlich der Freifläche, auf der das Osterfeuer stattfindet, der Gemeinde G gehört und von dieser als öffentliches Erholungsgebiet gewidmet wurde. Die Veranstaltung des Osterfeuers durch die Gemeinde G steht also in einem engen Sach- und Funktionszusammenhang mit öffentlichen Zwecken. Eine öffentlich-rechtliche Streitigkeit ist damit gegeben. Diese ist auch nichtverfassungsrechtlicher Art. Eine abdrängende Sonderzuweisung existiert nicht.

II. Beteiligten- und Prozessfähigkeit

A ist als natürliche geschäftsfähige Person beteiligtenfähig nach § 61 Nr. 1 Var. 1 VwGO und prozessfähig gemäß § 62 I Nr. 1 VwGO. Die Gemeinde G ist beteiligtenfähig gemäß § 61 Nr. 1 Var. 2 VwGO und – vertreten durch ihren Bürgermeister – prozessfähig nach § 62 III VwGO.

1 Der Fall ist angelehnt an die Entscheidung VG Braunschweig NVwZ-RR 2009, 198.
2 *Kopp/Schenke* § 40 Rn. 11; *Schenke* VerwProzR Rn. 104; vgl. Schoch/Schneider/Bier/*Ehlers* § 40 Rn. 235 ff.; *Maurer* VerwR AT § 3 Rn. 13; HK-VerwR/*Unruh* § 40 VwGO Rn. 104.
3 Anders zB § 8 des Bremer Ortsgesetzes über die öffentliche Ordnung vom 27.9.1994 (BremGBl. S. 277). Im Originalfall bestimmte sich die Genehmigung des Osterfeuers für einen Dritten nach §§ 9, 10 der Verordnung zur Aufrechterhaltung der öffentlichen Sicherheit und Ordnung in der Stadt Goslar vom 3.5.2005 über offene Feuer im Freien und Ausnahmegenehmigungen.
4 Vgl. Schoch/Schneider/Bier/*Ehlers* § 40 Rn. 395; *Kopp/Schenke* § 40 Rn. 11, 29.
5 Vgl. *Maurer* VerwR AT § 1 Rn. 16a.

III. Statthafte Verfahrensart

Welches Verfahren statthaft ist, richtet sich gemäß §§ 88, 122 I VwGO nach dem auslegungsfähigen Begehren des Antragstellers. A will die Veranstaltung des Osterfeuers verhindern, das am 4.4.2010 stattfinden soll. Bis dahin hat A allerdings nur noch etwas mehr als eine Woche Zeit. Eine Klage kommt schon deshalb nicht in Betracht, doch könnte A einstweiligen Rechtsschutz in Anspruch nehmen. Hierfür stellt die VwGO zwei Verfahrensarten zur Verfügung: die einstweilige Anordnung nach § 123 VwGO und die (Wieder-)Herstellung der aufschiebenden Wirkung eines Rechtsbehelfs nach § 80 V VwGO.

Hinweis: In Klausursachverhalten deutet sich ein Verfahren des einstweiligen Rechtsschutzes oftmals dadurch an, dass dem Bürger nur noch wenig Zeit verbleibt, bevor er sein Begehren tatsächlich nicht mehr durchsetzen kann. Er sucht deshalb beispielsweise »schnellstmöglich«, »unverzüglich« oder »kurzfristig« beim Gericht Hilfe.

Im Verhältnis zwischen diesen Vorschriften genießt § 80 V VwGO Vorrang, wie sich aus § 123 V VwGO ergibt. Letzterer ist also dann nicht einschlägig, wenn sich der Antragsteller in der Hauptsache gegen einen Verwaltungsakt wendet, der sofort vollziehbar ist. Ist hingegen in der Hauptsache eine andere Klageart als die Anfechtungsklage einschlägig, ist das Verfahren nach § 123 I VwGO statthaft.[6]

Insoweit könnte an die gaststättenrechtlichen Genehmigungen für die Getränke- und Grillstände anzuknüpfen sein, die mit der Veranstaltung des Osterfeuers einhergehen. Sollte das Begehren des A darauf gerichtet sein, speziell diese Genehmigungen anzugreifen – Verwaltungsakte iSd § 2 GastG –, kommt einstweiliger Rechtsschutz nach § 80 V VwGO in Betracht. Das Anliegen des A ist jedoch nicht darauf gerichtet, Bewirtung auf dem Freigelände zu unterbinden, sondern hat im Schwerpunkt zum Gegenstand, die Immissionen des Feuers sowie den An- und Abfahrtverkehrs zu unterbinden. Dass die gaststättenrechtlich genehmigten Stände zum erhöhten Lärmpegel beitragen, ist nicht ausgeschlossen; A hat daran jedoch nicht spezifisch Anstoß genommen, und der Beitrag wäre im Übrigen nicht wesentlich. Dies gilt umso mehr, als die von A bemängelten Zustände auch bei einem Osterfeuer mit sich selbst versorgenden Besuchern auftreten könnten. Das Begehren des A ist also nicht darauf gerichtet, allein gegen die gaststättenrechtlichen Genehmigungen vorzugehen.

A will vielmehr das Osterfeuer als Gesamtveranstaltung verhindern. Dieses stellt keinen Verwaltungsakt dar, sondern Realhandeln. Hier veranstaltet die Gemeinde G das Osterfeuer selbst, sodass auch kein genehmigender Verwaltungsakt vorhanden ist.[7] In der Hauptsache wäre eine allgemeine Leistungsklage in Form der Unterlassungsklage einschlägig. Der einstweilige Rechtsschutz bestimmt sich somit nach § 123 VwGO.

Innerhalb des § 123 I VwGO kann zwischen der Sicherungsanordnung nach S. 1 und der Regelungsanordnung nach S. 2 unterschieden werden. Während sich Antragsteller mit der Sicherungsanordnung gegen eine Veränderung des bestehenden

---

6 *Kopp/Schenke* § 123 Rn. 18, *Hufen* VerwProzR § 33 Rn. 6.

7 Vgl. anders den Ausgangsfall VG Braunschweig NVwZ-RR 2009, 198, in dem der Kläger gegen den Verwaltungsakt vorgegangen war, der das Osterfeuer genehmigte. Der (private) Veranstalter des Osterfeuers war in diesem Fall nur Beigeladener.

Zustands wenden und den Status quo erhalten wollen, wird mit der Regelungsanordnung die vorläufige Regelung eines Zustands erstrebt; sie führt damit zu einer vorläufigen Erweiterung der Rechte des Antragstellers. A möchte erreichen, dass der Freibereich hinter seinem Haus unverändert bleibt und dass kein Osterfeuer auf ihm veranstaltet wird. Statthaft ist damit der Antrag auf Erlass einer Sicherungsanordnung gemäß § 123 I 1 VwGO.

IV. Antragsbefugnis

A müsste antragsbefugt sein. Analog § 42 II VwGO ist dies der Fall, wenn der Antragsteller die Verletzung in einem subjektiven öffentlichen Recht (Anordnungsanspruch) und das Bestehen eines Anordnungsgrundes (Eilbedürftigkeit) geltend macht.[8]

Die Verletzung des A in einem subjektiven öffentlichen Recht muss möglich, also nicht offenkundig ausgeschlossen sein. Privatrechtliche Ansprüche wie etwa aus den §§ 1004, 903 BGB dürfen an dieser Stelle nicht berücksichtigt werden. Wie erörtert, handelt die Gemeinde G bei der Veranstaltung des Osterfeuers öffentlich-rechtlich, sodass hiergegen gerichtete Ansprüche ebenfalls nur solche öffentlich-rechtlicher Natur sein können.

A macht Beeinträchtigungen durch Raum und Lärm geltend, der durch die Veranstaltung des Osterfeuers entsteht. Er klagt über Schlafstörungen und Reizungen der Atemwege. Eine Beeinträchtigung des A in seinem Grundrecht auf körperliche Unversehrtheit (Art. 2 II 1 GG) kann nicht ausgeschlossen werden. Es ist weithin anerkannt, dass Personen, die durch Immissionen in ihren Rechten beeinträchtigt sind, einen öffentlich-rechtlichen Immissionsabwehranspruch geltend machen können, der eine besondere Ausprägung des allgemeinen Unterlassungsanspruchs ist.[9] Ein Anordnungsanspruch ist damit geltend gemacht.

Exkurs: Laut Bearbeiterhinweis ist auf Anspruchsgrundlagen aus dem BImSchG nicht einzugehen.[10] Diese gelten für Anlagen im immissionsschutzrechtlichen Sinne.
Ein Teil der Lehre vertritt, dass sich hiergegen Abwehransprüche aus §§ 3 I, II, 22 I BImSchG ableiten lassen. Hiernach sind Betreiber nicht genehmigungsbedürftiger Anlagen iSd BImSchG dazu verpflichtet, schädliche Umwelteinwirkungen zu verhindern. Diese Vorschriften können jedenfalls dem Nachbarn einer emittierenden Anlage ein subjektives Recht gegenüber der Behörde auf Einschreiten gegen den Störer gewähren.[11] Unklar ist, ob aus ihnen auch ein Abwehranspruch des Gestörten unmittelbar

---

8 HK-VerwR/*Bostedt* § 123 VwGO Rn. 30; *Hufen* VerwProzR § 33 Rn. 9; aA *Kopp/Schenke* § 123 Rn. 20, der im Rahmen dieses Prüfungspunktes lediglich das Geltendmachen eines Anordnungsgrundes prüft, das Geltendmachen eines Anordnungsanspruchs aber im Rahmen der Statthaftigkeit; aA *Schoch* Jura 2002, 318 (322), der wiederum hier lediglich das Geltendmachen eines Anordnungsanspruchs prüft, nicht hingegen eines Anordnungsgrundes.

9 *Baldus/Grzeszick/Wienhues* StaatsHaftR Rn. 79; dazu allgemein *Detterbeck/Windthorst/Sproll* StaatsHaftR § 13 Rn. 32 ff. Zwar könnten hier auch Grundrechte des A betroffen sein, doch geht der öffentlich-rechtliche Immissionsabwehranspruch diesen als lex specialis vor. Die Grundrechte des A werden stattdessen im Rahmen des Anspruchstatbestandes relevant.

10 Zum BImSchG *Jarass* JuS 2009, 608.

11 BVerwGE 79, 254 (257); VG Schleswig DVBl. 1998, 1193 (1193). Vgl. auch *Sachs* NVwZ 1988, 127.

gegen den Störer abgeleitet werden kann. Aus dem Wortlaut der immissionsschutzrechtlichen Regelungen ergibt sich dies jedenfalls nicht.[12] Sie statuieren lediglich Vorgaben für die Betreiber von Anlagen. Mögliche Anspruchsinhaber werden nicht erwähnt. Wenn eine unmittelbare Geltung der Vorschriften im Verhältnis zwischen Störer und Gestörtem abzulehnen ist, muss dies auch dann gelten, wenn die Störung von einem Hoheitsträger – wie hier der Gemeinde G – ausgeht.[13]

A muss auch den Anordnungsgrund geltend machen. Es darf nicht von vornherein ausgeschlossen sein, dass die Sicherung der Verhältnisse eilbedürftig ist. Nach der Planung der Gemeinde G soll das Osterfeuer am 4.4.2010 stattfinden. Am 25.3.2010 hat A von der Gemeinde G die ablehnende Antwort auf seine Einwendungen erhalten. Es bleibt also nur etwas mehr als eine Woche Zeit bis zu dem geplanten Termin. Die Eilbedürftigkeit der Anordnung ist damit ebenfalls nicht von vornherein ausgeschlossen. A kann somit auch einen Anordnungsgrund geltend machen.

A ist nach alledem antragsbefugt.

V. Antragsgegner

Richtiger Antragsgegner ist nach dem Rechtsträgerprinzip die Gemeinde G.

VI. Allgemeines Rechtsschutzbedürfnis

Dass A sein Ziel auf einem einfacheren und schnelleren Weg erreichen kann, ist nicht ersichtlich. Er hat insbesondere seine Einwendungen gegenüber der Gemeinde G bekundet.[14]

VII. Zwischenergebnis

Der Antrag ist zulässig.

B. Begründetheit

Der Antrag nach § 123 I VwGO ist begründet, wenn A einen Anordnungsanspruch und einen Anordnungsgrund glaubhaft machen kann und eine Entscheidung in diesem Verfahren diejenige im Hauptsacheverfahren nicht in unzulässiger Weise vorwegnimmt.[15] Die Glaubhaftmachung bezieht sich nach § 123 III VwGO iVm § 920 ZPO auf die dem Anordnungsanspruch und dem Anordnungsgrund zugrunde liegenden Tatsachen.

---

12 Vgl. BVerwGE 79, 254 (257); *Jarass* BImSchG § 22 Rn. 65 ff.; *Nolte* NordÖR 1999, 476 (477). Dies ist vergleichbar mit dem Verhältnis von bauplanungsrechtlichen Anforderungen und bauaufsichtsrechtlichen Möglichkeiten zum Einschreiten. Beruft sich der Nachbar eines Bauvorhabens darauf, dass dieses gegen drittschützende Bauplanungsvorschriften verstößt, beispielsweise § 30 I BauGB iVm den Vorschriften der BauNVO, vermitteln diese zwar ein subjektives Recht, stellen aber nicht auch selbst eine Anspruchsgrundlage dar. Diese findet sich vielmehr in allgemeinen bauordnungsrechtlichen Vorschriften zum Einschreiten der Bauaufsichtsbehörde, in dessen Tatbestand dann wiederum der Verstoß gegen die bauplanungsrechtliche Norm zu prüfen ist, die Drittschutz vermittelt.

13 Vgl. zur Qualifizierung des Handelns der Gemeinde G oben A. I.

14 Nach der hM ist ein solches Vorgehen des Antragstellers Voraussetzung für das Bejahen des Rechtsschutzbedürfnis, vgl. *Kopp/Schenke* § 123 Rn. 22; *Hufen* VerwProzR § 33 Rn. 10; *Brühl* JuS 1995, 916 (918) jeweils mwN.

15 Vgl. *Mückl* JA 2000, 329 (332); *Brühl* JuS 1995, 916 (918) mwN.

Hinweis: Das Erfordernis der Glaubhaftmachung bezieht sich allein auf die dem Anspruch zugrunde liegenden Tatsachen, nicht jedoch auf die rechtlichen Fragen. Während die rechtlichen Fragen umfassend und vollständig zu prüfen sind, reicht für zugrunde liegende Tatsachen die überwiegende Wahrscheinlichkeit ihres Vorliegens.[16] Da in Klausuren grundsätzlich nur die Rechtslage zu prüfen ist, ergeben sich hierdurch für das Anfertigen einer Lösung regelmäßig keine Besonderheiten.[17]

I. Anordnungsanspruch

Unter Anordnungsanspruch ist das materielle Recht zu verstehen, das mit der einstweiligen Anordnung gesichert werden soll. Er muss zumindest voraussichtlich bzw. mit überwiegender Wahrscheinlichkeit auf der Grundlage der glaubhaft gemachten Tatsachen bestehen.[18] In Betracht kommt hier ein öffentlich-rechtlicher Immissionsabwehranspruch.

Hinweis: Für die Prüfung einer Klausur ergeben sich hierdurch regelmäßig keine Änderungen. Die in der Praxis vom Antragsteller glaubhaft zu machenden Tatsachen ergeben sich zweifelsfrei aus dem Sachverhalt und rechtlich ist eine vollumfängliche Prüfung vorzunehmen.

1. Anspruchsgrundlage

Der allgemeine öffentlich-rechtliche Unterlassungsanspruch ermöglicht dem Bürger, sich wiederholende Beeinträchtigungen durch die öffentliche Gewalt abzuwehren. Bezogen auf Immissionen steht ihm hierzu spezifisch der öffentlich-rechtliche Immissionsabwehranspruch zur Verfügung, wobei dessen Rechtsgrundlage umstritten ist. Zum Teil wird auf eine Analogie zu den §§ 1004, 906 BGB bzw. auf den diesen Vorschriften innewohnenden Rechtsgedanken abgestellt, andere greifen auf die Grundrechte der Art. 2 II, Art. 14 I GG zurück.[19] Ungeachtet dieser Differenzen sind die Voraussetzungen des Anspruchs aber gewohnheitsrechtlich anerkannt, weshalb die Herleitung seiner Rechtsgrundlage offen bleiben kann.

2. Drohende hoheitliche Maßnahme

Die Immissionen, gegen die sich A wehrt, müssten eine hoheitliche Maßnahme darstellen. Die Veranstaltung des Osterfeuers ist eine öffentlich-rechtliche Tätigkeit.[20] Die Rauchentwicklung und Verbreitung von Ascheteilchen sind unmittelbare Folgen des Osterfeuers. Darüber hinaus müssten aber auch die von A beanstandeten Lärmbelästigungen der Gemeinde G zurechenbar sein. Die Zurechnung ist zu bejahen, wenn es sich bei den Belästigungen um typische Folgen einer Veranstaltung wie des Osterfeuers handelt. Schließlich wendet sich A auch gegen Verkehrslärm und Falschparker. Bei solchen Missbrauchsfällen kommt es darauf an, ob der Betreiber eine Lage geschaffen hat, die derartige Störungen ohne Weiteres ermöglicht bzw. ob die auftretenden Regelüberschreitungen ein der Veranstaltung typischerweise anhaftendes Ri-

16 Dazu Wolff/Decker/*Decker* § 123 VwGO Rn. 25 ff.; *Mückl* JA 2000, 329 (333 f.).
17 Zur Prüfungsreihenfolge BVerfG NVwZ-RR 2009, 945 Tz. 24.
18 *Kopp/Schenke* § 123 Rn. 25; HK-VerwR/*Bostedt* § 123 VwGO Rn. 65 ff.
19 *Detterbeck/Windthorst/Sproll* StaatsHaftR § 13 Rn. 35; *Baldus/Grzeszick/Wienhues* StaatsHaftR Rn. 79; offen gelassen bei BVerwGE 79, 254 (257); 81, 197 (199 f.).
20 Siehe oben A. I.

siko darstellen.[21] Ebenso wie bei Gaststätten ist dem Betreiber einer Veranstaltung wie der des Osterfeuers das Verhalten der Gäste zurechenbar, wenn ein erkennbarer Bezug zu der Veranstaltung gegeben ist.[22] An- und Abfahrtverkehr ist bei einem Osterfeuer, das am Rand eines Ortes stattfindet, eine typische Folge. Wenn, wie hier, keine zusätzlichen Parkplatzkapazitäten zur Verfügung stehen, gilt dies auch für das rechtswidrige Parkverhalten der Besucher. Zudem ist nicht zu erwarten, dass die Besucher einer zwischen zwei Feiertagen stattfindenden Abendveranstaltung die Freifläche bereits mit dem Erlöschen des Osterfeuers gegen 23 Uhr sofort verlassen. Begünstigt wird ein weiteres Verweilen dadurch, dass mit dem Abbauen der Getränke und Grillstände erst nach Mitternacht begonnen wird. Somit ist auch die zeitliche Streckung des präsumtiven Rechtsmissbrauchs in die Nachtstunden hinein eine typische Begleiterscheinung der Veranstaltung. Auch die Lärmbelästigungen, die bis in die Nacht hineinreichen, sind der Gemeinde G also zurechenbar.

Damit A einen Anspruch auf Abwehr der hoheitlichen Maßnahme geltend machen kann, muss diese – erneut – drohen. Es müssen konkrete Anhaltspunkte dafür bestehen, dass die Beeinträchtigung subjektiver Rechtspositionen unmittelbar bevorsteht.[23] Die Gemeinde G hat deutlich gemacht, dass sie das Osterfeuer, das auch schon in den Jahren zuvor an der gleichen Stelle stattfand, in diesem Jahr erneut veranstalten will. Bis zu dem geplanten Termin, der durch Plakate mittlerweile in der Gemeinde G angekündigt ist, dauert es keine zwei Wochen mehr. Die hoheitliche Maßnahme droht damit.

3. Subjektive Rechtsposition

Eine subjektive Rechtsposition des A muss betroffen sein. Hier kommen die Grundrechte aus Art. 2 II, Art. 14 I GG in Betracht. Art. 2 II GG schützt die körperliche Unversehrtheit. Ob die Lärmimmissionen ausreichen, um eine solche Beeinträchtigung auszulösen, erscheint zweifelhaft. Eine nichtkörperliche Einwirkung wie Lärm resultiert erst dann in einem Eingriff, wenn er zu Gesundheitsgefahren führt oder ein Ausmaß erreicht, das als körperlicher Schmerz empfunden wird.[24] Lärmmessungen haben bisher nicht stattgefunden, sodass die Überschreitung von Grenzwerten der LAI-Freizeitlärm-Richtlinie zumindest nicht sicher ist. Allerdings ist wahrscheinlich, dass die Grenzwerte zumindest gelegentlich geringfügig überschritten worden sind. Eine punktuelle und vorübergehende Überschreitung dieser Art kann jedoch noch keine Verletzung der körperlichen Unversehrtheit begründen. Dies gilt umso mehr, als das Osterfeuer nur an einem Abend im Jahr stattfindet.[25]

Die Gesundheit des A könnte jedoch durch Partikelimmissionen geschädigt worden sein. A erleidet durch Rauchwolken und Ascheteilchen Reizungen der Atemwege, die zu einem anhaltenden Reizhusten führt. Dies deutet darauf hin, dass die Immissionen von einigem Gewicht sind; für eine Überempfindlichkeit des A ist im Sachverhalt

21 OVG Münster BauR 2000, 81 (86); vgl. auch VG Köln NVwZ 1993, 401 (403). Vgl. auch VGH München NVwZ 1989, 269 (272), wonach die Gestaltung der Einrichtung oder Veranstaltung gerade einen Anreiz für die missbräuchliche Nutzung geschaffen haben muss.

22 Vgl. *Drews/Wacke/Vogel/Martens* Gefahrenabwehr 315; *Jarass* NJW 1981, 721 (724); *Michel/Kienzle/Pauly* § 5 Rn. 14b jeweils mwN.

23 *Detterbeck/Windthorst/Sproll* StaatsHaftR § 13 Rn. 19 f.

24 BVerwGE 79, 254 (260); v. Münch/Kunig/*Kunig* Art. 2 Rn. 63; Sachs/*Sachs* Art. 2 Rn. 155; umfangreich hierzu BVerfGE 56, 54 (73 ff.).

25 Eine aA ist hier vertretbar.

nichts dargelegt. Sein Grundrecht aus Art. 2 II GG ist also zumindest in dieser Hinsicht betroffen.

Schließlich könnte auch Art. 14 I GG betroffen sein. Das Eigentumsgrundrecht aus Art. 14 I GG schützt den Bestand und die Nutzung aller vermögenswerten Rechte.[26] Das Eigentum am Grundstück, das mit dem Haus bebaut ist, gehört zu den vermögenswerten Rechten, die von Art. 14 I GG geschützt sind. Während der Veranstaltung des Osterfeuers kann A Haus und Grundstück aber nicht in der Art und Weise nutzen, wie er es plant. Das Eigentumsgrundrecht des Art. 14 I GG ist damit betroffen. Es sind folglich subjektive Rechtspositionen des A betroffen.

4. Rechtswidrigkeit/Duldungspflicht

Damit sich A gegen die Beeinträchtigung durch das Osterfeuer wehren kann, muss diese rechtswidrig sein. Rechtswidrigkeit kann sich daraus ergeben, dass es an einer normativen Grundlage mangelt, die zu solchen Grundrechtseingriffen ermächtigt, bzw. daraus, dass keine Vorschrift den A verpflichtet, die Immissionen zu dulden.[27] Eine ausdrückliche normative Ermächtigung ist nicht ersichtlich. Die Berechtigung zur Erzeugung solcher Immissionen kann sich daher nur spiegelbildlich aus einer normativ verankerten Pflicht des A ergeben, sie zu dulden.

a) Generelle Duldungspflicht für öffentlich-rechtlich veranlasste Immissionen

Eine Duldungspflicht könnte sich bereits daraus ergeben, dass die Immissionen von einer öffentlich-rechtlich begründeten Veranstaltung ausgehen und diese dem Gemeinwohl dient.[28] Zwar ist die Gemeinde aufgrund ihrer allgemeinen Aufgaben berechtigt, Festveranstaltungen anzusetzen, ohne hierfür eine spezielle Rechtsgrundlage bemühen zu müssen. Dies stellt sie aber nicht vom Erfordernis einer Rechtsgrundlage frei, wenn durch eine solche öffentlich-rechtliche Veranstaltung Immissionen erzeugt werden, und verpflichtet umgekehrt A auch nicht ohne Weiteres zu deren Duldung. Dies ergibt sich schon aus dem Prinzip der Gesetzmäßigkeit der Verwaltung aus Art. 1 III und Art. 20 III GG für jegliches Staatshandeln, das Grundrechte beeinträchtigt.

b) Ausdrückliche öffentlich-rechtliche Duldungspflichten – BImSchG

Eine ausdrückliche öffentlich-rechtliche Duldungspflicht, beispielsweise aus dem BImSchG, ist nicht ersichtlich.

c) Duldungspflicht analog § 906 BGB

Beim Fehlen besonderer öffentlich-rechtlicher Duldungspflichten ist anerkannt, dass auf eine Analogie zu § 906 BGB zurückgegriffen werden kann.[29] Nach § 906 I 1 BGB kann der Eigentümer eines Grundstücks Einwirkungen nicht verbieten, wenn die Einwirkung dessen Benutzung nicht oder nur unwesentlich beeinträchtigt. Zur nähe-

---

26 Sachs/*Wendt* Art. 14 Rn. 41; Jarass/Pieroth/*Jarass* Art. 14 Rn. 18.

27 Vgl. *Laubinger* VerwArch 80 (1989), 261 (295 ff.); *Köckerbauer/Büllesbach* JuS 1991, 373 (376).

28 In diese Richtung aber BGHZ 48, 98 (104); 60, 119 (122 f.).

29 *Ossenbühl/Cornils* StaatsHaftR 381; *Detterbeck/Windthorst/Sproll* StaatsHaftR § 13 Rn. 38; vgl. BVerwGE 88, 210 (213).

ren Bestimmung einer unwesentlichen Beeinträchtigung kann auf die Regelung der §§ 3, 22 BImSchG zurückgegriffen werden.[30] So sind gemäß § 22 I Nr. 1 BImSchG beim Betreiben nicht genehmigungsbedürftiger Anlagen schädliche Umwelteinwirkungen zu verhindern, die nach dem Stand der Technik zu vermeiden sind. Schädliche Umwelteinwirkungen sind nach § 3 I BImSchG solche Immissionen, die nach Art, Ausmaß oder Dauer geeignet sind, Gefahren, erhebliche Nachteile oder erhebliche Belästigungen für die Allgemeinheit oder die Nachbarschaft herbeizuführen. Zur Konkretisierung dieser Definition haben sich in der Praxis, regelmäßig in der Form normkonkretisierender Verwaltungsvorschriften,[31] wiederum verschiedene Regelwerke herausgebildet, in welche Sachverständigenbewertungen eingeflossen sind und die als Indiz für eine erhebliche Belästigung herangezogen werden können, wie beispielsweise TA-Lärm oder TA-Luft.[32]

(2) Überschreitung der Grenzwerte

Die Überschreitung der einschlägigen abstrakten Grenzwerte für Lärmbelästigungen und Luftverunreinigungen muss im Rahmen eines Antrags auf Erlass einer einstweiligen Anordnung glaubhaft gemacht werden. Zwar sind die Grenzwerte der LAI-Freizeitlärm-Richtlinie hier möglicherweise überschritten worden, doch nicht in einem Maße, dass eine rechtfertigungsbedürftige Grundrechtsbeeinträchtigung daraus resultiert. Anderes gilt für die Partikelimmissionen (Asche und Ruß), welche die Grenzwerte der TA-Luft übersteigen. Dies legt die Annahme einer erheblichen Belästigung iSd §§ 3, 22 BImSchG nahe.

(3) Osterfeuer als Ausdruck der örtlichen Gemeinschaft

Doch könnte den A eine Duldungspflicht analog § 906 I 1 BGB treffen. Veranstaltungen wie Volks- und Gemeindefeste, Feiern örtlicher Vereine, traditionelle Umzüge oder ähnliche Ereignisse gehören zu den herkömmlichen, allgemein akzeptierten Formen kommunalen Lebens. Sie können für den Zusammenhalt der örtlichen Gemeinschaft von großer Bedeutung sein und die Identität der Gemeinschaft stärken. Aufgrund ihrer zwingenden Nähe zum kommunalen Leben führen solche Veranstaltungen zwangsläufig zu Beeinträchtigungen der Nachbarschaft. Aufgrund ihrer Bedeutung werden ihre Belastungen von einem verständigen Durchschnittsbürger regelmäßig in einem höheren Maß akzeptiert als andere Immissionen.[33]

Zur Bestimmung, wann die von solchen Veranstaltungen ausgehenden Störungen als noch unwesentlich bewertet werden können, ist der Einzelfall zu betrachten. Kriterien können dabei die Bedeutung und der Charakter der Veranstaltung sein, ihr Ablauf, Dauer, zeitlichen Abstände und Häufigkeit, die Nutzungsart und Zweckbestimmung sowie die Gesamtbelastung des beeinträchtigten Grundstücks während der Veranstaltung und durch andere Störereignisse.[34] Diese Grundsätze und Kriterien

---

30 BVerwGE 79, 254 (258 ff.); 88, 210 (213); *Detterbeck/Windthorst/Sproll* StaatsHaftR § 13 Rn. 40; *Fritz* NJW 1996, 573 (573).

31 Dazu *Jarass* BImSchG § 48 Rn. 42 ff.

32 BVerwGE 79, 254 (259); OVG Lüneburg NJW 1995, 900 (901); *Ossenbühl/Cornils* StaatsHaftR 381; *Detterbeck/Windthorst/Sproll* StaatsHaftR § 13 Rn. 40.

33 BGH NJW 2003, 3699 (3700); VGH Kassel GewArch 1997, 162 (163); VG Braunschweig NVwZ-RR 2009, 198 (199).

34 BGH NJW 2003, 3699 (3700); VGH Kassel GewArch 1997, 162 (163 f.); VG Braunschweig NVwZ-RR 2009, 198 (199).

können auf einen öffentlich-rechtlichen Immissionsabwehranspruch sowie die Duldungspflicht analog § 906 I BGB übertragen werden.[35]

Das Osterfeuer fand vor 2007 nicht auf der Freifläche statt. Auf eine bedeutende Historie kann es damit tatsächlich nicht zurückblicken. Allerdings wurde bis 1999 in der Gemeinde G an einer anderen Stelle ein vergleichbares Osterfeuer veranstaltet. Dass zwischen 1999 und 2007 kein Osterfeuer stattfand, ist allein organisatorischen Problemen geschuldet. Diese Unterbrechung bedeutet also keine dauerhafte Abkehr von der Tradition und lässt das Osterfeuer, das seit 2007 auf der Freifläche veranstaltet wird, auch nicht als eine neue und andersartige Veranstaltung erscheinen. An einen Traditionsbezug dürfen nicht zu strenge Anforderungen gestellt werden, da anderenfalls Änderungen beim Veranstaltungsformat und -verlauf kaum umgesetzt werden könnten, ohne dass die Durchführung selbst gefährdet würde.

Die Veranstaltung kann auf großen Zuspruch in der Bevölkerung bauen. Etwa ein Viertel der Einwohner der Gemeinde G besuchte das Osterfeuer in den letzten Jahren. Gruppierungen aus verschiedenen Bevölkerungsgruppen wie Bürgerinitiativen, Elterngruppen und örtliche Kindergärten unterstützen die Veranstaltung. Dies zeigt die große Bedeutung des Osterfeuers für den Zusammenhalt der kommunalen Gemeinschaft. A muss hingegen die Belästigungen lediglich einmal im Jahr hinnehmen. Andere Ereignisse, die den A und sein Grundstück in ähnlicher Art und Weise beeinträchtigen, gibt es nicht. A kann die gesundheitlichen Auswirkungen des Osterfeuers bereits dadurch vermeiden, dass er am Abend der Veranstaltung die Fenster schließt und die Zeit nicht in seinem Garten verbringt. Schließlich ist zu berücksichtigen, dass die Freifläche hinter dem Haus des A der einzig geeignete Platz für die Veranstaltung des Osterfeuers ist. Der Gutshof, auf dem das Osterfeuer früher veranstaltet wurde, hat einen neuen Eigentümer und kann hierfür nicht mehr genutzt werden.

Hier überwiegt die Bedeutung des Osterfeuers für die örtliche Gemeinschaft. Die Veranstaltung mit ihren Folgen ist deshalb als unwesentliche Beeinträchtigung von A hinzunehmen. A trifft eine Duldungspflicht.

5. Zwischenergebnis

Es fehlt an einem Anordnungsanspruch.

II. Ergebnis

Der Antrag ist unbegründet. Da bereits ein Anordnungsanspruch fehlt, ist auf die übrigen Begründetheitsvoraussetzungen nicht mehr einzugehen.

Hinweis: Wer einen Anordnungsanspruch bejaht, muss wie folgt weiterprüfen.

III. Anordnungsgrund

Ein Anordnungsgrund liegt vor, wenn es dem Antragsteller nicht zuzumuten ist, die Entscheidung im Hauptsacheverfahren abzuwarten.[36] Bei der Sicherungsanordnung nach § 123 I 1 VwGO muss die Verwirklichung des vom Antragsteller geltend gemachten Rechts durch eine Veränderung des bestehenden Zustands vereitelt oder

35 VG Braunschweig NVwZ-RR 2009, 198 (199) mwN.

36 *Schenke* VerwProzR Rn. 1032; Wolff/Decker/*Decker* § 123 VwGO Rn. 33.

wesentlich erschwert werden. In weniger als zwei Wochen soll das geplante Osterfeuer stattfinden. Innerhalb dieses Zeitraums lässt sich eine Entscheidung in der Hauptsache nicht erreichen. Findet das Osterfeuer aber statt, kann der mögliche Immissionsabwehranspruch des A nicht mehr verwirklicht werden. A kann daher einen Anordnungsgrund glaubhaft machen.

IV. Keine Vorwegnahme der Hauptsache

Grundsätzlich darf durch eine Sicherung- oder Regelungsanordnung das Ergebnis, auf das der Rechtsbehelf in der Hauptsache gerichtet ist, nicht vorweggenommen werden; anderenfalls entfiele ihr vorläufiger Charakter. In der Hauptsache müsste A im vorliegenden Fall eine Leistungsklage erheben, die auf Unterlassung des aktuellen Osterfeuers gerichtet wäre. Genau dies erreicht A aber auch auf dem Wege des einstweiligen Rechtsschutzes. Die Sicherungsanordnung würde damit die Hauptsache schon vorwegnehmen.

Das Verbot der Vorwegnahme der Hauptsache gilt jedoch nicht uneingeschränkt. Insbesondere erfordert das Gebot effektiven Rechtsschutzes (Art. 19 IV GG), dass einem Rechtsbetroffenen ein hinreichend wirksamer Rechtsbehelf zu Gebote steht, um eine Rechtsverletzung abzuwehren.[37] Im vorliegenden Fall würde dies mit der Unterlassungsklage nicht gelingen, da in der kurzen Zeit bis zum Osterfest kein gerichtliches Urteil erwirkt werden kann. Überdies ist zu berücksichtigen, dass A in nicht unerheblichem Maße in seiner körperlichen Unversehrtheit beeinträchtigt ist. Es ist ihm daher nicht zuzumuten, die Entscheidung in der Hauptsache abzuwarten. Dies gilt umso mehr, als sich eine Unterlassungsklage, die lediglich das diesjährige Osterfeuer zum Gegenstand hat, bereits nach Ostern erledigt haben würde und A allenfalls begehren könnte, die Rechtswidrigkeit des Osterfeuers festzustellen.

37 *Schenke* VerwProzR Rn. 1036; HK-VerwR/*Bostedt* § 123 VwGO Rn. 86 mwN.

Fall 20 – Wasser im Überfluss

Sachverhalt

Im Bundesland L wird das Abwasser durch den Zweckverband V beseitigt, der von den Gemeinden eines Landkreises getragen wird. Es besteht ein Benutzungs- und Anschlusszwang für die Grundstückseigentümer der betroffenen Gemeinden. Der Zweckverband betreibt in allen Gemeinden die Kanalisation sowie zahlreiche Pumpstationen und Kläranlagen. Entscheidend für die Ausgestaltung des Benutzungsverhältnisses ist die Satzung des Abwasserzweckverbands, die unter anderem eine Gebühr für die Abwasserbeseitigung vorsieht.

In der Gemeinde G, die am westlichen Hang eines Mittelgebirgszuges liegt, befindet sich ebenfalls eine Pumpstation, welche die Aufgabe hat, das anfallende Abwasser über die Kanalisation in eine nahe gelegene Kläranlage zu leiten. Nachdem es fünf Tage lang fast durchgehend geregnet hat, stößt die Pumpanlage Anfang März 2012 an ihre Grenzen. Eines Nachts führt die Überlastung in der Pumpstation zu einem Kurzschluss. Nun, da die Pumpe nicht mehr arbeitet, läuft die Kanalisation über und das Wasser sammelt sich auf den Straßen. Von dort aus läuft es auch in den Keller der B, wo es einen Wasserschaden in Höhe von 5.000 EUR verursacht.

Spätere Nachforschungen ergeben, dass die Pumpstation von Anfang an keine ausreichende Kapazität besaß. Der zuständige Ingenieur Dr. X, der in einem privatrechtlichen Beschäftigungsverhältnis zum Abwasserzweckverband V steht und gleichzeitig technischer Leiter von V ist, war davon ausgegangen, in L werde es nie mehr als drei Tage dauerhaft regnen, und hat dementsprechend die Pumpstation dimensioniert. B meint, der Zweckverband müsse den Schaden tragen. Dies ergebe sich schon daraus, dass er Gebühren an den Verband zahle und dieser deshalb ordnungsgemäß seine Pflichten zu erfüllen habe.

Welche Ansprüche hat B?

Zusatzfrage: Welches Gericht ist für die verschiedenen Ansprüche zuständig?

Bearbeiterhininweis: Auf Bestimmungen des Haftpflichtgesetzes (HPflG) ist nicht einzugehen.

Anhang[1]

Wasserverbandsgesetz – WVG (Auszug):

§ 1 WVG – Zweck und Rechtsform
(1) Zur Erfüllung der in § 2 genannten Aufgaben kann ein Wasser- und Bodenverband (Verband) als Körperschaft des öffentlichen Rechts errichtet werden; er ist keine Gebietskörperschaft. [...]
§ 2 Vorbehaltlich abweichender Regelung durch Landesrecht können Aufgaben des Verbands sein:
[...]

1 Die Vorschriften basieren – soweit es sich um Landesrecht handelt – auf dem schleswig-holsteinischen Landesrecht.

Nr. 9 Abwasserbeseitigung
[...]

Gemeindeordnung – GO (Auszug):

§ 17 GO – Anschluss- und Benutzungszwang
(1) Die Gemeinde schafft in den Grenzen ihrer Leistungsfähigkeit die öffentlichen Einrichtungen, die für die wirtschaftliche, soziale und kulturelle Betreuung ihrer Einwohnerinnen und Einwohner erforderlich sind.
(2) Sie kann bei dringendem öffentlichen Bedürfnis durch Satzung für die Grundstücke ihres Gebiets den Anschluss an die Wasserversorgung, die Abwasserbeseitigung, die Abfallentsorgung, die Versorgung mit Fernwärme, die Straßenreinigung und ähnliche der Gesundheit und dem Schutz der natürlichen Grundlagen des Lebens dienende öffentliche Einrichtungen (Anschlusszwang) und die Benutzung dieser Einrichtungen und der Schlachthöfe (Benutzungszwang) vorschreiben. [...]
Satzung des Abwasserzweckverbands V – AbwVS (Auszug, fiktiv)

§ 2 Aufgaben des Zweckverbandes
(1) Der Zweckverband sammelt und reinigt das Schmutzwasser im Bereich der Verbandsmitglieder. Der Zweckverband unterhält Ortsnetze und stellt sicher, dass das gesamte in dem Verbandsgebiet anfallende Schmutzwasser erfasst wird.
(2) Zum Zweck der Sammlung, Fortleitung und Reinigung des Schmutzwassers plant und baut der Zweckverband Sammlersysteme Klär- und Pumpwerke im Verbandsgebiet. Diese werden von ihm auch unterhalten.

Übersicht XXXVI: Staatshaftungsrechtliche Ansprüche

Anspruchsziel	Haftungsrechtliches Institut
Schadensersatz	Amtshaftung, § 839 BGB iVm Art. 34 GG Staatshaftung nach Unionsrecht Ersatzansprüche aus öffentl.-rechtl. Schuldverhältnis
Entschädigung	Enteignung, vgl. Art. 14 III GG ausgleichspflichtige Inhaltsbestimmung enteignender Eingriff enteignungsgleicher Eingriff Aufopferungsanspruch
Wiederherstellung des Status quo ante	allgemeiner (ungeschriebener) Folgenbeseitigungsanspruch spezialgesetzliche Folgenbeseitigungsansprüche
Sonstige Ziele	öffentlich-rechtliche Geschäftsführung ohne Auftrag Ausgleichsanspruch nach § 48 III VwVfG öffentlich-rechtlicher Erstattungsanspruch

Übersicht XXXVII: Beeinträchtigungen des Eigentums

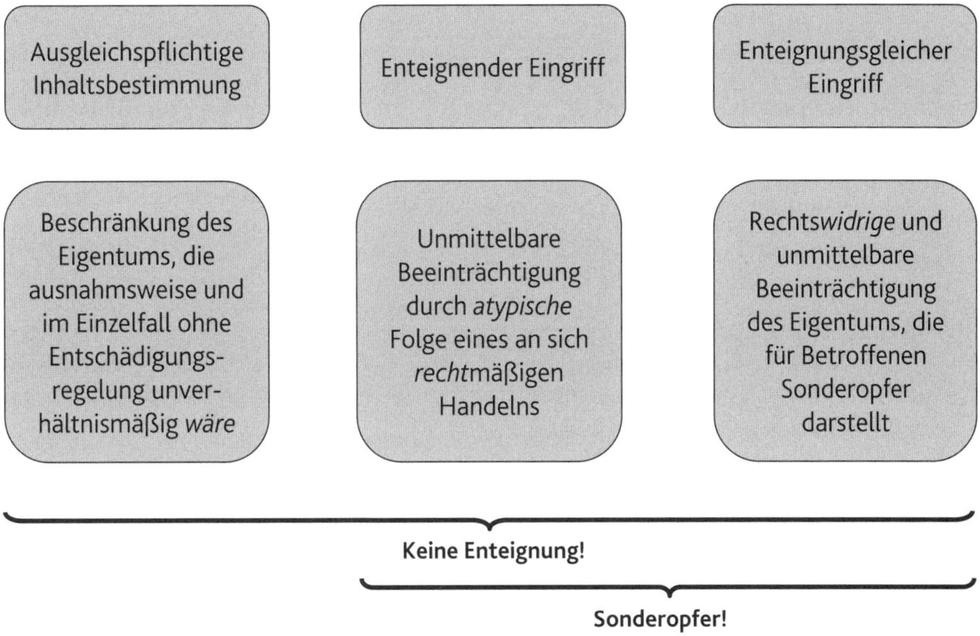

Lösung

Schwerpunkte:
- öffentlich-rechtliches Schuldverhältnis
- Amtshaftung
- enteignungsgleicher Eingriff
- enteignender Eingriff

A. Anspruch aus öffentlich-rechtlichem Schuldverhältnis, 280 I BGB analog

I. Öffentlich-rechtliches Schuldverhältnis

Voraussetzung für einen Schadensersatzanspruch des G analog § 280 I BGB gegenüber V ist, dass zwischen ihnen ein öffentlich-rechtliches Schuldverhältnis besteht. Allgemein anerkannt ist, dass es auch im öffentlichen Recht Rechtsbeziehungen zwischen der Verwaltung und dem Bürger gibt, die nach Struktur und Gegenstand den bürgerlich-rechtlichen Schuldverhältnissen vergleichbar sind, und dass für die Behandlung dieser Verhältnisse die zivilrechtlichen Regelungen und insbesondere § 280 BGB analog herangezogen werden können.[2] Entscheidend ist, dass eine vertragsähnliche Sonderbeziehung zwischen den Beteiligten besteht, aus der sich enge und besondere Rechte und Pflichten gerade zwischen den Beteiligten ergeben.[3] Neben öffentlich-rechtlichen Verträgen, für die sich eine Anwendung der §§ 275 ff. BGB schon über § 62 S. 2 VwVfG ergibt,[4] stellen die öffentlich-rechtliche Verwahrung, die öffentlich-rechtliche Geschäftsführung ohne Auftrag oder das Beamtenverhältnis typische Anwendungsfälle dar.[5] Als Grundlage für ein öffentlich-rechtliches Schuldverhältnis kommt hier ein öffentlich-rechtliches Benutzungs- und Leistungsverhältnis in Betracht.

Die Grundstückseigentümer wie die B trifft nach § 17 GO ein Anschluss- und Benutzungszwang. Damit verbunden ist ein Austausch von Leistung und Gegenleistung. Für die Zahlung einer Gebühr wird das auf dem Grundstück der B anfallende Abwasser entsorgt. Es gibt keinen sachlichen Grund, weshalb der Bürger in einem solchen Verhältnis weniger schutzbedürftig sein sollte als in einem vergleichbaren zivilrechtlichen Schuldverhältnis, zumal der Staat prinzipiell sogar frei ist, solche Leistungsverhältnisse privatrechtlich auszugestalten.[6] Ein öffentlich-rechtliches Schuldverhältnis, in dem die zivilrechtlichen Schadensersatzregelungen analog angewendet werden können, liegt demnach vor.

II. Pflichtverletzung

Eine Pflicht aus diesem Schuldverhältnis muss verletzt worden sein. Nach § 2 II 1, 2 AbwVS hat der Zweckverband die Pumpstationen so zu planen und zu betreiben, dass das Abwasser nach § 2 I 1 AbwVS das Abwasser gesammelt und gereinigt wer-

2 *Maurer* VerwR AT § 29 Rn. 2; *Detterbeck/Windthorst/Sproll* StaatsHaftR § 19 Rn. 4.
3 BGHZ 21, 214 (218); *Detterbeck/Windthorst/Sproll* StaatsHaftR § 19 Rn. 21 ff.
4 Vgl. BeckOK VwVfG/*Kämmerer* § 62 Rn. 30 f.
5 *Ossenbühl/Cornils* StaatsHaftR 405 ff.
6 Zum Anschluss an die kommunale Kanalisation BGHZ 54, 299.

den kann. Die Pumpstation in der Gemeinde G konnte im März 2012 den Regen nicht mehr abführen, weil sie auf die anfallende Menge nicht ausgerichtet war. Ihre Aufgabe konnte die Pumpstation nicht erfüllen, weil sie insoweit mangelhaft geplant war. Eine Pflichtverletzung ist anzunehmen.

Hinweis: Man könnte auch erwägen, dass hier etwas unterlassen wurde, nämlich die ordnungsgemäße Planung. Doch liegt der Schwerpunkt der Vorwerfbarkeit in der schlechten (aber vorhandenen) Planung liegt und nicht so sehr in dem Unterlassen einer ordnungsgemäßen Planung. Entscheidend ist, dass Dr. X aktiv geplant hat, dabei jedoch Fehler gemacht hat.

III. Verschulden

Der Amtsträger müsste die Pflichtverletzung auch verschuldet, also vorsätzlich oder fahrlässig gehandelt haben. Fahrlässig handelt, wer die im Verkehr erforderliche Sorgfalt außer Acht lässt, § 276 II BGB analog. Zwar kann der Verband, eine Körperschaft öffentlichen Rechts, als juristische Person gar nicht selber handeln. Gemäß §§ 31, 89 BGB haftet die juristische Person des öffentlichen Rechts aber für das Handeln ihrer Organe und verfassungsmäßig berufenen Vertreter.

Allerdings ist Dr. X kein satzungsmäßiges Organ des Verbands. Für die Eigenschaft als ein verfassungsmäßig berufener Vertreter muss aber genügen, dass der betreffenden Person bedeutsame wesensmäßige Funktionen der juristischen Person zur selbstständigen, eigenverantwortlichen Erfüllung zugewiesen sind, kraft welcher er die juristische Person repräsentiert.[7] Dr. X hat die Planung der Pumpstation vorgenommen. Dies ist eine der zentralen Aspekte der Abwasserbehandlung und somit eine bedeutsame wesensmäßige Funktion. Dabei handelte er als technischer Leiter des Abwasserzweckverbands auch selbstständig und eigenverantwortlich.

Der eingetretene Schaden darf nicht völlig atypisch außerhalb der Lebenserfahrung liegen. Das Versagen einer Pumpe, die anfallendes Regenwasser abpumpen soll, hat typischerweise zur Folge, dass das Wasser nicht abfließt und Schäden anrichtet. Ein Zusammenhang lässt sich allenfalls dann verneinen, wenn der Anlagenbetreiber alle technisch möglichen und wirtschaftlich sinnvollen Sicherungsmaßnahmen ergriffen hat und es aufgrund eines ungewöhnlich heftigen Dauerregens gleichwohl zu Überschwemmungsschäden gekommen ist.[8] Dass es an fünf aufeinander folgenden Tagen fast ununterbrochen regnet, ist aber vor allem an der Wetterseite (Luv) von Gebirgen keine Seltenheit, entspricht allgemeiner Lebenserfahrung und wäre insofern auch für Dr. X vorhersehbar gewesen. Die Leistungskraft einer Pumpstation kann auf solche Konstellationen auch mit wirtschaftlich sinnvollen Maßnahmen technisch vorbereitet werden. Dass Dr. X sie nicht ergriffen hat, ist ihm als Fahrlässigkeit vorzuwerfen. Diese muss sich der Verband nach §§ 31, 89 BGB zurechnen lassen.

Hinweis: Auch wenn Dr. X nicht unter den Begriff des verfassungsmäßig berufenen Vertreters gefallen wäre, hätte der Anspruch wohl noch bestanden. In dem Fall wäre der Schuldvorwurf gegen die Vorgesetzten des Dr. X zu erheben, der dafür Sorge zu tragen hat, dass die interne Organisation der juristischen Person reibungslos abläuft (vgl. Lehre vom Organisationsmangel).

7 MüKoBGB/*Reuter* § 31 Rn. 20; Jauernig/*Mansel* § 31 Rn. 3.
8 Vgl. BGHZ 166, 37 (40 f.); 159, 19 (22 ff.); 125, 19 (21 f.).

IV. Kausaler und zurechenbarer Schaden

Es muss ein Schaden entstanden sein. Schaden ist jede unfreiwillige Einbuße an vermögenswerten Rechten. Der Keller der B ist beschädigt; insoweit liegt ein Schaden vor.

Dieser muss dem Verband auch kausal zurechenbar sein. Kausalität ist dann gegeben, wenn ein Umstand nicht hinweggedacht werden kann, ohne dass der Erfolg entfiele. Wäre die Pumpstation technisch richtig geplant worden, hätte sie die Wassermengen abpumpen können und es wäre kein Wasser in den Keller der B gelaufen. Die fehlerhafte Planung einer Pumpstation ist auch allgemein geeignet, überschwemmte Keller herbeizuführen; die Überschwemmung der Keller ist nicht allein aufgrund einer Verkettung außergewöhnlicher Umstände geschehen (adäquater Kausalzusammenhang). Durch das Gebot, ausreichend leistungsfähige Pumpen zu installieren, soll genau diese Art von Schäden verhindert werden (Schutzzweck der Norm). Der Schaden ist damit auch kausal zurechenbar.

V. Rechtsfolge

An einem Mitverschulden fehlt es. B hat daher einen Anspruch aus Verletzung eines öffentlich-rechtlichen Schuldverhältnisses analog § 280 I BGB in Höhe von 5.000 EUR.

B. Anspruch aus Amtshaftung, Art. 34 S. 1 GG, § 839 I 1 BGB

Daneben könnte B einen Anspruch aus Amtshaftung Art. 34 S. 1 GG, § 839 I 1 BGB haben.

I. Tatbestand

1. Amtsträger

§ 839 I BGB verlangt für eine Haftung, dass ein »Beamter« gehandelt hat. Damit wird in erster Linie auf Beamte im status- oder beamtenrechtlichen Sinne Bezug genommen.[9] Art. 34 S. 1 GG spricht demgegenüber von »jemandem«, der ein öffentliches Amt ausübt. Das Merkmal »Beamter« ist also erweiternd in einem haftungsrechtlichen Sinn auszulegen. Tauglicher Anknüpfungspunkt für einen Amtshaftungsanspruch ist jeder, der ein öffentliches Amt ausübt.[10] Ein öffentliches Amt ist funktionell zu verstehen als Umschreibung eines öffentlich-rechtlichen Tätigkeitsbereichs.[11]

Dr. X muss also bei der Planung des Pumpwerks ein öffentliches Amt ausgeübt haben. Die Planung, der Bau und die Unterhaltung der Pumpwerke sind nach § 2 II 2 AbwVS Aufgaben des Zweckverbands. Gemäß § 1 I WVG stellt der Zweckverband eine Körperschaft öffentlichen Rechts dar, dessen Zweck nach § 2 Nr. 9 WVG gerade in der Abwasserbeseitigung liegt. Diese Normen berechtigen und verpflichten also

9 Vgl. *Ossenbühl/Cornils* StaatsHaftR 15.
10 *Maurer* VerwR AT § 26 Rn. 12.
11 *Maurer* VerwR AT § 26 Rn. 12; MüKoBGB/*Papier* § 839 Rn. 143; Maunz/Dürig/*Papier* Art. 34 Rn. 105 ff.

einseitig einen Träger hoheitlicher Gewalt.[12] Es handelt sich damit um eine öffentliche Aufgabe, und Dr. X hat bei seiner Tätigkeit für den Abwasserzweckverband ein öffentliches Amt wahrgenommen.

Die fehlerhafte Planung als schädigende Handlung erfolgte auch in Ausführung und nicht nur bei Gelegenheit des öffentlichen Amts.[13]

2. Verletzung einer drittbezogenen Amtspflicht

Dr. X muss eine drittbezogene Amtspflicht verletzt haben. Größtenteils wird davon ausgegangen, dass eine Amtspflicht jede persönliche Verhaltenspflicht eines Amtswalters in Bezug auf seine Amtsführung darstellt.[14] Entscheidend hierfür ist das Innenverhältnis zwischen Amtswalter und seinem Dienstherrn. Dieses kann nicht nur durch Gesetz, sondern auch durch Verwaltungsvorschriften und verwaltungsinternen Weisungen ausgestaltet werden.[15] Ein abschließender Katalog von Amtspflichten besteht nicht.[16]

a) Amtspflicht zu rechtmäßigen Handeln.

Elementare Amtspflicht ist die Pflicht zu rechtmäßigen Verhalten (Prinzip der Gesetzmäßigkeit der Verwaltung, Art. 20 III GG).[17]

(1) Amtspflichtverletzung

Nach § 2 Abs. 2 AbwVS hat der Zweckverband die Pumpstationen zu planen und zu betreiben, sodass gemäß § 2 Abs. 1 S. 2 AbwVS das Abwasser gesammelt und gereinigt werden kann. Insofern besteht die Pflicht, ordnungsgemäß funktionierende Pumpstationen zu errichten, was hier nicht gewährleistet war. Die Amtspflicht zu rechtmäßigen Handeln ist damit verletzt.

(2) Drittbezogenheit

Die verletzte Amtspflicht muss drittbezogen sein. Ein Drittbezug ist gegeben, wenn nicht nur der Schutz der Allgemeinheit, sondern in sachlicher und persönlicher Hinsicht gerade der Schutz des geschädigten Bürgers und des betroffenen Rechtsgutes durch die verletzte Amtspflicht bezweckt war.[18]

Die Pflicht, § 2 II AbwVS eine Abwasserinfrastruktur aufzubauen und zu unterhalten, dient dem Schutz vor Gefahren, die von Abwasser ausgehen, traditionell also

12 Zur modifizierten Subjektstheorie in diesem Zusammenhang MüKoBGB/*Papier* § 839 Rn. 146. Vgl. allgemein *Kopp/Schenke* § 40 Rn. 11; Schoch/Schneider/Bier/*Ehlers* § 40 Rn. 225 ff. mwN.

13 Vgl. hierzu Maunz/Dürig/*Papier* Art. 34 Rn. 154 f.; *Detterbeck/Windthorst/Sproll* StaatsHaftR § 9 Rn. 47 ff.; *Wittreck/Wagner* Jura 2013, 1213 (1216).

14 *Wolff/Bachof/Stober II* § 67 Rn. 50; *Maurer* VerwR AT § 26 Rn. 16; *Wittreck/Wagner* Jura 2013, 1213 (1217).

15 Nach aA bestehen Amtspflichten gegenüber Dritten, nicht aber gegenüber dem Dienstherrn. Hiernach reicht eine Verletzung von Innenrecht gerade nicht aus, sondern nur die Verletzung von Vorschriften mit Außenwirkung, Sachs/*Bonk* Art. 34 Rn. 60; MüKoBGB/*Papier* § 839 Rn. 192. Gegen diese Ansicht spricht allerdings der Wortlaut von Art. 34 GG, § 839 BGB, der gerade eine Amtspflicht und keine allgemeine Rechtspflicht voraussetzt.

16 Vgl. die Zusammenstellung bei *Ossenbühl/Cornils* StaatsHaftR 45 ff.

17 Vgl. *Ossenbühl/Cornils* StaatsHaftR 46; Maunz/Dürig/*Papier* Art. 34 Rn. 161 ff.

18 BGHZ 56, 40 (45); 84, 292 (299); 129, 23 (25); Erichsen/Ehlers/*Grzeszick* VerwR AT § 44 Rn. 18; *Detterbeck/Windthorst/Sproll* StaatsHaftR § 9 Rn. 94 ff.

Krankheiten und Seuchen, die die gesamte Bevölkerung bedrohen. Darüber hinaus können sich durch Abwasser auch Gefahren für die Pflanzen- und Tierwelt ergeben, die ebenfalls durch eine geregelte Abwasserbeseitigung verhindert werden sollen. Man könnte deshalb daran zweifeln, ob die öffentliche Aufgabe der Abwasserbeseitigung darüber hinaus auch Überschwemmungsschäden verhindern soll. Dessen ungeachtet dient diese Pflicht auch nicht spezifisch dem Interesse des Einzelnen. Zwar ist B Teil der Allgemeinheit, deren Schutz auf sie abstrahlt. Als einzelne Bürgerin ist sie in der AbwVS oder dem WVG aber nicht berücksichtigt. Die fraglichen Normen nehmen keine Eingrenzung des geschützten Personenkreises vor. Somit dient § 2 I, II AbwVS nur dem Schutz der Allgemeinheit und begünstigt den Einzelnen nur als Reflex. Die Amtspflicht zu rechtmäßigen Handeln ist in diesem Fall nicht drittbezogen, sodass ihre Verletzung keinen Amtshaftungsanspruch auslösen kann.

b) Amtspflicht, keine unerlaubten Handlungen iSd § 823 BGB zu begehen

Daneben könnte die Amtspflicht, keine unerlaubten Handlungen iSd § 823 BGB zu begehen, betroffen sein.[19]

(1) Amtspflichtverletzung

Die Amtspflicht ist verletzt, wenn der Amtswalter eines der von § 823 BGB geschützten Rechtsgüter verletzt.

Zu den von § 823 I BGB geschützten Rechten zählt das Eigentum. Der Keller der B stellt ihr Eigentum dar und ist mittlerweile durch das Wasser beschädigt. Eine Rechtsgutverletzung ist gegeben. Die Verletzungshandlung liegt in der mangelhaften Planung der Pumpstation durch Dr. X. Rechtfertigungsgründe sind nicht ersichtlich, weshalb Dr. X auch rechtswidrig gehandelt hat. Die Verletzungshandlung hat in kausal zurechenbarer Weise zur Eigentumsschädigung geführt. Die mangelhafte Planung stellt einen tatbestandliche und rechtswidrige Eigentumsverletzung dar. Dr. X hat die Amtspflicht, keine unerlaubten Handlungen iSd § 823 BGB zu begehen, verletzt.

Hinweis: Wenn für die Amtspflichtverletzung auf § 823 BGB zurückgegriffen wird, ist der Prüfungsumfang nicht eindeutig vorgezeichnet. Da sich die Tatbestände von § 823 BGB und der Amtshaftung in weiten Bereichen decken, dürfte es ausreichen, auf das Schutzgut, die Verletzungshandlung und die haftungsbegründende Kausalität einzugehen.

(2) Drittbezogenheit

Die Amtspflicht, keine unerlaubten Handlungen iSd Deliktsrecht des BGB zu begehen, muss drittschützend sein. Geschützt sind alle Personen, die in einem geschützten Rechtsgut verletzt sind. Dies gilt für B als Eigentümerin des betroffenen Grundstücks. Somit ist diese Amtspflicht mit Blick auf B drittschützend.

3. Verschulden

Wie schon gesehen, trifft Dr. X ein Verschulden in Form der Fahrlässigkeit.

19 Vgl. *Detterbeck/Windthorst/Sproll* StaatsHaftR § 9 Rn. 83; MüKoBGB/*Papier* § 839 Rn. 199 ff.

4. Schaden, Kausalität und Zurechnung

Der Schaden ist auch auf die verletzte Amtspflicht kausal zurückzuführen und ist Dr. X zurechenbar.

5. Keine Haftungsausschlüsse

Es darf kein Haftungsausschluss eingreifen.

a) Subsidiaritätsklausel

Die Subsidiaritätsklausel des § 839 I 2 BGB führt zum Ausschluss der Haftung, wenn der Geschädigte auf anderem Wege Ersatz erlangen kann.[20] Ursprünglich diente diese Vorschrift dem Schutz des handelnden Beamten.[21] Nach Einführung der Überleitungsnorm des Art. 34 GG hatte sich dieser Zweck erübrigt. Zwar wird die Subsidiaritätsklausel nach wie vor unter Verweis auf Aspekte wie etwa die Entlastung der öffentlichen Hand angewendet, gleichwohl ist ihr Anwendungsbereich telelogisch erheblich reduziert.[22] So sind weitere Ansprüche gegen denselben Hoheitsträger oder andere Hoheitsträger aufgrund des Prinzips der Einheitlichkeit der öffentlichen Hand nicht zu berücksichtigen.[23] Der Anspruch analog § 280 I BGB ist nur ein alternativer Anspruch, richtet sich nicht gegen einen anderen Rechtsträger und daher unbeachtlich. Sonstige Ersatzmöglichkeiten sind nicht vorhanden. Die Voraussetzungen der Subsidiaritätsklausel sind folglich nicht erfüllt.

b) Vorrang des Primärrechtschutzes

Der Anspruch ist auch dann zu beschränken, wenn es der Geschädigte vorwerfbar versäumt hat, vorrangigen Primärrechtsschutz zu erlangen, § 839 III BGB. Hierunter sind alle prozessualen Möglichkeiten zu verstehen, die das verletzte Rechtsgut in ihrem ursprünglichen Bestand erhalten hätten, beispielsweise die Geltendmachung eines Unterlassungs- oder Abwehranspruchs.[24] Für B war der Ausfall der Pumpstation nicht vorhersehbar, und die Einlegung eines Rechtsbehelfes hätte, nachdem er erkannt worden war, den Schaden nicht abwenden können. Primärrechtsschutz war deshalb für B nicht zu erlangen.

II. Umfang, Begrenzung und Durchsetzbarkeit

Zu bestimmen bleiben noch der Umfang und mögliche Begrenzungen des Anspruchs. Grundsätzlich sind hierzu die Vorschriften des BGB heranzuziehen. Aufgrund der Überleitung der Schadensersatzverpflichtung vom persönlich nach § 839 BGB haftenden Beamten auf den Staat kann von diesem als letztendlichen Anspruchsgegner aber nichts verlangt werden, wozu nicht auch der Beamte als Privatperson im Stande wäre.[25] Da der Beamte privat nicht in der Lage ist, Amtshandlungen vorzunehmen, entwickelt sich dessen Verpflichtung regelmäßig zu Geldersatz und geht dann in dieser Form gemäß Art. 34 GG auf den Staat über. Der Anspruch aus Amtshaftung ist deshalb nicht auf Naturalrestitution gerichtet, sondern auf Geldersatz in Höhe von 5.000 EUR.

---

20 MüKoBGB/*Papier* § 839 Rn. 304; *Detterbeck/Windthorst/Sproll* StaatsHaftR § 10 Rn. 7.
21 *Ossenbühl/Cornils* StaatsHaftR 81; *Wittreck/Wagner* Jura 2013, 1213 (1220).
22 *Maurer* VerwR AT § 26 Rn. 30 f.
23 *Detterbeck/Windthorst/Sproll* StaatsHaftR § 10 Rn. 29 f.
24 *Ossenbühl/Cornils* StaatsHaftR 93 ff.; *Detterbeck/Windthorst/Sproll* StaatsHaftR § 10 Rn. 57 ff.
25 *Maurer* VerwR AT § 26 Rn. 44.

III. Anspruchsgegner

Für die Bestimmung des Anspruchsgegners werden verschiedene Ansichten vertreten.[26] Nach der Anstellungstheorie kommt es alleine darauf an, welcher Hoheitsträger im Innenverhältnis die handelnde Person angestellt hat. Die Funktionstheorie stellt demgegenüber stärker auf das Außenverhältnis ab und fragt danach, welchem Hoheitsträger die konkrete Aufgabe zugeordnet werden kann. Für die Anvertrauenstheorie schließlich ist derjenige Hoheitsträger der Anspruchsgegner, der der handelnden Person das Amt, bei dessen Ausübung die Amtspflichtverletzung geschehen ist, anvertraut hat. Hier kommen alle drei Ansichten zum selben Ergebnis. Dem Abwasserzweckverband V obliegt in der Gemeinde G die Aufgabe der Abwasserbeseitigung, er hat zu diesem Zweck Dr. X angestellt und ihm die Aufgabe der Planung und des Baus des Pumpwerks anvertraut. Anspruchsgegner ist damit der Abwasserzweckverband V.

IV. Rechtsfolge

Mitverschulden ist nicht gegeben. B hat auch aus Art. 34 S. 1 GG, § 839 I 1 BGB einen Anspruch auf Schadensersatz in Höhe von 5.000 EUR.

C. Anspruch wegen enteignungsgleichen Eingriffs

B könnte schließlich einen Anspruch auf Ausgleich in Geld wegen enteignungsgleichen Eingriffs haben.

I. Rechtsgrundlage

Der enteignungsgleiche Eingriff wurde früher auf Art. 14 III GG gestützt, doch ist dieser Weg unter der Geltung des formalen Enteignungsbegriffs nicht mehr möglich.[27] Stattdessen wird seine Grundlage teilweise nunmehr im allgemeinen Aufopferungsgedanken der §§ 74, 75 Einl. ALR in seiner richterrechtlich geprägten Ausformung erblickt.[28] Anderenorts wird vornehmlich auf die Eigentumsgarantie des Art. 14 GG abgestellt, für die der enteignungsgleiche Eingriff nach Abwehranspruch und Folgenbeseitigungsanspruch die dritte Ebene eines effektiven Grundrechtsschutzes darstelle.[29] Trotz dieser Unterschiede in der rechtlichen Begründung besteht über die Tatbestandsvoraussetzungen und Rechtsfolgen weitgehende Einigkeit.[30]

Anmerkung: Die Existenz des enteignungsgleichen Eingriffs wurde ursprünglich mit dem Umstand begründet, dass bei rechtmäßigen Enteignungen nach Art. 14 III GG eine Entschädigung zu gewähren ist, bei rechtswidrigen aber nicht, obwohl dort der Bürger erst recht einen solchen Anspruch haben muss.[31] Später entfernte sich der Anspruch in seinen Voraussetzungen und Wesen immer weiter von

26 Insgesamt zum Meinungsstand *Detterbeck/Windthorst/Sproll* StaatsHaftR § 11 Rn. 6; *Maurer* VerwR AT § 26 Rn. 41 f. jeweils mwN.
27 Vgl. BVerfGE 58, 300 (330 ff.).
28 BGHZ 90, 17 (30 f.); 99, 24 (29); *Nüßgens/Boujong*, Eigentum, Sozialbindung, Enteignung, 1987 Rn. 412; *Schenke* NJW 1991, 1777 (1778); *Boujong* UPR 1984, 137 (138).
29 *Maurer* VerwR AT § 27 Rn. 87; *Ehlers* VVDStRL 51 (1992), 211 (243); *Götz* DVBl. 1984, 395 (396); Jarass/Pieroth/*Jarass* Art. 14 Rn. 56; MüKoBGB/*Ernst* Vor § 903 Rn. 81 ff.
30 *Wolff/Bachof/Stober II* § 72 Rn. 53.
31 BGHZ 6, 270 (290).

der anfänglichen Konzeption, sodass er mittlerweile als allgemeines Institut der Haftung für Staatsunrecht angesehen werden kann.[32]

II. Tatbestand

1. Verletzung einer Eigentumsposition iSd Art. 14 I GG

Entscheidend für das Schutzgut des Anspruchs ist der verfassungsrechtliche Eigentumsbegriff des Art. 14 I 2 GG. Das Grundstück mit Keller als Eigentum der B wurde durch die Überflutung beschädigt. Eine Eigentumsverletzung liegt vor.

2. Hoheitlicher Eingriff

Taugliche Eingriffe können alle staatlichen Maßnahmen sein, die sich eigentumsrelevant auswirken, gleich ob Rechtsakte oder Realhandeln. Wie gesehen, handelt es sich bei der Abwasserentsorgung um eine öffentliche Aufgabe. Die mangelhafte Planung der Pumpstation stellt ein eigentumsrelevantes Realhandeln dar. Ein hoheitlicher Eingriff liegt vor.

3. Unmittelbarkeit des Eingriffs

Der Eingriff muss unmittelbar zur Schädigung führen. Unmittelbarkeit ist gegeben, wenn sich eine durch hoheitliche Maßnahme geschaffene Gefahrenlage in den konkret eingetretenen schädigenden Auswirkungen realisiert hat, die für diese Betätigung von Hoheitsgewalt typisch sind.[33] Zur Beantwortung dieser Frage ist eine wertende Zurechnung notwendig. Es ist typische Folge einer mangelhaft konstruierten Pumpstation, dass Wasserschäden durch nicht abfließendes Wasser auftreten. Hier stieß die Pumpstation zwar nur deshalb an ihre Grenze, weil es tagelang fast ununterbrochen regnete. Allerdings wären Vorsorgemaßnahmen gegen diesen Ausfall der Pumpe nicht wirtschaftlich unsinnig und technisch möglich gewesen. Die Unmittelbarkeit des Eingriffs ist zu bejahen.

4. Rechtswidrigkeit – Sonderopfer

Die Beeinträchtigung muss sich für den Betroffenen als ein Sonderopfer darstellen, indem gerade er über ein noch angemessenes Maß hinaus belastet wird. Beim enteignungsgleichen Eingriff ist das Sonderopfer durch die Rechtswidrigkeit indiziert.[34] Die Ausgestaltung der Pumpstation ist unzureichend, verstößt deshalb gegen § 2 II AbwVS und ist rechtswidrig.

5. Vorrang des Primärrechtsschutzes – Subsidiarität

Durch Primärrechtsschutz, der auch im Rahmen des enteignungsgleichen Eingriffs zu beachten ist, hätte die Beeinträchtigung nicht abgewehrt werden können.

32 Maunz/Dürig/*Papier* Art. 14 Rn. 687; *Ipsen* DVBl. 1983, 1029 (1034); *Ossenbühl/Cornils* StaatsHaftR 272.
33 BGHZ 92, 34 (41); 100, 335 (339); 131, 163 (166); Maunz/Dürig/*Papier* Art. 14 Rn. 700, 702; MüKoBGB/*Ernst* Vor § 903 Rn. 94.
34 BGHZ 32, 208 (211); *Maurer* VerwR AT § 27 Rn. 94.

III. Rechtsfolge

Mitverschulden ist der B nicht anzulasten. Im Gegensatz zu dem Amtshaftungsanspruch ist der Anspruch aus enteignungsgleichem Eingriff nicht auf Schadensersatz, sondern Entschädigung gerichtet.[35] Während Schadensersatz den Eingriff ungeschehen machen soll und eine hypothetische Vermögensentwicklung berücksichtigt, ist Entschädigung nur am Verkehrswert ausgerichtet.[36] Ein Anspruch aufgrund enteignungsgleichen Eingriffs für B besteht ebenfalls.

Hinweis: Die Entschädigung bleibt in ihrem Umfang im Grundsatz hinter einer Schadensersatzzahlung zurück.[37] In Klausuren bietet sich regelmäßig an, darauf zu verweisen, wo Anspruchskonkurrenz besteht, ohne eine konkrete Entschädigungssumme zu nennen.

D. Enteignender Eingriff

Ein Anspruch aus enteignendem Eingriff deckt die meist atypischen oder unvorhergesehenen Nebenfolgen eines an sich rechtmäßigen hoheitlichen Handelns, die vom Betroffenen zwar aus rechtlichen oder tatsächlichen Gründen hinzunehmen, gleichzeitig ihm aber nicht zumutbar sind.[38] Die Überschwemmung stellt aber keine Nebenfolge eines rechtmäßigen, sondern eines rechtswidrigen Handelns dar. Ein Anspruch aus enteignendem Eingriff scheidet deshalb aus.

Zusatzfrage

Für den Amtshaftungsanspruch darf nach Art. 34 S. 3 GG der ordentliche Rechtsweg nicht ausgeschlossen werden. Ohne Rücksicht auf den Streitwert ist nach § 71 II 2 GVG das Landgericht erstinstanzlich zuständig. Für den Anspruch aus enteignungsgleichem Eingriff ist nach § 40 II 1 VwGO ebenfalls der ordentliche Rechtsweg eröffnet.[39] Beim Anspruch aus dem öffentlich-rechtlichen Schuldverhältnis analog § 280 BGB ist es umstritten, ob hierfür der Verwaltungsrechtsweg oder der ordentliche Rechtsweg eröffnet ist.[40] Das Gericht, an das sich B letztendlich in zulässiger Weise wendet, ist gemäß § 17 II GVG berechtigt, den Rechtsstreit unter allen in Betracht kommenden rechtlichen Gesichtspunkten zu entscheiden, mit Ausnahme des Amtshaftungsanspruchs, für den gemäß Art. 34 S. 3 GG, § 17 II 2 GVG der ordentliche Rechtsweg ja nicht ausgeschlossen werden darf. B sollte sich daher an das Landgericht schon deswegen wenden, weil dieses den Rechtsstreit unter allen hier in Betracht kommenden rechtlichen Gesichtspunkten beurteilen darf.

---

35 BGHZ 6, 270 (290 ff.); 91, 243 (257); BGH NJW 1984, 1878, 1879; Maunz/Dürig/*Papier* Art. 14 Rn. 711.

36 BGHZ 57, 359 (368); 59, 250 (258); *Ossenbühl/Cornils* StaatsHaftR 320.

37 Vgl. MüKoBGB/*Ernst* Vor § 903 Rn. 109.

38 BGHZ 91, 20 (26 f.); 100, 136 (144); 112, 392 (399); *Maurer* VerwR AT § 27 Rn. 107; MüKoBGB/*Ernst* Vor § 903 Rn. 138 ff.

39 BGHZ 90, 17 (31); 128, 204 (208); Maunz/Dürig/*Papier* Art. 14 Rn. 723; *Ossenbühl/Cornils* StaatsHaftR 324; aA *Hösch* DÖV 1999, 192 (199 f.); *Lege* NJW 1995, 2745 (2749). Umstritten ist darüber hinaus noch, ob Var. 1 oder Var. 3 einschlägig ist, vgl. Schoch/Schneider/Bier/*Ehlers* § 40 Rn. 547; *Detterbeck/Windthorst/Sproll* StaatsHaftR § 17 Rn. 52.

40 Vgl. zum Meinungsstand *Detterbeck/Windthorst/Sproll* StaatsHaftR § 22 Rn. 2.

Sachverzeichnis

Die Angaben beziehen sich auf die Seitenzahlen. Fettdruck bezeichnet Übersichten.

Abdrängende Sonderzuweisung 5, 8, 16, 19
Abrissverfügung 6, 121 f.
actus-contrarius-Gedanke 150, 158, 162, 164, 237
Adressatentheorie 29, 159, 176
Allgemeine Leistungsklage **225**, 228
Amtshaftungsanspruch 276 ff.
Amtspflicht 277
Amtssprache 115 f.
Amtsträger 276
Anerkenntnis 236 ff.
Anfechtungsklage **25**, 28 f.
Anhörung 38 ff., 182
Anhörung, Nachholung 38 ff.
Anordnung der sofortigen Vollziehung 120 ff.
Aufdrängende Sonderzuweisung 5 f., 9, 190
Auflage 129 f., 163
Auslegung 48, 74, 130 f., 149

Bedingung 129 f., 163
Befangenheit 104 ff.
Behörde 230
Beiladung 205 f.
Beleihung 237
Beschwer 174, 217
Beteiligtenfähigkeit, Partei 67 f.
Beurteilungsspielraum 60 ff.

Computerfax 49 f.

Denkmalschutz 27 ff.
Dienstfahrt 11
Dienstverhältnis 9, 191 f., 276 f.
Doppelte Verfassungsunmittelbarkeit 7 f.
Duldungspflichten 266 ff.

Einstweiliger Rechtsschutz **111–113**, 193 ff., **259**, 261 ff.
Einstweiliger Rechtsschutz, § 123 VwGO **259**, 261 ff.
Einstweiliger Rechtsschutz, § 80 V VwGO **111–113**, 114 ff.
Enteignender Eingriff 282
Enteignung 10
Enteignungsgleicher Eingriff 280
Entscheidender Zeitpunkt im Gerichtsverfahren 208 f.
Erforderlichkeit 43
Erledigung 86

Ermessen 43, 75 f., 151, 183 f., 207 ff.
Ermessen, Nachschieben von Gründen 209 f.
Ersatzvornahme 6, 251
Europarechtliche Beihilfevorschriften 229 ff.
Feststellungsklage **66**
Feststellungsklage, Subsidiarität 69
Finanzgerichtsbarkeit 16
Fortsetzungsfeststellungsinteresse 88
Fortsetzungsfeststellungsklage **80–83**

Gaststättengenehmigung 146 f.
Gefahr 91
Gemeingebrauch 72 f., 183
Gewerbe 41
Gewohnheitsrecht 90
Gleichheitsgrundsatz 92 f.

Hausverbot 84 f., 90
Herrin des Vorverfahrens 143 ff.
Hilfsantrag 69
Hilfsgutachten 145 f.

Immissionen 262 ff.
Interessentheorie 7

Kehrseitentheorie siehe actus-contrarius-Gedanke
Klagebefugnis 29, 57, 71, **139**, 142 f., 159, 191
Klageerhebung 49 f.
Klagegegner 30
Konkurrentenklage 202 f.

Kostenbescheid 251 ff.
Meinungsfreiheit 72, 92
Modifizierende Auflage 128
Modifizierte Subjektstheorie 6 f.

Nebenbestimmungen **126**, 128 ff., 163
Nichtigkeitsfeststellungsklage 98
Nichtverfassungsrechtliche Streitigkeit 5, 7 f., 17 f., 85

Objektive Klagehäufung 73, 160, 206
Öffentliche Sache 72, 85, 201
Öffentlich-rechtliche Geschäftsführung ohne Auftrag 274
Öffentlich-rechtliche Verwahrung 274
Öffentlich-rechtlicher Erstattungsanspruch 164

Öffentlich-rechtlicher Unterlassungsanspruch 262
Öffentlich-rechtlicher Vertrag 10, **226**, 227 ff.
Öffentlich-rechtlicher Vertrag, Abgrenzung 227, 236 f.
Öffentlich-rechtlicher Vertrag, Austauschvertrag 241 f.
Öffentlich-rechtlicher Vertrag, Nichtigkeit 230 ff., 239 ff.
Öffentlich-rechtlicher Vertrag, subordinationsrechtlicher 240 f.
Öffentlich-rechtlicher Vertrag, Urkundeneinheit 239
Öffentlich-rechtliches Schuldverhältnis 274 ff.

Primärrechtsschutz 279, 281

Realhandeln 11 f., 228, 260
Rechtsbehelfsfristen **35**
Rechtsbehelfsfristen, Klagefrist 29, 58 f.
Rechtsbehelfsfristen, Rechtsbehelfsbelehrung 57 f.
Rechtsbehelfsfristen, Widerspruchsfrist 37, 57 f., 143 f.
Rechtsgrundlage 30, 90, 160 f., 192
Rechtsverhältnis 69, 142, 159, 228, 274 ff.
Rechtsverletzung 32
reformatio in peius **169–173**, 174 f., 177 ff.
Regelungsanordnung 261 f.

Sachfremde Erwägungen 62, 135 f.
Satzung 207 f.
Selbsteintritt 177 f.
Sicherstellung 250
Sicherungsanordnung 261 f.
Sondernutzungserlaubnis 72 f., 183
Spruchreife 63, 76, 211
Staatshaftungsrechtliche Ansprüche **272 f.**
Straßenverkehr 72
Subjektives Öffentliches Recht **139**, 142, 159, 191, 228
Subordinationstheorie 7
Subvention 15, 158, 229 f.

Unbestimmter Rechtsbegriff 41, 60, 197
Unmittelbare Ausführung 251
Unzuverlässigkeit 41 ff., 148

Verböserung siehe reformatio in peius
Verkehrsschild 251
Verordnung 13
Verpflichtungsklage **55**, 56 f.
Verpflichtungsklage, Anspruchsaufbau 59
Verpflichtungsklage, Bescheidungsklage/-urteil 63, 76
Verpflichtungsklage, Rechtswidrigkeitsaufbau 59
Verpflichtungsklage, Untätigkeitsklage 216
Verpflichtungsklage, Versagungsgegenklage 141 f., 202
Verpflichtungsklage, Vornahmeklage/-urteil 63, 76
Versetzung 194 ff.
Vertrauensschutz 151, 153, 179 f.
Verwaltungsakt **46**, 47 f., 86, 194
Verwaltungsakt, Abgrenzung 47 f.
Verwaltungsakt, Allgemeinverfügung 47 f., 251
Verwaltungsakt, Aufhebung **140**, 149, 180 f., 220 f.
Verwaltungsakt, Ausschluss 238
Verwaltungsakt, Bekanntgabe 203 f., 253
Verwaltungsakt, Bestimmtheit 31 f.
Verwaltungsakt, Nichtigkeit 105, 107 ff., 148
Verwaltungsakt, Nicht-Verwaltungsakt 98 f.
Verwaltungsakt, Rücknahme **140**, 150 ff., 220 f.
Verwaltungsakt, Rücknahmefrist 153 ff., 163
Verwaltungsakt, Sekundäransprüche nach Aufhebung **157**, 164 ff.
Verwaltungsakt, Widerruf **140**, 162 ff., 220 f.
Verwaltungsakt, Wirksamkeit **96**, 147, 149
Verwaltungsprivatrecht 15
Verwaltungsrechtsweg **5**, 6 ff., 27, 84 f.
Verwaltungsvollstreckung **247 f.**, 252 ff.
Verwaltungsvollstreckung, Rechtmäßigkeitszusammenhang 254 f.
Verwaltungsvorschriften 122, 267
Verwirkung 59
Vorwegnahme der Hauptsache 269

Warnung 12
Weisung in der Fachaufsicht 182
Widerspruchsverfahren **26**, 143, 176, **187–189**, 205
Widerspruchsverfahren, Widerspruchsbescheid 174 f.
Widmung 67
Wiederaufgreifen des Verfahrens 214 ff.
Wiedereinsetzung in den vorigen Stand 116 ff.
Willkürverbot 62

Zusicherung 142, 147 ff.
Zuständigkeit 102 ff., 181 f., 196
Zustellung 177
Zweistufentheorie 15
Zweitbescheid 220